Y 512~ (Réserve)

69

ALARIC,
OV
ROME VAINCVE.
POËME HEROÏQVE.
DEDIE' A LA SERENISSIME REYNE DE SVEDE.

PAR MONSIEVR DE SCVDERY, GOVVERNEVR DE NOSTRE DAME DE LA GARDE.

A PARIS,
Chez AVGVSTIN COVRBE', dans la petite Salle du Palais, à la Palme.

M. DC. LIV.
AVEC PRIVILEGE DV ROY.

Christine peut donner des Loix
Aux Cœurs des Vainqueurs les plus braues,
Mais la Terre a télle des Rois
Qui soient dignes d'en estre Esclaues.
De Scuderi.

Bourdon Pin.   Nantueil sculpebat 1654.

A LA
SERENISSIME
REYNE
DE SVEDE.

ADAME,

Le Vainqueur de Rome va mettre aux pieds de V. M. les Trophées qu'il s'esleua sur le Capitole : & presenter à la plus Grande Reyne du Monde, les glorieuses Despoüil-

EPISTRE.

les de la Reyne de l'Vniuers. Mais comme il a sceu tout ce que le Grand Gustaue a fait, & quelle est vostre Haute reputation parmy toutes les Nations de la Terre ; il craint que le Heros ne soit pas digne de l'Heroïne, & que l'Offrande ne soit trop basse pour vn Autel si esleué. En effet, MADAME, quand il mettroit au pied de vostre Thrône, plus de Couronnes que vous n'en portez à vos Armes, cét hommage, quoy que fort illustre, le seroit bien moins que vostre vertu : & s'il faloit proportionner à cette vertu les choses qu'on vous presente ; à peine les Sceptres de tous les Roys y pourroient suffire. Certainement, MADAME, iamais Panegyrique ne fut si aysé à faire, que celuy de V. M : car en disant, qu'estre Fille du plus Grand Conquerant des derniers Siecles, est la moindre de vos Grandes qualitez ; i'auray plus dit qu'on n'a iamais dit, & plus qu'on ne pourra iamais dire : mais i'y adjousteray toutesfois encore, que la Grandeur de vostre ame, & celle de vostre esprit, mettent V. M. autant au dessus des Reynes, que les Reynes sont au dessus des autres Dames. Aussi est-ce par là seulement, que la gloire d'estre connu d'elle, tenteroit vne ame moins ambitieuse que la mienne : & les Muses montent si peu souuent sur le Thrône, auec ceux que la Fortune y fait monter ; que pour voir vne chose si extraordinaire, ie n'irois pas seulement iusques à Thule, ou Virgile met les dernieres Bornes du vieux Monde; mais iirois, s'il le faloit, au delà de ce nouueau, que l'on a depuis descouuert. L'on dit qu'il faut connoistre pour aymer : & cependant i'ayme sans connoistre ; si l'inesgalité

des

EPISTRE.

des conditions me permet ce mot, & si le respect le souffre. Mais pourquoy ne souffriroit-il pas d'aymer les Rois, qui ne sont que les Images de Dieu, puis que Dieu luy-mesme non seulement souffre d'estre aymé; non seulement le commande ; mais en fait le premier de tous ses Commandemens ? Aussi lors que i'apris que V. M. estoit tombée dans la Mer, ie me sentis battre le cœur à cette funeste nouuelle : & au milieu du mesme peril où elle se trouua, i'aurois esté moins pasle que ie ne le deuins alors. Si cette terrible Auanture eust esté telle qu'on la disoit, le Cyseau, les Pinceaux, & les Couleurs, me fussent tombez des mains : l'Arc de Triomphe que i'ay esleué à vostre Gloire, fust demeuré imparfait : & on ne l'eust veu que comme on voit les illustres ruines de Rome : où par la grandeur de quelques Colomnes brisées, on iuge de celle du Bastiment. Dieu par qui les Roys regnent, soit eternellement loué, pour nous auoir conseruè la plus Grande Reyne du Monde : & la Princesse de toute la Terre, la plus digne des vœux que ie fais au Ciel, & des graces que ie luy rends. Ie vous proteste, MADAME, que ie n'ay pas moins de veneration pour V. M. que si i'estois nay au bord de la Mer Balthique : & que ie doute mesme, si elle rencontre parmy les Goths, autant d'admiration & de respect, qu'elle en peut trouuer dans mon cœur. Veritablement ceux qui nous ont voulu faire passer pour les Merueilles de l'Vniuers, des Piramides, des Tombeaux, & des Colosses, nous ont bien dit par la tacitement, qu'ils n'auoient pas des CHRISTINES *dans leur Siecle : car ils ne se seroient*

ë

EPISTRE.

pas amusez à nous descrire ces Prodiges de l'Art, s'ils eussent eu a nous parler d'vn aussi grand Miracle de la Nature. Oseray-je vous le dire, MADAME? Herodote & Plutarque m'auoient tousiours esté suspects, lors qu'ils m'auoient entretenu d'vn Philosophe Scythe : & ie vous auoüe que i'auois tousiours regardé leur Anacharsis, comme le Cyrus de Xenophon : c'est à dire comme vne belle Idée, qui n'auoit rien de veritable. Mais apres auoir entendu tout ce que la Renommée dit de V. M. i'abjure à la fin mon erreur : & malgré l'orgueil des Romains, qui traitoient toutes les Nations de Barbares ; ie suis obligé d'auoüer, que le Nord a maintenant sa Minerue dans Stokolm, comme il eut autrefois vne Diane dans Thauris : que l'esprit & la vertu, n'ont point de Climat affecté : & qu'ils sont aussi bien à Stokolm & à Vpsale, que dans Rome ou que dans Athenes. Depuis la mort du Grand Cardinal de Richelieu mon Maistre, i'ay loüé fort peu de chose, parce que i'ay veu fort peu de chose loüable : mais il n'y a pas moyen de se taire d'vne main Royale, qui daigne souuent quitter le Sceptre pour prendre nos Liures : & qui ramene ces heureux Temps, où l'on nous a dit que les Philosophes regnoient, & que les Roys philosophoient. C'est, MADAME, ce qui m'a fait resoudre de parler de V. M. & d'en parler comme ie dois. Ie ne sçay si la Grandeur de mon Sujet, m'aura fait conceuoir quelque chose de Grand : & ie sçay que ce n'est pas à vn Broyeur d'Ocre à oser entreprendre de vous peindre : mais si ma force a respondu à mon courage & à mon zele,

EPISTRE.

vne belle Reyne Amazone aura peut-estre son Apelles, comme Alexandre auoit le sien: & la gloire des Thomyris & des Amalasonthes vos Deuancieres, sera absolument obscurcie par l'incomparable esclat de celle de V. M. Certes, MADAME, vous deuez tenir pour asseuré, que ie suis infiniment persuadé de vostre merite, puis que ie le loüe infiniment: car si cela n'estoit pas, toutes vos Couronnes n'auroient point assez de splendeur pour m'esbloüir: ny assez d'Or pour me faire parler contre mes propres sentimens. Ie fais profession d'vne vertu trop delicate pour estre Flatteur: & ma naissance est trop Noble pour prendre l'employ d'vn Esclaue. Ce n'est point assez pour moy, de se nommer Porphyrogenete: & si le Sceptre des Roys n'est accompagné des vertus Royales, ie le considere aussi peu qu'vne Houlette: & ie regarde ceux qui le portent, comme des Roys de Comedie, qui ne sont point ce qu'ils paroissent: & comme de mauuais Acteurs, que la Fortune fait ioüer. Il y a long-temps que l'on m'a voulu persuader, que mon Style estoit propre au Poëme Heroique: mais ie n'en aurois pourtant iamais fait, si ie n'eusse trouué vne Heroïne en la personne de V. M. Aussi quand ie serois son Ambassadeur dans la Cour de France, ie ne tesmoignerois pas plus de Zele que i'en tesmoigne: & ie m'assure, MADAME, que Monsieur le Comte de Tot, vn des principaux ornemens de vostre Cour, & qui a laissé vne si haute reputation de son merite dans la nostre; luy a qui i'ay si souuent descouuert les plus secrets sentimens de mon cœur, ne me refusera pas d'attester à

EPISTRE.

V. M. les veritez dont ie luy parle. Ce que ie vous dis de luy, MADAME, ie vous le dis de Monsieur le Baron de Spar vostre Resident, l'vn des plus accomplis Gentilshommes du Monde : estant certain que l'estroite amitié dont il m'honnore, vient principalement de ce qu'il connoist la passion que i'ay pour vostre seruice. Enfin, MADAME, i'auray manqué d'Art, ou vous aurez ce qu'Alexandre ne pût auoir, & ce qu'il enuioit tant à Achille : car i'ay l'esprit si plein de l'esclat de vostre gloire, qu'il est comme impossible qu'il n'en ayt rejaly quelque rayon sur ce que i'ay escrit. I'ay sceu que mon Poëme de Salomon n'a pas despleu à V. M : mais si malgré la contrainte de la Paraphrase, elle y a trouué le Carractere Epique ; il est difficile que ie ne me sois esleué, lors que i'ay eu toute la liberté de mon Genie, & toute vostre Grandeur pour objet. V. M. connoist les Muses Grecques & les Latines ; les Italiennes & les Espagnoles : mais elle me permettra de luy dire, qu'elle ne connoist pas encore absolument les Françoises : car pour connoistre ce qu'elles peuuent, il faut leur voir composer vn grand Ouurage : & que cét Ouurage ait vos vertus pour son sujet. Tous ceux qui ont eu l'honneur de voir V. M. & qui m'en parlent ou m'en escriuent, me comblent de ioye, en m'aprenant que vostre ame est aussi Grande que ie l'ay cruë : & i'ay vn plaisir extrême, de voir que l'Idée que ie me suis formée de vostre vertu, est le veritable Portrait de V. M. Elle est si haute, cette Grande Idée, qu'elle voit toute la Nature au dessous d'elle : estant certain que ie ne mets que Dieu au

EPISTRE.

vne belle Reyne Amazone aura peut-estre son Apelles, comme Alexandre auoit le sien: & la gloire des Thomyris & des Amalasonthes vos Deuancieres, sera absolument obscurcie par l'incomparable esclat de celle de V. M. Certes, MADAME, vous deuez tenir pour asseuré, que ie suis infiniment persuadé de vostre merite, puis que ie le loüe infiniment: car si cela n'estoit pas, toutes vos Couronnes n'auroient point assez de splendeur pour m'esbloüir: ny assez d'Or pour me faire parler contre mes propres sentimens. Ie fais profession d'vne vertu trop delicate pour estre Flatteur: & ma naissance est trop Noble pour prendre l'employ d'vn Esclaue. Ce n'est point assez pour moy, de se nommer Porphyrogenete: *& si le Sceptre des Roys n'est accompagné des vertus Royales, ie le considere aussi peu qu'vne Houlette: & ie regarde ceux qui le portent, comme des Roys de Comedie, qui ne font point ce qu'ils paroissent: & comme de mauuais Acteurs, que la Fortune fait ioüer. Il y a long-temps que l'on m'a voulu persuader, que mon Style estoit propre au Poëme Heroïque: mais ie n'en aurois pourtant iamais fait, si ie n'eusse trouué vne Heroïne en la personne de V. M. Aussi quand ie serois son Ambassadeur dans la Cour de France, ie ne tesmoignerois pas plus de Zele que i'en tesmoigne: & ie m'asseure, MADAME, que Monsieur le Comte de* Tot, *vn des principaux ornemens de vostre Cour, & qui a laissé vne si haute reputation de son merite dans la nostre; luy a qui i'ay si souuent descouuert les plus secrets sentimens de mon cœur, ne me refusera pas d'attester à*

é ij

EPISTRE.

V. M. les veritez dont ie luy parle. Ce que ie vous dis de luy, MADAME, ie vous le dis de Monsieur le Baron de Spar vostre Resident, l'vn des plus accomplis Gentilshommes du Monde : estant certain que l'estroite amitié dont il m'honnore, vient principalement de ce qu'il connoist la passion que i'ay pour vostre seruice. Enfin, MADAME, i'auray manqué d'Art, ou vous aurez ce qu'Alexandre ne pût auoir, & ce qu'il enuioit tant à Achille : car i'ay l'esprit si plein de l'esclat de vostre gloire, qu'il est comme impossible qu'il n'en ayt rejaly quelque rayon sur ce que i'ay escrit. I'ay sceu que mon Poëme de Salomon n'a pas despleu à V. M : mais si malgré la contrainte de la Paraphrase, elle y a trouué le Carractere Epique ; il est difficile que ie ne me sois esleué, lors que i'ay eu toute la liberté de mon Genie, & toute vostre Grandeur pour objet. V. M. connoist les Muses Grecques & les Latines ; les Italiennes & les Espagnoles : mais elle me permettra de luy dire, qu'elle ne connoist pas encore absolument les Françoises : car pour connoistre ce qu'elles peuuent, il faut leur voir composer vn grand Ouurage : & que cét Ouurage ait vos vertus pour son sujet. Tous ceux qui ont eu l'honneur de voir V. M. & qui m'en parlent ou m'en escriuent, me comblent de ioye, en m'aprenant que vostre ame est aussi Grande que ie l'ay cruë : & i'ay vn plaisir extrême, de voir que l'Idée que ie me suis formée de vostre vertu, est le veritable Portrait de V. M. Elle est si haute, cette Grande Idée, qu'elle voit toute la Nature au dessous d'elle : estant certain que ie ne mets que Dieu au

EPISTRE.

deſſus de vous, & que ie ne mets perſonne en meſme rang. Apres cela, MADAME, i'auouë qu'il faut eſtre bien hardy pour oſer vous peindre : mais ie ſuis d'vne profeſſion qui m'oblige à l'eſtre, & la temerité n'eſt pas le plus grand deffaut d'vn Soldat. Au reſte, MADAME, ſi cette grande Peinture a le bonheur de vous plaire, comme i'ay le cœur aſſez eſleué, ie ne m'en propoſe pas vne petite recompenſe. En effet, quand tout le Cuivre & tout le Fer de la Suede ſeroient de l'Or, & que V. M. m'en donneroit les Minieres ; mon ambition ne ſeroit pas ſatisfaite, ſi elle me les donnoit ſeules. Il faut, MADAME, que vous me donniez plus que tout cela, ſi vous voulez que ie ſois content de voſtre liberalité ; c'eſt à dire qu'il faut que V. M. m'accorde l'honneur de ſa bien-veillance. Ie crois qu'il eſt honnorable d'eſtre intereſſé de cette ſorte; qu'il eſt permis d'eſtre auare d'vne ſi noble façon ; & qu'il eſt glorieux d'aſpirer à des Threſors, que tous ceux de Crœſus n'eſgaloient pas. Auſſi, quoy que ie tienne à grand auantage que V. M. aprouue ce que i'ay fait pour elle ; à vous parler ſincerement, l'eſtime que l'on doit à ſes propres ennemis quand ils la meritent, ne ſuffiroit pas à contenter vne auſſi ardente paſſion, qu'eſt celle que i'ay pour voſtre ſeruice. Ie regarde ſans enuie les marques de voſtre liberalité dans les mains d'autruy : mais ie n'y ſçaurois voir ſans douleur celles de voſtre bien-veillance, à moins que ie les partage, auec ces heureux qui les reçoiuent. Ce noble ſentiment qui eſgale les Sceptres & les Houlettes, eſt l'vnique objet que ie me propoſe, & le ſeul qui peut remplir

EPISTRE.

mon ambition: & si V. M. ne me deuoit iamais honnorer de cette glorieuse bien-veillance, ie me seruirois du mot d'vn Empereur, Plût à Dieu que ie ne sceusse point escrire. Mais V. M. est trop bonne, pour me reduire à la dure necessité de faire vn si mauuais souhait : & ie connoistrois mal vostre vertu, si i'en pouuois conceuoir cette criminelle pensée. Il est vray que c'est vn souhait que ie pourrois faire par vn autre sentiment : car, MADAME, ce que vous escriuez en nostre Langue, nous fait tomber la Plume de la main: & les belles Lettres que i'ay veuës de V. M. sont l'objet de l'admiration de tous nos beaux Esprits, & peut-estre aussi de leur enuie. En effet, peu s'en faut, MADAME, que comme Philipe de Macedoine demandoit à son Fils Alexandre, s'il n'auoit point de honte de sçauoir si bien iouër de la Lire, & si bien chanter? ie ne demande à mon tour à V. M. à quoy elle songe, de sçauoir si bien escrire? Mais comme les victoires d'vn Capitaine en reueilloient vn autre ; ces diuines Lettres m'ont fait trauailler auec plus de soin : & souuent, MADAME,

    Tout dort en l'Vniuers, lors que ie veille encore :

& souuent elles m'ont fait dire à nos Muses, en parlant de V. M.

    Fournissez à mon Art, l'Or, le Iaspe, & l'Yuoire,
    Pour le Grand Monument que i'esleue à sa gloire :
    Partagez auec moy ce trauail precieux,
    Qui doit porter son Nom aussi haut que les Cieux :
    Et faisons par nos soins, malgré les Destinées,
    Vn Ouurage immortel qui resiste aux années ;
    Qui Triomphe du Temps par sa solidité ;
    Et qui porte sa gloire à la Posterité.

EPISTRE.

Ie ne sçay, MADAME, si elles m'auront accordé ce que ie leur demandois : mais ie sçay bien que si mon Ouurage dure autant que cette gloire, les derniers Siecles le verront : & que mes Liures ne seront bruslez que par l'embrazement vniuersel, qui doit consumer toute la Terre. Mais ie ne veux pas dire en Prose, ce que ie pretens dire en Vers : & comme pour vne si noble Matiere, c'est trop peu que le langage des hommes, i'y veux employer celuy que l'Antiquité apelloit le langage des Dieux : & ne vous dire plus rien dans cette Lettre, sinon que ie suis auec autant de respect que de passion, & plus que personne ne le fut iamais,

MADAME,

De V. M.

Le tres-humble, & tres-obeïssant Seruiteur,
DE SCVDERY.

PREFACE.

OMME le Poëme Epique a beaucoup de raport, quant à la constitution, auec ces ingenieuses Fables, que nous apellons des Romans; il est presques superflu que i'en parle icy : puisque i'en ay traitté assez amplement, dans l'Auant-propos de mon Illustre Bassa : & que d'ailleurs l'heureux succés de ce Grand Visir, & celuy du Grand Cyrus qui l'a suiuy, ont assez fait voir, ce me semble, que ie n'ignore pas absolument ce genre d'escrire, dont ie me mesle quelquefois. Neantmoins comme il pourroit estre qu'vne partie de ceux qui liront ce Poëme, n'auroient pas veu ces autres Ouurages; i'ay creu que ie ne ferois pas mal, de mettre en ce lieu vn Discours de l'Epopée : afin de faire voir aux Lecteurs, que ie n'ay pas entrepris d'esleuer vn si grand Bastiment, sans

PREFACE.

sçauoir toutes les proportions, & tous les alignemens que l'Art enseigne.

I'ay donc consultay les Maistres là dessus: c'est à dire Aristote & Horace: & apres eux Macrobe, Scaliger, le Tasse, Casteluetro, Picolomini, Vida, Vossius, Pacius, Ricobon, Robortel, Paul Benni, Mambrum, & plusieurs autres: & passant de la Theorie à la Pratique, i'ay releu fort exactement l'Iliade & l'Odyssée d'Homere ; l'Eneïde de Virgile; la Guerre ciuile de Lucain ; la Thebaïde de Stace; les Rolands amoureux & furieux du Boyardo & de l'Arioste ; l'incomparable Hierusalem deliurée du fameux Torquato ; & grand nombre d'autres Poëmes Epiques en diuerses Langues : tels que sont les premiers Liures de la Franciade de Ronsard, & du Saint Loüis du Pere le Moine: & ce beau Poëme de la Conqueste de Granade : le plus bel Ouurage que l'Italie nous ait donné depuis le Tasse.

Or de l'estude de tous ces Preceptes, & de la lecture de tous ces Poëmes Heroïques, voicy les Regles que i'en ay formées, & que i'ay suiuies, en composant mon ALARIC: Regles comme ie l'ay dit, tirées de celles d'Aristote ; du Tasse ; & de tous ces autres Grands hommes : & par consequent infaillibles, pourueu qu'elles soient bien pratiquées.

PREFACE.

Ie dis donc, que celuy qui compose vn Poëme Epique, doit songer principalement à trois choses.

A choisir vne Matiere qui soit propre à receuoir la plus excellente Forme que l'artifice du Poëte luy pourra donner.

A luy donner cette Forme, telle que ie viens de dire :

Et à l'embellir des plus rares Ornemens dont elle puisse estre capable.

Casteluetro, dont toutes les opinions ne sont pas esgalement bien fondées; nous veut persuader que le Sujet du Poëme Epique, doit estre absolument fabuleux : mais si cela estoit, l'Iliade seroit defectueuse, & l'Eneïde ne vaudroit rien : puis que le Siege de Troye est veritable, & qu'Enée est venu en Italie, selon la plus commune croyance des Autheurs.

Ainsi ie crois pour moy, contre l'aduis de ce Commentateur d'Aristote, que le Sujet du Poëme Heroïque, doit estre plutost veritable qu'inuenté : parce que le Poëte Epique, deuant sur toutes choses s'attacher au vray-semblable; il ne le seroit point, qu'vne action illustre ne fust descrite dans aucun Historien. En effet, les Grandes actions ne peuuent estre inconnuës : & celles que l'on croit absolument fausses ne touchent point, & donnent peu

PREFACE.

de satisfacton. Ouide a mis des paroles tres-pathetiques, en la bouche d'Ariadne abandonnée: & cependant il s'en faut beaucoup, qu'elles ne fassent vne aussi forte impression, que celles de la Didon de Virgile; de l'Olimpe de l'Ariofte; & de l'Armide du Tasse: tant il est certain que les actions qui sont vray-semblables, d'autant qu'elles ont quelque ombre de verité parmy leur mensonge, sont plus propres à esmouuoir à compassion, que celles où ce mensonge se fait voir à descouuert. Thesée qui estoit vn Heros effectif; Fils d'vn veritable Roy d'Athenes; estoit propre à rendre cette Fable vray-semblable: mais Bachus, que le Poëte introduit, gaste tout: & fait que l'on a honte d'auoir donné des larmes verirables, à vn malheur chimerique. Au contraire Didon qui ne vit iamais Enée; Olimpe & Armide, qui ne furent iamais en l'estre des choses; exigent de veritables larmes pour vn faux malheur: parce que quelque trace de la verité, rend leur infortune vray-semblable: & qu'il n'y a rien en toute leur auanture, qui choque cette vray-semblance.

C'est donc en partie pour cette raison, que i'ay choisi ALARIC pour mon Heros: luy dont les Grandes actions sont particulierement descrites dans Procope, au premier Liure de la Guerre des Vandales: dans Orose, au Liure septiesme, au Chapitre

PREFACE.

trente-huit: & dans Ritius, au Liure premier des Rois d'Espagne.

Or l'illustre Sujet du Poëme Epique, ne doit point estre pris maintenant, à mon aduis, des Histoires du Paganisme: parce (comme ie viens de le dire, & comme le Tasse l'a dit deuant moy) que tous ces Dieux imaginaires, destruisent absolument l'Epopée, en destruisant la vray-semblance, qui en est tout le fondement. Il faut donc que l'Argument du Poëme Epique, soit pris de l'Histoire Chrétienne, mais non pas de l'Histoire Sainte: d'autant qu'on ne peut sans prophanation, en alterer la verité: & que sans l'inuention, qui est la principale partie du Poëte, il est presque impossible que l'Epopée puisse auoir toute sa beauté. Il en faut pourtant excepter le Sujet qu'a pris mon illustre Amy Monsieur de Saint Amant: car il est certain que la vie de Moyse a tout le merueilleux que l'inuention pourroit donner: & comme l'Art du Poëte y a sans doute aussi bien mis le vray-semblable, son Ouurage doit estre autant estimé des Sçauans, que i'estime son esprit, & que i'ayme sa personne. Et certes ie ne doute pas que cela ne soit ainsi: car encore que ie n'aye presques rien veu de ce Poëme, le merite de son Autheur, & le tesmoignage que m'en a rendu Monsieur l'Abbé de Villeloing, homme de beaucoup d'erudition, & de qui les inclina-

PREFACE.

tions sont aussi nobles que la naissance, ne laisse pas la chose problematique. Mais comme vne exception particuliere ne doit pas changer vne Regle generale, ie m'en tiens tousiours à ma These: & ie suis fortement persuadé, que l'Histoire Payenne ni l'Histoire Sainte, ne sont point propres presentement à fournir vn Sujet Epique: & que la Chrestienne prophane toute seule en nostre temps, nous peut donner ce merueilleux & ce vray-semblable, qui en sont l'ame, pour ainsi dire. Car auec elle, l'inuention du Poëte introduit les Anges, les mauuais Demons, & les Magiciens: & sans choquer la vray-semblance, par elle le Poëte diuertit le Lecteur par des Prodiges: & embroüille & demesle le nœud de la Fable, par des voyes qu'on ne sçauroit deuiner. Par son moyen, vne mesme action peut estre merueilleuse & vray-semblable: le premier, par les choses extraordinaires que fait la Magie: & le second, par la croyance qu'elle trouue dans l'esprit de la plus part du monde.

Que si de la premiere constitution de la Fable, nous passons aux Mœurs, qui en sont la partie la plus importante; le Tasse me pardonnera, si i'apelle de luy à luy-mesme: lors qu'il dit dans ses Discours Poëtiques, que la Morale n'est pas l'objet du Poëte, qui ne doit songer qu'à diuertir. Il eut sans doute vn si mauuais sentiment, dans vn de ces in-

teruales

PREFACE.

teruales peu lucides, où fa raifon n'eſtoit pas libre: auſsi en a-t-il publié vne Haute retractation, dés la troiſieſme Stance de fon grand Poëme: où il dit, apres Lucrece qu'il a imité;

Sai, che la corre il mundo oue piu verſi
Di ſue dolcezze il luſinghier Parnaſo;
E chèl vero condito in molli verſi,
I piu ſchiui allettando hà perſuaſo.
Coſi a l'egro Fanciul porgiamo aſperſi
Di ſoaui Licor gli orli d'el Vaſo,
Succhi amari, ingannato in tanto ei beue,
E da l'inganno ſuo vita riceue.

En effet, s'il eſt vray (comme il le dit en pluſieurs endroits de ſes Oeuures) que l'Alegorie doit regner partout le Poëme Epique, quoy que tous les yeux ne l'y aperçoiuent pas; n'eſt-ce pas dire clairement, que le Poëte doit pour le moins autant ſonger à l'vtile qu'au delectable; & qu'il a pour principale fin, non pas de diuertir, mais d'inſtruire? Auſsi ce Grand homme eſtant reuenu dans vn meilleur ſentiment, fit imprimer à la fin de ſa Hieruſalem deliurée, vn long Traité de l'Alegorie: par où il fait voir, qu'il n'y a pas vne ſeule action en tout ſon Poëme qui ne ſoit inſtructiue: & il conclud en termes expres, que l'inſtruction doit eſtre l'objet du Poëte Epique.

C'eſt donc pour cela, que le Sens Alegorique re-

PREFACE.

gne partout dans ma ROME VAINCVE: entendant par Alaric, l'ame de l'homme: par l'Enchantement où ie le fais tomber, comme Vlysse dans l'Isle de Calipso, la foiblesse des hommes, ie dis mesme des plus forts: qui sans le secours de la grace, tombent dans des foiblesses, & dans des malheurs estranges: & qui par ce puissant secours, s'en releuent & s'en desgagent apres: ainsi que ce Prince sort d'vn Palais enchanté, par l'asistance que le Ciel luy donne. Par le Magicien qui le persecute, les obstacles que les Demons mettent tousiours aux bons desseins: par la belle Amalasonthe, la puissante tentation de la volupté: par ce grand nombre d'ennemis qui le combatent, le Monde, qui est vn des trois que l'ame Chrestienne a en teste, selon le tesmoignage de l'Escriture & des Peres: par l'inuincible resistance de ce Heros, la liberté du franc-arbitre: par les continuelles malices des Demons, la Guerre continuelle qu'ils font à l'ame: & par la prise de Rome, & par le Triomphe de ce Prince, la victoire de la Raison sur les Sens, sur l'Enfer, & sur le Monde: & les immortelles Couronnes, que Dieu donne enfin à la Vertu.

Mais le Tasse n'a pas esté seul, dans vne erreur si peu raisonnable: Casteluetro, quoy que Grand homme, a porté la disparate bien plus loin que luy: & apres auoir vsé la moitié de sa vie sur la Poëtique

PREFACE.

d'Aristote, & mis dans cét Ouurage tout son Grec & tout son Latin ; il nous a dit que la Poësie n'a esté inuentée, que *per dilettare, & per ricreare gli animi della rozza moltitudine, & del commune populo.* Voila veritablement vn Art qui meriteroit bien, si telle estoit sa fin, qu'Aristote se fust amusé à nous en donner des Regles : & Casteluetro luy-mesme, auroit bien employé son temps, si son labeur n'estoit propre qu'à mieux diuertir la Canaille.

De mesme l'Araignée, en filant son ordure,
Vse toute sa vie, & ne fait rien qui dure,

a dit vn de nos plus fameux Poëtes. Mais ce n'est pas la seule Heresie de cét Autheur : qui peu de lignes apres, dit qu'Empedocles, Lucrece, Nicandre, Hesiode, Virgile, & plusieurs autres qu'il nomme, ne sont pas Poëtes, parce que les Sciences sont traitées dans leurs Ouurages. Il deuoit donc degrader Homere comme les autres, & plus que les autres : puis qu'à peine y a-t-il vn Art ny vne Science en toutes les connoissances des hommes, que l'on ne trouue dans l'Iliade & dans l'Odyssée. Pour moy ie suis bien loin d'auoir des sentimens si bas, de la plus sublime façon d'escrire : & ie tiens au contraire, que pour estre veritable Poëte, il faudroit ne rien ignorer : & que plus on voit de sçauoir dans vn Poëme, plus l'Autheur en merite de loüange.

Quintilien n'auroit eu garde d'aprouuer la Poë-

PREFACE.

sie ignorante de Casteluetro, veu ce qu'il desire en ceux qui lisent seulement les Poëtes. *Nec*, dit-il, *si syderum rationem ignoret, Poëtas intelligat, qui vt alia mittam, toties ortu, occasuque Signorum in declarandis temporibus vtuntur. Nec ignara Philosophia cum propter plurimos in omnibus ferè Carminibus locos ex intima quæstionum naturalium subtilitate repetitos tum propter Empedoclem in Græcis, Varronem, ac Lucretium in Latinis, qui præcepta sapientiæ versibus tradiderunt.*

C'est par le mesme sentiment, que Ciceron appelle cét Ouurage d'Empedocles, *Egregium Poëma*: & certainement ie ne puis assez m'estonner, qu'vn homme d'autant d'erudition qu'en auoit le Casteluetro, se soit imaginé que la Science & la Poësie fussent separables : & que pour paroistre bon Poëte Epique, il falust affecter de paroistre ignorant, ou l'estre. En effet, si le menu Peuple deuoit estre le Lecteur du Poëme Heroïque, Horace auroit esté fort plaisant, de nous dire en son Art Poëtique,

In verbis etiam tenuis, cautusque serendis,
Dixeris egregie, notum si callida verbum
Reddiderit iunctura nouum. &c.

Veritablement il feroit bon aller dire mots nouueaux deuant ces Messieurs : & toute cette politesse qu'il exige du Poëte auroit vn grand effet, si elle n'estoit veuë que *per la rozza moltitudine* du Casteluetro.

PREFACE.

Ie ſçay bien qu'il ne faut pas que la Science ſoit toute cruë, pour ainſi dire, dans le Poëme Epique comme dans l'Eſcole : mais enfin il faut qu'elle y ſoit : & meſme d'autant plus droite, qu'elle eſt plus cachée. Le meſme Horace nous enſeigne le temperamment qu'il y faut garder, lors qu'il nous dit,

Omne tulit punctum, qui miſcuit vtile dulci,
Lectorem delectando, pariterque mouendo.

Mais reuenons à noſtre Sujet, apres cette diſgreſſion, qui ne m'a pas ſemblé inutile.

Que ſi les Maiſtres de l'Art nous diſent en ſuite, que le Siecle du Heros Epique, ne doit eſtre ny ſi eſloigné du noſtre, que la memoire en ſoit entierement eſteinte; ny ſi proche, que l'on n'oſe meſler l'inuention à la verité; ie crois eſtre demeuré dans cette mediocre diſtance qu'ils nous preſcriuent : puis qu'ayant choiſi le Siecle où Arcadius & Honnorius, auoient partagé l'Empire ; ie me trouue preſque au milieu des premiers Temps, & de celuy où nous viuons.

Mais comme Ariſtote poſe pour vne des principales Regles de l'Epopée, que l'action qu'elle deſcrit ſoit illuſtre : ie ne penſe pas que i'en puſſe trouuer vne qui le fuſt plus, que la priſe de Rome : Rome, dis-je, qui fut la Reyne de toutes les Nations, & l'objet de l'admiration de tout l'Vniuers. Or comme l'action Epique doit eſtre Grande, le

PREFACE.

Heros qui la fait doit eſtre Grand : & ſa vertu ne ſeroit pas Heroïque, ſi elle n'eſtoit que mediocre. Auſsi voit-on en la perſonne d'Enée, la parfaite pieté ; la Haute valeur en Achille ; & l'exquiſe prudence en Vlyſſe : & c'eſt d'apres ces rares Originaux, que i'ay tâché de faire voir en la perſonne d'Alaric, pour former l'Idée d'vn Prince accomply, & la pieté du premier ; & la valeur du ſecond ; & la prudence du troiſieſme.

Ce n'eſt pas que ie l'aye formé comme le Sage des Stoïques, qui eſt plutoſt la Statuë d'vn homme qu'vn homme : au contraire, comme Achille, Vlyſſe, & Enée, ont eu de l'amour, ie luy en ay donné à leur exemple : car enfin la vertu ne conſiſte pas à n'auoir point de paſsions, mais a en auoir, & a les vaincre.

Voila, Lecteur, quelle doit eſtre la Matiere du Poëme Epique : c'eſt à dire en peu de paroles, l'authorité de l'Hiſtoire ; l'vſage receu de la Religion ; la licence de la fiction Poëtique ; & la Grandeur des euenemens.

Mais ce qui s'appelle Matiere auant que d'auoir paſſé par l'artifice Epique, ſe nomme Forme, apres que le Poëte l'a diſpoſée, & qu'il en a conſtruit ſa Fable : & c'eſt pour cela qu'Ariſtote l'appelle l'ame du Poëme. Or le Taſſe ayant comparé cette Matiere, à celle que les Philoſophes appellent Matiere premiere : il me ſemble, que comme en celle-cy, bien

PREFACE.

que priuée de toute Forme, ces Philofophes ne laiffent pas d'y confiderer la quantité, qui en eſt infeparable : il me femble, dis-je, que le Poëte doit auant toute autre chofe, confiderer cette quantité : afin que fon Sujet ne foit pas fi ample de luy-mefme, qu'en voulant apres former fa Fable, il ne puiffe l'orner d'Epifodes fans la rendre excefsiue en fa longueur. Les Nains & les Geants font des Monſtres: & la belle taille eſt eſgalement eſloignée de ces excés de grandeur & de petiteffe. Pour moy, i'ay tant de facilité à faire des Vers, & a inuenter, qu'vn Poëme beaucoup plus long que celuy-cy, ne m'auroit gueres couſté dauantage : mais i'auois tant d'impatience, de faire voir à la Grande Reyne pour qui i'ay compofé cét Ouurage, la profonde veneration que i'ay pour vne ſi Haute vertu, que ie n'ay pû retenir mon zele : me flattant de l'efperance, qu'à l'ongle elle connoiſtra le Lion, pour vfer de l'ancien Prouerbe.

Mais pour reuenir promptement de cette difgrefsion neceffaire ; ie dis que i'ay confideré, que Lucain & Silius Italicus, pour auoir embraffé trop de chofes Hiſtoriques, n'ont pû orner leurs Ouurages de la varieté des Epifodes, qui eſt ce qui en fait tout l'agréement : & de là eſt venu fans doute, cette opinion prefques generale entre les gents de Lettres, que l'vn & l'autre font plutoſt des Hiſtoriens

PREFACE.

que des Poëtes: quoy que l'vn & l'autre ayent beaucoup de la belle & veritable Poëſie, principalement le premier. C'a donc eſté pour cette raiſon, que i'ay voulu que la longueur de mon Poëme fuſt mediocre: mais toute mediocre qu'elle eſt, ie croy que les plus longs ont peu d'ornemens, que l'on ne trouue dans le mien, quoy qu'il ne ſoit que d'onze mille Vers, qui eſt à peu pres la longueur de l'Eneïde de Virgile.

Homere noſtre premier Maiſtre, eſt celuy dont ie ſuy les traces ſur ce Sujet: car ſon Argument n'eſt que la colere d'Achille dans l'Iliade: & cependant par les Epiſodes, ſon Ouurage ne laiſſe pas d'eſtre merueilleux. Mais ces Epiſodes ne doiuent pas eſtre de ceux dont parle Ariſtote: *Quia ſic Poëta placuit*: mais bien de ceux dont il dit ailleurs, *Oportet autem & in moribus quemadmodum in rerum conſtitutione ſemper querere, vel neceſſarium, vel veriſimile*. En effet, il faut qu'ils ſoient vray-ſemblables, & attachez à la Fable principale: & tels ſont, à mon aduis, dans mon Poëme, la Deſcription de l'embrazement des Vaiſſeaux d'Alaric; celle de la Peſte; & tous les autres. Or pendant que ie parle des Epiſodes, ie me crois obligé de vous dire, Lecteur, que ie ſçay bien qu'Homere n'en a point de ſi longs que les Hiſtoires Epiſodiques de mon Alaric: mais outre que la narration de la priſe de Troye, eſt beaucoup plus longue dans Virgile, qu'aucune de ces Hiſtoires; il y en a tant de plus

longues

PREFACE.

longues que les miennes, dans l'Ariofte & dans le Taffe; qu'apres ces trois illuftres Exemples, il ne me doit demeurer nul fcrupule là deffus.

Au refte, il eft certain que le Poëte doit traiter les chofes, non comme elles ont efté, mais comme elles deuoient eftre : & les changer & rechanger à fon gré, fans confiderer ny l'Hiftoire, ny la verité, qui ne font ny fa Regle, ny fa fin. Le Grand Virgile a fi bien fceu cette Maxime, & l'a fi bien pratiquée, qu'il n'a point craint, pour la fuiure, de faire vn anachronifme de quatre Siecles ; de defpeindre Didon toute autre qu'elle n'eftoit ; ny de feindre d'ignorer la funefte mort d'Enée ; quoy que ce Diuin Poëte fceuft bien qu'il s'eftoit noyé dans le Numique. Comme i'ay trauaillé fur la mefme Matiere, i'ay pris aufsi la mefme licence : & foit pour la route d'Alaric; ou pour la durée du Siege de Rome, que i'ay reduit à la longueur d'vne année, qui eft celle que doit auoir l'action Epique, i'ay plus confulté ma raifon que Procope : car enfin le Poëte n'eft pas l'Efclaue de l'Hiftorien : & bien loin de le fuiure toufiours, il eft de fon deuoir de le quitter fort fouuent, & d'inuenter plus qu'il n'imite. Mais quelque liberté que donne l'inuention au Poëte, il fe doit bien garder d'alterer les principaux incidents d'vne Hiftoire connuë, parce que ce feroit deftruire luy-mefme les fondemens de fon Ouurage : & celuy-là fe rendroit

c

PREFACE.

ridicule, de qui l'audace oſeroit dire, que Rome fut deſtruite par Hanibal, & que Carthage ne le fut point par Scipion. C'eſt pour cela que ie conclus, que l'Argument de l'Epopée doit eſtre fondé ſur quelque Exploit veritable, & non pas ſur vn Sujet purement inuenté : & c'eſt pour cela que parmy tant de choſes que i'ay ſuppoſées dans mon Poëme, ie meſle touſiours la verité à l'inuention, & la Fable à l'Hiſtoire : parce qu'en effet, l'Hiſtorien doit narrer les choſes comme vrayes, & le Poëte comme vray-ſemblables.

L'vnité d'action, eſt encore vne des principales parties du Poëme Epique : & c'eſt à elle que doiuent aboutir, comme à leur Centre, le commencement, le milieu, & la fin de la Fable. Auſsi crois-je que le Lecteur iudicieux, connoiſtra bien que dans mon Ouurage, tout tend à la priſe de Rome : & qu'à trauers tous les obſtacles de l'Enfer, & tous les embelliſſemens des Epiſodes, ie l'ay touſiours regardée, comme l'vnique objet que ie me deuois propoſer, puis qu'Ariſtote nous propoſe cette vnité comme telle dans ſa Poëtique : & qu'Horace ſuit cette meſme opinion dans la ſienne, auſsi bien que tous les Grecs & tous les Latins ; que tous les Anciens & tous les Modernes. Le Ciel eſt tout ſemé d'Etoiles ; l'Air & la Mer ſont pleins d'Oyſeaux & de Poiſſons ; la Terre a des Animaux ſauuages & des domeſtiques ;

PREFACE.

des Ruisseaux, des Fontaines, & des Lacs; des Prez, des Campagnes, des Monts, & des Bois; des Fruits, des Fleurs, des Glaçons, & de la Neige; des Habitations, & des Champs cultiuez; des Solitudes, des Rochers, & des Precipices; & tout cela ne fait qu'vn Monde. De mesme dans vn Poëme Epique, on voit des Armées rangées ou campées; des Batailles sur la Terre ou sur la Mer; des prises de Villes, des Escarmouches, & des Duels; des descriptions de la faim, de la soif; des Tempestes, & des embrazemens; des seditions, des Enchantemens; des actions cruelles, & des actions genereuses; des euenemens d'amour, tantost heureux, & tantost infortunez; & cependant au milieu d'vne si grande diuersité de choses, l'vnité ne laisse pas d'estre en la Fable comme au Monde, si elle est faite selon les Regles de l'Art.

Voila donc quelle doit estre la Matiere du Poëme Epique, & quelle Forme on doit donner à cette Matiere: il reste à voir quels Ornemens il faut donner à cette Forme.

Ayant à traiter icy de l'elocution, il faut par consequent que ie parle encore du Style: parce que la premiere, selon Aristote & selon le Tasse, n'estant autre chose que l'assemblage des paroles; & les paroles n'estant aussi que les Images des pensées; il faut necessairement parler du Style: puis qu'il n'est qu'vn Composé, de ces pensées & de ces paroles.

PREFACE.

Il en eſt de trois eſpeces: le ſublime; le mediocre; & le bas: mais c'eſt le premier qui doit compoſer le gros du Poëme Epique: parce que ce Poëme contenant des actions eſleuées, il faut que le Style auec lequel on les deſcrit le ſoit auſſi: & prendre bien garde que la Muſe ne ſe trompe pas: & qu'elle ne jouë du Flajolet, en croyant ſonner de la Trompette. Le magnifique eſt donc le propre de l'Epopée: neantmoins le mediocre, & meſme le bas, y peuuent eſtre employez, comme ils le ſont dans Virgile, ſelon les diuerſes conditions des Perſonnes, que le Poëte fait parler. Mais il ne faut pas oublier, que comme chaque vertu à quelque vice qui luy eſt proche, & qui luy reſſemble; comme par exemple, la liberalité & la prodigalité; la temerité & la valeur; de meſme toute ſorte de Style parfait, a pour voiſin le defectueux: ſi bien qu'il eſt fort ayſé de paſſer de l'vn à l'autre. Le magnifique, degenere ayſément en bouffy & en enflé: le mediocre, en foible & en ſterile: & le bas, en groſſier & trop populaire. Le Style Epique, le Tragique, & le Comique, ont des Carracteres tous differens: mais comme le Muſicien employe toute ſorte de tons ſans quitter ſon Mode; de meſme le Poëte Heroïque peut vſer de ces trois eſpeces de Styles, pourueu qu'il le faſſe auec iugement: & pourueu que le ſublime preuale touſiours, comme eſtant eſſentiel à la Majeſté du Poëme Epique. Or cette

PREFACE.

Majesté prouient, & de la Grandeur des euenemens descrits; & de la pompe des paroles; & de la Modulation; ou pour parler plus François, de la cadence des Vers, & des riches Figures de la Rhetorique: c'est à dire de l'Hyperbole; de la Prosopopée; de la Metaphore; de la Comparaison; des Epithetes; & de toutes les autres, dont vsent les Poëtes & les Orateurs.

Ce que les Sçauans nomment des Sentences, sont encore des parties essentielles de l'Epopée, selon la doctrine d'Aristote: aussi n'ay-je pas manqué d'en mettre vn assez bon nombre dans mon Poëme. Neantmoins i'auouë que ie ne suis pas de l'aduis d'vn des Commentateurs de ce Philosophe, qui veut que tout l'Ouurage Epique en soit remply. Elles ont quelque chose d'imperieux, qui sent trop le Style dogmatique, pour estre si frequentes dans la Poësie: & ie crois que les Grandes actions instruisent plus insensiblement, & plus vtilement tout ensemble; que ne font ces pieces d'aplique, & ces sentimens guindez, dont selon mon opinion, il ne faut pas vser trop souuent: car quoy que les yeux soient les plus belles parties du corps humain, elles en feroient vn Monstre, s'il en estoit tout couuert: & il s'en faut tenir au Prouerbe, *de rien trop.*

Voila donc, Lecteur, quels doiuent estre la Matiere, la Forme, & les Ornemens de l'Epopée: & ce

PREFACE.

que doit contenir ce Poëme, en ses quatre principales parties; proposition, inuocation, dedication, & narration. Enfin, ie sçay l'Art: mais de le mettre bien en pratique,

Hoc opus hic labor est.

Ie vous expose mon Ouurage, apres y auoir employé tous mes soins: & c'est à vous à iuger dans vne Cause, où ie ne puis estre Iuge & Partie.

Mais auant que de finir ce Discours, ie veux encore aller au deuant de quelques objections qu'on me pourroit faire.

La premiere est sur le Nom de mon Poëme, ALARIC, ou ROME VAINCVE: car quelqu'vn trouuera peut-estre cette duplicité inutile, & mesme peu raisonnable: croyant qu'ALARIC seul suffisoit, ou ROME VAINCVE toute seule: & d'autant plus, qu'Homere & Virgile semblent estre contre moy: puis que leurs Poëmes sont nommez simplement, l'Iliade, l'Odyssée, & l'Eneïde. Mais outre que le Tasse est mon garant, ayant nommé le sien, *Il Gofredo, ouero la Hierusalem liberata*; cette duplicité est non seulement vtile, mais necessaire. Car ALARIC seul, n'eust pas dit ce que ie voulois dire: puis qu'il eust semblé par là, que ie voulois chanter toutes les actions de ce Prince, quoy que ie n'en veüille celebrer qu'vne: & ROME VAINCVE, sans y adjouster ALARIC, n'eust pas non

PREFACE.

plus bien exprimé mon intention : puis que Rome a esté vaincuë plus d'vne fois, & qu'on n'eust sceu, en voyant ce Titre, de laquelle i'entendois parler. Au lieu qu'en disant, ALARIC, ou ROME VAIN-CVE ; ie ne laisse aucun doute dans l'esprit du Lecteur : ny du Heros que i'ay voulu loüer ; ny de l'action que i'ay entrepris de descrire.

La seconde est, qu'ayant dit au commencement de ce Discours, que le Poëme Epique & les Romans ont beaucoup de raport ; quelqu'vn pourroit remarquer, qu'Heliodore, Athenagoras, & tous les autres Autheurs Grecs, qui ont composé de cette sorte d'Ouurages ; comme ceux de Daphnis & de Cloé ; de Clitophon & de Leucipe ; croisent d'abord les Matieres : & commencent leur narration par le milieu de l'Auanture, & non pas par son commencement comme mon Poëme. Ie l'auouë, Lecteur : mais aussi faut-il que vous aduoüyez en mesme temps, qu'Homere dans l'Iliade, s'estant proposé de chanter la colere d'Achille ; & dans l'Odyssée les trauaux d'Vlysse ; fait naistre cette colere, & commencer ces trauaux, dés le desbut de ces deux Poëmes : & ne fait apres que les poursuiure, tant que l'vn & l'autre Ouurage dure. Virgile a fait ce qu'a fait Homere ; Lucain a fait ce qu'a fait Virgile ; & i'ay fait ce que ie leur ay veu faire à tous trois. L'on voit bien que ce n'est pas vne chose que i'ignore, puis que ie me l'ob-

PREFACE.

jecte moy-mesme, & que i'ay fait voir que ie la sçay, par mon Bassa & par mon Cyrus : mais c'est que quoy que l'Ariosthe & le Tasse n'ayent pas pris entierement la mesme route, ayant pour moy mes Maistres & les leurs, i'ay pû du moins regarder la chose comme indifferente : & prendre le chemin que i'ay creu le plus droit, pour arriuer où ie voulois aller. Car il ne faut pas qu'on m'objecte, qu'en diuers endroits de ces Poëmes Grecs & Latins, on parle des choses passées : puis que toutes ces Narrations ne sont que des embellissemens Episodiques, qui ne sont point ce que ces fameux Poëtes ont promis de chanter. L'on peut voir de mesme dans le mien, ces mesmes choses passées, dans la description du desreglement de Rome : mais m'estant proposé de celebrer la prise de cette fameuse Ville, tout ce que i'ay dit en suite tend à ce but : & ie ne m'arreste point, que ie n'y sois paruenu.

La troisiesme est, que le Tasse n'a point mis l'amour en la personne du Heros, comme ie la mets en celle d'Alaric. I'ignore veritablement, pourquoy ce Grand homme en a vsé de cette sorte : mais ie sçay bien que i'ay pour moy contre luy, Homere, Virgile, le Boyardo, l'Ariosthe, & tous les autres : & qu'apres de si Grands Exemples, ie ne dois pas craindre d'auoir failly. L'amour honneste, est proprement le feu d'Hercule, qui en le consumant le fit Dieu : &

comme

PREFACE.

comme l'a dit fort elegamment Gueuarre, l'vn des plus beaux Esprits de toute l'Espagne; *Arde y no quema; alumbra y no dañā; quema y no consume; resplandece y no lastima; purifica y no abrasa; y aun calienta y no congoxa*: & ie crois que cette noble passion, n'empeschera pas qu'on ne puisse dire d'Alaric, ce qu'Homere a dit d'vn autre Prince,

Βασιλεύς τ' ἀγαθὸς, κρατερός τ' αἰχμητής.

La quatriesme est, qu'il y a quelque leger raport de mon Episode du Lusitanien, & de la belle Sauuage des Lapons, auec celuy d'Olinde & de Sophronie du Tasse: puis qu'ils veulent mourir l'vn pour l'autre, comme ces Amants de Hierusalem: & quelque ressemblance encore en deux ou trois endroits, entre mon Poëme & quelques autres. Mais à cela ie responds deux choses: l'vne, qu'il est certaines notions vniuerselles qui viennent à tout le monde: & l'autre, que s'il faloit condamner vn Autheur pour l'imitation, il les faudroit condamner tous. En effet, l'Eneide n'est presques partout, qu'vne Copie de l'Iliade: par exemple, la mort de Turnus, causée par le Baudrier de Pallas, qu'Enée reconnoist, est vne imitation de la mort d'Hector, causée par les Armes d'Achille, qu'il auoit ostées à Patrocle. La Camille du celebre Mantuan, doit sa naissance à la Pentasilée du fameux Grec: & la Bradamante & la Marphise du Ferrarois, ne sont que les Images de ces premieres.

PREFACE.

Le commencement des Metamorphoses d'Ouide, est celuy de la Genese: l'Alcine & l'Armide de l'Ariofte & du Taffe, font des Portraits de la Circé: Olinde & Sophronie, dont ie viens de parler, ont leur premiere idée en la perfonne de Nife & d'Vriale du Poëte Latin, & en celle du Medor de l'Ariofte: Olympe & Armide n'ont efté abandonnées de leurs Amants, qu'apres qu'Ariadne l'a efté du fien. Cette Armide a pris mot à mot de Didon tout ce qu'elle dit à Renaud quand il la quitte, & toutes les imprecations qu'elle pouffe quand il l'a quittée. Le Perfée & le Pegafe de l'ancienne Fable, ont fait l'Aftolphe & l'Hypogriphe de la nouuelle: la tefte de Medufe a fait le fatal Bouclier d'Atlant : & ie ne doute point qu'Homere luy-mefme, n'euft pris beaucoup de chofes des Egyptiens, parmy lefquels il eftoit allé eftudier. Mille autres raports auffi iuftes que ceux-cy, font veus dans tous les Efcriuains celebres: & il y a defia bien des Siecles, que Salomon difoit qu'il n'y auoit rien de nouueau fous le Soleil. Mais i'adjoufte à la force de tant d'Exemples, que fi le Lecteur examine bien cét Epifode; ces autres endroits; & la maniere dont ie les ay traitez; il les verra fort differens des autres : & il fera contraint d'auoüer, que fi la Matiere n'eft pas toute mienne (ce que ie ne concede pas) la Forme l'eft abfolument. Le Marin difoit, que prendre fur ceux de fa Nation,

PRÉFACE.

c'eſtoit larcin : mais que prendre ſur les Eſtrangers, c'eſtoit conqueſte, & ie penſe qu'il auoit raiſon. Nous n'eſtudions que pour aprendre : & nous n'aprenons que pour faire voir que nous auons eſtudié. Celuy qui a fait des Annotations ſur la Hieruſalem du Taſſe, a creu luy faire honneur, en faiſant remarquer dans ſon Poëme, deux ou trois mille endroits imitez de diuers Autheurs : & les Commentateurs de Petrarque & de Ronſard, ont auſſi fait la meſme choſe. Neantmoins comme ie ſçay que l'inuention eſt plus aprouuée que l'imitation, ie ne me ſuis ſeruy que rarement de cette derniere : & quoy que peu de Gents ayent plus leu que moy ; & qu'il me fuſt ayſé de paraphraſer, ou de traduire, puis que i'auois dans mon Cabinet, tout ce qui eſt digne d'eſtre paraphraſé, ou traduit ; ie l'ay peu fait, parce que ie le trouuois trop facile à faire. Les Doctes remarqueront bien ſans doute, quelques endroits imitez d'Homere, de Virgile, d'Ouide, d'Horace, & de Lucain : mais ie n'en ay pas abuſé : & ſi i'ay pris quelque choſe dans les Grecs & dans les Latins, ie n'ay rien pris du tout dans les Italiens, dans les Eſpagnols, ny dans les François : me ſemblant que ce qui eſt eſtude chez les Anciens, eſt vollerie chez les Modernes.

La cinquieſme eſt, que comme l'orgueil des Grecs & des Romains, traitoit toutes les Nations de Barbares, & la noſtre comme les autres ; quelque Pedant

PREFACE.

respectant encore cét orgueil, trouuera peut-estre mauuais, que i'aye esté chercher parmy les anciens Goths, l'idée d'vn Prince accomply: mais puis qu'vn Grec l'a bien esté chercher parmy les Persans, ie puis bien la trouuer parmy les Vandales : & le dernier Roy de Suede ; & la Grande Reyne qui luy a succedé ; nous font bien voir que les Heros & les Heroïnes, peuuent naistre par tout, & qu'ils n'ont point de Climast affecté. Veritablement si ie n'auois pour m'authoriser, que l'Exemple de l'Autheur de l'Aquilée, qui a pris pour son Heros Atila Roy des Huns, surnommé le Fleau de Dieu ; ou pour mieux dire, qui l'a pris sans le penser prendre, si nous en croyons la premiere Stance de son Poëme ; quoy que ce soit vn homme d'esprit, & que son Ouurage soit digne d'estime, ie doute si cela suffiroit : mais puis que le Grand Virgile a pris vn Phrygien pour son Heros, il m'est bien permis de prendre vn Goth pour le mien : car les Phrygiens n'estoient pas plus fauorablement traitez de la vanité Romaine, que tous les autres Peuples de la Terre. Ie sçay bien qu'on me respondra, que ç'a esté parce qu'Enée estoit le Fondateur de la Grandeur de Rome plutost que Romule, & parce qu'il estoit l'Ancestre d'Auguste : mais à mon aduis, cela ne suffiroit pas pour excuser le Poëte Latin s'il auoit failly : car l'interest de son Païs, ne luy donneroit pas le pouuoir de violler les

PREFACE.

Regles Epiques : & si vn Phrygien n'estoit pas propre à faire vn Heros, le sien ne passeroit iamais pour cela, quoy que les Cesars fissent gloire de se dire descendus de sa Race : & quoy que ce Diuin Poëte ait fait mesme descendre son Enée de Dardanus, Originaire d'Italie ; puis que malgré tout cela, il estoit Asiatique. Mais la verité est, que Virgile n'a point fait de faute, ny que ie n'en ay point fait pour ce regard, non plus que luy : estant certain que la vertu Heroïque, se peut aussi bien trouuer au bord de la Mer Balthique, qu'au bord de la Mer Ægée, ou qu'au bord du Tybre : comme toute l'Europe le voit, par les deux Grands Exemples que i'ay raportez.

La sixiesme est, que ie donne des Rames aussi bien que des Voiles, aux Vaisseaux comme aux Galeres, ce que l'on ne voit pas maintenant en nos Mers : mais ceux qui sçauent l'Antiquité, n'ignorent pas qu'autresfois les Nauires se seruoient des vnes & des autres : & qu'ainsi ie n'ay fait en cela que ce que ie deuois faire : puis que l'Histoire nous fournit mille Exemples de ce que ie dis : & que presentement encore aux Mers du Leuant, les Barques vont souuent ainsi.

La septiesme me peut estre faite, par le dernier Commentateur de la Poëtique d'Aristote : qui apres auoir condamné les Femmes vaillantes, trouuera

PREFACE.

sans doute mauuais que i'en introduise deux dans mon Poëme. Mais quoy que ie l'estime beaucoup, ie ne sçaurois le craindre en cette rencontre: puis que mes Guerrieres sont secondées de la Penthasilée d'Homere; de la Camille de Virgile; de la Marphise, & de la Bradamante de l'Arioste; & de la Clorinde du Tasse. Que si les Heroïnes des Fables ne suffisent pas pour le vaincre; ie luy mettray encore en teste celles de l'Histoire: Iudith, Zénobie, & toutes les Amazones: qui au milieu des Camps & des Armées, ont conserué leur pudeur, & leur reputation toute entiere. Il se souuiendra mesme s'il luy plaist, que i'ay vn auantage particulier en cette rencontre: puis que non seulement l'Antiquité a veu deux Reynes des Goths à la Guerre, ie veux dire Thomyris & Amalasonthe, Fille de Theodoric: mais que Iean & Olaüs Magnus Suedois, nomment encore dans leurs Histoires plusieurs autres Dames de leur Nation, qui ont esté parmy les Armes : & qui ont tesmoigné auoir beaucoup de valeur, & beaucoup de modestie. Mais ie ne veux pas m'estendre dauantage sur cette Matiere : elle regarde l'illustre Autheur de la Pucelle plus que moy : & ie luy veux laisser le soin de deffendre toutes les Dames vaillantes, en deffendant sa genereuse Bergere, que cét Assaillant n'empeschera pas de Triompher tout de nouueau.

PREFACE.

La huitiefme regarde le nombre des Liures de mon Poëme: car Homere ayant fait l'Iliade & l'Odyffée, de vingt-quatre Liures chacune, il femble que comme il eft le premier, il deuroit eftre la Regle de tous les autres. Cependant aucun ne l'a fuiuy en cela: car l'Eneïde de Virgile n'eft que de douze: la Thebaïde de Stace de douze encore: la Pharfale de Lucain de dix: le Poëme de Silius Italicus de dix-fept: le Roland du Boyardo de trois, diuifez en foixante & huit Chants: celuy de l'Ariofte de quarante-fix: la Hierufalem deliurée du Taffe, de vingt: & l'Adonis du Marin de vingt encore: & ainfi de tous les autres. De forte que voyant la chofe toute incertaine, & par confequent indifferente; i'ay fait mon ALARIC de dix Liures, parce que ce nombre m'a efté plus propre qu'aucun autre.

La neufiefme regarde certains termes propres des Arts, de la Guerre, de la Nauigation, & de la Chaffe, dont ie me fuis feruy dans cét Ouurage, & qui ne feront peut-eftre pas entendus de tout le Monde: i'y ay fongé en les employant: & vous n'en pouuez pas douter, Lecteur, puis que ie me les objecte moy-mefme, auant que vous les ayez veus. Mais à vous dire les chofes comme elles font, i'ay creu qu'il eftoit plus iufte, que ceux qui ne les fçauront pas, fe donnent la peine de les aprendre; que de m'expofer à me faire mocquer de moy par ceux qui les fçauent, en

PREFACE.

parlant mal d'vne Matiere que ie dois sçauoir, puis que i'entreprens d'en parler. Tous ceux qui lisent les Buccoliques & les Georgiques, n'entendent pas ce qu'elles disent du mesnage de la Campagne: tous ceux qui voyent dans l'Eneïde, Eurus, Notus, & Africus s, ne sçauent pas de quel costé ces Vents soufflent: & cependant Virgile n'est pas coupable, d'auoir escrit comme il a fait. Il y a mille endroits dans ce Poëte & dans Homere, qui ne sont entendus que par les Sçauans: & c'est à ceux qui lisent à le deuenir, & non pas à ceux qui escriuent à cesser de le paroistre. Veritablement ie n'aurois garde d'aller employer la moitié de mon Ouurage, comme ont fait Athenagoras & Polyphile, à nommer toutes les lignes & toutes les dimensions de l'Architecture, depuis les fondemens iusques au faiste d'vn Bastiment, parce que cela seroit ennuyeux. Mais en vsant moderement comme i'ay fait, ie pense estre demeuré dans des bornes raisonnables: & n'auoir pas donné lieu à la Critique, de me censurer là dessus. Neantmoins en faueur de ceux qui n'entendront pas ces mots dont ie parle, le Lecteur les pourra voir expliquez à la fin de cette Preface.

La dixiesme objection, ie l'aduouë, est vn peu plus difficile à repousser que les neuf autres: car enfin Alaric, quoy que Chrestien, estoit de Secte Arrienne: & il semble, puis que la pieté est la premiere

vertu

PREFACE.

vertu que Virgile attribuë à son Enée, qu'il y ait quelque chose à desirer à mon Heros, de qui la croyance n'estoit pas bien orthodoxe. Mais ie n'ay pas creu que cét obstacle fust inuincible : car outre que le soin qu'eut Alaric à la prise de Rome, de conseruer toutes les Eglises, & tous les Vases sacrez, fait voir qu'il auoit de bons sentimens de nostre Religion ; quelque chose de plus fort, deliure absolument mon esprit de toute sorte de scrupule.

En effet, Cyrus, dont i'ay tâché de faire reuiure l'illustre memoire, bien loin d'estre Iuif, ny de nostre Religion, qui n'estoit pas encore establie, estoit Payen : cependant escoutez comment vn Prophete parle de luy : ou plutost comme Dieu en parle par la bouche de ce Prophete. *Hæc dicit Dominus Christo meo Cyro* (fait dire à Dieu Isaïe) *cuius apprehendi dexteram, vt subijciam ante faciem eius gentes, & dorsa Regum vertam, & aperiam coram eo ianuas, & portæ non claudetur. Ego ante te ibo : & gloriosos Terræ humiliabo : portas æreas conteram, & vectes ferreos confringam. & dabo tibi Thesauros absconditos, & Arcana secretorum.* Isaïe en diuers autres lieux de ses Propheties, parle de ce Conquerant de la mesme sorte : & trois autres Prophetes, comme ie l'ay dit ailleurs, font plutost son Panegyrique qu'ils ne le predisent. Mais de peur qu'on ne croye que ie veüille faire le mien, en feignant de vou-

PREFACE.

loir faire mon Apologie, ie ne vous diray plus rien, Lecteur : & ie vay vous laisser la liberté de iuger de mon Poëme.

Ce ne sera toutesfois qu'apres que i'auray prié ceux de la Nation Suedoise, pour la reputation de laquelle, apres celle de leur incomparable Reyne, ie viens d'acheuer ce long trauail ; s'ils y trouuent par hazard quelque erreur en la Geographie de leur Païs, ou en la description des choses ; de n'en accuser que mes Globes, mes Carthes, & mes Liures, qui sont les seuls Guides que i'ay pû suiure, & sur la foy desquels il m'a falu reposer : n'ayant iamais esté en Suede, bien que i'aye esté dans la plus grande partie de l'Europe.

Au reste, m'estant creu obligé, en parlant des Conquestes du Grand Gustaue, de rendre iustice au merite & à la valeur de ceux qui luy ont aydé à les faire, ie n'ay pas manqué de m'acquiter de ce deuoir : & de tous ceux dont l'Histoire a marqué les Noms, ie ne pense pas en auoir oublié aucun. Que si par malheur il y a quelque homme de condition en Suede, ou parmy la Nation Alemande, à qui les Relations que nous auons de cette Guerre, ayent fait iniustice, en suprimant ses belles actions ; ie le prie, ou ceux de sa Maison, s'il est mort, de ne m'imputer pas cette faute : & de croire que n'ayant point de plus grande

PREFACE.

ioye, que celle de loüer la vertu ; ie n'aurois pas refusé vn si iuste Tribut à la sienne, si elle m'auoit esté connuë.

Pour l'ordre où ie nomme ces Hauts Officiers, ie ne le prens, ny de leur Naissance ; ny de leurs Charges ; ny de leurs Exploits : & ie les celebre dans mon Poëme les vns apres les autres, à mesure que l'Histoire me les monstre : & dans le mesme temps, & dans les mesmes lieux où elle les met.

Mais pour m'acquitter de ma promesse, voicy l'explication de quelques mots que tout le monde n'entendroit pas.

L'Antenne est vn long bois où la Voile d'vn Vaisseau est attachée.

La Hune est comme vn grand Panier qui est au haut du grand Mast d'vn Nauire.

La Quille est vn bois courbé, qui est au plus bas d'vn Vaisseau.

Vn Calfateur est celuy qui met de l'Estoupe dans les iointures des Planches d'vn Nauire.

Le Spalme est le Suif dont on frote par dehors le bas d'vn Vaisseau.

La Pauesade est vne large Bande d'Estoffe rouge, que l'on met tout à l'entour des Nauires lors qu'ils vont combatre, & qui sert à couurir les Soldats.

PREFACE.

La Sauorne est vn amas de Sable ou de Cailloux, que l'on met au fond des Vaisseaux pour en faire le contre-poids.

Le fond de Cale est le plus creux d'vn Nauire.

Amare est vn terme de Marine, qui veut dire attache.

Radouber, veut dire racommoder en langage de Marinier.

Sarper, veut dire voguer à la Marine du Leuant.

Hysse, veut dire tire, selon l'vsage des Matelots.

Pouge, veut dire destourne, au mesme langage.

Cale, veut dire abaisse, en termes de Mariniers.

Monte son Vaisseau, est vne façon de parler de la Mer, qui veut dire monte sur son Vaisseau.

Le Mode est vn terme de Musique, qui veut dire la maniere du Mouuement.

La Fugue est vne suite de Nottes d'vne mesure subite, & d'vne cadence precipitée.

Il y a encore quelques autres termes propres de diuers Arts dans cét Ouurage: mais comme ils sont plus generalement connus que ceux-cy, ie n'ay pas iugé qu'il fust necessaire de les marquer: & cette Preface estant des-ja d'vne assez iuste lon-

PREFACE.

gueur, il eſt temps que ie vous laiſſe paſſer de la Proſe aux Vers, ſi vous me faites la faueur de les vouloir lire : car pour les fautes d'impreſsion, i'en ay ſi peu remarqué, qu'elles ne meritent pas que ie vous en faſſe excuſe : & quand vous en verriez que ie n'aurois pas veuës, ie vous crois trop iudicieux pour me les attribuer.

PRIVILEGE DV ROY.

OVIS PAR LA GRACE DE DIEV ROY DE FRANCE ET DE NAVARRE : A nos Amez & Feaux Conseillers, les Gents tenans nos Cours de Parlement, Maistres des Requestes ordinaires de nostre Hostel, Baillifs, Seneschaux, Preuosts, leurs Lieutenans, & tous autres de nos Iusticiers & Officiers qu'il appartiendra, Salut. Nostre cher & bien-amé le Sieur de Scudery, Gouuerneur de nostre Chasteau de Nostre-Dame de la Garde en Prouence, & Capitaine entretenu sur nos Galeres, Nous a fait remonstrer qu'il a composé vn Poëme Heroïque, intitulé ALARIC, ou ROME VAINCVE, lequel il a dessein de mettre en lumiere auec des Figures dessinées & grauées par les meilleurs Maistres qui soient auiourd'huy, pour le rendre plus digne de la Dedicace qu'il pretend en faire à la Serenissime Reyne de Suede, nostre tres-chere & tres-amée bonne Sœur, Cousine & Alliée, qui par ses rares vertus, & ses liberalitez Royales, attire l'admiration & les vœux des personnes d'esprit & de sçauoir, de toutes les parties de l'Europe. Mais parce que cela ne se peut faire sans grands frais, tant pour l'impression que pour les Figures, il nous a tres-humblement fait supplier de luy accorder nos Lettres necessaires, pour empescher qu'il ne soit contrefait en ce Royaume, & qu'on ne l'y

exposé en vente, en cas qu'il fust contrefait ailleurs. A CES CAVSES, & desirant fauorablement traiter l'Exposant, qui apres s'estre signalé par diuerses actions de valeur & de courage, durant plus de vingt ans qu'il a passez dans les Armées pendant le regne du feu Roy nostre tres-honoré Seigneur & Pere, tant sur Terre que sur Mer, en France & aux Païs Estrangers, où il a eu des commandemens & des Charges honnorables, s'est depuis quelque temps retiré de ce penible exercice, & dans vn genre de vie plus tranquile, a fait voir par vn tres-grand nombre de belles productions de son esprit, qu'il n'est pas moins nay pour les Lettres que pour les Armes. Nous luy auons permis par ces presentes de faire imprimer, vendre & debiter en tous les lieux de nostre obeïssance, ledit Poëme Heroïque, intitulé ALARIC, ou ROME VAINCVE, & ce par tel Imprimeur ou Libraire qu'il voudra choisir, & en telles marges, en tels carracteres, & autant de fois que bon luy semblera, durant l'espace de vingt ans, à compter du iour qu'il sera acheué d'imprimer pour la premiere fois. Et faisons tres-expresses deffenses à toutes personnes, de quelque qualité & condition qu'elles soient, de l'imprimer, faire imprimer, vendre ny distribuer en aucun lieu de nostre obeïssance, sans le consentement de l'Exposant, ou de ceux qui auront droit de luy, ny d'en extraire aucune chose, en emprunter le titre ou frontispice, ou en copier les Figures sous quelque pretexte que ce puisse estre, soit de correction, augmentation, fausses marques ou autrement, à peine de trois mille liures d'amende, payables sans deport par chacun des contreuenans, & applicables vn tiers à Nous, vn tiers à l'Hostel-Dieu de Paris, & l'autre tiers au Libraire dont l'Exposant se fera seruy, de confiscation des Exemplaires contrefaits, & de tous despens, dommages & interests; à condition qu'il sera mis deux Exemplaires dudit Poëme en nostre Bibliotheque publique, & vn en celle de nostre tres-cher & feal le Sieur Mollé, Cheualier Garde des Sceaux de France, auant que de l'exposer en vente, & que les presentes seront registrées gratuitement dans les Registres de la Communauté des Libraires de nostre bonne Ville de Paris, à peine de nullité d'icelles; du contenu desquelles nous voulons & vous mandons, que vous fassiez iouïr plainement & paisiblement l'Exposant, ou ceux qui auront son droit, sans souffrir qu'il leur soit donné aucun empeschement. VOVLONS aussi qu'en mettant au commencement ou à la fin dudit Poëme, vn Extrait des presentes, elles soient tenuës pour deuëment signifiées, & que foy y soit adjoustée, & aux copies collationnées par vn de nos

Amez & Feaux Conseillers & Secretaires, comme à l'original. MANDONS au premier nostre Huissier, ou Sergent sur ce requis, de faire pour l'execution d'icelles tous Exploits necessaires, sans demander autre permission. CAR tel est nostre plaisir. Nonobstant oppositions ou appellations quelconques, & sans preiudice d'icelles, pour lesquelles nous ne voulons qu'il soit differé, & dont nous nous sommes reseruez la connoissance, la renuoyant dés à present comme pour lors, pardeuant nos Amez & Feaux Conseillers, les Maistres des Requestes ordinaires de nostre Hostel, en leur Auditoire du Palais à Paris, & nonobstant aussi Clameur de Haro, Chartre Normande, & autres Lettres à ce contraires. DONNÉ à Paris le quinziesme iour de Decembre, l'an de Grace mil six cens cinquante-trois. Et de nostre Regne l'onziesme. Par le Roy en son Conseil, CONRART. Et scellé du grand Sceau de cire iaune sur simple queuë.

Et ledit Sieur DE SCVDERY a cedé son droit du Priuilege cy-dessus, à AVGVSTIN COVRBE' Marchand Libraire à Paris, suiuant l'accord fait entr'eux.

Acheué d'imprimer pour la premier fois, le 2. Mars, 1654.

Les Exemplaires ont esté fournis, ainsi qu'il est porté par le Priuilege.

Regiſtré ſur le Liure de la Communauté, le 5. Feurier 1654. ſuiuant l'Arreſt du Parlement du 8. Auril 1653.

ALARIC,
OU
ROME VAINCUË.

LIVRE PREMIER.

E chante le Vainqueur des Vainqueurs
    de la Terre,
Qui sur le Capitole osa porter la guerre,
Et qui fut renuerser, par l'effort de ses
    mains,
Le Throsne des Cesars, & l'orgueil des Romains.
L'Inuincible Alaric, ce Guerrier heroïque;
Qui s'esloignant du Nort, & de la Mer Balthique,
Fit trembler l'Apennin, au bruit de ses Exploits;
Fit gemir sous ses Fers, la Maistresse des Rois;
Vangea de mille affronts les Peuples & les Princes;
Fit seruir à leur tour les Tyrans des Prouinces;

A ij

Et qui ſur l'Auentin plantant ſes Eſtendarts,
Triompha glorieux au noble Champ de Mars.

   Toy qui luy fis dompter cette ſuperbe Ville,
Auſſi bien qu'à ſon bras donne force à mon ſtile;
Eſgale, s'il ſe peut, Autheur de tous les biens,
Ma Plume à ſon Eſpée, & mes Lauriers aux ſiens.
Que ie ſçache ſes faits, comme ceux qui les virent;
O Dieu reuele moy, quels Peuples le ſuiuirent;
Quels furent les combats, qu'il luy falut donner;
Quelle fut la valeur, que ie vay Couronner;
Quels aſſauts ſouſtint Rome, auant qu'elle fuſt priſe;
Enfin tout le progrés, de ſa Haute Entrepriſe;
Eſclaire mon eſprit, du feu qui l'eſchauffa;
Et fais moy triompher, ainſi qu'il triompha.

   Et toy belle Amazone, à qui les Deſtinées
Deuroient auoir ſoumis cent teſtes Couronnées;
Toy de qui le renom volle de toutes parts,
Auſſi haut, auſſi loing, que celuy des Cezars;
Toy nouuelle Minerue, aux Arts ſi bien inſtruite;
Toy nouuelle Pallas, qui remis l'Aigle en fuite;
Fille du Grand GVSTAVE, & qu'on voit aujourd'huy,
Par cent rares vertus, fille digne de luy.
CHRISTINE, l'ornement du Grand Siecle où nous ſommes,
Reyne qu'on voit regner au cœur de tous les hommes;
Princeſſe incomparable, eſcoute dans mes Vers,
Comment tes Deuanciers, dompterent l'Vniuers:
Ie dis le Monde entier; ie dis la Terre & l'Onde;
Car vaincre les Romains, c'eſt vaincre tout le Monde:

Puis qu'on leur vit porter leur Aigle & leurs Combats,
De leur Tibre fameux, iufqu'aux derniers Climats.
Vois tirer de l'oubly, cette efclattante Hiftoire:
Mais crois que mes Labeurs, ont pour objet ta gloire:
Et qu'en tous mes Efcrits, comme en tous mes propos,
Ie fonge à l'HEROINE, auffi bien qu'au HEROS.

    Rome degenerant de fa Grandeur antique,
N'auoit plus la fplendeur qu'auoit la Republique;
Ni le folide appuy des Armes & des Loyx,
Qui la fit redouter lors qu'elle auoit des Roys.
Des premiers des Cefars la valeur indomptable,
Eftoit mal imitée, ainfi qu'inimitable:
Iule, Augufte, & Trajan, en leurs nobles trauaux,
Parmy leurs Succeffeurs n'auoyent plus de Riuaux.
Tous ces Grands Empereurs que l'Hiftoire reuere,
Tite, Vefpafian, Alexandre Seuere,
Le fçauant Marc Aurelle, & le fage Antonin,
Parmy leurs grands Tombeaux, gardoient leur Grand Deftin.
Aucun nouueau Phœnix ne fortoit de leur cendre:
Rome au lieu de monter, acheuoit de defcendre:
L'Empire diuifé, paroiffoit affoibly,
Et perdoit tout l'efclat qui l'auoit ennobly.
Arcade en Orient aqueroit peu d'eftime;
Son Frere en Occident eftoit peu magnanime;
Et ces Maiftres du Monde, accablez fous le faix,
Achetoyent lafchement vne honteufe paix;
Deuenoyent à leur tour Efclaues volontaires,
En payant des Tributs, mefme à leurs Tributaires;

Et des bouts de la Terre, où l'Aigle auoit volé,
On venoit requerir son butin signalé.
Rome, de qui cent Roys auoient porté les chaisnes,
A peine commandoit aux Prouinces prochaines:
Et toute sa puissance, en ses plus grands efforts,
A peine estoit encor l'ombre de ce grand corps.
La molle Volupté de la Grece domptée
Surmontoit la valeur qui l'auoit surmontée:
Et regnant à son tour sur ces illustres cœurs,
Les vices des vaincus, triomphoyent des vainqueurs.
L'Aigle qui fut long-temps plus craint que le Tonnerre,
N'osoit plus s'esleuer, & voloit terre à terre:
Et ce superbe Oyseau, loing des essors premiers,
Se cachoit tout craintif dessous ses vieux Lauriers.
Le foible Honorius confiné dans Rauenne,
N'estoit d'vn Empereur que la chimere vaine:
Et s'il vouloit agir pour le Peuple Romain,
Le Sceptre trop pesant luy tomboit de la main.
Le Senat n'auoit plus de Sages ni de Braues;
Il estoit composé d'Affranchis & d'Esclaues,
Que la Fortune aueugle esleuoit en ce rang,
Plutost que la vertu, ni que le noble sang.
La Majesté des Loix paroissoit mesprisée;
Par cent diuers Tyrans Rome estoit maistrisée;
Les puissans oprimoient le foible impunément;
Et l'on ne vit iamais vn tel desreglement.
Dans ce Siecle de fer les Muses desolées,
Comme Ouide autrefois se voyoient exilées,

Apres auoir souffert vn indigne mespris,
Et l'ignorance crasse offusquoit les esprits.
Chacun s'abandonnoit aux passions brutales;
La terre eust deub s'ouurir pour toutes les Vestales;
La Vertu receuoit cent outrages mortels,
Et le crime insolent alloit iusqu'aux Autels.
La vanité, l'orgueil, la fourbe, l'impudence,
Le luxe, les plaisirs, la paix, & l'abondance,
Auoient si fort changé la Reyne des Citez;
Auoient si fort changé ses bonnes qualitez;
Là faisoient à tel poinct toute vne autre paroistre,
Qu'on cherchoit Rome en Rome, & sans la reconnoistre:
Et dans ces facheux temps, si honteux aux Humains,
On voyoit des Romains, qui n'estoient plus Romains.
Du haut de l'Empirée, où Dieu regne en sa Gloire;
Où des faits des Mortels il garde la memoire;
Où de leurs actions il iuge en equité;
Il voit ce grand desordre, & le voit irrité.
Quoy, dit-il, cette Ville en vertus si feconde,
L'Arbitre de la Terre, & la Reyne du Monde,
Elle que ie comblé de richesse & d'honneur,
Trouue son infortune en son propre bonheur;
Abuse ingratement de l'excés de mes graces;
De ses Grands Fondateurs suit mal les belles traces;
S'abandonne à tout vice, & tombe en vn moment,
Du faiste de la gloire en cét abaissement!
Son Aigle perd les yeux dans sa propre lumiere;
Il ne luy souuient plus de sa Grandeur premiere;

Il ne luy souuient plus que pour elle ie fis
Du Throsne des Cezars, le Throsne de mon Fils;
Que glorieuse en paix, que glorieuse en guerre,
Ie la rendis deux fois la Reyne de la Terre;
Et que pour l'esleuer, i'ay fait voir par deux fois,
A ses superbes pieds les Couronnes des Rois.
L'ingrate me refuse vn Tribut legitime;
Elle prefere à moy, l'Idole de son crime;
Et Rome l'insensee en ses affections,
Se fait autant de Dieux qu'elle a de passions.
Mais il la faut payer, & mesme auec vsure:
Ma longue patience a comblé la Mesure;
Le temps du chastiment est tout prest d'arriuer;
Et ie m'en vay la perdre, afin de la sauuer.
Il faut que dans le mal que ma main luy destine,
Elle reuienne à soy, l'insolente Mutine:
Et que si ma bonté m'a fait perdre son cœur,
Ie le retrouue enfin par ma iuste rigueur.
Oüy, superbe Cité que l'on voit si changée,
Tu vas estre punie, & ma gloire vangée:
I'ay desia pris la Foudre, & tu la vas sentir;
Ie le iure, dit-il, & sans m'en repentir.
A peine a-t-il formé ces terribles paroles,
Que la Terre s'esmeut, & tremble sur ses Poles;
Que l'orgueil de la Mer s'abaisse en vn instant;
Et que tout l'Vniuers fremit en l'escoutant.
Là, repassant des yeux les Celestes Phalanges,
L'Eternel va choisir dans les neuf Chœurs des Anges,
L'Ange

L'Ange à qui sont commis tous les Peuples du Nord,
Et luy parle en ces mots d'vn ton encor plus fort.
Volle, volle, mais tost, sans que rien te retarde,
Vers ces Climats glacez, que i'ay mis sous ta garde :
Va trouuer Alaric, & dis luy de ma part,
Que la Gloire l'apelle, & qu'il songe au depart.
Que c'est aux bords du Tibre où l'attend cette Gloire;
Et que Rome est enfin l'objet de sa Victoire :
Qu'il y vange les Goths des outrages souffers;
Qu'il la fasse gemir, & sous ses propres Fers;
Que de tous ses faux Dieux, il renuerse les Temples;
Et de l'ire du Ciel laissant de grands exemples,
Qu'il renuerse à la fois, malgré tous ses efforts,
Les Palais des viuants, & les Tombeaux des Morts.
Qu'il l'accable en vn mot, sous ses propres Murailles,
Certain de Triompher par le Dieu des Batailles :
C'est moy qui vois la fin des projects importans :
C'est moy qui fais le sort de tous les Combatans :
Qu'il suiue aueuglement l'ordonnance Celeste :
Qu'il marche seulement, & ie feray le reste :
Ie connois ton amour, & i'en suis satisfait;
Rends toy digne du mien, & du choix que i'ay fait.
L'Ange exterminateur de l'ingratte Italie,
Se prosterne à ces mots, s'abaisse, & s'humilie :
Comme si cét Esprit aussi Grand qu'esclairé,
Rentroit dans le neant, d'où sa main l'a tiré.
Il part, il sort d'vn lieu qui seul est souhaitable;
Que seul on doit aimer ; & qui seul est aimable;

B

Mais son Maistre l'ordonne, & ce luy sont des Loix,
Que les moindres accens, de la Diuine voix.
Dans le plus pur de l'Air, cét Ange de lumiere,
Pour se faire vn beau Corps, prend sa belle Matiere:
Et cét Ouurier adroit, qui tousiours reüssit,
L'assemble en vn instant; la presse; & l'espaissit.
De l'Or de la Nuée, il fait sa cheuelure;
D'vn Azur pris au Ciel, ses yeux ont la teinture;
L'incarnat de l'Aurore, esclatte dans son teint;
Et de ces trois Couleurs, tout son Plumage est peint.
Du blanc de cette Nuë, est sa Tunique blanche;
D'vn Pourpre ardent & vif, il est ceint sur la hanche;
Son Escharpe volante, est d'vn jaune doré;
Et rien n'est veu si beau que l'Ange ainsi paré.
Tous ses traicts sont Diuins, & sa taille est Diuine;
Son air Majestueux, marque son Origine;
Et de l'Esprit tout pur, l'immortelle clarté,
Brille sur ce beau Corps, bien qu'il l'ait emprunté.
Alors trouuant dans l'Air, vne inuisible voye,
Il fond en battant l'Aisle, où son Maistre l'enuoye:
Et tel que le Faucon, qui se des-robe aux yeux,
Ce Diuin Messager semble tomber des Cieux.
Au de là des Confins de la Mer Germanique,
Birch, Ville Capitale, & Noble comme antique,
Esleuoit ses hauts Murs, artistement bastis,
Dans vn froid Marescage, & sur des Pilotis.
Là se vit vn Palais, d'eternelle Structure,
Qui bien qu'irregulier en son Architecture,

Fut pourtant magnifique, & d'vn si Grand aspect,
Que sans Ordre & sans Art, il donnoit du respect.
Des Masses de Rocher en Colomnes changées,
Au front du Bastiment superbement rangées,
Sur leurs gros Chapiteaux, d'esclatante splendeur,
Soustenoient la Corniche, enorme en sa grandeur.
L'Ordre Corinthien, le Tuscan, le Dorique,
Et tous les cinq enfin y cedoient au Gothique;
A peine y voyoit-on la Regle & le Niueau,
Cependant ce Palais estoit Grand, riche, & beau.
Il portoit dans le Ciel des Tours ambitieuses;
Des Escaliers voûtez; des Sales spacieuses;
Et des Lambris dorez, à grands Compartimens,
Où des Festons de Fleurs pendoient comme ornemens:
Mais de telle grosseur qu'on ne pouuoit comprendre,
Veu leur nombre & leur poids, qui les pouuoit suspendre.
Là, demeuroit alors, le vaillant Roy des Goths;
L'Ange le trouua seul, & luy tint ces propos.
Prince chery du Ciel, esleue ton courage,
Et prepare ton bras à son plus Grand Ouurage:
Le Dieu de tous les Roys, ô ieune & vaillant Roy,
Veut que tu prennes Rome, & te l'aprend par moy.
Marche sans differer, puis qu'il te le commande:
Tesmoigne tout le cœur, que ce dessein demande:
Et sans t'espouuanter d'vn coup si hazardeux,
Fais Triompher les Goths, où l'on Triompha d'eux.
Là, de l'ire du Ciel laissant de tristes marques,
Fais que Temples des Dieux, & Tombeaux des Monarques,

B ij

Trebuchent pesle mesle, & par tes grands efforts,
Va renuerser l'orgueil des Viuants & des Morts.
Obeïs promptement, à Dieu qui te l'ordonne:
Et de sa propre main attends vne Couronne:
Mais riche, mais superbe, & pour tout dire enfin,
Digne de tes Exploits, & de ton Grand Destin.
L'immortel Messager auec ces mots acheue:
Le Roy baisse les yeux, & puis il les releue:
Et d'vn ton noble & fier, ce Heros glorieux,
Respond à l'Enuoyé du Monarque des Cieux.
I'attaqueray, dit-il, la redoutable Ville:
Où ie voy de l'honneur, rien ne m'est difficile:
Et quand Cezar luy-mesme, auec tous les Humains,
Deffendroit contre moy les hauts Murs des Romains,
La frayeur sur mon front ne seroit iamais peinte:
Plus ie verrois à craindre, & moins i'aurois de crainte:
Et deuant obeïr à ce commandement,
A moy soit l'Entreprise, à Dieu l'euenement.
L'Ange estant satisfait de son obeïssance,
Disparoist, & retourne à l'Eternelle Essence:
Et ce Corps lumineux, qu'il emprunta de l'Air,
Se dissoud, & remonte, aussi prompt qu'vn Esclair.
Comme on voit quelquefois les Corps mouuans des Nuës,
Presenter à nos yeux cent formes inconnuës,
Et puis dans vn moment, legerement passé,
Effacer aussi-tost ce qu'on y voit tracé:
Tel ce Diuin Fantosme eut sa Forme & son Estre,
Il fut, il ne fut plus, & cessa de paroistre.

LIVRE PREMIER.

Cependant Alaric medite en son esprit,
Sur l'ordre glorieux que le Ciel luy prescrit:
Il se flatte en luy-mesme, & s'excite à la gloire;
Il cherche le chemin qui meine à la victoire;
Il preuoit sagement les obstacles diuers,
Que son bras peut trouuer à vaincre l'Vniuers;
Il songe à surmonter ces dangereux obstacles;
Il prepare son cœur à faire des Miracles;
Il pense à des Vaisseaux; il pense à des Soldats;
Ce Grand dessein l'occupe, & ne l'estonne pas;
Les Rochers & les Vents; le Cordage & les Voiles;
Les Escueils & le Port; les Flots & les Estoiles;
Les Armes, l'Attirail, & les Munitions;
Les Machines de guerre, & mille inuentions;
Tout est dans cet esprit; tout y trouue sa place;
Enfin il songe à tout, & rien ne l'embarrasse;
Et prest d'executer l'ordre venu des Cieux,
Le plaisir de son ame esclatte dans ses yeux.
Mais comme il voit le poinct iusqu'où sa gloire monte,
L'Idole de son cœur, la belle Amalasonthe,
Reuient dans sa pensée, & luy fait mediter,
Que pour aller à Rome, il la faudra quitter.
A ce triste penser, il fremit; il soûpire;
Pour calmer sa douleur, c'est trop peu que l'Empire:
Et quel que soit l'honneur qu'on luy fait esperer,
Et quel que soit son cœur, il luy faut soûpirer.
Quoy, dit-il, tu promets de quitter ce Riuage!
Et crois-tu le pouuoir, Prince ingrat & volage?

T'es-tu bien consulté, lors que tu l'as promis?
Et le crois-tu possible, & le crois-tu permis?
Tu veux quitter l'Objet dont ton ame est rauie;
Et le pourras-tu perdre, & conseruer la vie?
Et si tu peux, ingrat, y penser seulement,
Responds à ta Raison, fus-tu iamais Amant?
Connois-tu ce que vaut cette illustre Personne?
La dois-tu balancer auec vne Couronne?
Car si tu connois bien l'Objet d'vn si beau feu,
L'Empire de la Terre est encore trop peu.
Songe, songe aux plaisirs que l'on trouue aupres d'elle;
Si son esprit est beau ; si son ame est fidelle;
Et s'il faut preferer au supréme bonheur,
Vne ombre, vne fumée, vn chimerique honneur.
Auec elle, sans rien, ton sort est desirable :
Sans elle auecques tout, tu seras miserable :
Et la Fortune mesme, auec tous ses Thresors,
Ne sçauroit te payer son esprit & son corps.
Cent fois lors que le Sceptre & le soin des Prouinces,
T'auoient comme accablé sous le fardeau des Princes;
Fardeau qui lasseroit Alcide l'indompté;
Fardeau qui n'est connu qu'apres l'auoir porté;
Vn seul de ses regards, par sa puissante amorce,
T'a rendu le courage, & restably ta force :
Vn seul de ses regards, dans ton cœur desolé,
A fait cesser ta peine, ou t'en a consolé.
Tous tes maux sont les siens ; tes plaisirs sont sa ioye;
Son cœur est satisfait, pourueu qu'elle te voye;

LIVRE PREMIER.

Le tien ne le peut eſtre, à moins que de la voir;
Et l'inclination, l'amour, & le deuoir,
La raiſon, la pitié, tout te veut aupres d'elle;
Tout te nomme Barbare, & t'apelle infidelle;
Et tu la veux quitter, & cauſer ſon treſpas!
Le ſort en eſt ietté, dit-il, ne partons pas.
Là, ce Prince s'arreſte, & repaſſe en luy-meſme,
Et les ordres du Ciel; & ſa douleur extrême;
Son ame eſt balancée entre plus d'vn ſoucy;
Il en ſoûpire encore, & parle apres ainſi.
Quel Orage s'eſmeut en ma triſte penſée?
Quelle audace eſt la tienne, ô mon ame inſenſée?
Contre l'ordre du Ciel, i'oſe deliberer,
Et contre mon deuoir, on m'entend murmurer!
Le Dieu de l'Vniuers m'apelle au bord du Tibre,
Et ie parle aujourd'huy, comme ſi i'eſtois libre!
Et ie parle aujourd'huy, comme ſi tous les Rois,
Pouuoient rien oppoſer à ſes Diuines Loix!
Quoy, i'entendray parler la Sageſſe Eternelle,
Qui voit dans l'aduenir, ce qui n'eſt veu que d'elle;
Qui ſçait ce que i'ignore, & de qui l'equité,
Me ſçauroit bien punir de ma temerité;
Et ma Raiſon aueugle, & ma Raiſon fautiue,
Contre l'ordre du Ciel, voudra que ie la ſuiue;
Voudra que ie m'eſgare, en la penſant trouuer;
Et qu'enfin ie me perde, en me croyant ſauuer!
Quoy, la Gloire m'apelle, & mon ame y reſiſte!
Quoy, ie voy le Triomphe, & l'on me peut voir triſte!

Quoy, ie voy le danger, & mon cœur n'y court pas!
Ha! s'il ne le fait point, il est foible; il est bas.
Amalasonthe est sage; Amalasonthe est belle;
Mais il la faut quitter, pour estre digne d'elle:
L'amour, comme le Ciel, veut que i'en vse ainsi;
Tout le dit; tout le veut; & ie le veux aussi.
Là son cœur s'affermit, comme il s'y determine:
Il suit aueuglement l'ordonnance Diuine:
Il la suit auec ioye, & sans plus murmurer;
Mais il ne la suit pas pourtant sans soûpirer.
Comme on voit quelquesfois, qu'apres vn grand Orage,
La Mer paroist tranquile, & fait cesser sa rage;
Mais non pas tellement, que l'œil des Matelots,
Ne reconnoisse encor quelque fureur aux Flots:
Tel paroist d'Alaric, l'incertaine pensée:
Et l'on y voit encor la Tempeste passée:
Il partira sans doute, il fera son deuoir;
Mais partir sans douleur, n'est pas en son pouuoir.
A trauers l'allegresse, on voit encor ses traces:
Ainsi que son bonheur, il preuoit ses disgraces:
Il sent qu'il est Amant, voulant estre Vainqueur,
Et l'Honneur, & l'Amour, tyrannisent son cœur.
Cependant, sans tarder, ce Prince magnanime,
Resolu d'acheuer son dessein legitime,
Assemble le Senat, afin que ses Sujets
Puissent estre informez de ses hardis projets.
Comme il est assemblé dans sa superbe Sale,
Où le Grand Amiral, & le Prelat d'Vpsale,

Prirent

Prirent tous deux le rang qu'ils y tenoient toufiours,
Alaric monte au Thrône, & leur fait ce difcours.
Vous de qui ie connois la prudence & le zele,
Illuftres Senateurs, Troupe fage & fidele,
Qui m'aydez à porter le fardeau de l'Eftat,
Auec affez de force, auec affez d'efclat.
Preftez à mes propos vne oreille attentiue:
Allumez dans vos cœurs vne ardeur Noble & viue:
Et preparez vos bras au plus hardy deffein,
Que l'amour de la Gloire ayt mis dans voftre fein.
Ce que i'ay dans l'efprit, eft au deffus de l'homme:
Tout autre trembleroit, au feul penfer de Rome:
Mais l'objet de fa crainte, eft l'objet de mes vœux;
Vous le diray-je enfin ? c'eft Rome à qui i'en veux.
Rome de qui l'orgueil tyrannifa la Terre;
Rome qui fur nos bords ofa porter la guerre;
O honteux fouuenir des outrages fouffers!
Rome qui nous vainquit, & qui nous mit aux Fers.
De la honte des Goths, allons tirer vengeance:
Oüy, faifons trébucher fa fuperbe puiffance:
Et fi nous afpirons à nous voir couronner,
Reportons luy fes Fers, afin de l'enchaifner.
Oüy, fur le mefme Char que nos Peres fuiuirent,
Faifons porter ces Fers à ceux qui les y mirent:
Des Tyrans de la Terre allons courber le front,
Et vanger l'Vniuers, en vangeant noftre affront.
Les Ramparts eternels, des Alpes qui les couurent,
N'ont rien de fi fermé, que les Grands cœurs ne s'ouurent:

C

Ce que fit Hanibal, Alaric le fera :
Et mesme plus que luy, car Rome seruira.
Secondé de vos bras, rien ne m'est impossible :
Le sommet des Rochers, par eux m'est accessible :
Et du sentier penible, enfin trouuant le bout,
Nous fondrons en Torrent, & rauagerons tout.
L'Aigle, l'Aigle superbe, apres tant de rapines,
De nos cuisans malheurs, sentira les Espines :
Et ce fameux Oyseau, foible, las, & confus,
Tombera sous nos coups, & ne vollera plus.
Mais vous diray-je tout, & qui nous fauorise ?
C'est Dieu seul qui m'engage, à ma Haute Entreprise :
Vn Ange m'est venu (i'en atteste les Cieux)
Commander de partir, & de quitter ces lieux.
A la Grandeur des Goths, ne mettons point d'obstacle :
Suiuons, suiuons la voix de ce Diuin Oracle :
Allons en Italie, où l'Honneur nous attend :
La Gloire est le seul but où tout Grand cœur pretend :
Et c'est aux bords du Tibre où l'on voit cette Gloire :
C'est là que le Triomphe acheue la Victoire :
Oüy, c'est là que vos bras se pourront signaler :
C'est là qu'est le peril, c'est là qu'il faut aller.
Il finit par ces mots, & toute l'Assemblée,
Au Grand Nom des Romains, paroist assez troublée :
Et le voyant si ferme au dessein qu'il a pris,
L'importance du fait suspend tous les esprits.
Tout le Senat obserue vn assez long silence :
Mais enfin le Prelat se faisant violence,

Et du Zele qu'il a se formant vne Loy,
Adresse la parole en ces termes au Roy.
Ie laisse à ces Grands Cœurs, ô Prince magnanime,
A iuger du dessein où leur Roy les anime:
Et ie laisse aux Prudents à disputer entr'eux,
S'il est possible ou non, qu'il luy puisse estre heureux.
Cette vaste Carriere est trop longue & trop large:
Ie me restraints, Seigneur, au deuoir de ma Charge:
Le reste, quoy que Grand, ne m'arrestera point;
Et de tout ce discours, ie ne touche qu'vn poinct.
Vous dites que le Ciel authorise vos Armes;
Qu'il demande du sang; qu'il demande des larmes;
Qu'vn Ange vous a dit que Rome va perir;
Et que c'est vostre bras qui la doit conquerir.
Prince, pensez à vous, en pensant à la Gloire:
Craignez vostre deffaite, en cherchant la Victoire:
Et malgré les conseils de cette vision,
Craignez d'estre trompé, par vne illusion.
Connoissez du Demon la malice premiere:
Cét Ange de tenebre, en Ange de lumiere,
S'est changé mille fois, pour perdre les Mortels,
Et pour leur inspirer des desseins criminels.
Examinez-vous bien; connoissez bien vostre ame;
Voyez si pour le Ciel elle est toute de flâme;
Et si pour meriter vne telle faueur,
Cette ame à son deuoir esgale sa ferueur.
Mais pourquoy iugez-vous d'vne pareille chose?
Elle nous apartient; tout Roy fait mal qui l'ose:

C ij

Soumettez vostre esprit à nostre iugement,
Et ne prononcez plus si Souuerainement.
Le Sceptre & l'Encensoir, furent aux mains d'Auguste;
Mais parmy les Chrestiens le partage est plus iuste:
Craignez du Dieu viuant, le terrible courroux:
Regnez sur vos Sujets, & qu'il regne sur vous.
Le Roy sans s'esmouuoir à cette aigre censure,
Loin d'abaisser son cœur, l'esleue & le r'assure:
Et iugeant que ce Zele est vn effet d'amour,
Fait signe à l'Amiral qu'il luy parle à son tour.
Seigneur pardonnez-moy (dit alors ce Grand Homme)
Si ma voix fait à Birch, ce qu'on fera dans Rome;
Si i'ose vous combattre, & vous representer,
La grandeur du peril que vous allez tenter.
La distance des lieux me choque & m'espouuante:
Vous ne l'ignorez-pas, vostre ame en est sçauante;
Il vous faut trauerser des Terres & des Mers;
Des Fleuues & des Bois; des Monts & des Deserts;
Et loin de tout secours, & sans resource aucune,
Donner tout au hazard, & tout à la Fortune.
En menant peu de Gents, Rome vous defera:
Auec vn Camp nombreux, la faim vous destruira:
Et si ce mal arriue, apres vostre deffaite,
Quel Azile, Seigneur, vous offre vne Retraite?
Tout vous sera contraire, & les Peuples soûmis,
Se feront voir alors vos plus grands Ennemis.
Ie sçay que les Romains sont venus sur nos Terres,
Sans craindre les dangers, ni les trauaux des Guerres;

LIVRE PREMIER.

Et que de Rome à nous, de nous au Quirinal,
La distance est esgale, & le peril esgal.
Mais le Destin, Seigneur, luy qui fait les obstacles,
Ne fait pas tous les iours de ces rares Miracles :
Ils passent la Nature, ainsi que la raison,
Et le sort des Romains est sans comparaison.
De plus, comment passer de la Caualerie,
Du Riuage Balthique, aux Bords de Ligurie ?
La distance des lieux ne vous le permet pas,
Et sans Caualerie où sont les grands Combats ?
Mais supposons encor qu'on vainque les Tempestes,
Comment pretendez-vous conseruer vos Conquestes ?
Et si tant de trauaux doiuent estre sans fruit,
N'achetez-vous pas trop ce qui n'est qu'vn beau bruit ?
D'ailleurs, les Empereurs, & de Rome, & de Grece,
S'vniront contre vous, si le peril les presse :
Et ces freres vnis, à vaincre mal-aisez,
Seront plus forts que vous n'estans plus diuisez.
Changez donc le dessein de ce Cœur inuincible ;
Il est Grand, il est beau, mais il est impossible :
Et quelque Grand qu'il soit, c'est par l'euenement,
Que l'Vniuers douteux en iuge absolument.
Que si l'ambition, & l'amour de la Gloire,
Veulent que vous gagniez Victoire sur Victoire ;
Diuers Estats voisins, auec moins de danger,
Offrent ce que refuse vn Climat Estranger.
Portons chez les Danois le bonheur de vos Armes ;
Le Triomphe en ce lieu coustera moins de larmes ;

Coustera moins de sang ; & vos braues Guerriers,
Auec moins de trauail, auront plus de Lauriers.
Les Roys, Peres du Peuple, aussi bien que Monarques,
D'vn amour paternel doiuent donner des Marques:
Et preferer tousiours, auec affection,
Le repos de ce Peuple à leur ambition.
De plus, l'esloignement des Roys & des Grands Princes,
A des souleuemens expose leurs Prouinces:
L'œil d'vn Maistre puissant, y tient tout en deuoir;
Mais pour le respecter, Seigneur, il le faut voir.
Contentons nous plutost du Haut rang où nous sommes,
Sans espuyser l'Estat, d'argent, d'armes, & d'hommes:
Regner sur soy, Seigneur, c'est proprement regner:
Et gardons de tout perdre, en voulant tout gagner.
Comme il en estoit là, le vaillant Radagaise,
Qui dans tout ce discours n'entend rien qui luy plaise,
D'vne Noble fierté se colore le front,
Et hardy comme il est, se leue, & l'interrompt.
L'excès se peut trouuer, dit-il, en la prudence:
La sagesse des Goths consiste en leur vaillance:
Et par cette valeur qui leur fait tout oser,
Ils forcent la Fortune à les fauoriser.
Oüy, cette Noble audace est souuent couronnée,
Et tout cœur genereux, se fait sa destinée:
Rome nous a vaincus, nous la vaincrons aussi,
Et nous reüssirons, comme elle a reüssi.
La Victoire dans Rome, est superbe, & hautaine:
S'il la faut chercher loin, elle en vaut bien la peine:

Et vaincre les Romains est vn si grand honneur;
Et les assujettir est vn si grand bonheur;
Qu'il n'est ni Monts, ni Mers, ni Campagnes, ni Fleuues,
Qui de nostre valeur doiue empescher les preuues:
Et pour de vrais Soldats, à qui l'honneur est cher,
Plus le peril est grand, plus on le doit chercher.
Non, non, ne craignons rien, en l'estat où nous sommes:
Toute Terre à des Fruits ; par tout viuent les hommes:
Si nous sommes Vainqueurs, rien ne nous manquera:
Si nous sommes vaincus, la mort nous sauuera.
Mais le moyen, dit-on, que la Caualerie,
Puisse iamais aller aux bords de Ligurie?
Passons-y sans Cheuaux, & bien-tost nos Guerriers,
De Pietons qu'ils estoient, deuiendront Caualiers.
Il faut aller gagner, mais à grands coups d'Espée,
De ces Nobles Coursiers que voit Parthenopée:
Et de nos Bataillons fermes & bien dressez,
Faire des Escadrons de Lances herissez.
Pourquoy vient-on parler de faire vne retraite?
Pourquoy suppose-t-on nostre lasche deffaite?
Quand on verroit le Ciel contre nous coniuré,
Il faut songer à vaincre, & le croire asseuré.
Que si nous perdons Rome, apres l'auoir soûmise,
Nous ne perdrons iamais la gloire de sa prise:
Et le fruit des trauaux, & le prix des Grands cœurs,
Consiste en vn seul poinct, c'est d'estre les Vainqueurs.
Deux Empereurs, dit-on, assembleront leurs Forces:
Tant mieux, c'est pour le Roy de nouuelles amorces:

Quiconque en vn Combat compte ses Ennemis,
Est indigne de vaincre, & doit estre soûmis.
Mais on craint la reuolte en l'absence du Maistre:
Mais c'est luy faire outrage, & c'est mal le connoistre:
Car bien que son Estat ne le puisse plus voir,
Le bruit de ses Exploits tiendra tout en deuoir.
Non, non, la Renommée aura tousiours des Aisles:
Tout Prince Conquerant, ne voit point de Rebelles:
Et les succés heureux de ses hardis projets,
Redoublent le respect au cœur de ses Sujets.
L'on nous propose en suite vne Conqueste aisée;
Mais par là mesprisable, & par nous mesprisée:
Et sans borner si pres nos beaux & Grands Exploits,
En domptant l'Vniuers, nous vaincrons les Danois.
O Prince genereux, que cherit la Victoire,
Allons, allons à Rome, où vous attend la Gloire:
Car si ie connois bien ce qui vous semble doux,
Les Lauriers des Cezars sont seuls dignes de vous.
Entre ces trois aduis, le Senat se partage:
Iusques-là tout dispute, & nul n'a l'auantage:
La chose est en balence, & la Grande Action,
Se trouue contestée auec esmotion.
Chacun à ses raisons, & chacun les croit bonnes:
L'vn y voit des dangers, & l'autre des Couronnes:
L'vn blasme ce dessein, & l'autre le deffend:
Tous ont de la chaleur, & pas-vn ne se rend.
Mais enfin Alaric fait pancher la Balence:
Il se leue, & sa voix leur imposant silence,

Allons,

Allons, allons à Rome, il nous est important,
Dit-il, & sur ce poinct ne contestons plus tant.
Vostre aduis different, esgalement fidelle,
Par des chemins diuers, me prouue vostre zele:
Mais la Gloire l'emporte ; & la Reyne des Roys,
Faisant pancher mon cœur, il luy donne sa voix.
Comme on voit en Esté les soigneuses Abeilles,
Voler comme il leur plaist, sur les Roses vermeilles;
Et puis par vn instinct, qui leur tient lieu de Loy,
R'assembler tout l'Essain à l'entour de leur Roy.
Tels tous les Senateurs alors se font paroistre:
Ils vont de leur aduis, à l'aduis de leur Maistre:
Tout reuient, tout se range à son opinion,
Et la diuersité, se change en vnion.
Ces contestations estant donc acheuées,
Il despesche par tout pour faire des leuées:
Et ce Grand Conquerant, deuant fendre les Flots,
Ainsi qu'à des Soldats, songe à des Matelots.
Ses ordres sont donnez pour bastir des Nauires:
Et sçachant qu'il s'agit d'attaquer deux Empires,
Ce Prince preuoyant tasche à n'oublier rien,
Et iamais soin exact, ne fut esgal au sien.
Mais pendant qu'il trauaille à former son Armée,
Par tout de son dessein vole la Renommée:
Tout en bruit ; tout en parle ; & dés le lendemain,
Amalasonthe aprend cét illustre dessein.
Que ne dit-elle point, sçachant cette nouuelle!
Elle accuse Alaric ; & l'apelle infidelle;

D

Elle se prend au Ciel de la rigueur du Roy;
Elle s'en prend à tout ; elle s'en prend à soy.
Son ame ingenieuse à redoubler ses peines,
Redoute les Romains, & les Beautez Romaines:
Elle craint qu'Alaric ne soit vaincu deux fois,
Et que Mars & l'Amour ne luy donnent des Loix.
Elle craint (& sa crainte à beaucoup d'aparence)
L'inconstance des Flots, & sa propre inconstance:
Elle craint pour sa vie, & plus pour son amour,
Et l'vn & l'autre soin la trauaille à son tour;
Et l'vn & l'autre soin la tourmentent ensemble;
Enfin elle soûpire ; elle pleint ; elle tremble;
Et souffrant les efforts de plus d'vne rigueur,
L'Amour & le despit luy deschirent le cœur.
Mais comme Amalasonthe est vne Beauté fiere,
Alaric n'entendra, ni soûpir, ni priere:
Du moins dans le malheur qui cause son soucy,
Ce cœur imperieux se l'imagine ainsi.
L'exemple de Didon luy desplaist, & la blesse:
Selon son sentiment, elle eut trop de foiblesse:
Et le mauuais succés des pleintes qu'elle fit,
Dans sa Noble fierté confirme son esprit.
Elle veut qu'Alaric soit plus constant qu'Enée;
Elle veut à son gré regler sa destinée;
Et que ce Grand Captif rentre dans son deuoir,
Non par de lasches pleurs, mais par son seul pouuoir.
Ce Prince d'autre part, songeant à cette Belle,
Brule de la reuoir, & n'ose aprocher d'elle:

Il craint ce qu'il defire ; & retenant fes pas,
Il auance, & recule ; il veut, & ne veut pas.
Il preuoit fa douleur ; il preuoit fa colere ;
Il ne fçait que luy dire, & moins ce qu'il doit faire ;
Il balence ; il hefite ; & son cœur amoureux,
Ne fut iamais si Grand, qu'il se croit malheureux.
Mais enfin son amour l'emporte où va son ame :
La crainte & ses glaçons le cedent à sa flâme :
Il entre où cette Belle a defia murmuré ;
Sombre, trifte, penfif, pafle, & desfiguré.
O puiffance d'Amour qui luy fais cette Guerre,
Tu fais trembler vn Roy qui fait trembler la Terre :
Tu le fais foûpirer ; tu luy retiens la voix ;
Et le Vainqueur de Rome eft vaincu cette fois.
Lors qu'il voit de plus pres cette illuftre affligée,
Il la voit fans parure ; il la voit negligée ;
Mais pourtant toufiours belle, & toufiours en eftat
De faire fur fon cœur vn nouuel attentat.
Vn filence eloquent luy parle de fon crime :
Sa bouche n'en dit rien, mais fon regard l'exprime :
Ie ne fçay quoy de fier, de trifte, & d'amoureux,
Luy dit qu'il eft coupable, autant que rigoureux.
Par trois fois cét Amant voulut ouurir la bouche,
Et trois fois on le vit muet comme vne Souche :
Il paroift en defordre, & le voyant tranfi,
Amalafonthe parle, & le querelle ainfi.
Seigneur, i'ay defia fceu, mais non pas fans colere,
Le voyage fameux que vous pretendez faire :

D ij

Et le bruit de la Cour, & le Peuple indiſcret,
Ont porté iuſqu'à moy cét important ſecret.
Mais comme ie connois voſtre prudence grande,
Ie crois aſſurément que les Sorciers d'Iſlande,
(Eux qu'vn Art ſi puiſſant rend par tout renommez)
Vous ont vendu le calme, & les vents enfermez.
Vous auez trop d'eſprit, pour commettre à l'Orage
Le Deſtin de l'Eſtat, c'eſt vn trop grand Naufrage:
Et ſi vous ne teniez, & les Flots, & les Vents,
Vos deſſeins paroiſtroient plus hardis que prudents.
Sans doute que cét Art qui fait tant de Miracles,
Doit vous oſter, Seigneur, toute ſorte d'obſtacles:
Et malgré la Nature, & malgré le Deſtin,
Tranſporter vos Soldats du Couchant au Matin.
Il vous fera voler ſur les Alpes chenuës;
Pour éuiter ces Monts, vous irez ſur les Nuës;
Et l'Aigle vous verra fondre comme elle fond,
Au haut du Capitole, ou ſur quelqu'autre Mont.
Les Viures; l'Atirail; les Machines de Guerre;
(Embarras qui ſi loin ne peut aller par terre)
Par ce chemin nouueau ſuiuront facilement,
Et tout ne peut manquer d'aller heureuſement.
Des ſuperbes Romains les nombreuſes Armées,
Depuis tant de Saiſons à vaincre accouſtumées,
Fuiront deuant la voſtre, & par ſon ſeul eſclat,
Rome à qui tout ceda, cedera ſans Combat.
Rome ſuccombera ſous vn ſort pitoyable;
Vn Ange vous l'a dit, & la choſe eſt croyable;

Vn Ange vous l'a dit, il n'en faut pas douter;
Le bonheur de l'Eſtat n'a rien à redouter;
Des Guerres ſans ſujet, les fins ſont touſiours bonnes;
Il nous faut ſeulement preparer des Couronnes,
Dignes de l'equité qui conduit ce Grand Cœur,
Car s'il plaiſt au hazard, vous reuiendrez Vainqueur.
Dans vn ſi grand deſſein, où la gloire eſt extrème,
C'eſt peu, Seigneur, c'eſt peu, de quitter ce qu'on aime:
Ou pour parler plus iuſte, & pour mieux m'exprimer,
Ce que l'on n'ayme point, & ce qu'on feint d'aymer.
Ha ceſſez, luy dit-il, cruelle Amalaſonthe,
D'adjouſter à mes maux le reproche & la honte!
Dire que ie meſpriſe vn objet ſi charmant,
C'eſt me dire ſans yeux, comme ſans iugement;
C'eſt me faire vn outrage auſſi grand que ſenſible;
C'eſt me connoiſtre mal; c'eſt croire l'impoſſible;
C'eſt eſtre ſans raiſon ; c'eſt me deſeſperer;
Et mettre vn triſte cœur en eſtat d'expirer.
Si de voſtre beauté mon ame n'eſt rauie;
Si ie ne vous cheris plus que ma propre vie;
Puiſſent, par ces malheurs dont vous me menacez,
Les deſſeins que ie fais, eſtre tous renuerſez;
Puiſſe Rome me vaincre, & me voir ſon Eſclaue;
Qu'vn Maiſtre imperieux, me commande, & me braue;
Et pour parler d'vn ſort plus terrible en ſes coups,
Puiſſay-je en reuenant, eſtre hay de vous.
Diray-je ma penſée, & la pourrez-vous croire?
C'eſt pour vous ſeulement que ie cherche la Gloire;

Si i'en veux aux Romains, c'est pour vous meriter;
Et pour ce seul honneur, i'ose & veux vous quitter.
Le Sceptre que ie porte, adorable Cruelle,
N'a pas assez d'esclat, pour vne main si belle:
Et ie veux en despit des Fleuues & des Mers,
Aporter à vos pieds celuy de l'Vniuers.
Oüy, mon Thrône est trop bas, pour oser vous y mettre:
Ie le veux esleuer, veüillez donc le permettre:
Et sans me faire voir cèt iniuste courroux,
Souffrez que i'aille vaincre, & par vous, & pour vous.
Non, non, ne soyez point à vous nuire obstinée:
De vos yeux tous puissans, faites ma destinée:
Le Sort, assurément, vos volontez suiura:
Souhaittez que ie vainque, & ma valeur vaincra:
Rome, la Grande Rome, à qui tout rend hommage,
Si vos vœux innocens secondent mon courage,
Tombera sous le bras que vous animerez;
Enfin i'iray combattre, & vous Triompherez.
Ce discours, luy dit-elle, est digne de vostre ame:
Il fait voir vostre cœur, mais non pas vostre flâme:
Et de quelques Couleurs que vous l'ayez orné;
Et bien que mon esprit soit mesme assez borné;
Vous paroissez tousiours à trauers ce faux Zele,
Hardy, braue, vaillant, mais Amant peu fidele:
Et l'on voit aisement qu'en vostre passion,
Vous bruslez, non d'amour, mais bien d'ambition.
Ce Grand Cœur suit par tout sa Grande & belle Idole;
Mesme auant que partir, il monte au Capitole;

Il ne voit que des Chars ; des Thrônes renuerſez ;
Et des Arcs de Triomphe, à ſa gloire dreſſez.
Il ne voit que Lauriers ; il ne voit que Couronnes ;
Il laiſſe la conſtance aux vulguaires Perſonnes ;
Pour les cœurs eſleuez, ce ſentiment eſt bas ;
Ils n'ayment que le feu, le ſang, & les Combats ;
Le meurtre, le carnage, & les Villes forcées ;
Et ces Cœurs, ces Grands Cœurs, n'ont point d'autres pensées.
Mais voulez-vous, Seigneur, ſçauoir quel eſt le mien ?
Ce fier, cét orgueilleux, ſe croit vn ſi grand Bien,
Qu'il eſt perſuadé (mais peut-eſtre qu'il erre)
Qu'on doit perdre pour luy, l'Empire de la Terre :
Et qu'enfin pour luy ſeul vn Roy doit tout quitter,
S'il veut, tout Roy qu'il eſt, le pouuoir meriter.
Ha, reſpond Alaric, ie croy ce que vous dites !
L'Vniuers, quoy que grand, à pourtant des limites ;
Mais dans ce Noble Cœur les Vertus n'en ont point,
Et pres de ces Vertus, la Terre n'eſt qu'vn poinct.
Auſſi ie vous proteſte (& ie ſuis veritable)
Que l'Empire abſolu de la Terre habitable,
Quoy que l'ambition ait des charmes fort doux,
Seroit encor trop peu pour m'eſloigner de vous.
Mais le Ciel ..... mais le Ciel, interrompt cette Belle,
Eſt le pretexte faux que prend vn infidelle :
Son crime deſguiſé de ce Nom ſpecieux,
Auec peu de raiſon croit abuſer mes yeux.
Non, non, le iuſte Ciel n'eſt point l'Autheur des crimes :
A peine ſouffre-t-il les Guerres legitimes :

Et loin de vous porter à ces extremitez,
Il vous en punira si vous y persistez.
Ha ne commettez point vne faute si grande!
Si vous estes Amant, ma voix vous le commande:
Si vous estes mon Roy, i'ose vous en prier:
Mais vn Aspic est sourd, & i'aurois beau crier.
Ce mot m'est eschappé, mais mon cœur le reuoque:
Il ne veut point prier vn ingrat qui s'en moque:
Il est trop glorieux pour cette lascheté,
Et par là son repos seroit trop acheté.
Partez, partez, Seigneur, faites hausser les Voiles,
Sans consulter les Flots, les Vents, ni les Estoiles;
Et contre vn Banc de Sable, ou bien contre vn Escueil,
Allez vous en trouuer vn illustre Cercueil.
Il vaut mieux que le Sceptre, & mieux qu'Amalasonthe:
Des Fers qu'il a portez vostre Grand Cœur à honte:
Puisse donc le Destin en descharger vos mains,
Et vous les eschanger aux Chaisnes des Romains.
Là, pleine de despit, cette Belle le quitte,
Et le laisse interdit, comme elle est interditte:
Il veut la retenir, mais inutilement,
Et ce Prince affligé l'apelle vainement.
Comme le Voyageur souffre d'extrêmes peines,
Lors que de deux Sentiers les traces incertaines,
Font balencer son cœur sur ce qu'il resoudra,
Ne sçachant que choisir, ni lequel il prendra:
Tel paroist Alaric, en sa triste auanture:
Son amour le retient, & le nomme pariure;

Mais

Mais son deuoir le pousse, & les ordres des Cieux,
Le font determiner à partir de ces lieux.
L'honneur & le deuoir, par leurs forces vnies,
Combattent de l'Amour les forces infinies:
Ils Triomphent enfin, & ce Grand Conquerant,
Ne leur resiste plus, & cede en soûpirant.
Luy-mesme sur luy-mesme emporte la victoire:
Du chemin des plaisirs, de celuy de la gloire,
Il prend le difficile, & d'vn choix de Heros,
Il prefere à la fin le trauail au repos.
Mais pendant qu'il resout cette Grande Matiere,
La belle Amalasonthe aussi triste que fiere,
Souffrant de tous les maux la derniere rigueur,
S'abandonne au despit qui deschire son cœur.
Quoy, dit-elle en pleurant, trop foible Amalasonthe,
L'on t'ose resister! tu souffres cette honte!
Et l'on vient de t'entendre, en ce lasche moment,
Non seulement prier, mais prier vainement.
O cœur, indigne cœur, qu'est alors deuenuë,
Cette Noble fierté si belle & si connuë;
Ce Noble & bel orgueil, qui t'a fait mille fois,
Regarder à tes pieds les Sceptres & les Rois?
Puis que tu n'es pas mort, tu merites ta peine:
Tu n'es pas comparable à la Grandeur Romaine:
Alaric à raison de l'aimer plus que toy,
Et tu n'as pas sujet de le croire sans foy.
Non, ne nous flattons point, cœur foible, cœur timide;
Il faloit, ou mourir, ou haïr ce perfide:

E

Il faloit, il faloit la haine ou le trespas:
Et cependant tu vis, & tu ne le hais pas.
Mais quelle est mon erreur? mais que dis-je insensée?
Ie change de discours ; ie change de pensée ;
Non, ie ne l'ayme plus, puis qu'il me peut trahir:
Ie le hais, ie le hais, ou ie le crois hair.
Mais soit l'vn, ou soit l'autre, estant sans allegeance,
Ne nous refusons pas celle de la vangeance :
Combattons son Destin ; troublons tous ses desseins ;
Liguons tout l'Vniuers auecques les Romains ;
Suscitons contre luy tous les Peuples du Monde ;
L'Amour ingenieux, que le despit seconde,
Est capable de tout, dans vn cœur genereux ;
Dans vn cœur outragé ; dans vn cœur amoureux.
Mais comme elle se pleint, Rigilde la demande :
Rigilde le plus Grand des grands Sorciers d'Islande:
Rigilde qui cent fois, auec estonnement,
A fait trembler l'Enfer, sous son commandement.
Il entre, & le voyant, vostre Science est vaine,
Dit-elle, & ie n'ay point ce Haut Titre de Reyne,
Que vostre Art abusif m'a tant de fois promis,
Art aussi peu certain, comme il est peu permis.
Enfin le Roy me quitte, & ma haute esperance,
Se trouue sans effet, comme sans aparence :
Et toute mon adresse, & tout vostre Sçauoir,
N'ont plus, helas ! n'ont plus, ni force, ni pouuoir.
Mais si ce Grand Sçauoir n'est point imaginaire ;
Si Rigilde en vn mot sçait plus que l'ordinaire ;

LIVRE PREMIER.

Puis que mon mauuais Sort ne sçauroit se changer,
Qu'il m'ayde, pour le moins, qu'il m'ayde à me vanger:
Qu'il rompe, s'il se peut, cette iniuste Entreprise,
Ou qu'il fasse perir celuy qui me mesprise.
Oüy, soyons sans douceur, puis qu'il est sans pitié:
Mais Rigilde, c'est trop, c'est trop de la moitié:
Ne suiuons qu'à demy cette fatale enuie:
Destruisons ses desseins, mais espargnons sa vie:
Et puis qu'esgalement il me nuit & me plaist,
Qu'il viue, tout volage, & tout ingrat qu'il est.
Madame (luy respond ce Grand faiseur de Charmes)
Tout l'Enfer impuissant pour moy n'aura plus d'Armes,
Et tout mon Art enfin manquera de credit,
Ou le Roy n'ira pas au lieu qu'il vous a dit.
Ie mettray tant d'obstacle au dessein qu'il rumine;
Ie le trauerseray d'vne adresse si fine;
Que Rome n'aura rien à craindre de ses coups,
Pourueu que le Destin ne soit pas contre nous.
Ha! ie vous en coniure, adjouste cette Belle;
Empeschons la reuolte, & sauuons le Rebelle:
Mais si mon mauuais Sort en dispose autrement,
Perdons le, perdons nous, tel est mon sentiment.
Sans tarder plus long-temps Rigilde se retire:
Et dans la sombre nuict, faisant ce qu'on desire,
Sans Pilote, sans Vent, sans Rame, & sans Timon,
Il trauerse la Mer, porté par vn Demon.
Du costé d'Occident, au froid Climast d'Islande,
Est la superbe Hecla, Montagne affreuse & grande,

E ij

Qui dans toute Saison a le sommet Neigeux,
Et le pied tout couuert de flâmes & de feux.
De par tout sort le feu meslé dans la fumée:
Des Pierres qu'il eslance est la Terre semée:
Vn Tonnerre eternel y bruit horriblement,
Et se mesle en ce lieu, si l'Histoire ne ment,
Aux pleintes des Damnez qu'on entend dans ce Gouffre,
Qui petille par tout de Bithume & de Souffre,
Confondant en tout temps, en cent & cent façons,
Le froid auec le chaud, la braise & les glaçons.
Dans les Flancs Cauerneux de la triste Montagne,
Qu'enuelope la nuit ; que l'horreur accompagne ;
Vne large Spelonque, horrible en son aspect,
Donne de la terreur, en vn lieu si suspect.
Sur le Dome esleué, dont la Grote s'enfonce,
Pend, comme à gros Festons, la seche Pierreponce:
Et le Souffre iaunastre y mesle sa couleur,
Petrifié qu'il est, & priué de chaleur.
Cent Congelations sortent de cette Voûte,
Au milieu du Cristal, dont elle est presques toute:
Car l'Eau qui du Rocher va par tout degoutant,
Par le froid excessif, se fixe en vn instant:
Et le combat du feu, contre l'aspre froidure,
Transforme l'Eau qui tombe, & la rend ainsi dure:
Tant ces vieux Ennemis, qui sont si mal d'accord,
S'opposent l'vn à l'autre au froid Climast du Nord.
Dans les creux recullez de l'Antre espouuantable,
Le Nocturne Hibou de son cry lamentable,

Fait retentir la Roche, & d'vn ton gemissant,
Imprime la frayeur en l'ame du Passant.
Or Rigilde tenoit dans ces lieux solitaires,
Tout ce qui luy seruoit aux Magiques Mistheres:
Ses Liures, ses Parfums, ses Pierres, ses Metaux;
Les Poudres & les Sucs de mille Vegetaux;
Des Images de Cire; vn horrible Squelette;
Des Anneaux enchantez; sa fatale Baguette;
Des Flambeaux de Resine, & diuers Instrumens;
Des Vases destinez aux noirs Enchantemens;
Des Venins, des Poisons, & mille horribles choses,
Par qui tous les Sorciers font leurs Metamorphoses,
Lors qu'ils changent leurs Corps en des Corps estrangers,
Pour perdre les Troupeaux, sans craindre les Bergers.
A peine est-il entré, qu'aussi-tost il allume
Vn grand & noir Flambeau qui luit moins qu'il ne fume:
Et dont le sombre esclat augmente la terreur,
Que donne vn lieu si triste, & si remply d'horreur.
Il prend & sa Baguette, & son Liure Magique,
Dont l'infernal pouuoir est si souuent tragique:
Et sur vn Sable noir, dans la Grote semé,
Maint Carractere affreux par sa main est formé.
Ce qu'à de plus puissant la Cabale infernale,
Le Cercle, le Carré, le Triangle, & l'Ovale,
S'y meslent l'vn dans l'autre, & sont si confondus,
Qu'à peine par luy-mesme ils sont bien entendus.
Il prononce des mots inconnus & terribles,
Capables d'esmouuoir les choses insensibles:

E iij

Il se tourne au Leuant ; & puis à l'Occident ;
Vers le Septentrion ; vers le Midy bruslant ;
Ses regards sont affreux ; sa teste herissée ;
Sa bouche est escumante, & sa voix opressée ;
Ses pas sont chancelans, d'vn & d'autre costé ;
Son ame est agitée, & son corps agité ;
Enfin d'vn ton de Maistre, & d'vne voix qui tonne,
Il prononce ces mots, dont la Grote raisonne.
Esprits ingenieux, qui mille & mille fois,
Auez executé ce qu'a prescrit ma voix,
Icy tout de nouueau i'ay besoin de l'adresse
Qui vous rend si puissans, mais tost, la chose presse :
Et si mes volontez vous tiennent lieu de Loy,
Empeschez, s'il se peut, les desseins d'vn Grand Roy.
Empeschez qu'Alaric n'aborde en Italie :
Mon Art vous le commande, & mon cœur vous en prie :
Enfin ie vous euoque à cette intention :
Opposons-nous ensemble à son ambition :
Et puis que le Demon est au dessus de l'homme,
Que iamais ses Drapeaux ne soient veus deuant Rome :
C'est tout ce que ie veux de l'Enfer aujourd'huy :
Obeïssez Demons, si ie puis tout sur luy.
Alors sous cette Grote on entend le Tonnerre,
Qui semble s'esleuer du Centre de la Terre :
Il gronde horriblement, & parmy ce grand bruit,
Mille Esclairs sont meslez aux ombres de la Nuit.
De longs gemissemens ces Rochers retentissent :
Mille soûpirs font voir que les Demons patissent :

LIVRE PREMIER.

Et Rigilde obseruant vn silence profond,
Vne voix souterraine en ces mots luy respond.
Pour plus d'vne raison le tenebreux Monarque,
Du pouuoir de ton Art t'accorde cette marque:
Et certains interests que tu ne comprens pas,
Font qu'auec toy l'Enfer marche d'vn mesme pas.
Pour destruire Alaric, il n'est rien qu'il ne tente:
Trauaille de ta part à l'affaire importante:
Certain que des Esprits l'inuisible secours,
En cette occasion t'assistera tousiours.
Mais pour te descouurir ce que ton cœur ignore,
Celuy que hait l'Enfer, & que le Ciel adore,
Enfle encore l'orgueil de cét ambitieux,
Et si l'Enfer combat, il combattra les Cieux.
Il n'importe pourtant ; & pour vn Grand courage,
De la difficulté, vient l'honneur de l'Ouurage:
Ose tout ; tente tout ; incapable d'effroy,
Mille Esprits immortels vont combattre pour toy.
Là recommence encor ce Tonnerre qui gronde:
Là de nouueaux Esclairs, de la Grote profonde
Chassent l'obscurité durant quelques momens:
Là de nouueaux soûpirs ; de longs gemissemens;
Vne seconde fois font retentir la Roche.
Mais comme du Soleil la lumiere s'aproche,
Rigilde se seruant des restes de la nuit,
Par le mesme chemin, loin du Monde & du bruit,
Porté par son Demon, sans nulle violence,
Aussi viste qu'vn Traict, vole auec le Silence:

Et deuant que le iour monte sur l'Horison,
Inuisible qu'il est, il reuoit sa Maison.

Fin du premier Liure.

ALARIC,
ou
ROME VAINCVË.

LIVRE SECOND.

L'ASTRE *dont les rayons animent toutes choses,*
Parmy les Champs des Goths faisoit ouurir les Roses,
Et l'aymable Printemps dans ces Climats glacez,
Sortoit de ces Glaçons l'vn sur l'autre entassez.
Cependant Alaric qui songe à son Voyage,
Sans tarder plus long-temps, met la main à l'Ouurage:
Et comme il doit voguer sur l'Empire des Eaux,
Il donne tous ses soins, à bastir des Vaisseaux.
Assez pres de la Ville, & parmy des Montagnes,
De qui l'ombre s'estend dans les vastes Campagnes,

F ij

Vne sombre Forest s'esleue iusqu'aux Cieux,
Qu'elle semble morguer, d'vn front audacieux.
Du pied iusqu'au Sommet, ces Montagnes sont vertes ;
De superbes Sapins, leurs Cimes sont couuertes ;
Et le Chesne à cent bras, par ses rameaux si longs,
Y sauue du Soleil la fraischeur des Vallons.
Les Ormes au bois dur ; les Pins au bois qui fume ;
Et mille Arbres encor, plus grands que de coustume,
Par l'extrême grosseur de tant de rameaux vers,
Font iuger qu'ils sont nais auecques l'Vniuers.
En cent & cent façons, leurs branches s'entre-lacent ;
Les Lierres rampans, sur leurs Troncs qu'ils embrassent,
D'vn Vert sombre & luisant, au Iaspe tout pareil,
Ornent cette Forest d'vn pompeux apareil.
Aux clairs rayons du iour, elle est impenestrable ;
Sa fraischeur est charmante, & son ombre agreable ;
Et tant que l'Esté dure, on entend les Zephirs,
Pousser dans ce Desert, leurs amoureux soûpirs.
Il semble que ces Vents l'vn l'autre s'y prouoquent ;
La Forest leur respond ; ses rameaux s'entre-choquent ;
Et cét aymable bruit, trouble seul quelquesfois,
Le silence profond, qui regne dans ces Bois.
Que dis-je ! il n'est pas seul ; vn autre bien moins rude,
Esclate comme luy dans cette Solitude :
Mais c'est vn bruit si doux, qu'il y charme les Sens,
De ceux qui vont resver dans ces lieux innocens.
Du chant de mille Oyseaux, ces Vallons retentissent ;
Sous ces Arbres espais, mille Animaux bondissent ;

LIVRE SECOND.

Et l'herbe & le gazon croissent abondamment,
En cét aymable lieu, si frais & si charmant.
Là le Grand Alaric, qui pense à des Empires,
Va prendre ce qu'il faut pour bastir des Nauires:
Et desia la Coignée, en mille & mille lieux,
Fait tomber des Sapins le Sommet glorieux.
De grands coups redoublez, cette Forest raisonne,
Qu'à bras haut esleuez, le Bucheron y donne:
Les Arbres esbranlez, tombent en vn instant,
Et font tout retentir, par vn bruit esclatant.
Comme dans la Sicile, à ce que dit la Fable,
Le Ciclope nerueux, d'vn bras infatigable,
Frape sur son Enclume, & le iour, & la nuit,
A qui l'Ætna flambant, respond par vn grand bruit.
Telle des Bucherons, la main laborieuse,
Des Arbres les plus durs, estant victorieuse,
Frape & refrape encore en ces lieux recullez,
Et fait gemir ces Bois, sous ses coups redoublez.
Là trébuche vn Sapin ; icy le Chesne tombe ;
Icy l'Orme s'esbranle ; & là le Pin succombe ;
La Forest s'esclaircit ; & l'œil de l'Vniuers,
Pour la premiere fois, voit ces lieux descouuers.
Mais pendant qu'Alaric fait auancer l'Ouurage,
Redoublant de ses Gents la force & le courage,
Et que sa voix en donne, à ceux qui n'en ont pas,
L'inuisible Rigilde, obserue tous ses pas.
Il voit auec douleur, la Forest esclaircie ;
Il entend l'aigre bruit, de la mordante Scie,

F iij

Qui separe les troncs, de leurs plus gros rameaux,
Et ces objets pour luy, sont des tourments nouueaux.
Enfin il se resoud d'opposer sa Science,
Et l'effort de l'Enfer, à cette diligence:
Et pour mettre à l'instant la Troupe en desarroy,
Il met la main à l'œuure, aussi bien que le Roy.
Au creux d'vn grand Rocher, & loin de la lumiere,
Vn Ours blanc comme Neige, à sa sombre Tanniere;
Ou, lors que la clarté le chasse le matin,
Il emporte sa proye, & son sanglant butin.
Il est grand, mais sans forme en ses membres horribles;
Ses yeux sont fort petits, mais ses regards terribles;
Le feu semble en sortir, & briller à trauers
Le long poil herißé, dont on les voit couuers.
Ses ongles sont tranchans; & ses dents sont tranchantes;
Son dos est esleué; ses oreilles panchantes;
Cét Animal paroist enorme en sa grandeur,
Et sa force en vn mot esgale sa laideur.
Rigilde redoublant sa fierté naturelle,
Fait entrer dans son corps, vn Demon qu'il apelle:
Et la Beste agitée, & pleine de fureur,
Sort, & meine auec soy, la Mort & la Terreur.
Comme vn Traict decoché d'vne extreme vistesse,
Fendant l'Air & sifflant, vole où l'Archer l'adresse;
Mais d'vn vol si subit, & si prodigieux,
Qu'à peine il est suiuy du mouuement des yeux.
Tel, & plus viste encor, cét Animal s'eslance;
Tout cede; tout fait iour; deuant sa violence;

Il heurte ; il fait tomber ; il eſtouffe en preſſant ;
Il mord ; & de ſa griffe il deſchire en paſſant ;
Il lance des cailloux, & les iette en arriere ;
Mais auec tant d'effort ; mais de telle maniere ;
Qu'ils entrent dans vn Arbre auſſi facilement,
Qu'on voit entrer la Rame, au liquide Element.
D'abord quelques Seigneurs, s'oppoſent à la Beſte ;
D'abord quelques Soldats, luy veulent faire teſte ;
Luy preſentent leurs Dards, & font ferme vn inſtant ;
Mais ſi cent l'oſent faire, elle en renuerſe autant.
Elle marche debout ; elle ſaute ; elle crie ;
Elle briſe ces Dards, foibles pour ſa furie ;
Tout s'eſcarte ; tout fuit ; & dans vn tel effroy,
Tout ſonge à ſe ſauuer, & nul ne ſonge au Roy.
Luy, dans ce grand peril, d'vn courage intrepide,
Preſente ſon Eſpée, à la Beſte homicide ;
Puis eſleuant ſon cœur, auſſi bien que ſes yeux,
I'eſpere tout de vous, dit-il, Moteur des Cieux.
O Miracle eſtonnant ! le Ciel veut ce qu'il penſe ;
Ce Grand acte de foy, trouue ſa recompenſe ;
Dieu ſuſpend du Demon, l'horrible cruauté ;
Et l'Animal n'a plus que ſa ſeule fierté.
Toute ſeule qu'elle eſt, elle eſt encore grande :
Mais de cette façon vn Heros la demande :
Plus vn peril eſt grand, plus il plaiſt à ſon cœur,
Et ce n'eſt que par luy qu'il veut eſtre Vainqueur.
Il s'auance à grands pas, vers la Beſte en colere ;
Elle s'auance auſſi, faiſant ce qu'il veut faire ;

Elle saute, il esquiue; il la presse, elle fuit;
L'Art enseigne le Roy; la Nature l'instruit;
La force est differente, & l'adresse est esgale;
La valeur raisonnable, & la fierté brutale,
Disputent à l'enuy, ce dangereux Laurier,
Qui doit estre le prix, du Monstre ou du Guerrier.
Cét Ours tout de noueau, prend & iette des Pierres,
Qui volent en bruyant, ainsi que des Tonnerres;
Le Heros les esuite, & comme il est leué,
Le Fer victorieux, dans son sang est laué.
Il le choisit au ventre, où la peau n'est pas dure;
La Beste iette vn cry, pour le mal qu'elle endure;
Elle bondit en l'air, où perdant sa vigueur,
Elle retombe morte, aux pieds de son Vainqueur.
Or comme il voit sa peine, & sa gloire accomplie,
Loin de s'enorgueillir, ce Heros s'humilie:
Il croit que le Ciel seul l'a sauué du trespas;
Il croit que son salut ne doit rien à son bras;
Et sçachant qu'à Dieu seul, est l'honneur & la gloire,
Ce Grand Prince à luy seul, consacre sa Victoire;
Et reconnoist tenir de sa seule bonté,
L'auantage esclattant, de l'Animal dompté.
Alors tout plein de ioye, aussi bien que de zele,
Il marche dans le Bois; il fait bruit; il apelle;
La Troupe se rassemble, au sombre pied d'vn Mont;
Mais la honte en l'esprit, & la rougeur au front.
Ce Prince genereux, qui connoist leur foiblesse,
Loin de les mal-traitter, les flatte, les carresse;

Et pour

LIVRE SECOND.

Et pour haſter la fin d'vn deſſein important,
Les anime au trauail, qu'on reprend à l'inſtant.
De mille Chariots, la Campagne eſt couuerte;
La Foreſt eſt peuplée, & la Ville deſerte;
Et comme par ſon Roy l'on s'entend exhorter,
Tout va, tout vient, tout porte, ou reuient pour porter.
Comme au temps des Moiſſons, les Fourmis Meſnageres,
Trauaillent à l'enuy, ſous leurs charges legeres;
Et d'Eſcadrons nombreux, au ſoir comme au matin,
Couurent le vaſte Champ, où ſe fait leur butin:
Tels mille & mille Gents, fourmillent dans la Plaine,
Emportant de ces Bois, la deſpoüille hautaine:
Et du matin au ſoir, ſont couuerts les chemins,
De Sapins & d'Ormeaux, de Cheſnes & de Pins.
Mais Rigilde enragé de voir que ſa Science
Pour la premiere fois, a manqué de puiſſance,
Loin de ſe rebuter, redouble ſes efforts;
Fait prendre à ſes Demons, la forme de Corps morts;
Et de Spectres affreux, couurant tout le paſſage,
Aux Cheuaux effrayez, fait perdre le courage.
Ces Animaux craintifs, s'arreſtent à l'inſtant;
Recullent en deſordre; ont le cœur palpitant;
Battent du pied la Terre, & ronflent de colere;
Ne reconnoiſſent plus la voix qui les modere;
Prennent le Frain aux dents; ſe confondent entr'eux;
Malgré le Foüet ſifflant, & le Mords eſcumeux;
Et touchez par l'objet que l'Enfer leur expoſe,
Ils renuerſent leur Charge, & rompent toute choſe.

G

L'vn trauerſe la Plaine, auec vn Char briſé;
L'autre ſur les Rochers, trouue vn Sentier aiſé;
Il y monte, il y vole, en ſa courſe ſubite,
Et puis du haut en bas, le Char ſe precipite.
L'vn tire; l'autre tombe, & veut ſe releuer;
Pluſieurs ſont acrochez; tous veulent ſe ſauuer;
Pas-vn d'eux ne le peut, ſi fort ils s'embarraſſent;
Les Eſſieux ſont rompus; les Arbres s'entre-laſſent;
Enfin tout boule-verſe, & iamais le Soleil,
N'eſclaira dans ſon cours vn deſordre pareil.
Comme on voit des Moutons la Troupe eſpouuantée,
Fuïr du Loup qu'elle craint, la dent enſanglantée;
Et ne connoiſtre plus, en ce preſſant danger,
Ny le ſecours des Chiens, ny la voix du Berger:
Telle de ces Cheuaux eſt la frayeur timide;
Ils ne connoiſſent plus, ni la main, ni la Bride;
Ils ne connoiſſent plus, ni le Foüet, ni la voix;
Car tout eſt en deſroute, & tout fuit à la fois.
L'inuincible Alaric, qui voit ce grand tumulte,
Sans redouter l'Enfer, que Rigilde conſulte,
Dit aux ſiens, eſtonnez d'vn accident ſi prompt,
Ce que ne font les Chars, les hommes le feront.
Auſſi-toſt le premier, il commence l'Ouurage;
Par ſon illuſtre Exemple, il donne du courage;
Et tant que la nuit dure, auec vn grand effort,
Il porte & fait porter tout ce bois ſur le Port.
Luy-meſme à ce labeur preſte ſes mains Royales;
Elles ſont à la fois, fortes & liberales;

LIVRE SECOND.

Et s'employant à tout, comme il n'espargne rien,
Ce Grand Prince prodigue & sa peine & son Bien.
Alors sans perdre temps, dans l'ardeur qui le presse,
De mille Charpentiers, il fait agir l'adresse:
Le bois change de forme; & le bruit, & les coups,
De Maillets, de Marteaux, de Cheuilles, de Clouds,
De Haches, de Rabots, de Cizeaux, & de Scies,
Font bien loin retentir les Forests esclaircies;
Et dans les Rochers creux, où reside la Nuit,
De cent bruits differens, il se fait vn grand bruit.
L'vn arrondit les Mats; l'autre forme l'Antene;
L'vn à faire vn Tillac, met son Art & sa peine;
L'autre esleue la Hune, au plus haut du Vaisseau;
L'vn fait courber la Quille, où doit tournoyer l'eau;
L'autre esleue la Poupe, & l'orne auecques pompe;
Celuy-cy fait la Proüe, & cet autre la Pompe;
Et malgré le Sorcier, & malgré le Demon,
L'vn place le Fanal, & l'autre le Timon.
Par l'adroit Calfateur on voit mettre l'Estoupe;
La Poix fume, & noircit de la Proüe à la Poupe;
Et le Spalme iaunastre, & qui resiste aux eaux,
Enduit esgalement le plus bas des Vaisseaux.
Alors sur des Rouleaux de grandeurs differentes,
Glissent iusques au Lac, ces Machines errantes,
Tout obstacle cedant à l'Art qui les conduit;
Et l'Eau qui les reçoit, boüillonne, escume, & bruit.
A peine ces Vaisseaux sont-ils hors du Riuage,
Que l'adroit Marinier, y met tout le Cordage:

G ij

L'vn gros ; l'autre menu ; l'vn courbé ; l'autre droit ;
Il y monte ; il y gliſſe ; il vole en chaque endroit.
Au plus haut des trois Mats, il guinde les neuf Voiles,
Et puis il les abaiſſe, en repliant ces Toiles :
L'Eſtandart ſur la Poupe ondoye au gré des Vents,
Et meinte Banderolle, à plis touſiours mouuans.
A l'entour des Vaiſſeaux, regne la Paueſade ;
Et pour les arreſter ſur l'Eſtrangere Rade,
Les Anchres & leur Chable, attachez à leur Bord,
Sont aupres de l'Eſquif, qu'on a tiré du Port.
La Sauorne peſante, eſt miſe à fonds de Cale :
Qui ſert de Contre-poids, & rend la charge eſgale :
Et ſans plus m'amuſer d'inutiles diſcours,
Ils ont tout ce qu'il faut aux Vaiſſeaux de long Cours.
Des Armes, du Biſcuit, & des Feux d'artifice,
Cruelle inuention de l'humaine malice :
Du Charbon & de l'Eau, des Lampes, des Flambeaux,
Et tout cét Atirail qu'on met dans les Vaiſſeaux.
Or Rigilde qui voit du plus haut d'vne Roche,
Le labeur acheué ; le deſpart qui s'aproche ;
Maudit eſgalement ſes Demons & ſon Art,
Et ſe reſout encor, d'empeſcher ce deſpart.
Pendant la ſombre nuit, il ſe coule inuiſible,
Au fond d'vn grand Nauire, où le Sommeil paiſible
Auoit tout aſſoupy du jus de ſes Pauots,
Et vaincu ſans combat, Soldats & Matelots.
Il y met auſſi-toſt vne Meche allumée ;
Il remonte, & reprend ſa place accuſtumée ;

LIVRE SECOND.

Et sur ce haut Rocher, il attend en suspends,
Ce que dans les Vaisseaux, feront les Feux rampans.
L'Air souffle cependant ; la Meche se consume ;
Elle eschauffe la Poix ; la fait fondre ; l'allume ;
Le feu gagne l'Estoupe, & s'y prend à l'instant ;
Il petille desia par vn bruit craquetant ;
La fumée à flots noirs, à la flâme meslée,
S'esleue à gros boüillons, vers la voûte Estoilée ;
Et dans l'obscurité de cette sombre nuit,
Esclate horriblement, & la flâme & le bruit.
Comme on voit vn Torrent qui rauage la Plaine,
Couurir en vn moment, dans sa course hautaine,
La Campagne exposée à sa vaste fureur,
Et perdre en la noyant, l'espoir du Laboureur.
Tel ce Torrent de feu (mais plus espouuantable)
Passe de Planche en Planche, & va de Chable en Chable ;
Vole de Poupe en Prouë ; & iusqu'au bout des Mats,
Monte, serpente, rampe, & puis retombe en bas.
Par Lambeaux enflâmez, tombent toutes les Voiles ;
L'Air ainsi que le Ciel, a mille & mille Estoiles ;
Et l'horrible clarté, qui de la flâme sort,
Donne vn aspect affreux, au grand Lac comme au Port.
A ce bruit esclattant, le Nocher se resueille :
Il escoute effrayé, la peur qui le conseille :
Et voyant tout brusler, il se iette dans l'Eau,
Pour esuiter la Mort, qu'il voit sur le Vaisseau.
Les cris dans chaque Bord, montent iusqu'à la Nuë :
La flâme croist plutost, qu'elle ne diminuë :

G iij

Et le Vent qui la pouſſe, & qui paroiſt fecond,
De ce premier Vaiſſeau, la porte en vn fecond :
De ce ſecond apres, au troifiefme elle paſſe :
La Flotte entiere craint vne meſme diſgrace :
Ou plutoſt elle croit qu'elle s'en va perir,
Et que tout l'Art humain, ne la peut ſecourir.
A ce bruit effroyable, Alaric qui repoſe,
S'eſueille, ouure vn Balcon, & voit quelle eſt la choſe :
En ſent vne douleur, qu'on ne peut conceuoir ;
Et ſa foy toutesfois ſe fait encore voir.
Maiſtre des Elemens, arreſte cette flâme,
(Dit-il en eſleuant & ſes yeux & ſon ame)
Il y va de ta gloire, ô Dieu bon ; ô Dieu fort ;
A ces mots il deſcend, & vole vers le Port.
O Merueille eſtonnante, & difficile à croire !
Mais que nous raportons ſur la foy de l'Hiſtoire ;
Le Vent ceſſe à l'inſtant, & l'Air eſt obſcurcy :
On le voit tout couuert, d'vn Nuage eſpaiſſy :
Qui s'enfle ; qui groſſit ; qui noircit ; & qui creue ;
Par vn deluge d'eau, dont la Terre s'abreue.
Elle tombe à grands flots, ſur cét embraſement,
Et ſon humidité, l'eſtouffe en vn moment :
De ſorte qu'Alaric, que fait voler la crainte,
Arriuant ſur le Port, trouue la flâme eſteinte :
Et n'a plus rien à faire, apres cette faueur,
Qu'à rendre auec reſpect, ſes Vœux au Dieu Sauueur.
Il le fait auec ioye ; il le fait auec Zele ;
Il raſſure la Flotte, où ſon deuoir l'apelle ;

LIVRE SECOND.

Il va de Bord en Bord, de l'vn à l'autre bout;
Et remet l'aſſurance, & le calme par tout.
Mais Rigilde qui voit ſon Entrepriſe vaine,
Lors que le feu s'eſteint, ſent r'allumer ſa haine;
Accuſe ſes Demons; s'accuſe le premier;
Et pour perdre Alaric, perdroit le Monde entier.
Il deteſte ſon Art, comme vn Art inutile;
Son ame luy paroiſt peu forte & peu ſubtile;
Il voit en ſoûpirant, cette Foreſt de Mats;
Enfin il doute; il craint; mais il ne ſe rend pas.
Cependant de par tout, viennent les Gents de Guerre;
Deſia d'vn Camp nombreux, ils ont couuert la Terre;
Et les beaux Champs de Birch, & les bords du Marais,
Sont deſia tous remplis, de Bataillons eſpais.
O Muſe que i'eſcoute, & que le Ciel inſpire,
Inſtruits toy de leur nombre, afin de me le dire:
Et redis moy les Noms, de ces Peuples du Nord,
Qu'vn beau deſir de gloire, amena ſur ce Port.
Trente mille Soldats, de la fiere Gothie,
Qui ſe diſent ſortis de l'antique Scythie,
Paroiſſent les premiers, auec l'Arc à la main,
Conduits par Radagaiſe, au courage hautain.
Ils ont tous ſur l'eſpaule, vn Carquois fait d'Eſcorce,
Remply de Traicts aigus, qui volent auec force:
De Plumes de Vautour, leur front eſt ombragé,
Et d'vne large Eſpée, ils ont le flanc chargé.
Les Sauuages Voiſins du froid Golphe Bothnique,
Dans leurs robuſtes mains, tenans tous vne Pique,

Arriuent les seconds, aupres de ces premiers,
Et grossissent le Camp, de vingt mille Guerriers.
De longs & blonds cheueux, leur espaule est couuerte;
Leurs yeux brillent d'vn feu dont la couleur est verte;
Mais d'vn feu petillant, qui marque leur vigueur;
Et leur Corps est fort grand, aussi bien que leur Cœur.
Athalaric les meine, & paroist à leur Teste:
Sur son luisant Armet, vn Dragon sert de Creste:
Mais au superbe pas, dont il marche aujourd'huy,
Vn si fier Animal, ne l'est pas tant que luy.
Ceux qu'on voit habiter la fertile Finlande,
Font bien voir leur richesse, en leur superbe Bande:
Ils paroissent armez, & vestus richement,
Et l'Or parmy le Fer, brille confusément.
Ils portent de longs Dards, qu'ils lancent à la Guerre;
A des Chaisnes d'Argent, pend leur beau Cimeterre;
Et leur bras est chargé, d'vn Bouclier esclatant,
Rond comme le Soleil, & qui luit presqu'autant.
Hildegrand les commande, ou plutost les anime;
Hildegrand, vn Guerrier, & sage, & magnanime;
Dont le cœur esleué, dans ses Nobles desirs,
S'expose à cent trauaux, & quitte cent plaisirs.
De vingt mille Soldats, leur Troupe est composée:
La Conqueste du Monde, à leur cœur semble aisée:
Ils mesprisent pour elle, & richesse, & repos;
Et n'ont pour leur objet, que la gloire des Goths.
Ceux qu'on voit demeurer dans les Isles Alandes,
Qui portent pour Pauois, des Escailles si grandes,

LIVRE SECOND.

Que lors qu'il faut Camper, le Soldat qui s'en sert,
En fait comme vne Hutte, & s'y met à couuert.
Arriuent des premiers, où l'Honneur les apelle;
Leur front est couronné, d'vne Algue verte & belle;
Et la Ligne à la main, & la Tortuë au bras,
On les voit à la fois, & Pescheurs, & Soldats.
Dix mille, pour le moins, forment cette Brigade,
Qui souloit aux Poissons dresser vne Embusquade;
Et qui vient maintenant, par vn desir plus beau,
Combattre sur la Terre, ayant vaincu sur l'Eau.
C'est Haldan qui les meine, homme de Grand courage,
Qui souuent sans paslir, s'est veu parmy l'orage:
Et qui dans sa Nacelle, ennemy du repos,
S'est moqué mille fois, de la fureur des Flots.
Ceux qui boiuent les Eaux de la Polme escumante,
Veulent auoir leur part, à l'affaire importante:
Et du Fer que leur Terre a produit dans son Sein,
Ils s'arment à la fois, & la teste, & la main.
Ils sont en pareil nombre, & leur Troupe aguerrie,
Observe bien ses rangs, & marche auec furie:
Theodat les conduit, Theodat, qui vaillant,
Sçait ioindre la prudence, au courage boüillant.
Ceux qui dans les Rochers de l'aspre Liuonie,
Receurent en naissant, la lumiere & la vie,
Chasseurs determinez, qu'ils furent autrefois,
Ont les mesmes Espieux, qu'ils portoient dans les Bois.
Leur nombre est innombrable, & leur valeur extrême:
Le trauail les deslasse, & cette Troupe l'aime:

H

Le plus affreux peril, par elle est mesprisé,
Car rien ne l'espouuante, & tout luy semble aysé.
Wermond qui les commande, est vn Chasseur insigne,
Que d'vn si grand Employ, la Troupe a iugé digne :
Hardy, laborieux, adroit, plein de vigueur,
Qui du chaud & du froid, mesprise la rigueur.
Ceux qui gelent au bord de la Mer glaciale,
Se sentans eschauffez d'vne ardeur Martiale,
Sortant des longues Nuits qu'on voit en leurs Climasts,
Au desir de l'honneur laissent guider leurs pas.
Ils arriuent au Camp, pleins d'espoir & d'audace,
Et la Fronde à la main, par vn bruit qui menace,
Ils font tout retentir, de ce bruit esclatant,
Et le Lac est troublé, par ce qu'ils vont iettant.
Leur nombre est de vingt mille, & Sigar qui les meine,
Paroist esgalement, Soldat & Capitaine :
Il est braue & prudent, & parmy le danger,
Encore qu'il s'expose, il sçait se mesnager.
Des feroces Lapons, d'où le iour se recule,
Et des bords herissez, du grand Marais de Lule,
Viennent tous glorieux des trauaux qu'ils ont eûs,
Trente mille Guerriers, estrangement vestus.
L'vn de la peau d'vn Ours, fait toute sa parure ;
L'autre d'vn grand Sanglier, sur sa teste à la Hure ;
L'vn sous la peau d'vn Loup, paroist bizarrement ;
L'autre d'vn grand Vautour, fait tout son ornement ;
Vn autre plus galant, est tout couuert d'Hermines ;
Blanches comme la Neige, & rares comme finnes ;

LIVRE SECOND.

Et la Masse à la main, & d'vn superbe pas,
Il fait voir que son cœur respire les combats.
Iameric les conduit, vn Vieillard à qui l'âge
Laisse encore la force, & l'ardeur du courage:
Iameric, vaillant Chef, qui sous le poil grison,
Conserue la vigueur de la verte Saison.
Les Gents de Midelphar, & ceux d'Angermanie;
Les Habitans d'Vpsale, & ceux de Nicopie;
De Narve, de Castrolme, & de mille autres lieux,
Viennent tous pour seruir leur Prince glorieux.
Pres d'vn Camp si nombreux, les Riuieres tarissent:
Iusques au pied des Monts, les Troupes s'eslargissent:
Tout Campe, tout se loge, & de tous les costez,
Les Chefs sont sous la Tente, & les Soldats Huttez.
Comme on voit au Printemps, les vistes Herondelles,
Arriuer en grand nombre, & planer sur leurs aisles;
Ainsi de toutes parts, viennent les Bataillons,
Qui de ces vastes Champs, couurent tous les Sillons.
D'Alaric qui les voit, l'allegresse est extrème:
Il obserue les Rangs ; il les compte luy-mesme;
Il parle à tous les Chefs ; il flatte les Soldats ;
Et leur dit que son cœur, attend tout de leurs bras.
Par des cris redoublez, le Camp respond au Prince:
Il luy dit qu'il est prest de quitter sa Prouince:
Et frappant les Boucliers de la pointe des Dards,
Il dit tacitement, qu'il cherche les hazards.
Mais entre ces Guerriers, il voit vne Guerriere,
Qui paroist à ses yeux aussi belle que fiere:

H ij

Ses cheueux ondoyans, à groſſes boucles d'or,
Tombant negligemment, l'embelliſſent encor.
Son front paroiſt orné d'vn grand Bonnet d'Hermine,
Dont l'extrême blancheur, ſert à ſa bonne mine:
Vne Maſſe d'Heron, d'vn noir aſprement noir,
Augmente encor le blanc, que l'Hermine fait voir.
Elle a de peau de Tigre, vne Robe volante,
Qui bien que fort ſauuage, eſt pourtant fort galante,
L'Agraphe la retrouſſe, & fait qu'on voit au iour,
Ses Brodequins doublez de la peau d'vn Vautour.
Son Carquois eſt fait d'herbe, & ſon Arc de Baleine;
Vne Eſcharpe de Ionc, iuſqu'à terre luy traiſne,
Qui ſuſpend ſon Eſpée, & qui meſle vn beau vert,
A ce blanc moucheté, dont ſon corps eſt couuert.
La blancheur de ſes bras, à l'Hermine oppoſée,
Y trouue vn nouueau luſtre, & s'en rend plus priſée:
Et celle de ſon teint, malgré ſon incarnat,
Pourroit noircir vn Cygne, auprès de ſon eſclat.
Tous ſes traits ſont fort beaux, & ſa taille eſt fort belle:
Elle marche d'vn pas, digne d'vne Immortelle:
Et l'on voit dans ſon air, ſuperbe comme il eſt,
Ie ne ſçay quoy de fier, qui fait craindre & qui plaiſt.
La Belle eſt à coſté d'vn Lapon de ſon âge,
Mais Lapon de l'habit, & non pas du viſage:
Car bien loin d'eſtre blanc, & d'eſtre fait ainſi,
Son teint eſt aſſez brun, & ſes cheueux auſſi.
Sa mine eſt Haute & Noble, & ſes yeux pleins de flâme,
Faiſant voir clairement la Grandeur de ſon ame,

Alaric les admire, & leur fait ce discours.
Quels Anges lumineux viennent à mon secours ?
Si le Tibre peut voir vos beautez Souueraines,
Nous vaincrons les Romains, & les Beautez Romaines.
Il sous-rit à ces mots, & demande aux Lapons,
Qui sont ces deux Amants, en attraits sans seconds ?
Seigneur (luy dit leur Chef, ce Vieillard venerable)
De ces ieunes Amants, l'Histoire est memorable :
Et quand vostre loisir pourra me l'endurer,
Ie vous y feray voir, dequoy les admirer.
Il faut, respond le Roy, sans tarder dauantage,
Puis que ce haut Sapin, nous preste son ombrage,
Et qu'assez de loisir, nous demeure auiourd'huy,
Que vous me parliez d'elle, aussi bien que de luy.
Alors pour escouter vn peu plus à son aise,
Il se panche à demy, sur le fier Radagaise :
Et chacun par respect, voulant se reculer,
Il fait signe au Vieillard, qu'il commence à parler.
Seigneur, dit Iameric, parmy nous dure encore,
La Feste qu'on celebre en l'honneur du Dieu Thore :
Thore que nous tenons pour le plus Grand des Dieux,
Et qui vit comme Frigge, auec Othin aux Cieux.
Or vn iour qu'on chommoit cette Feste celebre,
(Iour malheureux pour nous, aussi bien que funebre)
Nos Femmes en fureur, d'vn esprit irrité,
Violerent le Droit de l'Hospitalité :
Et sans aucun sujet, leur brutale manie,
Fit que d'vn Estranger la trame fut finie :

Et que de mille Dards, son triste cœur percé,
Cria vengeance au Ciel, par tout son sang versé.
O fascheux souuenir, qui nous couure de honte!
Si le crime fut prompt, la vengeance fut prompte:
Et nous sentismes bien, que les Dieux irritez,
Ont en horreur le meurtre, & les impietez.
A quelque temps de là, l'impitoyable Peste,
D'vn inuisible Traict, donna le coup funeste:
Et d'vn Venin subtil, empoisonnant tout l'Air,
La Mort vola par tout, plus viste qu'vn Esclair.
Vn esprit tout de feu, serpente dans les veines;
Vne noire Vapeur, de cent Chimeres vaines,
Offusque le Cerueau; vient troubler la raison;
Et fait qu'vn si grand mal, n'a point de guerison.
Ce mal se communique, & tout l'air qu'on respire,
Bien loin de l'apaiser, le redouble & l'empire:
Les hommes seulement n'en sont pas attaquez,
Les Oyseaux en volant, en tombent suffoquez;
Et tous les Animaux, ont la mesme auanture,
Par l'horrible Poison, qui destruit la Nature.
On fuit pour l'esuiter, mais on fuit vainement:
L'Amy quitte l'Amy, mais inutilement:
La Terre pour les Corps, en tous lieux est ouuerte,
Et chacun porte en soy, la Cause de sa perte.
Le Fils seruant le Pere, en est assassiné;
Le Pere aydant le Fils, voit son Sort terminé;
A l'Enfant par la Mere, est la clarté rauie;
Elle cause sa mort, ayant causé sa vie;

Le Laict empoisonné, l'empoisonne à l'instant;
Elle expire, il expire, & meurt en sanglotant.
La Femme & le Mary, qu'vn Nœud si Saint assemble,
Ainsi qu'ils ont vescu, meurent enfin ensemble:
Mesme Terre les couure, esteignant leur Flambeau,
Et n'ayant eu qu'vn Lict, n'ont aussi qu'vn Tombeau.
Les Freres & les Sœurs, en s'assistant se nuisent:
Les Champs en sont deserts; les Villes s'en destruisent;
Tout n'est qu'vn Cimetiere; & nostre Terre alors,
A peine peut suffire, à mettre tant de Corps.
Ceux qu'vn deuoir pieux occupe à cét office,
Auant qu'auoir rendu ce funebre seruice,
Ont besoin que quelqu'autre, auec mesme bonté,
Les iette auec ce Mort, qu'ils auoient aporté.
Mais bien-tost la foiblesse estant trop generale,
Aucun n'est plus ietté sous la Tombe fatale:
Les Morts & les Mourans, pesle-mesle estendus,
Y sont horriblement en tous lieux confondus.
Icy l'vn tout liuide, espouuante la veuë;
Icy l'autre tout pasle, est vn Mort qui remuë;
Et lors qu'on voit tomber tous ces Spectres mouuans,
On ne discerne plus les Morts & les Viuans.
Leurs regards sont affreux; leur bouche est entre-ouuerte;
Ils n'ont plus sur les os, qu'vne peau toute verte;
Et dans ces pauures Corps, à demy descouuers,
Parmy la pourriture, on voit groüiller les Vers.
Des Cadaures hideux, en tous endroits s'exhale,
L'inuisible Poison, dont l'atteinte est fatale:

Et l'odeur mortifere, où là conduit le Sort,
Fait entrer auec elle, & la Peste, & la Mort.
Tout l'Art des Medecins, en vain luy fait la guerre:
Et n'esperant plus rien du costé de la Terre;
Et tout nostre secours deuant venir des Cieux;
Nous y portons ensemble, & le cœur, & les yeux.
On consulte l'Oracle, & l'Oracle en colere,
Nous rend vne response, aussi rude que claire;
Qui porte que le mal ne cessera iamais,
Si pour punition des crimes qu'on a fais,
L'on n'immole vne Fille, à chaque fin d'Année,
Aux Manes de ce Mort, Victime Couronnée.
Permettant toutesfois, lors que le Sort ietté,
L'aura mise en estat de perdre la clarté,
Si quelqu'autre, l'aymant, vouloit mourir pour elle,
De donner de ses feux, cette marque fidelle;
De fermer son Tombeau; d'en destourner ses pas;
Et d'empescher sa mort, par son propre trespas.
Mais le Ciel veut son Sexe, & ne veut point le nostre:
Car le crime de l'vn, n'auoit pas noircy l'autre:
Et si par ce grand mal, nostre Sort estoit ioint,
C'estoit par vn secret, que l'homme n'entend point.
Cette Loy, bien que dure, enfin est acceptée:
La premiere Victime, alors est presentée:
Et de son sang tout chaud, vne vtile vapeur,
Monte iusques au Ciel, qui n'est iamais trompeur.
Le Venin s'affoiblit; le cœur se fortifie;
Le Vent agite l'Air, & puis le purifie;

Et d'vn

LIVRE SECOND.

Et d'vn tourment si long voyant ainsi le bout,
L'agreable santé se restablit par tout.
Depuis des iustes Dieux la funeste ordonnance,
Recommence entre nous lors que l'An recommence:
Et desia quatre fois l'Autel ensanglanté,
Auoit receu les vœux faits pour cette santé;
Lors qu'vn iour qu'on deuoit choisir cette Victime,
Ma Fille en conceuant vne horreur legitime,
Abandonna la Ville, & fut au bord de l'Eau,
Qu'elle aperceut couuert des debris d'vn Vaisseau.
Icy l'on voit des Mats, & des Planches rompuës;
Là parmy les Cailloux, des Voiles estenduës;
Des Coffres renuersez ; des Armes en vn tas;
Et pesle-mesle morts, Mariniers & Soldats.
Comme ce triste objet occupe sa pensée,
De dessous les debris de la Nef fracassée,
Elle aperçoit sortir ce braue Lusitain,
Qui dans ce triste estat paroist encor hautain.
O merueilleux pouuoir de l'Amour sur vne ame!
Tout degoutant qu'il est, il conçoit de la flâme:
Et son cœur foible alors, autant qu'il estoit fort,
Passe aux mains de l'Amour, de celles de la Mort.
D'autre part la pitié que sa fortune donne,
S'introduit dans le cœur d'vne ieune Personne:
Et la compassion ayant touché ce cœur,
Vn sentiment plus tendre en est bien-tost Vainqueur.
Il parle, elle l'entend ; elle parle, il l'escoute;
Et le plaisir esgal, que l'vn & l'autre gouste,

D'vn inuifible Traict bleſſant leurs deux Eſprits,
Chacun croit ce qu'il ayme, & ſans pair & ſans prix :
Et l'Amour triomphant ſur ce trifte riuage,
S'eſleue vn beau Trophée au milieu d'vn Naufrage.
Mais durant qu'ils parloient, le Sort eſtant ietté,
Ma Fille eſt condamnée à perdre la clarté :
On la cherche ; on la trouue ; on la prend ; on l'emmene ;
Du Guerrier defarmé, la refiſtance eſt vaine ;
Et dés le lendemain, ſur le ſanglant Autel,
Son ſein doit receuoir le trifte coup mortel.
Il la ſuit, mais de loin ; il la voit, mais perduë ;
Et dans ſon defeſpoir courant de Ruë en Ruë,
Il aprend de quelqu'vn qu'elle auoit vn Amant :
Il le cherche, il l'aborde, il luy parle vn moment :
Et voicy ſon diſcours, ſi i'ay bonne memoire.
Si vous ſçauez aymer, & la Belle, & la Gloire ;
Si vous auez vn cœur digne de la ſeruir ;
Oppoſez-vous au Sort qui vous la veut rauir.
Aſſemblez vos Amis ; mourons pour cette Belle :
En empeſchant ſa mort, monſtrez-vous digne d'elle :
Et ſoyez aſſeuré qu'au milieu des Combats,
Vous aurez vn Second qui ne recule pas.
L'autre moins genereux, paroiſt froid & s'eſtonne :
Rejette le conſeil que ſon Riual luy donne :
Dit qu'il eſt impoſſible ; & que choquant les Cieux,
Il auroit contre luy les hommes & les Dieux.
Il luy dit qu'il y va de la ſanté publique ;
Il luy recite apres l'Oracle qu'il explique ;

LIVRE SECOND. 67

Luy fait voir le danger ; & conclud à la fin,
Qu'il faloit que ma Fille acheuaſt ſon deſtin.
O trop bon Citoyen, mais Amant peu fidele!
(Luy reſpond l'Eſtranger plein d'ardeur & de zele)
Ie t'offrois vn honneur trop eſclatant pour toy,
Foible & trop ſage Amant, ſans courage & ſans foy.
A ces mots il le quitte ; & dans ce mal extrême,
Ne cherchant ny ſecours, ny conſeil qu'en ſoy-meſme,
Il rumine ; il medite ; & dans ſa paſſion,
Il imagine enfin vne Grande action.
Il auoit vn Amy, qui de Luſitanie,
Eſtoit venu chez nous, fuyant la Tyrannie :
Cet Amant s'abandonne à ſa fidelité ;
Et va le coniurer par l'Hoſpitalité ;
Par les beaux ſentimens d'vn cœur plein de franchiſe ;
De le vouloir ſeruir dans ſa Haute Entrepriſe.
Cet Amy genereux luy promet ſon appuy ;
Luy demande auſſi-toſt ce qu'il pretend de luy ?
Et iure par le Ciel de faire toute choſe,
Pour auancer l'effet de ce qu'il ſe propoſe.
Alors d'vn air moins triſte, & tout plein de chaleur,
Cet Amant eſperant de vaincre ſon malheur ;
Vous voyez, luy dit-il, que la ſuite de l'âge,
N'a point encor changé les traits de mon viſage :
Si bien qu'en me donnant vn feint habillement,
Ie puis paſſer pour Fille aſſez facilement.
C'eſt tout ce que ie veux d'vn Amy que i'honnore :
Ce n'eſt que pour cela que mon ame l'implore :

I ij

Enfin il me peut rendre en cette occasion,
Vn tesmoignage aysé de son affection.
Il sçait, sans doute, il sçait, que i'ayme assez la gloire,
Pour ne m'en pas seruir dans vne action noire:
Et sa propre vertu ne le portant qu'au bien,
Qu'il iuge, s'il luy plaist, de mon cœur par le sien.
L'autre sans s'informer à quoy tend cét office,
Ne luy refuse pas vn si leger seruice:
Et luy qui donneroit, & sa vie, & ses Biens,
Luy trouue des habits ; luy fait quitter les siens ;
Et redoublant par la sa grace sans seconde,
Il le met en estat de tromper tout le monde :
Tant ces nouueaux habits, & sa propre beauté,
Firent changer son air par cette nouueauté.
O merueilleux effet, d'vne amitié fidelle!
Comme il ayme ma Fille, il veut mourir pour elle :
Et son impatience attend le nouueau iour,
Comme vn iour de Triomphe aquis à son amour.
A peine le Soleil, qui tout le Monde esclaire,
De ses premiers rayons dora nostre Emisphere,
Que tout le Peuple court vers ces funestes lieux,
Où l'on doit appaiser la colere des Cieux.
Dans le Temple aussi-tost, ma Fille est amenée :
De branches de Cypres on la voit couronnée ;
Et ses cheueux espars, tous couuers de Rubans,
A grosses boucles d'Or, volent au gré des Vents.
La frayeur sur son front, ne parut iamais peinte :
Et faisant voir vn cœur incapable de crainte,

LIVRE SECOND.

Elle marcha d'un pas, qui superbement fier,
L'aprochant de la mort, sembloit la défier.
Le Sacrificateur attendry par ses charmes,
Loin de verser du sang, versoit plutost des larmes :
Et l'on eust dit à voir l'un & l'autre en ce lieu,
Qu'il estoit la Victime, & qu'elle estoit le Dieu.
Pour moy ie la suiuois auec plus de foiblesse :
Et son prudent Amant, caché parmy la presse,
Sans songer à se perdre, & sans la secourir,
Lasche autant que cruel, alloit la voir mourir.
Mais admirez, Seigneur, vne amour sans exemple :
L'autre la deuançant l'attendit dans le Temple :
Et comme elle arriuoit, il s'auance à l'instant,
Le visage enflàmé ; le cœur tout palpitant ;
Et cherchant par sa mort vne gloire immortelle,
Ie viens, dit-il alors, ie viens mourir pour elle :
C'est le plus grand honneur que ie sçaurois trouuer,
Aussi ie me veux perdre, afin de la sauuer.
A ces mots surprenans, dans toute l'assistance,
Il se fait vn fort long, & fort profond silence :
Et puis par de grands cris, iusques au Ciel poussez,
On semble demander si ce n'est point assez ?
Tout le monde le voit ; tout le monde l'admire ;
Chacun en veut parler, mais on voit trop à dire :
Et la Belle inconnuë, au cœur si genereux,
En blesse bien plus d'un par vn Traict amoureux.
Ou se presse ; on s'aproche ; on la pleint ; on s'estonne ;
L'vn admire son ame ; & l'autre sa personne ;

I iij

Et tous efgalement, voyant fon amitié,
Sont comblez de merueille, & touchez de pitié.
Mais bien que fa beauté prefques toute autre efface,
L'Oracle a prononcé, ce qu'il faut que l'on face :
Si bien que le Grand Preftre en faifant fon deuoir,
Changea lors de Victime, & me rendit l'efpoir.
Ma Fille cependant, au milieu du tumulte,
S'examine en fecret ; fe parle ; fe confulte ;
La voit ; la confidere ; & reconnoift enfin,
Le genereux Amant, qui change fon deftin.
Dieux (dit-elle en parlant à la feinte Eftrangere)
Quelle iniufte fureur ce deffein vous fuggere ?
Et pourquoy voulez-vous, par vn Zele indecent,
Sauuant vn cœur coupable, en perdre vn innocent ?
Le Sort qui m'a choifie, a decidé la chofe :
Si l'on s'oppofe à luy, c'eft au Ciel qu'on s'oppofe :
Ainfi ne venez point troubler l'ordre du Sort,
Qui vous laiffe la vie, & demande ma mort.
Non (luy refpond l'Amant, de qui l'ame eft rauie)
Les Dieux ne veulent point vne fi belle vie :
Leur juftice y repugne, ainfi que leur bonté ;
Et fuiuant mes defirs, ie fuy leur volonté.
L'Oracle nous l'explique, & ie crois cet Oracle :
A noftre commun bien, ne mettez point d'obftacle :
Si vous me regretez, mon deftin eft trop doux :
Et puis qu'il faut mourir, ie veux mourir pour vous.
Mais ie ne le veux pas, luy refpond cette Amante :
Loin d'amoindrir mon mal, voftre deffein l'augmente :

LIVRE SECOND. 71

Oüy vous l'encheriſſez, ſur la rigueur du ſort,
Et vous m'aſſaſſinez, en empeſchant ma mort.
Dieux! par quel ſentiment, empeſchez vous ma gloire?
Ie veux viure, dit-il, mais dans voſtre memoire:
Et ſi ie puis finir, par vn deſtin ſi beau,
Le Thrône a moins d'éclat que n'aura mon Tombeau.
L'amitié vous aueugle, ou vous rend peu ſincere,
(Dit-elle en ſoupirant dans ſa douleur amere)
Et ſi vous periſſiez, comme vous le tentez,
Mes iours, aſſurément, ſeroient trop acheptez.
Ha, dit-il, voſtre perte, ô Beauté ſans ſeconde,
Se devroit empeſcher par la perte du Monde:
Et pour vous conſeruer, ô Chef-d'œuure des Cieux,
C'eſt trop peu que le ſang que i'aporte en ces lieux.
En le voulant donner, voſtre amour eſt inſigne,
Mais ſi ie le ſouffrois, ie n'en ſerois pas digne,
Dit-elle, & diſputant vos iours & mon treſpas,
Vous combatez long-temps, mais vous ne vaincrez pas.
A ces mots ſe tournant vers toute l'Aſſemblée,
Qui d'vn ſi beau Combat, eſt rauie, & troublée;
Elle luy fait ſçauoir que l'habit la deçoit;
Et que c'eſt en ce iour vn homme qu'elle voit.
Ayant fait ce diſcours d'vne voix haute & claire,
L'eſtonnement redouble; on ne ſçait plus que faire;
On ne ſçait plus s'il faut laiſſer viure l'vn d'eux;
Ou ſur le meſme Autel, les immoler tous deux.
L'aduis eſt partagé; la choſe eſt en balence;
Mais l'Oracle parlant, nous impoſe ſilence:

Et nous oyons enfin, que les Dieux en courroux,
Sans verser plus de sang, sont satisfaits de nous.
Qu'vne haute vertu, leur fait tomber les armes ;
Qu'ils ne demandent plus, ny de sang, ny de larmes ;
Et qu'ils veulent encore, apres nos maux finis,
Qu'on ne separe point, deux cœurs si bien vnis.
Alors iusques au Ciel, montent les cris de joye ;
Et le Ciel appaisé, prend les vœux qu'on enuoye ;
Et nos soûpirs meslez à l'odeur de l'Encens,
Sont l'innocent Tribut de nos cœurs innocens.
L'on chante à son honneur ; l'on pleure d'allegresse ;
Tout le monde veut voir l'Amant & la Maistresse ;
Tout le monde les loüe ; & iusqu'au lasche Amant,
Tout semble conspirer à leur contentement.
I'aprouue leur amour ; tous deux ie les embrasse ;
Et pour faire cesser la commune disgrace,
Le Prestre de nos Dieux, n'ayant plus de rigueur,
De ces deux Nobles Cœurs, fait alors vn seul cœur.
Depuis cela, Seigneur, vne ame à l'autre vnie,
N'a iamais veu troubler cette belle harmonie :
Leur estime est esgale, & leur amour esgal ;
Et leur souuerain bien n'est meslé d'aucun mal.
Mais deuant obeïr à vos ordres suprèmes,
Ils n'ont pû me quitter, ny se quitter eux-mesmes :
Et nous venons tous trois, poussez d'vn beau desir,
Si nous mourons pour vous, mourir auec plaisir.
Ha, luy respond ce Prince, vne si belle vie,
Par les mains de la Mort ne sera point rauie !

Et

Et le Dieu que ie ſers, plus puiſſant que vos Dieux,
A ces Nobles Amants decillera les yeux.
Cependant ſoyez ſeur, qu'eſtant dans mon Armée,
Cette Haute Vertu de mon ame eſtimée,
Ne demandera rien de ma protection,
Que mon cœur ne luy donne auec affection.
Cette belle Amazone, à ces mots luy rend grace;
L'Amant en fait de meſme, & ce Grand Prince paſſe:
Et reuoyant le Camp de l'vn à l'autre bout,
Ce Heros immortel donne l'ordre par tout.
Mais pendant qu'Alaric ſonge à vaincre la Terre,
Au cœur d'Amalaſonthe il fait deſia la guerre:
Et bien que le deſpit ſouſtienne ce Grand cœur,
Elle ſuit malgré ſoy, le Char de ce Vainqueur.
Elle veut n'aymer plus; elle croit eſtre libre;
Mais vn moment apres elle reuoit le Tibre:
Ses pleurs ſur ſes cheueux, ſont des Perles ſur l'Or,
Et ce cœur affligé ſent bien qu'il ayme encor.
Rigilde d'autre part, touſiours plus en colere,
Veut adoucir ſon mal par le mal qu'il veut faire:
Et changeant les Demons par ſes Magiques Vers,
Il en fait des Soldats de ces Peuples diuers.
Durant la ſombre nuit, où les Feux de l'Armée,
A ſon obſcurité meſlent tant de fumée,
Le Sorcier les diſperſe; & l'on ne connoiſt pas,
Ces Demons traueſtis parmy tous les Soldats.
Aucun ne les diſcerne; aucun ne les regarde;
Et dans l'oyſiueté des Feux des Corps-de-garde,

K

Ces subtils Artisans de la confusion,
Pour frapper ce grand coup, cherchent l'occasion.
Celuy qu'on voit meslé dans les Troupes Gothiques,
Apres plusieurs discours des affaires Publiques;
Du voyage entrepris; & du dessein du Roy;
Comme insensiblement leur donne de l'effroy.
O mes chers Compagnons, leur dit-il, que nos Fléches
Auront peu de pouuoir, & feront peu de bréches!
Et quel heureux succés nous peut-il arriuer,
Contre vn Peuple de fer, que nous allons trouuer?
Les Romains sont couuerts d'Armes impenetrables:
Leurs corps à tous nos Traits, seront inuulnerables:
Au lieu que desarmez, comme nous sommes tous,
Voulant compter nos Morts, il faut compter leurs coups.
Celuy qui veut tromper les Habitans Bothniques,
Leur demande à quoy sert la longueur de leurs Piques,
Et l'extrême valeur de leurs cœurs indomptez,
Contre des Bancs de Sable, & des Flots irritez?
Nous allons, leur dit-il, sur des Mers inconnuës,
D'où iamais en nos bords les Nefs ne sont venuës:
Et vous sçauez fort bien, que nos plus vieux Nochers,
N'en ont iamais connu les Vents ny les Rochers.
Nous allons, chers Amis, errer de Plage en Plage,
Et rencontrer enfin, vn funeste Naufrage:
Si bien qu'errant sur l'Onde, & perissant sur l'Eau,
Nous serons sans Patrie, & mesme sans Tombeau.
Celuy qui se feint estre vn Soldat de Finlande,
Peuple, comme on l'a dit, dont la richesse est grande,

Regrette en soûpirant, le lieu qu'il a quitté;
Semble se repentir de sa temerité;
Leur remet en l'esprit leurs Campagnes fertiles;
Et leur oppose apres les Alpes si steriles:
Dit qu'ils mourront de faim sur ce bord Estranger,
Et que la guerre enfin, est leur moindre danger.
Apres, iettant les yeux sur l'esclat de leurs Armes,
Et feignant finement de cacher quelques larmes,
O mes chers Compagnons, leur dit-il, quel Butin,
Allons nous adiouster à l'Empire Latin!
Nous quittons le certain, pour la gloire incertaine:
L'vn est vn Corps solide, & l'autre vne Ombre vaine:
Et l'Or de nostre Armure, & qui brille en nos mains,
N'est qu'vn riche Tribut que l'on porte aux Romains.
Celuy qui des Pescheurs qui sont venus des Isles,
Veut esbranler l'esprit par ses ruses subtiles,
Sans employer son Art en discours superflus,
Les pique par l'endroit qui les touche le plus.
O Compagnons, dit-il, quelle fureur nous mene?
Quoy! n'auez-vous point sceu quelle est la Mer Thyrrene?
Et pourquoy portons nous la Ligne & l'Hameçon,
Allant sur cette Mer qui n'a pas vn Poisson?
Celuy qui des Voisins de la Polme rapide,
Tache de rendre alors le courage timide,
Leur dit, en desguisant le crime de l'Enfer,
Helas! à quoy nous sert nostre Mine de Fer?
Du plus haut de ces Monts qui bornent l'Italie,
Pour punir nostre audace, ou bien nostre folie,

Des Rochers deſtachez rouleront deſſus nous ;
Eh qui pourra ſouffrir la greſle des Cailloux ?
En des lieux ſi ſcabreux, & dans vn tel paſſage,
Tout l'Art des Bataillons n'eſt plus de nul vſage :
Et cent hommes logez ſur ces Rochers affreux,
Arreſteroient vn Camp plus fier & plus nombreux.
En vain nous porterons des Dards & des Eſpées,
Ayant à ſurmonter des Roches eſcarpées ;
Des Precipices hauts ; des Torrents enfoncez ;
Où par le moindre effort nous ſerons renuerſez :
Et loin de nos Amis, & loin de nos riuages,
Nous allons tous perir en des lieux ſi ſauuages :
Pas-vn ne reuiendra de ces Monts eſcartez,
Où la Neige eternelle eſt aux plus chauds Eſtez.
Celuy qui des Chaſſeurs de l'aſpre Liuonie,
Taſche par la frayeur d'exciter la manie,
Regardant les Eſpieux que tiennent les Soldats,
Leur dit, Helas en vain nous en chargeons nos bras !
Ayant veu l'Italie, en reuenant d'Afrique,
I'ay veu que tous les bords de la Mer Liguſtique,
Ne ſont que hauts Rochers ſteriles & ſans Bois,
Où iamais Cerf laſſé ne fut mis aux abois.
Iamais rien de viuant ne bondit ſur ces Roches ;
Il faut chercher bien loin les Foreſts les plus proches ;
Et tous les Animaux, ainſi que ie le dis,
Eſuitent ſagement ces riuages maudits.
Noſtre Art eſt inutile en ces triſtes Montagnes :
Il ne l'eſt gueres moins aux prochaines Campagnes :

Et nous allons perir en ces horribles lieux,
Où l'on voit en tout temps la colere des Cieux.
Celuy qui veut tromper par sa ruse fatale,
Ceux qui viennent des bords de la Mer glaciale,
Leur dit qu'en Italie vn eternel Esté,
Brusle tout, par le feu qui du Ciel est ietté.
Helas! mes Compagnons, leur dit-il, la Nature
Nous a mis dans la Glace, & parmy la froidure;
Et cette ambition qui porte là nos pas,
Nous met parmy la flâme, où nous ne viurons pas.
Celuy qui des Lapons veut irriter la Troupe,
Leur monstrant des Vaisseaux, & la Proüe & la Poupe,
Et fier comme ils sont fiers, d'vn ton imperieux,
Essayant d'esmouuoir leur esprit furieux;
O Peuples agissans, leur dit-il, ces Nauires,
Si ie ne me deçoy, seront tous nos Empires:
Et nous allons vieillir en errant sur les Flots,
Pirates sans honneur, & chetifs Matelots.
Par vn calme profond la Flotte retenuë,
Ne pourra s'esloigner d'vne Plage inconnuë:
Tous les Vents enfermez dormiront sous les Eaux,
Et nous mourrons d'ennuy sur ces maudits Vaisseaux.
Enfin ces noirs Demons du tenebreux Empire,
Par l'oculte fureur que leur malice inspire,
Esmeuuent tout le Camp, & par d'autres moyens,
Mettent vne autre crainte au cœur des Citoyens.
Des plus vieux Habitans ils prennent la figure;
Et dans le mesme temps que le Soldat murmure,

K ij

Ils sement dans le Peuple vn certain bruit confus,
Que le Roy qui les hait ne les reuerra plus.
Ils disent qu'Alaric mesprise sa Patrie;
Que son amour pour Rome est vne idolatrie;
Qu'il ne peut plus souffrir le froid de leurs Climats;
Et qu'ils sont asseurez qu'il ne reuiendra pas.
Tous ces bruits differens passent de bouche en bouche;
Chacun à son Amy dit la peur qui le touche;
Luy la dit à quelqu'autre; & cét autre à son tour,
Va chercher à la dire aux Troupes d'alentour.
D'abord on parle bas de ces diuerses craintes,
Dont le Camp & la Ville ont senty les atteintes:
Mais la terreur panique esbranlant leurs esprits,
Et la Ville & le Camp, retentissent de cris.
Comme on oit quelquesfois, estant sur vn riuage,
Gronder confusément la Tempeste & l'Orage;
Et puis dans vn instant tous les Vents deschaisnez,
Souffler horriblement, & bruire forcenez:
Tel du Soldat craintif, & du Peuple timide,
Paroist foible d'abord le courroux qui le guide:
Mais en moins d'vn moment, ce courroux furieux,
Leur fait pousser des cris qui percent iusqu'aux Cieux.
L'vn menace le Prince, & l'autre prend ses Armes;
L'vn veut verser du sang; l'autre verse des larmes;
L'vn court, l'autre s'arreste, & ne sçait ce qu'il veut;
L'vn pousse, l'autre choque, & marche tant qu'il peut;
L'vn tombe, & fait tomber vn autre qu'il entraisne;
Les Bataillons confus couurent desia la Plaine;

Et l'on voit les Soldats, armez & desarmez,
Se placer en desordre en leurs rangs mal formez.
En vain la voix des Chefs, incapables de crainte,
S'oppose à la terreur dont l'Armée est atteinte:
Le Soldat effrayé ne les reconnoist plus,
Et leurs sages discours, sont discours superflus.
Le Peuple, d'autre part, dresse vne Barricade;
Menace le Palais; & songe à l'escalade:
Tous parlent sans s'entendre en cette occasion;
Et par tout est la crainte & la confusion.
Alaric entendant cét horrible tumulte,
Suit le Noble transport du Grand cœur qu'il consulte:
Court se mettre au milieu de son Camp furieux,
La colere meslée à l'esclat de ses yeux:
Et par son assurance à vaincre accoustumée,
Il l'oste aux plus mutins qui souleuent l'Armée.
Quel Demon, leur dit-il, agiste vos esprits?
Quelle est cette frayeur dont vous estes surpris?
Quel est ce foible cœur qui s'oppose à ma gloire,
Et qui veut m'arracher l'honneur de la Victoire?
Que ce lasche qui craint vne si belle mort,
Viue dans sa bassesse, il est encor au Port.
O merueilleux effet d'vn cœur si magnanime!
Le Soldat en l'oyant est honteux de son crime:
Il en baisse les yeux; se retire sans bruit;
Et se reuoit vaillant, par son Roy qui l'instruit.
Sur le Peuple en fureur il gagne mesme Palme:
La Ville est en repos; le Camp redeuient calme;

Et l'immortel Heros qui Triomphe par tout,
Remet l'ordre & la Paix de l'vn à l'autre bout.
Comme l'Airain sonnant, les Abeilles modere,
Lors que leur Camp volant bourdonne de colere :
Ainsi la voix du Roy par sa Noble fierté,
Appaise du Soldat le courage irrité.

Fin du deuxiesme Liure.

F. Chauueau fe.

ALARIC,
OV
ROME VAINCVË.

LIVRE TROISIESME.

R durant qu'Alaric restablit toutes choses,
L'Aurore peint le Ciel de la couleur des Roses;
Et l'Astre qui la suit, par vn nouuel esclat,
Vient mesler son bel Or à ce bel incarnat.
Mais si le Ciel rougit, la triste Amalasonthe
Rougit ainsi que luy, de despit & de honte:
Son chagrin la deuore, & parmy ce grand bruit,
Incertaine & tremblante, elle a passé la nuit.
Son ame de douleur mortellement atteinte,
A tantost de l'espoir, & tantost de la crainte:
Et ces deux passions, d'vne esgale rigueur,
Font mourir & reuiure, & remourir son cœur.

L ij

Ce superbe orgueilleux enflé de tant de gloire,
A qui rien n'a iamais disputé la Victoire;
Qui s'est moqué du Sceptre, & qui plus d'vne fois
A mesprisé le Thrône, & regné sur les Rois;
Ne sçauroit conceuoir qu'Alaric luy resiste;
Il est encore ensemble, & glorieux & triste;
Et ce Noble Tyran que Rigilde a trompé,
Deffend iusques au bout vn Empire vsurpé.
Mais comme il le deffend ce Grand Sorcier arriue;
La Belle en le voyant est plus morte que viue;
Car on voit dans ses yeux la fureur esclatter,
Et nul espoir enfin ne la sçauroit flatter.
Madame, luy dit-il, tout l'Enfer rend les Armes:
Pour charmer Alaric, il faut vos propres Charmes:
Et s'ils sont impuissans comme les miens le sont,
Souffrez auec l'Enfer vn si sensible affront.
Comme lors qu'en Esté le Carreau du Tonnerre,
A longs Serpents de feu tombe dessus la Terre,
On voit le Voyageur demeurer interdit,
Au milieu du fracas, du coup qui l'estourdit:
Telle, & plus estonnée, Amalasonthe est veuë:
Sa douleur la surprend, bien qu'elle l'eust preueuë:
Et par vn si grand coup son Grand cœur estonné,
S'abandonne aux regrets estant abandonné.
Quoy, dit-elle, le Sort m'est donc tousiours contraire!
Alaric veut partir; rien ne l'en peut distraire;
Et l'Enfer impuissant cede à ce mauuais Sort,
Et le Ciel qui peut tout a resolu ma mort!

LIVRE TROISIESME.

Et bien, cedons Rigilde, au Ciel à qui tout cede :
Pour vn mal incurable il n'eſt aucun remede :
Et lors qu'vn ſi grand mal eſt au ſuprême point,
Le mieux qu'on puiſſe faire eſt de n'en chercher point.
Non, puis que le deſpit ne guerit pas mon ame,
Toute l'Eau de la Mer n'eſteindroit pas ſa flâme :
Elle eſt flâme elle meſme, & mon cœur conſumé
Ne vit plus, & n'eſt plus que dans l'objet aymé.
Ne cherchons ni douceur, ni pitié, ni conſtance ;
Ni ſoin, ni repentir ; mais cherchons la vangeance :
C'eſt elle ſeulement qui nous peut ſoulager :
Et pour mourir en paix viuons pour nous vanger.
L'orgueilleuſe Beauté que la douleur ſuffoque,
Voudroit cacher ſes pleurs au Roy qui les prouoque :
Mais comme elle trauaille à chercher ce milieu,
Elle voit Alaric qui vient luy dire adieu.
Ce Prince à dans les yeux la triſteſſe dépeinte ;
De la confuſion ; de l'amour ; de la crainte ;
Du reſpect ; du chagrin ; des regards languiſſans ;
Sombres ; foibles ; ſoumis ; mais pourtant fort puiſſans.
La Belle à dans les yeux, du feu ; de la colere ;
Du deſpit ; de l'orgueil ; de la douleur amere ;
De la honte qui vient du ſentiment qu'elle a ;
Et pourtant de l'amour plus que de tout cela.
Par vn triſte regard dont la douceur le touche,
Elle l'apelle ingrat ſans qu'elle ouure la bouche :
Par vn triſte regard cet Amant à ſon tour,
La nomme ſans parler iniuſte à ſon amour.

Leurs cœurs accouſtumez à ce muet langage,
Souffrent eſgalement ce reciproque outrage:
Soupirent à la fois ; & ces cœurs eſperdus,
Sentent & font ſentir qu'ils ſont bien entendus.
Comme on voit vn Torrent qu'vne Digue repouſſe,
Suſpendre pour vn temps ſon Flot qui ſe courrouſſe;
Et puis d'vne fureur qui ſe gonfle & qui boult,
Abattre cét obſtacle, & rauager par tout:
De meſme les tranſports de ces Ames fidelles,
S'arreſtent à l'abord, & ne ſont veus que d'elles:
Mais enfin leur grandeur s'eſpanche en vn moment,
Et l'Amante en ces mots, entend pleindre l'Amant.
Ie viens, helas! ie viens commencer mon ſuplice:
Ou plutoſt le finir ſi le Ciel m'eſt propice:
Car ſi mes vœux ardents le trouuent ſans courroux,
En vous diſant adieu, ie mourray deuant vous.
Ie viens me ſeparer moy-meſme de moy-meſme,
Si l'on peut ſans mourir quitter ce que l'on aime:
Car ſi pres du départ que m'ordonne le Sort,
Ie ne crois point encor le pouuoir ſans la Mort.
I'obeïs au Deſtin ; mais auec l'eſperance,
Que bien-toſt mon treſpas finira mon abſence:
Ou qu'vn Triomphe prompt autant que glorieux,
Me fera reuoler en ces aimables lieux.
C'eſt par ce ſeul eſpoir, diuine Amalaſonthe,
Que ie puis m'eſloigner de l'Objet qui me dompte:
Et ſi ie ne l'auois comme i'ay de l'ardeur,
Rome pour m'attirer manqueroit de Grandeur.

Laissez-moy donc l'espoir qui me mene à la Gloire:
Pour haster mon retour souhaittez ma Victoire:
Et puis qu'il faut que i'aille en ces lieux escartez,
Faites que i'obeïsse, & dittes moy, partez.
Partez, respond alors cette Belle irritée;
Partez, allez trouuer la peine meritée;
L'Orage ; les Rochers ; & les Flots irritez ;
Les Vents ; les Bancs de Sable ; encore vn coup, partez.
O trop inexorable, & cruelle Personne,
Respond il, c'est assez que ie vous abandonne :
C'est assez, c'est assez, que ie quitte vos yeux,
Sans me les faire voir cruels & furieux.
L'Orage, les Rochers, & les Flots en colere,
Quand la vostre paroist ne m'espouuentent guere:
Et ce Nuage obscur que vos yeux me font voir,
Est le seul que ie crains iusques au desespoir.
Les Vents, les Bancs de Sable, aux bords de Ligurie,
Me verront vn Escueil qui vaincra leur furie:
Mais contre la fureur que monstre vn œil si beau,
Il le faut confesser, ie ne suis qu'vn Roseau.
Partir est vn grand mal ; vous quitter est la genne ;
Mais vous quitter faschée, & peut-estre auec haine ;
Mais vous quitter, helas ! quand cet œil le deffend,
C'est de tous les malheurs, le malheur le plus grand.
O de tous les Tyrans, Tyran le plus seuere,
Dit-elle, il fait mourir ce qu'il dit qu'il reuere ;
Il flatte ; il assassine ; il soupire ; il meurtrit ;
Et son cœur ne sent rien de tout ce qu'il nous dit.

Vous craignez de partir ; vous craignez cette abſence ;
Vous craignez de mes yeux la fureur ſans puiſſance ;
Vous craignez de ces yeux l'inutile courroux ;
Mais ſi vous les craignez, eh pourquoy partez vous?
Ie parts, dit-il, ie parts, d'autant qu'on me l'ordonne ;
Ie parts pour conqueſter vne illuſtre Couronne ;
Ie parts pour meriter d'eſtre veu voſtre Amant ;
Et parce que mon cœur ne peut faire autrement.
Non, ne deſguiſez point vn crime volontaire,
(Reſpond elle en pleurant d'amour & de colere)
Voſtre cœur ſans pitié va cauſer mon treſpas,
Parce qu'il eſt ingrat ; parce qu'il n'ayme pas.
Ne me redites point ce que ie ne puis croire :
Dites, dites plutoſt, ie n'ayme que la Gloire ;
Ie n'ayme que le ſang ; les morts ; la cruauté ;
Et vous n'auez pour moy, ni grace, ni beauté.
Ha, que ie vous dirois vn menſonge effroyable!
Reſpond il, obligeante & belle impitoyable :
Ie vous diray plutoſt, vos yeux ſeuls me ſont doux ;
Ie vous ayme ardemment ; & ie n'ayme que vous.
A ces mots il ſoupire, & regarde la Belle :
Et ce ſoupir d'amour, pouſſé qu'il eſt pour elle,
Trouue vn chemin ſecret qu'il n'oſoit eſperer ;
Paſſe iuſqu'à ſon cœur ; & la fait ſoupirer.
Mais fiere comme elle eſt, & ſuperbe dans l'ame,
Elle eſtouffe en naiſſant cét Enfant de ſa flâme :
Son orgueil le condamne ; & le priuant du iour,
Elle abaiſſe les yeux, où l'on voit ſon amour.

Là se fait entr'eux deux, vn assez long silence:
Là souffrent ces deux cœurs plus d'vne violence:
Et là peuuent-ils voir qu'en ce moment fatal,
Leur amour est esgale, & leur tourment esgal.
Mais enfin le despit de cette infortunée,
Rendant quelque vigueur à son ame estonnée,
Et sa Noble fierté venant à son secours,
Elle vient à la Charge encor par ce discours.
Vous sçauez mieux que tous, Autheur de ma disgrace,
Et le Rang que ie tiens, & celuy de ma Race:
Vous sçauez qu'apres vous le Sceptre m'apartient,
Et que ie sorts enfin d'vn lieu dont il vous vient.
Or qui vous peut respondre en cette longue absence,
Qu'vn Riual se seruant des droits de ma Naissance,
N'entreprenne sur vous par vn double attentat,
De vous oster l'Amante en vous ostant l'Estat?
Craignez, craignez Seigneur, vne Fille irritée,
Parmy le desespoir où vous l'aurez iettée:
Craignez, craignez vn Sexe assez vindicatif,
Et qui pour se vanger n'est que trop inuentif.
Ha! non, respond ce Prince, ha! non, ie ne crains guere,
Dans vn si Noble esprit, vn sentiment vulguaire:
Pourquoy faire esclatter cét iniuste courroux,
Puis qu'ainsi que mon cœur, ma Couronne est à vous?
Mais vous pouuez bien voir qu'il vous croit indulgente,
Puis que lors qu'il s'esloigne il vous laisse Regente,
Ce cœur, ce triste cœur, qui s'esloignant d'icy,
Vous laisse son pouuoir, & qui s'y laisse aussi.

M

Ha ! dit-elle, cruel, si vous me voulez plaire,
Au moins en m'ostant tout, laissez moy ma colere :
Et par de vains propos aussi trompeurs que doux,
Ne m'ostez pas le bien de me vanger de vous.
A ces mots elle entend, cette Beauté diuine,
Crier aux Matelots, à bord ; à la Marine ;
Le bon Vent est leué, qu'on s'embarque Soldats ;
A bord ; embarque ; à bord ; & ne le perdons pas.
Aussi-tost elle entend mille voix inconnuës,
Qui luy perçant le cœur, percent iusques aux Nuës :
Mille cris d'allegresse augmentent sa douleur,
Et le Port retentit du bruit de son malheur.
Elle entend les Nochers, aussi triste que pasle,
Crier, amare ; hysse ; & pouge ; & guinde ; & cale ;
Rame ; attache ; apareille ; & diuers autres mots,
Qui ne sont entendus qu'à l'Empire des Flots.
Elle entend dans le Camp tous les Tambours qui battent :
La Trompette guerriere, & les Clairons esclattent :
Tout marche ; tout s'embarque ; & par vn si grand bruit,
Son cœur du prompt départ n'est que trop bien instruit.
D'vn œil triste & mourant Alaric s'en sepére ;
D'vn œil superbe & fier elle le dit Barbare ;
Il part, elle se tourne, & sortant de ce lieu,
Ce Prince luy veut dire, & ne peut dire, adieu.
Comme on voit dans vn Camp la Mine sousterraine,
Cacher pour vn instant le feu dont elle est plaine ;
Et puis bien-tost apres ce terrible Element,
Boule-verser la Terre, & bruire horriblement :

Telle d'Amalasonthe est la douleur extrême ;
D'abord elle la presse, & la cache en soy-mesme ;
Mais vn moment en suite augmentant son malheur,
Le feu de sa colere esclate auec chaleur.
Quoy, dit-elle, il me quitte, & l'amour me demeure !
Quoy ce feu vit encor, lors qu'il faut que ie meure !
Quoy pour l'aymer encor i'ay le cœur assez bas !
Quoy ie le voy partir, & ie ne le hais pas !
Ha ! non, non, ie le hais à l'esgal de la Peste,
Celuy dont le depart me deuient si funeste ;
Celuy sur qui mes yeux ont manqué de pouuoir ;
Celuy que i'ay trop veu, deuant ne le plus voir.
Dieu, que n'ay-je vne Flotte à ramer toute preste !
I'irois, i'irois ingrat, sans craindre la Tempeste ;
Sans craindre les Combats ; sans craindre le danger ;
T'attaquer, te punir, te perdre, & me vanger.
I'irois dans ton Vaisseau porter plus d'vne flâme :
I'en aurois à la main, comme i'en ay dans l'ame :
Et i'y mettrois enfin, pour punir ta rigueur,
Ce desordre mortel que tu mets dans mon cœur.
O souhaits impuissans ! ô desirs inutiles !
O pleintes sans effet ! ô reproches steriles !
Vous ne produisez rien contre vn Amant sans foy,
Et si vous agissez, ce n'est que contre moy.
Là, pleine de despit, cette Amante animée,
Sur vn Lict de Drap d'Or tombe à demy pasmée :
Et les yeux vers le Ciel, tous trempez de ses pleurs,
Vn silence eloquent parle de ses douleurs.

M ij

Mais comme elle taſchoit de les rendre diſcrettes,
Elle entend ſur le Port, les Clairons ; les Trompettes;
Les Fiffres ; les Tambours ; & ce bruit general,
Que pouſſent des Vaiſſeaux voyant leur Amiral.
A ce bruit importun la Belle ſe releue :
(Car elle iuge bien que ſon malheur s'acheue)
Et courant au Balcon, & regardant vers l'Eau,
Elle voit Alaric qui monte ſon Vaiſſeau.
Il eſt enuironné d'vne ſuperbe Troupe ;
L'Or & le Fer luiſant, brillent ſur cette Poupe;
Et ce Grand Conquerant tout couuert de Lauriers,
Luy paroiſt tel qu'vn Mars entre tous ces Guerriers.
Elle le voit enfin ; il la voit tout de meſme ;
Le mal de l'vn eſt grand ; celuy de l'autre extréme;
Et leurs yeux attachez ſe diſent à l'inſtant,
Ce que ie ne puis dire en vous le racontant.
Elle luy tend les bras ; il tend les bras vers elle;
Mais preſt de tout ceder aux deſirs de la Belle,
Le deſir de l'honneur redeuient le plus fort;
Il deſtourne ſes yeux, mais non ſon cœur du Port;
Il met la main au Sabre, & d'vn coup memorable,
Afin de s'eſloigner il en coupe le Chable.
Les Nochers auſſi-toſt font ioüer le Tymon;
Et prenant bien le Vent qui leur eſtoit fort bon,
Ils eſloignent la Terre ; & la main du Pilotte,
Semble ſeule mouuoir toute la grande Flotte;
Car tout part, tout le ſuit, & tout quittant ces lieux,
La Ville en peu de temps ſe deſrobe à leurs yeux.

Comme on voit quelquesfois le Camp volant des Gruës,
Garder un ordre exact en trauersant les Nuës;
Et sans perdre son rang voler tousiours de front,
Et par un mouuement aussi reglé que prompt.
Tels se font voir alors tous ces Vaisseaux de Guerre;
D'vne distance esgale ils esloignent la Terre;
Et tous sur vne Ligne, aydez qu'ils sont du Vent,
Suiuent leur Amiral qui gagne le deuant.
Mais pendant qu'ils s'en vont d'vne course si prompte,
Vn Orage s'esleue au cœur d'Amalasonthe;
Ou plutost recommence à troubler son repos,
En luy faisant maudire, & les Vents & les Flots.
Il s'en va le Barbare; il s'en va l'Infidelle;
Il s'en va le Perfide; & ie le voy, dit-elle;
O Ciel! fais que la Mer, changeante comme luy,
Puisse punir son crime, & me vange aujourd'huy.
Sousleue tous les Flots pour perdre son Nauire:
Ie le dois desirer, si ie ne le desire:
Conduits-le, brisé-le contre vn fameux Escueil;
Il faut à ce Grand cœur vn aussi grand Cercueil;
La Mer qu'il me prefere, est vne Sepulture,
Digne de cét orgueil qui l'a rendu pariure:
O Ciel! iniuste Ciel, ie veux ce que tu veux;
Ie consents au depart; mais consents à mes vœux.
Cede, cede l'amour à l'Amante irritée:
Oüy, quittons la pitié, puis qu'il nous a quittée:
Oüy, souhaitons sa perte, & pour nous secourir,
Oüy, souhaitons sa mort, qui nous fera mourir.

La Trame de mes iours par sa fatale Espée,
Aussi bien que le Chable en ce iour est coupée :
C'est le dernier excés de sa fiere rigueur,
Et coupant cette Corde il m'a percé le cœur.
Ie l'ay veu, ie l'ay veu, le lasche, le Barbare,
Fraper cruellement le coup qui nous separe :
Et vouloir que ma mort, & ce coup inhumain,
Vinssent esgalement de sa cruelle main.
Comme d'vne Estincelle vn fort grand feu s'allume,
De mesme en son Grand cœur noyé dans l'amertume,
L'amour deuient douleur, & la douleur despit ;
Le despit est apres colere en son esprit ;
Et la colere en suite, en rage conuertie,
Fait ceder sa douceur, comme sa modestie ;
Remplit toute son ame ; & la faisant changer,
Toute Amante qu'elle est, la porte à se vanger.
Ha ! Rigilde, dit-elle, au lieu de foibles larmes,
Pour punir vn ingrat, recommencez vos Charmes :
Et si vous connoissez l'excés de mon tourment,
Sousleuez tout l'Enfer contre vn perfide Amant.
Poursuiuons cét Amant, sur la Terre & sur l'Onde :
Et deust sa vanité chercher vn nouueau Monde
Apres auoir dompté le Monde & les Romains,
Suiuons-le, suiuons-le pour rompre ses desseins.
Madame (luy respond le Sorcier en colere)
I'ay beaucoup fait en vain, mais i'ay beaucoup à faire :
Mon Art sera vangé des outrages souffers,
Et le Tibre fameux n'a pas encor des Fers.

LIVRE TROISIESME.

A ces mots il la quitte, & la Belle affligée,
Par vn si foible espoir, foiblement soulagée,
Entre en son Cabinet, où la nuit & le iour,
Elle entretient sa haine, ou plutost son amour.
Cependant d'Alaric l'Armée à plaines Voiles,
Sous la faueur des Flots, des Vents, & des Estoiles,
Cingloit heureusement, & ces hardis Vaisseaux,
Du grand Lac de Meler, laissoient bien loin les Eaux.
Desia sur la main droite, où la Flotte va toute,
Le Port de Nicoping leur a marqué leur route:
Et l'Isle de Gotlant, sejour delicieux,
Demeure sur la gauche, & se monstre à leurs yeux.
Par la faueur du Vent, à leur adresse iointe,
Desia du Cap d'Olant ils ont doublé la pointe;
Descouuert Folsterbode, & sans perdre vn moment,
Dans le Destroit du Sund passé legerement.
Apres, sur la main gauche, en costoyant la Terre,
Ils descouurent Colding, Peuple nay pour la Guerre:
Et plus auant Arrhuys, qui parmy des Rochers,
Mesle superbement ses Murs & ses Clochers.
Mais on voit moins de Flots à l'entour des Nauires,
Qu'au cœur du Conquerant on ne voit de martyres:
En vain son Grand espoir tasche de le flatter;
L'Objet qu'il a quitté, ne le sçauroit quitter;
Tousiours Amalasonthe occupe sa memoire;
Il la voit, sans la voir, plus belle que la Gloire;
Preferant de bien loin, s'il consulte son cœur,
La qualité d'Esclaue à celle de Vainqueur:

Et reuoyant toufiours des yeux de la pensée,
Le Fantofme irrité d'vne Amante offensée.
Il fe forme vn Tableau de fes perfections ;
Il luy femble reuoir toutes fes actions ;
Et d'vne impreffion auffi forte que tendre,
Il la voit ; il l'entend ; ou du moins croit l'entendre :
Son cœur en eft efmeu ; fon cœur en eft charmé ;
Et l'on voit bien qu'il ayme autant qu'il eft aymé.
Il retrace en luy-mefme vne adorable Image,
Et de fon bel efprit, & de fon beau vifage :
Mais apres chaque Image, & chaque fouuenir,
Luy caufe vne douleur, & luy coufte vn foupir.
Vers le cofté de Birch il a toufiours la tefte ;
Sa perte, à ce qu'il croit, furpaffe vne Conquefte ;
Et fi fur ce fujet fon cœur eft entendu,
Il ne fçauroit gagner autant qu'il a perdu.
Il ne peut oublier cette Belle en colere ;
Il ne le voudroit pas, quand il le pourroit faire ;
Son vnique plaifir confifte en fes langueurs ;
Car il en ayme tout, iufques à fes rigueurs.
Quand des Hauts Officiers, l'illuftre & braue Troupe,
Croyant le diuertir vient le voir fur fa Poupe,
Il feint d'eftre moins trifte ; il leur parle ; il refpond ;
Mais fon efprit abftrait luy-mefme fe confond.
Il fonge à fon amour, lors qu'il parle de Guerre ;
Eux regardent la Mer ; luy regarde la Terre ;
Et par de grands foupirs, efchapez malgré luy,
Il dit tacitement qu'il fouffre vn grand ennuy.

Comme

Comme le Curieux s'esgare & s'embarrasse,
Dans les diuers destours qu'vn Dedale entre-lace;
Et que plus il s'auance, & plus il se confond,
Dans l'embarras douteux que tant de chemins font.
Ainsi du Grand Heros les diuerses pensées,
Passent de l'vne à l'autre, & sont embarrassées:
Et quoy que tous ces Chefs veüillent le soulager,
Son esprit amoureux ne peut s'en desgager.
Mais lors que de la Nuit le voile espais & sombre,
Enuelope la Flotte, & la Mer dans son ombre;
Et que seul sur son Bord il peut en liberté,
Soupirer sans tesmoins ainsi que sans clarté;
Helas, dit-il, helas, quelle est mon auanture!
Tout me parle en ce lieu de ma gloire future;
Chacun me croit heureux, ie suis infortuné;
Le Triomphe m'attend, ie me vois enchaisné;
Et d'vn bizarre Sort qui n'a point de semblable,
Ie me trouue à la fois, heureux & miserable.
Heureux! ha iuste Ciel, quel estrange bonheur,
Et qu'on voit mal d'accord le plaisir & l'honneur!
Non, ne nous flattons point d'vne esperance vaine:
Ie puis vaincre l'orgueil de la Grandeur Romaine;
Ie puis, en prenant Rome, estre veu genereux;
Mais sans Amalasonthe on ne peut estre heureux.
Quand i'auray par mon bras donné des Fers au Tibre,
Pour le rendre Captif ie ne seray pas libre:
Et le iour du Triomphe on verra dans mon cœur,
Le destin des Vaincus, souhaitté du Vainqueur.

N

Mais ma raison s'esgare en parlant de ma peine :
Non, non, pour meriter vne si belle Chaisne,
Il faut au Capitole, apres mille hazards,
Faire traisner des Fers au dernier des Cezars.
Ainsi pleignoit ses maux le Heros des Vandales,
Lors que de l'Enchanteur les malices fatales,
Iettoient sur son Nauire vn Charme assoupissant,
Aussi caché que prompt, aussi froid que puissant.
Par l'oculte pouuoir de sa noire Magie,
Soldats & Mariniers tombent en Lethargie :
Et le Prince luy mesme, en vn profond repos,
Esprouue la vapeur des Magiques Pauots.
O iustice du Ciel, que tout Roy te doit craindre !
Pour punir Alaric d'auoir osé se pleindre,
Dieu permet au Demon d'attaquer sa Vertu,
Car qui doit triompher sans auoir combattu ?
Sa faute vient d'vne ame, & constante, & fidelle,
Mais sa Noble foiblesse est pourtant criminelle :
Vn Heros n'est qu'vn homme, & cette affliction,
Le fera souuenir de sa condition.
L'Image de la Mort est par tout le Nauire ;
A peine connoist-on si le Soldat respire ;
Et le Pilotte mesme attaqué du Demon,
Ne voit plus, n'agit plus, & dort sur son **Tymon.**
Vn sommeil general assoupit tout le monde ;
Rigilde & ses Esprits, iettent l'Anchre dans l'Onde ;
Et la Flotte qui voit l'Amiral aresté,
Iette l'Anchre à son tour ainsi qu'il l'a ietté.

Alors des noirs Demons les forces inconnuës,
Enleuent Alaric enuelopé de Nuës :
Rigilde le fouſtient ; Rigilde le conduit ;
Et fait ce grand larcin dans l'ombre de la Nuit.
Au delà du Deſtroit que forment les riuages,
S'eſleuent les Eſcueils de trois Iſles ſauuages,
Où dans ces premiers temps, les fiers Peuples du Nord,
N'auoient encor conſtruit, ny Cabanes, ny Port.
Le Sorcier de ces trois, prend la plus reculée ;
Cache entre ces Rochers ſa Priſe ſignalée ;
Y porte doucement l'inuincible Guerrier ;
Et luy met vn Anneau qui fait tout oublier,
Excepté cét Objet qui regne en ſa memoire,
Dont il redouble encore, & l'eſclat, & la gloire.
Apres, d'vn Art puiſſant, qui ſçait tromper les yeux,
Il forme vn tres-beau lieu de ces arides lieux :
Tout y paroiſt riant ; tout y paroiſt fertile :
Et de Broüillards eſpais enuironnant cette Iſle ;
Et de Flots en colere enfermant ces Rochers ;
Il en oſte la veuë, & l'abord aux Nochers.
Alors pour voir l'effet de ce qu'il ſe propoſe,
Il attend le reſueil du Heros qui repoſe :
Il ſe cache, il s'eſloigne, il ſe met à l'eſcart :
Et redoublant encor le pouuoir de ſon Art,
Il ſe rend inuiſible, & ſon ame irritée,
Attend l'euenement de cette Iſle enchantée.
A peine du Soleil la premiere clarté,
Paroiſt ſur le ſommet de l'Eſcueil eſcarté,

Qu'Alaric se resueille au bruit d'vne Harmonie,
Dont l'extrême douceur à de la Tyrannie :
Car elle force l'ame à se plaire en ses sons,
Et ce Prince est charmé des charmantes Chansons.
De mille & mille Oyseaux, la voix incomparable,
Fait retentir les Bois d'vn Concert agreable :
Et leur diuersité compose vne douceur,
Qui passe dans l'oreille, & de l'oreille au cœur.
L'vn fait retentir l'air d'vne prompte cadence ;
L'autre en Tons languissans interrompt le silence ;
L'vn esleue sa voix par des accens aigus ;
L'autre abaisse sa voix, qu'on n'entend presques plus ;
L'vn suspend l'Harmonie, & puis la precipite,
Passant d'vn Ton fort graue, à la Fughe subite ;
L'autre du Ton subit, repasse au graue Ton,
En variant le Mode, en sa docte Chanson.
L'vn d'vn adroit deffaut embellit la Musique,
En s'escartant vn peu par vn Ton Chromatique ;
L'autre le redressant, d'vn Ton iuste & charmant,
Tire de cette faute vn nouuel ornement.
Quelquesfois le Concert se taist ; fait vne pose ;
Et semble mediter, le beau Chant qu'il compose :
Et puis par mille voix, qui montent iusqu'aux Cieux,
Ils remplissent tout l'air de sons melodieux.
Le sçauant Rossignol, quelquesfois les fait taire,
Et fait seul vn Recit, que luy seul peut bien faire :
Il soupire ; il gemit ; il esclatte ; il se pleint ;
Il se coupe ; il se taist ; il s'emporte ; il se feint ;

Et ce Chantre diuin, en sa voix seule assemble,
Plus de Tons & plus d'Art, qu'ils n'en ont tous ensemble.
L'aymable Tourterelle, & son Amant discret,
Soupirent tour à tour; se pleignent en secret;
Et d'vn Ton gemissant, & d'vn air solitaire,
Ils font voir que l'amour les fait chanter & taire.
L'Arc-en-Ciel animé, le Pan superbe & beau;
Celuy qui par des Chants celebre son Tombeau;
Celuy qui vers le Phase, a pris l'Or de sa Plume;
Et mille autres Oyseaux, plus beaux que de coustume,
Sont veus par Alaric, qui dans vn tel sejour,
Ne voit rien qui ne donne, & qui n'ait de l'amour.
Les Dains & les Chevreüils, y bondissent sur l'herbe;
Les Cerfs dans les Ruisseaux, mirent leur front superbe;
Et la Biche legere, en mille & mille lieux,
Attire par ses bonds, & leurs pas, & leurs yeux.
Sur ces Rochers affreux, plus que ne sont les Sirthes,
L'on voit par l'Enchanteur, des Rosiers & des Mirthes;
Le Palmier tousiours vert, & l'immortel Laurier;
Bois dont est couronné, l'Amant ou le Guerrier.
Par tout de beaux Sentiers, bordez de Palissades,
Meslent l'Or des Citrons, aux Rubis des Grenades:
Et Zephir amoureux de ces Arbres si beaux,
Se plaist à murmurer dans leurs riches Rameaux.
Par tout on voit briller le Cristal des Fontaines,
Qui boüillonne & qui coule, à Sources tousiours pleines,
Qui bondit, qui murmure, & qui sur des Cailloux,
Gasoüille, & fait vn bruit, resueur, charmant, & doux.

Mille Serpents d'Argent trauersent la Prairie,
Que l'on voit en ce lieu, fraische, verte, & fleurie:
Et dans ces beaux Ruisseaux, à cours peu diligent,
Esclattent des Poissons les Escailles d'Argent.
L'vn s'eslance sur l'Eau, de la Source profonde;
Et l'autre disparoist, & se cache sous l'Onde:
L'vn trauerse les Flots d'vn cours precipité;
L'autre moins violent, nage auec grauité;
Tout se mesle & desmesle, & cette Troupe errante,
Donne mille plaisirs dans cette Eau transparente.
Cent Amants sont couchez aux bords de ces Ruisseaux,
Aupres de cent Beautez qui consultent ces Eaux,
Dont l'aymable Miroir, aussi pur que fidelle,
Fait voir vn beau Portrait, aux yeux de chaque Belle:
Et l'vn de ces Amants qui paroissent heureux,
Esclatte auec sa Lire en ces Vers amoureux.
Amour, on ne voit rien si doux que ton Empire:
Ton Esclaue est content, mesme quand il soupire:
Il benit en son cœur les maux qu'il a souffers,
Et les Sceptres des Rois valent moins que ses Fers.
Ce n'est que par toy seul, que subsiste la Terre;
Sans toy les Elemens auroient finy leur Guerre;
Et l'horrible Cahos mettant tout à l'enuers,
Auroit desia troublé l'ordre de l'Vniuers.
Sans toy tous les plaisirs n'ont rien qui soit aymable;
Auec toy tous les maux n'ont rien d'insuportable;
Tu pourrois adoucir l'amertume du Fiel,
Et par toy seul la Terre à les douceurs du Ciel.

LIVRE TROISIESME.

Gouſtez, ſages Amants, dans vos flâmes diſcretes,
Parmy des maux qu'on voit, cent voluptez ſecretes:
Contentez vos deſirs, & croyez en ce iour,
Qu'il n'eſt aucun vray bien que celuy de l'amour.
Alaric entendant ces paroles charmantes,
Aprouue les Amants; eſtime les Amantes;
Et ce Prince amoureux, pour ne les troubler pas,
Tourne vers vn Palais, & ſes yeux, & ſes pas.
D'vn fort grand Pauillon, la ſuperbe Façade,
Arreſte ſes regards, comme ſa promenade:
Il s'arrondit en Dome, & le Bronze doré,
Couure les Ornemens dont il eſt decoré.
Il eſt ouuert par tout, & ſes larges Arcades,
De Cuiure de Corinthe ont quatre Baluſtrades:
Ses Colomnes encor, ſont du meſme Metal,
Et l'on en voit la Voûte à trauers du Criſtal.
Sous ce Dome eſclattant, ſont des Portes d'Ebene,
Où l'on voit l'Art des Grecs, & la Grandeur Romaine:
Car mille Bas-reliefs, s'y preſentent aux yeux,
Mais ſi ſçauamment faits, qu'on ne peut faire mieux.
Le Mur, des deux coſtez, eſt d'vn Marbre de Pare,
Luiſant, ſans tache aucune, & blanc autant que rare:
Et d'vn Iaſpe incarnat, trois Cordons eſleuez,
Paroiſſent ſur ce Mur artiſtement grauez.
Droit au Centre eſleué d'vn ſi Noble Edifice,
Et pour Clef de la Voûte, eſt vne Agathe Onice:
Où l'Art induſtrieux, vſant bien des Couleurs,
A fait vn beau Feüillage, & pratiqué des Fleurs.

La Court de ce Palais paroiſt Majeſtueuſe:
Car vne Galerie, & haute, & ſpacieuſe,
A Baluſtres dorez regne tout à l'entour,
Et l'on y voit voler, & les Ieux, & l'Amour.
Au milieu de la Court, vne rare Fontaine,
Eſlance le Criſtal, dont elle eſt touſiours plaine:
Et ces Iects eſlancez, retombent en bruyant,
Sur l'Albaſtre moüillé, que leur eau va noyant.
De cent Monſtres Marins, la bizarre Figure,
Sur ce Corps tranſparent, a placé la Sculpture:
Et ce large Baſſin, en Vaſe deſcouuert,
Poſe ſur vn Pilier d'vn Iaſpe rouge & vert.
Au milieu du Baſſin, eſt vne Nereïde,
Qui tache d'eſſuyer ſon poil touſiours humide:
Et qui ſemblant preſſer ce poil & long & beau,
En fait touſiours ſortir de l'eſcume & de l'eau.
L'on voit douze Tritons ſouſtenir la Machine,
Qui ſemblent regarder cette Nimphe Marine:
Et qui par vne Conque, eſlancent haut en l'air,
Mille & Mille Filets, d'vn Criſtal pur & clair.
De Marbre noir & blanc, cette Court eſt pauée;
Vers le Corps de Logis, elle eſt plus eſleuée,
Et le Porphyre dur, en Baluſtres changé,
D'vn Feu ſombre & luiſant, s'y fait voir arrangé.
Mais du grand Baſtiment, la Façade Royale,
Efface tout le reſte, & n'a rien qui l'eſgale:
Elle charme les yeux; elle eſtonne l'eſprit;
Et fait meſme trembler la main qui la deſcrit.

L'Ordre

LIVRE TROISIESME.

L'Ordre Corinthien regne par tout l'Ouurage :
L'on voit ramper par tout, l'Acanthe au beau feüillage :
Et par tout on peut voir entre ces Ornemens,
Des Chapeaux de Triomphe, & des Vases fumans.
Ce ne sont que Festons ; ce ne sont que Couronnes;
Bases & Chapiteaux ; Pilastres & Colomnes;
Masques ; petits Amours ; Chifres entre-lacez ;
Et Cranes de Beliers, à des Cordons passez.
Les yeux trouuent par tout, Moulures & Corniches;
Et Figures de Bronze en de superbes Niches;
Phrises ; Balcons hors d'œuure ; & Cartouches encor;
Et Cornes d'Abondance, à fruit, feüille, & fleur d'Or.
Enfin tout ce que peut la Noble Architecture;
Le bel Art du Dessein ; la sçauante Sculpture;
Tout est auec esclat au Front de ce Palais,
Qui n'a point de semblable, & n'en aura iamais.
Alaric estonné de sa Magnificence,
La regarde, l'admire, & puis apres s'auance;
Trauerse vn grand Portique, & monte l'Escalier,
Qui luy paroist superbe autant que singulier.
D'vn Marbre blanc & pur, cent Nimphes bien rangées,
De grands Paniers de Fleurs sur leur teste chargées,
Où l'Art & la Nature ont mis leurs Ornemens,
Semblent vouloir monter aux beaux Apartemens.
Leur main gauche soustient ces Paniers Magnifiques;
Leur droite tient les plis de leurs Robes Antiques;
Et l'Art a fait changer par ses Nobles efforts,
Les veines de ce Marbre, aux veines de leur Corps.

O

Au haut de l'Escalier se voit vn Vestibule,
Tel qu'en eut autrefois la Ville de Romule :
Esleué ; spacieux ; riche ; clair ; bien percé ;
Et dont la Voûte semble vn Vase renuersé.
Là de tous les costez, brille auec auantage,
Par pieces de raport vn Arabesque Ouurage :
Où l'Or & le Cristal, meslez confusément,
Forment auec l'Azur vn beau Compartiment.
De là dans vn Salon, ce Grand Heros arriue,
Où les yeux sont trompez par vne Perspectiue :
Car dans vn feint Iardin, de longs rangs de Cypres,
Font que l'on croit fort loin, ce qu'on voit de fort pres.
L'Architecture encore y paroist fort trompeuse :
Elle est bien imitée ; elle est Majestueuse ;
L'Ordre en est regulier comme les Ornemens,
Et rien n'est plus trompeur que ses Renfondremens.
Le Heros immortel voit alors vne Chambre,
D'où s'exhale vn Parfum meslé de Musc & d'Ambre :
Qui remplissant les Sens d'vn plaisir infiny,
Monte iusqu'au Lambris de Laque & d'Or bruny.
Ce bel Apartement, a ses Meubles fort riches :
Six Tableaux excellens posent sur des Corniches :
Leurs Quadres d'Or massif esblouïssent les yeux,
Et iamais le Cyseau ne fera rien de mieux.
C'est dans vn si beau lieu, que plus d'vne Peinture,
A la gloire de l'Art, fait honte à la Nature :
Et les Pinceaux d'Apelle, en merueilles feconds,
Eussent deû rendre hommage au Pinceau des Demons.

Pour faire qu'Alaric adore Amalasonthe,
Des Dieux & des Heros, que l'Amour blesse & dompte,
Y sont representez, & l'infernal sçauoir,
Par vn si Grand Exemple a voulu l'esmouuoir.
Dans le premier Tableau, dont l'artifice est rare,
La Fille d'Agenor de belles Fleurs se pare :
Et sa Tresse volante, au milieu des Couleurs,
Mesle son bel Or brun parmy l'Esmail des Fleurs.
Vne Gaze d'Argent flotte au gré du Zephire,
Couurant non-chalamment son beau Sein qui respire :
Et l'Estoffe legere, à trauers mille plis,
Monstre d'vn si beau Corps les membres accomplis.
Son visage est aimable, & la delicatesse
Que met sur vn beau taint la premiere ieunesse ;
Et cét air innocent ; & cét air enjoüé ;
Rend cét exquis Tableau digne d'estre loüé.
Europe que l'on voit dans ces vertes Campagnes,
Semble monstrer du doigt à ses cheres Compagnes,
Couché deuant ses pieds vn superbe Taureau,
Aussi doux qu'il est fort, aussi fier qu'il est beau.
Son poil est blanc & noir, & ces taches esgales,
Laissent aux deux Couleurs de iustes interuales :
L'vne releue l'autre, & d'vn hazard heureux,
Resulte la beauté du meslange des deux.
Il courbe en se baissant, iusqu'à toucher les herbes,
Le superbe Croissant de ses Cornes superbes :
Et l'Animal trompeur, autant qu'il est humain,
De la Belle qu'il voit, leche la belle main.

Ses yeux sont grands & clairs ; sa poictrine est fort large ;
Sa croupe est ronde, pleine, & fort propre à la charge ;
L'on voit bien qu'il est fort autant comme il est doux ;
Et son Fanon luy pend iusques sur les genoux.
De beaux Chapeaux de Fleurs ses Cornes sont ornées :
D'vn long rang de Rochers ces Plaines sont bornées :
Et les Flots de la Mer y semblent agitez,
Tant ces superbes Flots sont bien representez.
Vers le haut du Tableau volent & se balencent,
Diuers petits Amours qui semblent qui s'eslancent :
Ils monstrent Iupiter, & sont tous glorieux,
De se voir les Vainqueurs du Monarque des Cieux.
Alaric admirant cette rare Peinture,
De ce Dieu desguisé souhaite l'auanture :
Mais sans plus s'arrester sur vn objet si beau,
Ses yeux sont attirez par le second Tableau.
Il voit l'Isle de Chypre en ce lieu figurée ;
Il voit le Mont Olympe, & la Plaine azurée ;
Il voit au bord de l'Onde vn Pauillon tendu,
Sur des Mirthes fort hauts, mollement estendu :
Et sous ce Pauillon il aperçoit encore,
La Reyne des Beautez, auec Mars qui l'adore :
Ils sont assis sur l'herbe, & dans vn sombre iour,
On voit briller l'esclat de la Mere d'Amour.
Ses cheueux ondoyans, à boucles naturelles,
La font paroistre aymable, & belle entre les belles :
Et les Roses qu'elle a n'ont pas tant de fraischeur,
Que parmy l'incarnat son teint à de blancheur.

LIVRE TROISIESME.

Ses yeux lancent des traits à qui rien ne resiste :
Ils porteroient la ioye en l'ame la plus triste :
Ils sont passionnez ; doux ; brillans ; amoureux ;
Pleins de feu ; pleins d'esprit ; & pourtant langoureux.
O que sa bouche encor fait voir de belles choses !
Vn meslange diuin de Perles & de Roses,
D'attraits & de sous-ris, de charmes & d'appas,
Pourroient forcer l'Enuie à ne les blasmer pas.
Sa gorge par l'habit moins qu'à demy fermée,
Est vn amas de Neige, & de Neige animée :
Et cet Art merueilleux qui peut nous deceuoir,
A si bien trauaillé, qu'elle semble mouuoir.
Et ses bras & ses mains, n'ont rien que d'admirable :
Rien ne peut esgaler sa taille incomparable :
Et le Crespe leger dont son habit est fait,
Ne monstre rien aux yeux qu'ils ne iugent parfait.
Mais si cette Venus paroist belle & charmante,
Le genereux Amant est digne de l'Amante :
Vne Noble fierté petille dans ses yeux,
Et l'on voit bien qu'il est le plus vaillant des Dieux.
Il a de la beauté, mais c'est d'vne autre sorte :
L'vne paroist mignarde, & l'autre paroist forte :
L'vne attire les cœurs, l'autre les fait trembler :
Mais tous deux de merueille ont droit de les combler.
Les Graces par le Peintre adroitement placées,
Se tiennent par les mains l'vne à l'autre enlacées :
Et de petits Amours assez pres de ce lieu,
S'amusent en Enfans, aux Armes de ce Dieu.

O iij

L'vn par vn grand effort, & par vn jeu fantasque,
S'enfonce presque entier dans le creux du grand Casque:
Sous ce poids excessif il ne peut remuer,
Et son front accablé commence d'en suer.
L'autre inutilement veut prendre la Cuirace:
Sous ce large Plastron cét Amour s'embarrasse:
Et de mains & de pieds, se debatant en vain,
On le voit succomber sous vn trop grand dessein.
De ces ieunes Enfans la Troupe est occupée,
A leuer seulement vne pesante Espée:
Ils en viennent à bout, mais ce Fer glorieux,
Les emporte à la fin, & retombe auec eux.
L'vn dans le grand Bouclier qu'il a veu parmy l'herbe,
Par d'autres est traisné, tout fier & tout superbe:
Le plaisir qu'il reçoit esclate en ses regards,
Et ce ieune Vainqueur croit Triompher de Mars.
Alaric est charmé par vn si rare Ouurage:
Mais encor qu'il l'arreste, vn autre l'en desgage:
Dont le beau Coloris fait iuger ce qu'il est;
Dont l'Ordonnance est belle, & dont le Dessein plaist.
Hercule dont la force a paru sans esgale,
Paroist assis aux pieds de la superbe Omphale:
Dont l'œil imperieux, plus puissant que le Fer,
Fait trembler vn Heros qui fit trembler l'Enfer.
Par le Peintre infernal on voit bien exprimée,
L'affreuse & grande peau du Lion de Nemée:
Et le poil long & roux de ce fier Animal,
Couure à demy le corps d'vn Heros sans esgal.

Il tient vne Quenoüille, & sa main Triomphante,
A quitté pour la prendre vne Masse pesante,
Qu'on voit auec son Arc en vn coin du Tableau,
Et cette braue main piroüette vn Fuseau.
L'Ouurage l'embarrasse ; il en est hors d'haleine ;
Lors qu'il portoit le Ciel, il auoit moins de peine ;
Et le Combat de l'Hydre, ou du Fleuue Achelois,
Lassa bien moins ses bras qu'il ne lasse ses doigts.
Il ne sçait ni tenir, ni tourner la Fusée :
Il trouue difficile vne besogne aysée :
Il rompt tout ce qu'il file, & ce Heros douteux,
En paroist tout ensemble, en colere & honteux.
Il craint, luy que tout craint, qu'Omphale ne se fache :
Et ne pouuant finir cette penible tache,
Il cherche dans ses yeux s'il pourra la quitter,
Mais il file en cherchant de peur de l'irriter.
Or pendant qu'il s'efforce à tordre cette Laine,
On voit bien que le rire eschape à cette Reine :
Mais elle dit pourtant, d'vn air imperieux,
Qu'il sera chastié s'il ne trauaille mieux.
Derriere ce Heros, qui semble qui soupire,
Trois Filles de la Reyne en esclatent de rire :
L'vne le contre-fait ; l'autre le monstre au doigt ;
Et l'autre se destourne à cause qu'il la voit.
Comme elles Alaric rit de cette auanture :
Et puis iettant les yeux sur vne autre Peinture,
Il conclud en son cœur d'vn secret entretien,
Qu'il n'est rien de trop bas, pour quiconque ayme bien.

Le quatriefme Tableau, n'eſt qu'ombre & que fumée :
Du profond d'vne Grotte vne flâme allumée,
Sort toute rouge & noire, & l'œil eſpouuenté,
Voit qu'vn Peintre d'Enfer l'a bien repreſenté.
Au milieu de ces Feux, le trop hardy Theſée,
Du Monarque des Morts croit la deffaite ayſée :
Enleue Proſerpine, & haſte ſon retour,
De l'eternelle nuit à la clarté du iour.
Il ioint pour l'enleuer, la force à l'induſtrie :
La Belle ſe debat ; il ſemble qu'elle crie ;
Et de pieds & de mains, quoy qu'inutilement,
Elle veut eſchaper aux bras de cét Amant.
De par tout les Demons viennent en ces lieux ſombres :
Mais on voit que ces Corps, ne ſont que vaines Ombres :
Ils voltigent legers en ce lieu tenebreux,
Et le Guerrier mortel paroiſt plus viuant qu'eux.
Mais quoy qu'il leur reſiſte, & quoy qu'il puiſſe faire,
On voit enfin ceder l'illuſtre Temeraire :
Pour ſon proche retour l'Enfer n'eſt plus ouuert,
Il perd ſa belle Proye, & luy-meſme ſe perd.
Alaric qui le pleint, eſtime ſon courage :
Pour ſon Amalaſonthe il feroit dauantage :
Il forceroit l'Enfer pour vn Objet ſi beau :
Et cependant il paſſe au cinquieſme Tableau.
Dans ſont eſloignement eſt la ſuperbe Troye,
Et le Camp des Gregeois, dont elle fut la Proye :
On voit les Champs couuerts de pluſieurs Bataillons,
De hauts Retranchemens, & de grands Pauillons.

On

LIVRE TROISIESME.

On voit parmy les Flots des Nauires de Guerre:
En ce petit espace, est la Mer & la Terre:
Dans ce rare Tableau tout est bien entendu;
Tout est mis auec ordre ; & rien n'est confondu.
On voit sur le deuant Achile l'indomptable,
Qui parle à Briseis, cette Captiue aymable,
De qui les Fers sont d'Or, & qui tient aresté,
L'inuincible sujet de sa captiuité.
L'Ouurier industrieux, fait voir par son adresse,
Que le Maistre est Esclaue, & l'Esclaue Maistresse:
Il semble qu'il se pleint de quelque cruauté,
Et ce fier n'est plus fier pres de cette Beauté.
C'est vn Lion soumis qui sçait flater son Maistre:
Qui n'a plus de fureur dés qu'il le voit paroistre:
Et qui deuant l'Amour ce Vainqueur merueilleux,
Vient soumettre sa force & son front orgueilleux.
Le Heros qui le voit, se console & se flate:
Car c'est ce qu'il a fait deuant sa belle ingrate:
Et l'exemple d'Achile ayant touché son cœur,
Vers le dernier Tableau se tourne ce Vainqueur.
Il voit sur vn Rocher la diuine Andromede,
Et le Guerrier volant qui s'auance à son ayde;
Qui fond comme vn Tonnerre; & qui d'vn bras puissant,
Frape le Monstre affreux qu'il atteint en passant.
L'innocente Beauté par la crainte abatuë,
N'est presqu'en cét estat qu'vne belle Statuë:
On la voit immobile, & le Peintre sçauant,
A fait son beau visage, entre mort & viuant.

P.

Ce beau Corps sans vigueur, s'affaisse & se relasche :
On voit qu'il s'abandonne à l'Anneau qui l'attache :
Mais pourtant la pudeur par de Nobles efforts,
Cache autant qu'elle peut, les attraits de ce Corps.
Le Guerrier animé par l'objet de sa flâme,
Fait briller dans ses yeux le feu qu'il a dans l'ame :
La colere & l'amour s'y font voir à la fois,
Et le Prince des Goths croit entendre sa voix.
Le Monstre d'autre part, que la rage possede,
Souffle le sang & l'eau, iusqu'aux pieds d'Andromede ;
Fait boüillonner la Mer aussi bien que son sang ;
Et colore les Flots, & de rouge & de blanc.
Au loingtain du Tableau, Cassiope & Cephée,
La voix, à ce qu'on croit, par la crainte estouffée,
Leuent les bras en haut, & demandent aux Dieux,
Du Fils de Iupiter le Laurier glorieux.
Ils demandent qu'il vainque ; & la Reyne affligée,
Triste, pasle, deffaite, en Robe negligée,
Fait voir par vne grande & iuste noueauté,
Qu'elle n'a plus l'orgueil qu'elle eut pour sa beauté.
L'on voit sur son visage à trauers sa constance,
Et de l'affliction, & de la repentance :
Les sentimens de l'ame y sont tous exprimez,
Et les yeux d'Alaric en demeurent charmez.
O trop heureux Amant, dit le Prince Vandale,
Ie ne voudrois auoir ta valeur sans esgale ;
Ie ne voudrois auoir ton titre de Vainqueur ;
Qu'afin de mieux seruir la Reyne de mon cœur.

LIVRE TROISIESME.

Comme ce Grand Heros parle de cette sorte,
A trauers le Cristal d'vne superbe Porte,
Il voit vn Cabinet, mais si fort esclatant,
Que le Char du Soleil à peine l'est autant.
Il entre, & dans vn lieu si remply de Merueilles,
Des Arts industrieux il voit les doctes veilles :
Et la Nature encor, presente à ses regards,
Ses Prodiges meslez aux Miracles des Arts.
Des Vases de Cristal de grandeur excessiue ;
Des Arbres de Coral d'vne couleur tres-viue ;
De grands Cabinets d'Ambre, & pasle & transparent ;
De grands Vaisseaux d'Agathe à lustre different ;
Des Cuuettes de Iaspe, & d'autre Pierre fine ;
Des Coupes de Ruby ; d'autres de Cornaline ;
D'Onice ; d'Esmeraude ; & mille autres encor,
Où le trauail efface, & les Pierres & l'Or.
Alaric estonné de tant de rares choses,
Et conduit par l'odeur des Iasmins & des Roses,
Par vn autre Escalier prend vn autre chemin,
Et trouue en descendant vn superbe Iardin.
Vn grand Rondeau d'abord au centre d'vn Parterre,
Luy fait voir vn Dragon à qui l'on fait la guerre :
Et qui la teste haute au milieu du Rondeau,
Eslance auec vigueur, non du sang, mais de l'eau.
Six Pescheurs à l'entour en posture animée,
Y semblent d'vne main à vaincre accoustumée,
Estre prests à lancer la cause de sa mort,
Mais le Trident demeure, & c'est de l'eau qui sort.

P ij

Par tout regne à l'entour, l'ombre opaque & couuerte,
Que fait de ce Iardin l'Architecture verte:
Les preceptes de l'Art y sont bien obseruez;
Cabinets & Berceaux; Portiques esleuez;
Bases & Chapiteaux, & Colomnes superbes;
D'vn bel Ordre Tuscan regnent parmy les herbes:
Et font croire au Heros, dont ils charment les yeux,
Que le Palais de Flore est basty dans ces lieux.
Deux Pauillons de Marbre aux deux bouts d'vne Ouale,
Se presentent à luy sur vne Ligne esgale:
Entre ces beaux Objets il les voit les premiers,
Qui s'esleuent en Dome au milieu des Palmiers.
Alaric va dans vn; & ce Prince Heroïque,
En ce lieu sombre & frais, trouue vn Bain magnifique:
Sa figure Octogone est au Soleil Leuant:
Quatre Degrez de Marbre enfoncez bien auant,
Sont propres à s'asseoir pres de l'Onde argentée,
Dans la Cuue de Iaspe abondamment iettée.
Cette eau sort à grands Flots, de l'Vrne de Cristal,
Que tient sous le bras droit vn Fleuue de Metal:
Qui parmy des Roseaux, & des Glaieuls humides,
Semble comme appuyer son front coupé de rides:
Pendant que d'vne main on voit qu'il veut secher,
Le long poil tout moüillé qui paroist l'empescher:
Et secher à la fois sa barbe herissée,
Degoutant sous la main dont on la voit pressée.
Chaque Angle à sa Colomne, & l'on y voit encor,
Le Linge & les Parfums, en quatre Vases d'Or,

LIVRE TROISIESME.

De qui les Bas-reliefs sont superbement riches :
Quatre Nimphes de Marbre en quatre grandes Niches,
Reprennent leurs habits comme sortant de l'eau,
Et descouurent vn Corps aussi blanc qu'il est beau.
En sortant de ce lieu, basty par vn Fantosme,
L'inuincible Alaric entre sous l'autre Dome :
Il y trouue vne Grotte admirable en beauté,
Où l'on voit vn meslange, & d'ombre & de clarté.
Cent Rochers de Cristal à pointes inesgales,
Sont parmy des Rochers de Rubis & d'Opales :
Cent Branches de Coral de plus d'vne Couleur,
De la superbe Grotte augmentent la valeur :
Et l'Argent lumineux de la Nacre changeante,
Imite de l'Iris la splendeur inconstante.
Là brille l'Esmeraude, & la Pierre d'Azur :
Là brillent les Zaphirs d'vn esclat vif & pur :
Là se voit la Turquoise, ainsi que l'Amethiste ;
Et le Iaspe incarnat ; & celuy d'vn vert triste ;
Et la Perle barroque ; & la Topase encor ;
Qui parmy son Cristal fait voir vn lustre d'Or.
Là d'vn esclat sanglant se voit la Cornaline ;
Là d'vn Sable doré brille l'Auanturine ;
Rien d'esclatant n'y manque, & l'œil n'y cherche pas,
Ni l'eau des Diamants, ni le feu des Granats.
Des Bords de l'Orient, & des Climats barbares,
On voit le bel Esmail en des Coquilles rares :
Dont les diuersitez, & les viues Couleurs,
Parmy ce riche amas semblent semer des Fleurs.

P iij

Mille & mille Iects d'eau font ces Roches humides,
D'vn Cristal bondissant, & de Perles liquides :
Et d'vn bruit aussi grand qu'il est delicieux,
Ils charment à la fois, & l'oreille & les yeux.
Au sortir d'vne Grotte aussi belle que rare,
Sous vn Bois d'Orangers ce Grand Heros s'esgare :
Où cent petits Ruisseaux, dans vn sejour si frais,
Cachent leurs petits Flots sous vn Gazon espais.
Or comme il voit cette eau, qui se haste & se presse,
Il voit, ou pour mieux dire, il croit voir sa Maistresse :
Qui dort au bord de l'Onde, & ce fidele Amant,
S'arreste fort surpris d'vn Objet si charmant.
Sa main gauche soustient sa teste vn peu panchée :
Sa main droite est sur l'herbe, où la Belle est couchée :
Et son Voile tombé sur ce grand Tapis vert,
Fait qu'on voit respirer son beau Sein descouuert.
Elle monstre d'vn bras la Neige esbloüissante :
Il pose mollement sur cette herbe naissante :
Et ses cheueux espars volent au gré du Vent,
Qui semble s'y ioüer tant il les meut souuent.
Alaric est charmé par de si belles choses :
Il voit en son pouuoir, & des Lis & des Roses :
Cependant loin de prendre aucune liberté,
Il se voit retenu par sa Noble fierté.
Tous endormis qu'ils sont, ses yeux sont redoutables :
Il sçait bien qu'ils sont fiers autant qu'ils sont aymables :
L'amour & le respect esgalement puissans,
Font long-temps disputer sa Raison & ses Sens :

LIVRE TROISIESME.

Mais pendant qu'en secret luy-mesme se conseille,
L'occasion eschape, & la Belle s'esueille.
Alors d'autre façon exprimant ses desirs,
Il luy despeint sa gloire ainsi que ses plaisirs:
Et la Belle à son tour, pour le combler de ioye,
Le voit auec douceur, & souffre qu'il la voye.
Il tache d'exprimer ses tendres sentimens:
De monstrer son amour par ses contentemens:
De mettre dans ses yeux ce qu'il sent dans son ame:
Et de faire esclater son transport & sa flâme.
La feinte Amalasonthe, adroite au dernier point,
Luy laisse deuiner ce qu'elle ne dit point:
Et par certains regards dont la douceur le touche,
Elle en dit plus des yeux que non pas de la bouche:
Elle veut qu'il l'entende, il l'entend en effet:
Et vous sçaurez bien-tost si son heur est parfait.

Fin du troisiesme Liure.

ALARIC,
OU
ROME VAINCUË.

LIVRE QUATRIESME.

POUR des cœurs où l'Amour regne auec violence,
Rien n'est plus eloquent qu'un eloquent silence :
Et ces cœurs amoureux y trouuant des apas,
Entendent aysément ce qu'il ne leur dit pas.
Certains rayons diserts, par qui les yeux s'expliquent,
Passent de l'vn à l'autre, & s'entre-communiquent :
Et chacun tour à tour fait entendre & reçoit,
Ces secrets sentimens que personne ne voit.
Ainsi du Grand Heros l'intelligence prompte,
Entendit aussi-tost la feinte Amalasonthe :

Q ij

Et deuenu hardy par ce regard charmant,
L'Amour ouurit la bouche à cét illustre Amant.
Croiray-je, luy dit-il, que la bonne fortune,
Veüille enfin couronner vne vertu commune?
Croiray-je vos beaux yeux? & sans les irriter,
Croiray-je auoir vn bien qu'on ne peut meriter?
Comme il est sans limite, il passe ma croyance;
Peut-estre fais-je vn crime ayant de l'esperance;
Car les Thrônes des Roys pres de vous sont si bas,
Que c'est vous abaisser que d'y porter vos pas.
Oüy, vostre illustre main qui n'a point de seconde,
Ne deuroit receuoir que le Sceptre du Monde:
Il est seul digne d'elle, & pour vous aquerir,
Quelque vaste qu'il soit ie le veux conquerir.
Là d'vn bel incarnat, & d'vne sous-ris modeste,
Elle veut, parlant peu, qu'il deuine le reste:
Et bien qu'elle ait dessein de luy plaire en ces lieux,
Elle luy respond moins de la voix que des yeux.
Croyez, dit-elle alors, tout ce qui vous peut plaire:
Mon cœur ne parle point vne Langue plus claire:
Le vostre, s'il luy plaist, peut se l'imaginer,
Mais s'il le veut sçauoir, il doit le deuiner.
A ces mots se leuant sans oüyr sa replique,
Ils trouuent au Palais vn Festin magnifique:
Où l'ordre & l'abondance, auec la propreté,
Eust surpassé des Grecs la molle volupté.
Cent & cent Officiers seruoient sur cette Table:
L'Arrabe y fournissoit vn Parfum delectable:

Et le chant Phrygien meslé parmy les sons,
Inspiroit de l'amour par ses tendres Chansons.
Bien auant dans la nuit la belle Feste dure;
Cent Lampes de Cristal parmy son ombre obscure
Iettent à longs rayons vne viue clarté,
Par qui semble du iour l'esclat ressuscité.
Mais apres ces Concerts si pleins de Melodie,
La belle Amalasonthe enfin le congedie:
Et ce Prince est conduit dans vn Apartement,
Que la Pourpre de Tyr orne superbement;
Où l'Or brille en cent lieux sur les Meubles d'Yuoire;
Faisant de ce Palais, le Palais de la Gloire;
Où celuy du Soleil, tel que nous le voyons,
Tout couuert de splendeur, d'esclat, & de rayons.
Là ce Prince amoureux se retrace l'idée
De l'Objet dont son ame est tousiours possedée:
S'endort en y songeant ; y songe en son sommeil ;
Et ne reuoit que luy, mesme apres son resueil.
Comme on voit vn auare auoir dans vn voyage,
Des Thresors qu'il cherit, l'inseparable Image;
Ne penser qu'à son Or, ce Metal precieux,
Qu'il a tousiours present, bien que loin de ses yeux.
Ainsi l'vnique Objet qu'Alaric trouue rare,
L'occupe incessamment, & rien ne l'en separe:
Il le voit sans le voir, & ce fidele Amant,
A tousiours dans l'esprit ce Fantosme charmant.
Mais pendant qu'il repose, allons voir dans sa Flote,
Quel fut l'estonnement de l'endormy Pilote,

Lors qu'à la fin du Charme, auec beaucoup d'effroy,
Il vit qu'il eſtoit iour, & ne vit plus le Roy.
Il le cherche à la Proüe ; il le cherche à la Poupe ;
Il l'apelle ; il s'eſcrie ; il eſueille la Troupe ;
Et la Troupe eſueillée aprenant ſon ennuy,
Ioint ſes cris à ſes cris, & cherche comme luy.
On ne le trouue point dans la Chambre Royale :
Et depuis le Tillac iuſques à fond de Cale ;
On le cherche par tout, mais inutilement,
Et la douleur redouble auec l'eſtonnement.
On croit que dans la Mer, pendant la nuit obſcure,
Ce Prince aura trouué ſa triſte Sepulture :
Que tombé dans les Flots ils l'auront eſtouffé ;
Et que la Mort enfin en aura triomphé.
L'on y iette auſſi-toſt des Harpins & des Sondes,
Mais on ne trouue rien ſous les vagues profondes :
Ces adroits Mariniers y plongent preſques tous ;
Ils vont toucher en vain le Sable & les Cailloux ;
Et reuenant ſur l'eau ſans aucune eſperance,
Ils y meſlent des pleurs, & leur deüil recommence :
Et par mille ſoupirs, profonds & douloureux,
Ils accuſent le Ciel d'vn ſort ſi malheureux.
Alors pour publier cette mort violente,
Ils font ietter en Mer la Chaloupe volante ;
Qui va de Bord en Bord aprendre à leurs Vaiſſeaux,
Qu'ils ont tous fait naufrage au vaſte ſein des eaux ;
Que la perte du Prince, eſt celle de l'Armée ;
Et que ſon Haut deſſein eſt reduit en fumée.

LIVRE QVATRIESME.

Tous les Chefs estonnez viennent dans leur Esquif;
Ils font retentir l'air d'vn son triste & pleintif;
Ils paroissent frappez d'vn grand coup de Tonnerre;
Et tous sur l'Amiral tiennent conseil de Guerre:
Car ces braues Guerriers, quoy que pleins de valeur,
Ne sçauent que resoudre en vn si grand malheur.
Comme lors que l'on voit l'Astre de la lumiere,
Perdre le vif esclat de sa splendeur premiere,
L'on voit toute la Terre en perdant sa clarté,
Predire son malheur par cette obscurité.
Ainsi l'Astre des Roys esclipsé de leur veuë,
Fait que toute la Flote en sa perte impreveuë,
Croit voir escrite au Ciel comme vn Arrest fatal,
Vne suite de maux qui vient d'vn si grand mal.
Ces Chefs espouuentez s'informent de la chose,
Mais sur cet accident tous ont la bouche close;
Tous n'en sçauent que dire ; & tous leuant les yeux,
Desesperez qu'ils sont, poussent des cris aux Cieux.
A ces cris esclatans tous les Vaisseaux respondent;
Et leurs voix à ces voix tristement se confondent;
L'air retentit par tout du bruit de cette mort,
Et le Nom d'Alaric vole de Bord en Bord.
Alaric, Alaric, dit le triste Esquipage;
Alaric, Alaric, replique le riuage,
Et l'on entend alors, tant ce Nom leur est cher,
Alaric, Alaric, de Rocher en Rocher.
Mais lors que de ce mal l'extrême violence,
A tant de tristes voix eut imposé silence,

Le Grand Prelat d'Vpsale en arrestant ses pleurs,
Mesla deuotement son zele à ses douleurs:
Et d'vne ame plus ferme, & d'vn air venerable,
Il leur tint ce discours sur leur sort desplorable.
O secret du Tres-Haut, impenetrable aux Sens,
Que pour te descouurir nous sommes impuissans!
Et de quelque clarté que l'ame soit pourueuë,
Que l'obscur aduenir est loing de nostre veuë!
Il est enueloppé de Nuages espais,
Que l'œil de la Raison ne penestre iamais:
Et l'incertain progrez qui suit nos auantures,
Trompe ordinairement toutes nos coniectures;
Nous fait voir en deffaut; & nous fait confesser,
Qu'au lieu d'ouurir les yeux ils les faut abaisser.
Que la prudence humaine est rarement propice!
Qu'elle meine souuent nos pas au Precipice!
Qu'elle est vn mauuais Guide! & que dans cette Nuit,
On s'esgare souuent quand elle nous conduit.
Plus elle subtilise, & moins elle est subtile;
Plus elle croit seruir, & moins elle est vtile;
Lors qu'on pense auancer on recule plus fort;
Ce qui doit nous guerir haste encor nostre mort;
Ce qu'on croit qui nous serue est ce qui nous atterre;
Tel veut faire la paix qui fait apres la guerre;
Et tel tout au contraire ayant d'autres projets,
Songe à faire la guerre, & ne fait que la paix.
L'vn bastit des Maisons superbes en Structure,
Qui n'a besoin de rien que d'vne Sepulture:

Tout

LIVRE QVATRIESME.

Tout vn Peuple trauaille à ce Palais si beau,
Et puis sans y loger il entre en vn Tombeau.
L'autre pour s'enrichir s'expose à mille orages;
Ne se rend point prudent par cent & cent naufrages;
Et l'auare desir dont il sent les efforts,
Luy fait perdre le iour sans gagner des Thresors.
L'vn plus vindicatif s'abandonne à la haine;
Pour procurer du mal se donne de la peine;
Croit perdre vn ennemy lors qu'on le voit perdu;
Et tombe dans le Piege apres l'auoir tendu.
Vn autre ambitieux medite des Conquestes;
Croit desia voir vn Char & des Couronnes prestes;
Croit desia voir des Roys à ce Char enchaisnez,
Par luy superbement en Triomphe menez;
Mais dans les vains projets de sa gloire future,
Vn regard seulement change son auanture:
Vn regard seulement du Celeste Moteur,
Renuerse le Triomphe & le Triomphateur.
Malgré l'ambition de nostre ame si fiere,
Les honneurs ne sont rien que terre & que poussiere:
L'Eternel qui s'en iouë en fait ce qui luy plaist;
Le Thrône est renuersé, tout superbe qu'il est;
Et d'vn seul mouuement la puissance Diuine,
Doit vn iour renuerser la terrestre Machine.
Abaissons, abaissons, & nos cœurs & nos yeux,
Et ne murmurons plus contre l'ordre des Cieux:
Voyons l'aueuglement de l'humaine prudence,
Et sa foiblesse enfin contre la Prouidence,

R

Qui gouuerne la Terre, & dont la seule voix
Renuerse les Estats, les Thrônes, & les Rois.
Le nostre, ô vaillants Chefs, si digne de vos larmes,
A fait trembler le Monde au seul bruit de ses Armes:
Mais ce n'estoit qu'vn homme, & l'on voit en ce lieu,
Que l'homme ne peut rien contre le bras d'vn Dieu.
Adorons des secrets qui sont impenestrables;
Sauuons de ce debris les restes pitoyables;
Inuoquons du Tres-Haut les aduis sans pareils;
Et faisons qu'il preside à nos sages Conseils:
Ayons pour nostre objet son honneur & sa gloire,
Et le bien de l'Estat plus grand que la Victoire.
Là le sage Prelat termine son discours;
Là chacun de ses pleurs veut arrester le cours;
Là chacun s'examine, examinant la chose;
Et ce bien de l'Estat est ce qu'on se propose:
Chacun l'a pour Objet; chacun s'en fait des Loix;
Et lors qu'vn long silence eut arresté leurs voix,
Hildegrand affligé de la perte Publique,
Auec vn long soupir en ces termes s'explique.
En l'estat malheureux qu'on nous voit aujourd'huy,
Le Haut dessein du Roy finit auecques luy:
Ce dessein despendoit de sa seule Personne:
Il faut, pour l'acheuer, porter vne Couronne:
Et si de la Raison ie discerne le choix,
Ie tiens qu'il faut vn Roy pour combatre des Rois.
Si par cette Raison mon ame n'est trompée,
Il faut porter vn Sceptre aussi bien qu'vne Espée:

LIVRE QVATRIESME.

Estre esgal à ces Rois pour les pouuoir dompter;
Et descendre du Thrône auant que d'y monter.
Ne flattons point nos cœurs d'vne vaine esperance;
Puis qu'elle est sans le Prince elle est sans aparence;
Ce Heros n'estant plus nostre Camp est deffait;
Et la Cause cessant on voit cesser l'effet.
Les Roys ne meurent point, replique Radagaise,
Vn retour si honteux n'a rien qui ne desplaise:
Et perdant ce Heros que le Sort nous rauit,
Amalasonthe regne, Amalasonthe vit.
Suiuons, suiuons du Roy les desseins magnanimes,
Et par là faisons voir ses Armes legitimes:
Allons, braues Guerriers, apres mille hazards,
Luy faire vn vain Tombeau du Thrône des Cezars:
Acheuons son voyage ; acheuons sa victoire;
Puisque ce Prince est mort faisons viure sa gloire;
Et sans nous amuser à des pleurs superflus,
Faisons le Triompher, lors mesme qu'il n'est plus.
En pensant nous seruir vostre cœur nous veut nuire,
Sa valeur le seduit comme il nous veut seduire,
Luy respond Theodat, mais dans nostre malheur,
Faites que la raison regle cette valeur.
D'vn projet incertain la fin est incertaine:
Nous n'auons plus vn Roy, nous auons vne Reyne:
Bien loin de la seruir, c'est faire vn attentat:
Et partir sans son ordre est vn crime d'Estat.
De cette ambition reiettons les amorces:
Tout Roy qui monte au Thrône à besoin de ses Forces:

R ij

Lors qu'il peut l'affermir il croit assez gagner:
Enfin il regne en paix s'il sçait l'art de regner.
Il regne donc sans gloire ainsi que sans courage,
(Repart Athalaric, que ce discours outrage)
Et mauuais Politique il cherche à se tromper,
Car pour calmer le Peuple il le faut occuper.
Si nous sommes Vainqueurs, & que Rome soit prise,
La Reyne aprouuera nostre Haute Entreprise:
C'est par l'euenement qu'on iuge des desseins:
Et nostre Sort enfin despendra de nos mains.
Le Sort, respond Sigar, ne despend de personne:
Loin de subir des Loix, c'est luy qui nous en donne:
Et c'est trop se commettre en vn fait important,
D'abandonner au Sort ce qui nous touche tant.
Le peril est certain; la gloire est incertaine;
L'vn est vn Corps solide, & l'autre vne Ombre vaine;
Et hazarder l'Estat sur vn si foible espoir,
C'est choquer la prudence ainsi que le deuoir.
Nous ne hazardons rien, dit Haldan en colere,
Pourueu que nous fassions ce que nous deuons faire:
Car ie tiens pour certain, que le foible & le fort,
Font ainsi qu'il leur plaist, leur bon ou mauuais Sort.
Ils le font en effet, ou par leur imprudence;
Ou par le iugement qui conduit leur vaillance;
Dit alors Iameric, & leur Sort inesgal,
Despend de leur conduite, & d'agir bien ou mal.
La mort de nostre Roy, si triste & si funeste,
Par le commencement nous fait iuger du reste:

Et que peut-on attendre en voyant cette mort,
Si mesme le Pilote a fait naufrage au Port ?
Souuent, respond Wermond, & la honte, & la gloire,
Et le bien, & le mal, la fuite & la victoire,
Se suiuent de fort pres ; & souuent le Destin,
Change & rechange encor, du soir iusqu'au matin.
La Mer paroist tranquile apres vn grand orage,
Et quand il est passé l'on ne fait point naufrage :
Et ce grand coup de vent qui sousleue les Flots,
Fait cesser la Tempeste, & nous met en repos.
Inuincibles Guerriers, la Gloire nous apelle,
Mais c'est par l'Apennin qu'il faut aller vers elle ;
Mais c'est d'vn Noble feu que nous deuons bruler ;
Mais c'est en auançant au lieu de reculer.
Entre ces deux aduis se partagea la Troupe,
Que l'on voyoit alors sur la Royale Poupe :
Et par le nombre esgal, l'inesgal sentiment,
Incertain & douteux, balence absolument.
Comme on voit quelquesfois entre deux Calamites,
Dont la force pareille a les mesmes limites,
Le Fer, qui suspendu, nous force à l'admirer,
Sans que ces deux Aimans le puissent attirer.
De mesme en ce Conseil, d'esgale violence,
Entre ces deux aduis la chose est en balence :
Et la nuit qui suruient les remene à leur Bord,
Sans que leurs sentimens puissent estre d'accord.
Mais lors qu'elle eut meslé parmy ses sombres voiles,
Et l'Argent de la Lune, & celuy des Estoiles,

R iij

Et mis toute la Flote en vn profond repos,
Vn Ange au vieux Prelat fit oüir ces propos.
Leue-toy, leue-toy, le Ciel te le commande,
Obeïs promptement, & fais ce qu'il te mande.
Alaric n'est point mort ; Alaric voit le iour ;
Et si tu m'obeïs on verra son retour.
R'assure, en me croyant, ton ame espouuentée :
Il faut oster au Prince vne Bague enchantée ;
La ietter dans la Mer ; & d'vn cœur sans effroy,
Faire finir le Charme, & deliurer le Roy.
Par vn calme profond la Flote retenuë,
Où tu la quitteras, attendra ta venuë :
Et les Vents enfermez dans les Thresors de Dieu,
La laisseront à l'Anchre, & dans ce mesme lieu.
Fais voguer ta Chaloupe à Rames mesurées ;
Trauerse dans la nuit les Plaines azurées ;
Ie seray ton Pilote, & le Soleil Leuant,
Te fera voir vne Isle, & ce Prince viuant.
Ton incredulité par ton Zele excusée,
Obtiendra le pardon pour ton ame abusée :
Mais repare ta faute, & sans perdre vn moment,
Ie te le dis encor, obeïs promptement.
Ces mots imperieux, d'vne occulte puissance,
Exigent du Prelat la prompte obeïssance ;
Il s'assied ; il se leue ; & dans son repentir,
Ie suis prest, respond-il, ie suis prest à partir.
A l'instant par son ordre on descend la Chaloupe :
Et repassant des yeux la Maritime Troupe,

LIVRE QVATRIESME.

Six robustes Rameurs par le Vieillard nommez,
Se rangent deux à deux à dos desia courbez ;
A bras desia tendus ; à Rames desia hautes ;
Et le diuin Typhis suiuant ces Argonautes,
Se place au Gouuernail le Prelat pres de luy,
Plein de crainte & d'espoir, d'allegresse & d'ennuy.
Alors desia bien loing les Montagnes laissées,
S'enfoncent dans les Flots les Rames abaissées,
La Chaloupe s'eslance, & par vn grand effort,
Du Nauire immobile elle esloigne le Bord.
Comme on voit chaque soir au milieu du silence,
Voler l'Oyseau Nocturne auecques violence ;
Se perdre dans la nuit en s'esleuant aux Cieux,
Et dans l'obscurité se desrober aux yeux.
De mesme la Chaloupe en voguant parmy l'ombre,
Entre les Flots noircis trouue vne route sombre ;
Disparoist aux Nochers ; & vole sur cette eau,
Comme vole dans l'air le tenebreux Oyseau.
Par ces hardis Rameurs sont desia descouuertes,
Les cimes des Rochers de deux Isles desertes :
Et le dernier Escueil, comme en esloignement,
A ces mesmes Rameurs paroist confusément.
Car malgré le Demon dans cette nuit obscure,
Son Art surnaturel cedoit à la Nature :
Et malgré les broüillards qu'il auoit amassez,
On voyoit de l'Escueil les sommets herissez.
Alors ramant encor plus fort que de coustume,
Parmy les Flots tous noirs ils font blanchir l'escume :

Et d'vne voix flatteuse, & qui donne du cœur,
Le Celeste Pilote excite leur vigueur.
Compagnons, leur dit-il, ramez, la chose presse:
La liberté du Roy despend de vostre adresse:
De grace faites force, & hastant son retour,
Qu'il doiue à vos labeurs, & le Sceptre, & le iour.
Ce discours les surprend; ce discours les estonne;
Mais pourtant leur esprit au plaisir s'abandonne:
Et comme ce qu'on veut est creu facilement,
L'Ange les persuade, & le fait aysément.
Ces Rameurs animez par sa iuste priere,
Se panchent en auant; se panchent en arriere;
Les Rames à la fois, tantost haut; tantost bas;
Suiuent du mouuement l'inuisible Compas:
Et faisant boüillonner la Campagne salée,
Font glisser sur les Flots la Chaloupe esbranlée:
Et ces Flots tournoyans passent confusément,
De la Proüe à la Poupe en ce mesme moment.
Mais insensiblement la noirceur diminuë;
Desia quelque blancheur a coloré la Nuë;
Et l'Astre Tout-puissant qui fait ouurir les Fleurs,
Desia mesle à ce blanc de plus viues couleurs.
Au chant de mille Oyseaux Alaric se resueille;
Et de l'Objet aymé la beauté nompareille
Se resueille en son ame, & parmy ces plaisirs,
Auec le iour naissant renaissent ses desirs.
Il se leue aussi-tost, & l'amour qui le presse,
Le remene à l'endroit où dormit sa Maistresse:

Il se

Il se la represente en cét aymable estat;
Il se la represente auec tout son esclat;
Et l'idolastre Amant baise presques les herbes,
Où la fiere Beauté marqua ses pas superbes:
Et l'idolastre Amant enchanté par les yeux,
Ne sort qu'en soupirant de ces aymables lieux.
De là, vers vn Canal à riche Balustrade,
Sous vne sombre Allée il fait sa promenade:
Mais comme il se retourne, il voit venir à luy
La Cause de ses feux comme de son ennuy.
Telle deuoit paroistre aux Forests de la Grece,
Dans l'Isle de Delos la chaste Chasseresse:
Telle en son Noble orgueil deuoit paroistre aux Cieux,
La superbe Moitié du Souuerain des Dieux:
Et quelques grands attraits que leur donne la Fable,
Cette feinte beauté cede à la veritable:
Tant cét adroit Fantosme auoit bien imité,
De l'aymable Princesse, & l'air, & la beauté.
Sa Robe est de Drap d'Or, & par Fleurs naturelles;
Elles en ont l'esclat, mais l'Art les fait plus belles:
Et leur diuersité que range vn docte choix,
La fait paroistre aux yeux, belle & riche à la fois.
De Plumes & de Fleurs ses Tresses sont couuertes;
Ces Fleurs font vn Esmail parmy ces Plumes vertes:
Et du milieu des deux pend vne Gaze d'Or,
Qui flotte au gré du Vent, & l'embellit encor.
A longs & larges plis, pend l'vne & l'autre Manche;
Aupres de ses beaux bras l'Albastre n'est point blanche;

S

Et le Crespe leger qui s'esbranle souuent,
Fait voir vn Sein de Neige alors qu'il plaist au Vent.
Cent Filles, pour le moins, la suiuent sans leurs Voiles:
Et comme on voit la Lune au milieu des Estoiles,
Effacer leur esclat par ses viues clartez,
Telle est cette Beauté parmy tant de Beautez.
Alaric tout charmé de sa grace diuine,
S'aproche auec respect de la belle Heroïne:
Et l'immortel Heros qui n'a point de pareil,
Auec les yeux d'vne Aigle obserue son Soleil.
Il paroist amoureux; elle paroist ciuile;
Et lançant dans son ame vne flâme subtile;
Et sçachant mesnager ses dangereux apas,
Elle blesse son cœur comme en n'y songeant pas.
Madame, luy dit-il, en me rendant vos charmes,
Que vous m'espargnerez de soupirs & de larmes!
Car si i'en crois mon cœur, les Cieux me sont tesmoins,
Qu'il a souffert sans vous vn Siecle pour le moins.
Que les momens sont longs hors de vostre presence!
Qu'on trouue de longueur à la plus courte absence!
Que vos yeux esloignez ont encor de pouuoir!
Et qu'il est mal-aisé de viure sans les voir!
Vostre vnique beauté rend la Terre plus belle:
Auec elle tout plaist, mais rien ne plaist sans elle:
Et bien que la Nature ait orné ces beaux lieux,
Ils doiuent leur esclat à l'esclat de vos yeux.
Mesme en donnant la mort ils donnent de la ioye;
Pour estre bien-heureux il suffit qu'on les voye;

Pour estre malheureux il suffit seulement,
Que l'on soit sans les voir vn funeste moment.
C'est passer, c'est passer, du plaisir à la peine;
Du repos au trauail; de la gloire à la gesne;
De la bonne fortune au plus rigoureux sort;
Et pour tout dire enfin, de la vie à la mort.
Ha vous en dites trop! luy respond l'Heroine;
Vne adresse excessiue est souuent la moins finne:
Et malgré l'eloquence, & malgré tous vos soins,
I'en croirois beaucoup plus si vous en disiez moins.
Dieu! pouuez-vous douter, luy dit-il, de ma flâme?
Examinez mon cœur; lisez bien dans mon ame;
Et pour sçauoir quelle est mon amour & ma foy,
Connoissez-vous Madame, & puis connoissez moy.
Vous trouuerez en vous vne prudence extrème;
Vous trouuerez en moy la fidelité mesme;
Vous trouuerez en vous cent attraits tous puissans;
Vous trouuerez en moy cent desirs innocens;
Vous trouuerez en vous vne beauté parfaite;
Vous trouuerez en moy l'aise de ma deffaite;
Vous trouuerez en moy, vous trouuerez en vous,
Et le cœur le plus ferme, & l'objet le plus doux.
C'est le Temps, c'est le Temps, respond cette Princesse,
Qui vous descouurira si vostre flâme cesse:
C'est de luy, non de vous, que ie le veux sçauoir:
Et si vous aymez bien il me le fera voir.
Le Temps, dit Alaric, n'a point assez d'Années,
Pour changer de mon cœur les belles Destinées:

Il mourra voſtre Eſclaue, & dans ce dernier iour,
On le verra finir auant que ſon amour.
Il ne vit plus qu'en vous, vnique objet qu'il ayme;
Et ce cœur transformé ceſſe d'eſtre luy-meſme :
Heureux, & trop heureux, ſi le voſtre aujourd'huy,
A la meſme fortune, & change comme luy.
Heureux, & trop heureux, ſi partageant ſa flâme,
Vous daignez receuoir, & mon Sceptre, & mon ame :
Heureux, & trop heureux, ſi ſans les deſdaigner,
Vous ſouffrez que ie ſerue en vous faiſant regner.
Des ſermens des Amants, reſpond Amalaſonthe,
L'on a dit que les Dieux ne tenoient point de compte :
Et que leur bras armé d'vn Foudre dangereux,
Eſpargnoit de ſes coups le pariure amoureux.
Mais ces iniuſtes Dieux, ſont les Dieux de la Fable :
Le noſtre eſt plus puiſſant, comme plus equitable :
Et ſi parmy ces Bois vous voulez m'eſcouter,
Vous verrez qu'vn Perfide à tout à redouter ;
Que tous les Elemens luy declarent la Guerre ;
Qu'il a pour ennemis, & le Ciel, & la Terre ;
Que tout le perſecute ; & qu'vn crime ſi noir,
Ne trouue point d'Azile ailleurs qu'au deſeſpoir.
Ie vay vous raconter vne tragique Hiſtoire,
Digne, par ſon ſuccés, d'eternelle memoire :
Et qui vous fera voir que le Ciel irrité,
Punit ſeuerement vne infidelité.
Alors ſous des Palmiers le conduit cette Belle :
Elle s'y met à l'ombre, & ce Prince aupres d'elle :

Puis rompant par ces mots son silence charmant,
Elle fait le recit de l'infidelle Amant.
Dans le plus bel endroit du Climat de la Grece,
Vn Prince fut aymé d'vne illustre Maistresse ;
Et l'illustre Beauté le fut esgalement,
L'Amour blessant leurs cœurs presqu'en mesme moment.
Ils n'auoient qu'vn esprit, ils n'auoient plus qu'vne ame ;
Si l'vn auoit des feux, l'autre auoit de la flâme ;
A toute heure, en tous lieux, comme en toute Saison,
Ce que l'vn souhaitoit, l'autre le trouuoit bon.
Ils viuoient sans chagrin, ils viuoient sans enuie ;
Rien ne troubloit alors le calme de leur vie ;
Et pour fauoriser leurs amoureux desirs,
La Fortune elle mesme, aydoit à leurs plaisirs.
La Fortune elle mesme, & legere, & changeante,
Pour les rendre constans, cessoit d'estre inconstante :
Leur bien estoit durable, & dans vn si grand heur,
Nul meslange de mal n'en troubloit la douceur.
Car sans souffrir du Sort les iniustes rapines,
L'Amour les couronnoit de Roses sans Espines :
Et leur felicité n'auoit plus qu'à durer,
Puis qu'vn cœur qui peut tout n'a rien à desirer.
O changement honteux ! ô foiblesse honteuse !
L'ame de cét Amant se lassa d'estre heureuse :
Ie ne sçay quel desgoust qu'on ne peut exprimer,
Lors qu'on l'aymoit le plus, le fit cesser d'aymer :
Et par vn pur caprice, aussi leger qu'estrange,
Du desgoust au mespris, & du mespris au change,

On vit passer son cœur en ce moment fatal,
Et pour vn moindre Objet, changer, mais changer mal.
Mille & mille sermens d'vne flâme eternelle,
Ne purent retenir son ame criminelle :
Mille & mille bontez de celle qu'il quittoit,
Ne purent empescher sa mort qu'il meditoit.
Que ne dit-elle point, que ne deût-elle dire,
Lors que ce Reuolté renuersa son Empire !
Quels reproches sanglants ne luy fit-elle pas !
Mais il rit de ses pleurs comme de son trespas ;
Il mesprisa ses feux comme l'eau de ses larmes ;
Ses yeux n'eurent alors, ny puissance, ny charmes ;
Et malgré les efforts de sa tendre amitié,
Elle ne vit en luy, ny raison, ny pitié.
Ha, luy dit-elle enfin, cœur ingrat, cœur perfide,
Suiuant ta passion, tu suis vn mauuais Guide !
Tu cours au Precipice ; & ton aueuglement
S'en va causer ta perte, & mon dernier moment.
Mais puis qu'à me quitter ton ame est resoluë ;
Puis que ta perfidie, & ma mort est concluë ;
Puis que desia le Ciel s'apreste à me vanger,
Dis-moy, du moins dis-moy, qui t'oblige à changer ?
Lors que tu m'adorois, estois-je plus parfaite ?
Lors que tu me trahis, me vois-tu plus mal-faite ?
Et si tu te resouds à ce crime odieux,
Ay-je le mesme taint, as-tu les mesmes yeux ?
T'ay-je donné l'exemple, ame ingrate & volage,
D'vne legereté qui te nuit & m'outrage ?

LIVRE QVATRIESME.

N'as-tu pas veu mon cœur plus ferme qu'vn Rocher?
Et s'il fut autrement, viens le moy reprocher.
Tu sçais que mille Amants m'ont offert leur franchise;
Oüy, tu sçais si pour toy mon esprit les mesprise;
Et si tous leurs soupirs, & si tout leur tourment,
Leur purent obtenir vn regard seulement.
Tu sçais auec quel soin i'ay conserué ta flâme;
Tu sçais quel est mon feu, toy qui vois dans mon ame;
Et bien qu'encor cette ame adore la Vertu,
Tu sçais que tu vainquis sans auoir combatu.
Qu'vne inclination qui ne fut pas petite,
Fit d'abord sur mes Sens, ce qu'eust fait ton merite:
Que i'aymé sans connoistre; & que sans resister,
Ie te donné ce cœur qu'vn ingrat veut quitter.
Quel est donc le motif de ton humeur changeante?
I'ay tousiours ma beauté; ie suis tousiours constante;
I'ay le mesme dessein ; i'ay les mesmes apas;
Ie fais ce que ie dois; mais tu ne le fais pas.
D'où vient que ta Raison rend foiblement les Armes?
Est-ce que ma Riuale est plus feconde en charmes?
Vois-là bien ; vois-moy bien ; iuge equitablement;
Prononce mon Arrest ; mais Souuerainement.
Là cèt Amant honteux semble aduoüer ses crimes:
L'on en voit sur son front les marques legitimes:
Il ne sçait que luy dire ; il demeure interdit;
Mais voicy toutesfois ce que l'ingrat luy dit.
Il n'est rien d'eternel en la Terre où nous sommes:
Tout change en l'Vniuers, comme changent les hommes:

Et l'ordre general qu'on voit regner par tout,
Excuse ma foiblesse, ou plutost m'en absout.
Le foible esprit humain est vn Roseau fragile:
Aussi bien que la Mer il est tousiours mobile:
Ce qui fit ses plaisirs fait apres son tourment;
Et tout le Monde entier change eternellement.
Ainsi, belle Daphnis, voyant nostre auanture,
Au lieu de m'accuser, accusez la Nature:
Elle veut conseruer sa puissance & ses droits;
Elle est Reyne absoluë, & mon cœur suit ses Loix.
Lors que ie vous aymé, son pouuoir fut extrême:
Quand ie cesse d'aymer, il l'est encor de mesme:
La beauté fit mes feux; la beauté les esteint;
Vous blessastes mon cœur comme vne autre l'atteint;
I'eusse quitté pour vous les yeux d'vne Immortelle;
Par la mesme raison ie vous quitte pour elle;
Vous fustes sans pareille, elle l'est à son tour;
C'est le mesme merite, & i'ay le mesme amour.
Non, non, respond alors cette belle irritée,
Toy seul és criminel lors que tu m'as quittée:
Le Ciel est tousiours bon; toy tousiours sans bonté;
Et la Cause du mal n'est qu'en ta volonté.
Et quoy, doit-on aymer tout ce qu'on voit aymable?
Vn vice fort commun en est-il moins blasmable?
L'exemple dangereux doit-il l'authoriser?
Et la Vertu si rare est-elle à mespriser?
Non, de quelques Couleurs que le crime se pare,
Il paroist tousiours crime, & toy tousiours barbare:

Et

LIVRE QVATRIESME.

Et contre la Raison l'artifice impuiſſant,
Ne ſçauroit excuſer vn cœur meſconnoiſſant.
Par la Fatalité nos ames enchaiſnées,
Suiuent l'ordre abſolu qui fait leurs deſtinées,
Luy reſpond cét Amant, & tous nos changemens,
Ne ſont que les effets des premiers mouuemens.
Ce qui doit arriuer, abſolument arriue:
Lors que le Sort m'entraiſne il faut que ie le ſuiue:
Il eſt mon Souuerain, ie luy dois obeïr:
Luy ſeul me fait aymer ; luy ſeul me fait haïr ;
Il gouuerne à ſon gré mon ame deſpendante ;
Elle eſt comme il le veut, infidelle ou conſtante ;
Ie fais ce qu'il ordonne ; & l'on doit aujourd'huy,
Ou n'accuſer perſonne, ou n'accuſer que luy.
Ha! (reſpond en pleurant cette Amante offenſée)
De ces Fers ſi peſans noſtre ame eſt diſpenſée:
Le Ciel qui la fit libre authoriſe ſon choix:
Elle agit ſans contrainte ; elle vſe de ſes droits ;
Et ſoit qu'elle ſe porte au bien qu'elle doit ſuiure ;
Soit qu'elle ayme le mal, & qu'elle y veüille viure ;
Le crime ou la vertu, le vice ou la bonté,
Quoy que puiſſe le Sort, n'eſt qu'en la volonté:
Et ſans donner au Ciel cette force ſuprème,
Elle fait en tous lieux ſon deſtin elle meſme.
Enfin, reſpond l'ingrat, l'Amour qui regne en moy,
Vient ie ne ſçay comment ; n'eſt que ie ne ſçay quoy ;
Auſſi bien que ſa fin, i'ignore ſa Naiſſance ;
L'eſprit ne comprend point ſon occulte puiſſance ;

T

Et l'ordre general qu'on voit regner par tout,
Excuse ma foiblesse, ou plutost m'en absout.
Le foible esprit humain est vn Roseau fragile:
Aussi bien que la Mer il est tousiours mobile:
Ce qui fit ses plaisirs fait apres son tourment;
Et tout le Monde entier change eternellement.
Ainsi, belle Daphnis, voyant nostre auanture,
Au lieu de m'accuser, accusez la Nature:
Elle veut conseruer sa puissance & ses droits;
Elle est Reyne absoluë, & mon cœur suit ses Loix.
Lors que ie vous aymé, son pouuoir fut extrême:
Quand ie cesse d'aymer, il l'est encor de mesme:
La beauté fit mes feux; la beauté les esteint;
Vous blessastes mon cœur comme vne autre l'atteint;
I'eusse quitté pour vous les yeux d'vne Immortelle;
Par la mesme raison ie vous quitte pour elle;
Vous fustes sans pareille, elle l'est à son tour;
C'est le mesme merite, & i'ay le mesme amour.
Non, non, respond alors cette belle irritée,
Toy seul és criminel lors que tu m'as quittée:
Le Ciel est tousiours bon; toy tousiours sans bonté;
Et la Cause du mal n'est qu'en ta volonté.
Et quoy, doit-on aymer tout ce qu'on voit aymable?
Vn vice fort commun en est-il moins blasmable?
L'exemple dangereux doit-il l'authoriser?
Et la Vertu si rare est-elle à mespriser?
Non, de quelques Couleurs que le crime se pare,
Il paroist tousiours crime, & toy tousiours barbare:

Et

LIVRE QVATRIESME.

Et contre la Raison l'artifice impuissant,
Ne sçauroit excuser vn cœur mesconnoissant.
Par la Fatalité nos ames enchaisnées,
Suiuent l'ordre absolu qui fait leurs destinées,
Luy respond cét Amant, & tous nos changemens,
Ne sont que les effets des premiers mouuemens.
Ce qui doit arriuer, absolument arriue:
Lors que le Sort m'entraisne il faut que ie le suiue:
Il est mon Souuerain, ie luy dois obeïr:
Luy seul me fait aymer; luy seul me fait haïr;
Il gouuerne à son gré mon ame despendante;
Elle est comme il le veut, infidelle ou constante;
Ie fais ce qu'il ordonne; & l'on doit aujourd'huy,
Ou n'accuser personne, ou n'accuser que luy.
Ha ! (respond en pleurant cette Amante offensée)
De ces Fers si pesans nostre ame est dispensée:
Le Ciel qui la fit libre authorise son choix:
Elle agit sans contrainte; elle vse de ses droits;
Et soit qu'elle se porte au bien qu'elle doit suiure;
Soit qu'elle ayme le mal, & qu'elle y veüille viure;
Le crime ou la vertu, le vice ou la bonté,
Quoy que puisse le Sort, n'est qu'en la volonté:
Et sans donner au Ciel cette force suprême,
Elle fait en tous lieux son destin elle mesme.
Enfin, respond l'ingrat, l'Amour qui regne en moy,
Vient ie ne sçay comment; n'est que ie ne sçay quoy;
Aussi bien que sa fin, i'ignore sa Naissance;
L'esprit ne comprend point son occulte Puissance;

T

On ayme ; on n'ayme plus ; libre, & puis en prison ;
Mais tousiours par contrainte, & iamais par raison.
Lors que ie vous aymois vous n'estiez pas plus belle :
Lors que ie n'ayme plus l'on vous voit encor telle :
I'auois les mesmes yeux, & i'ay le mesme cœur ;
Et sans que nous changions, ie change de Vainqueur :
Tant cet ordre fatal, puissant, & necessaire,
Regle comme il luy plaist ce que nous deuons faire.
Ainsi nous excusons, dit-elle auec courroux,
Ce qui n'est point au Ciel, & ce qui n'est qu'en nous :
Et sans chercher si haut le malheur qui me blesse,
I'en voy, i'en voy la Cause en ta seule foiblesse,
Cœur ingrat, cœur cruel, cœur sans flâme & sans foy,
Et pour tout dire enfin, cœur indigne de moy.
Auec ces tristes mots cette Belle le quitte,
Rougissant de l'affront qu'il fait à son merite :
Elle part en pleurant ; elle part pour finir ;
Et sans que l'inconstant songe à la retenir.
Comme on voit sur vn Mont vne Roche esbranlée,
Tomber en bondissant vers la sombre Vallée,
Et ne s'arrester point que ce pesant fardeau,
Du plus haut de ce Mont ne soit au bord de l'eau.
De mesme la fureur de cette aymable Amante,
Loin de diminuer en s'esloignant s'augmente :
Et ne peut arrester vn si rapide cours,
Ny rencontrer de fin qu'en celle de ses iours.
Vn mortel desespoir occupa sa pensée ;
Son insensible Amant la rendit insensée ;

LIVRE QVATRIESME.

Et le mespris qu'il eut ioint à son Noble orgueil,
En moins de quatre iours la mit dans le Cercueil.
Il le vit d'vn œil sec, ce Cercueil desplorable;
Il creut qu'à son Triomphe il estoit honnorable;
Et qu'il deuoit offrir à son nouueau Vainqueur,
Auec son cœur brulant les Cendres de ce cœur.
Mais du Ciel irrité la seuere puissance,
Punit bien-tost son crime, & vangea l'innocence,
Par la mesme Beauté dont il estoit surpris,
Car il eut moins d'amour qu'elle n'eut de mespris.
Elle le regarda comme vn lasche perfide;
Ses soins ne purent rien sur son esprit timide;
Plus il offroit son cœur, plus on le refusoit;
Plus il tachoit à plaire, & plus il desplaisoit;
Et ce Prince inconstant deuint malgré sa peine,
L'objet de sa colere, & celuy de sa haine:
Et l'horreur de son crime alors luy fit sentir,
D'vne iniuste action le iuste repentir.
Vn Riual qu'il auoit pour plaire à sa Maistresse,
Que ce Prince importun persecutoit sans cesse,
D'vn outrage mortel luy fit rougir le front;
Attaqua son honneur par vn sanglant affront;
Et deuant la Beauté qui causoit leur querelle,
Il le couurit de honte, & s'en rit auec elle.
En suite de l'affront ils en vinrent aux mains:
Mais l'implacable Sort renuersant ses desseins,
Et pour rendre du Ciel la vangeance parfaite,
A tant d'autres malheurs adjoustant sa deffaite,

Il fut battu ; bleſſé ; renuersé ; deſarmé ;
Et bien loin d'eſtre plaint, il fut encor blaſmé.
Le chagrin ; le deſpit ; la honte ; l'infamie ;
L'inſuportable orgueil d'vne Amante ennemie ;
Le ſenſible meſpris d'vn inſolent Riual ;
Et le cuiſant remords qui fut ſon plus grand mal ;
Pour auancer la fin de cette Tragedie,
L'abattirent alors par vne maladie,
De qui la violence, horrible en ſa longueur,
Luy fit ſentir des maux la derniere rigueur.
Vne eſpaiſſe vapeur maligne autant que noire,
En troublant ſa raiſon eſclaircit ſa memoire :
Y remit le Portrait de la triſte Beauté,
Dont il cauſa la mort par ſa deſloyauté ;
Et fit que ce Fantôme augmenta le ſuplice,
Dont l'equitable Ciel puniſſoit ſa malice.
Il creut qu'il le voyoit, paſle & desfiguré ;
Il creut qu'il le voyoit contre luy coniuré ;
Il pouſſa mille cris ; il pouſſa mille pleintes ;
D'vn remords inutile il ſentit les atteintes ;
Il vouloit l'eſuiter, mais inutilement,
Et le Spectre en tous lieux redoubloit ſon tourment.
Apres auoir ſouffert de cette eſtrange ſorte,
La Nature à la fin ſe trouua la plus forte :
Et pour le tourmenter elle fit des efforts,
Qui ſans guerir l'eſprit firent guerir le corps.
Mais comme il ne ſongeoit qu'à des Morts, qu'à des Ombres,
Il ne ſortoit iamais qu'aux heures les plus ſombres :

LIVRE QVATRIESME. 149

Et ne pouuant souffrir le Celeste Flambeau,
Il s'en alloit passer les nuits sur vn Tombeau.
C'estoit là, c'estoit là, que loin de se deffendre,
Il vouloit par ses Feux rechauffer cette Cendre:
Qu'il confessoit son crime en ce lieu de terreur;
Et que le confessant il en auoit horreur.
Il se nommoit barbare; il se nommoit perfide;
Des Ruisseaux de ses pleurs la Terre estoit humide;
Et puis tombant pasmé, comme il faisoit souuent,
L'on n'eust pû discerner la Morte & le Viuant:
Tant les Sens offusquez par la melancholie,
Laissoient sur vn Cercueil son ame enseuelie:
Tant l'extrème douleur par d'extrèmes efforts,
Abattoit à la fois son esprit & son corps.
Ce que le desespoir a de plus effroyable;
Ce que l'affliction a de plus pitoyable;
Ce que le repentir a de plus douloureux;
Ce que la passion a de plus amoureux;
Ce que l'amour parfaite a de plus viue flâme;
De tendresse; d'ardeur; tout estoit dans son ame;
Tout, pour le tourmenter, attaquoit sa raison;
Dans vn mal sans remede, & sans comparaison.
Mais pendant qu'il souffroit ces inutiles peines,
Vn puissant Ennemy qu'il auoit dans Athenes,
L'attaque finement; l'accuse aupres du Roy;
Dans son cœur esbranlé fait glisser de l'effroy;
Luy dit qu'il veut choquer l'authorité Royale;
Et que c'est contre luy que ce Prince cabale:

T iij

Qu'il va toutes les nuits de Maison en Maison,
Afin de mieux cacher sa lasche trahison:
Et qu'auançant tousiours l'Entreprise hardie,
L'Estat s'en va perdu si l'on n'y remedie.
Ce Prince desfiant croit ce qui n'estoit pas;
Soupçonne cet Amant; fait obseruer ses pas;
Aprend qu'il dort le iour, & que la nuit il veille;
Et n'escoutant que trop la peur qui le conseille;
Et craignant de sa part vn funeste succés,
Il le fait arrester, & luy fait son Procés.
Par mille faux Tesmoins l'innocence opprimée,
Voit tout armer contre elle encor que desarmée:
Et la force des Loix que l'infortuné sent,
Espargne le coupable, & frape l'innocent.
Dans vn crime d'Estat il suffit qu'on soupçonne:
On confisque son Bien; on bannit sa personne;
Le seuere Ostracisme estant renouuellé,
On le chasse du Port comme vn pauure Exilé.
Mais il est sur la Mer ce qu'il est sur la Terre:
L'implacable Destin par tout luy fait la guerre:
Il irrite les Vents; il sousleue les Flots;
Et la Tempeste enfin, malgré les Matelots,
Apres l'auoir poussé dans vn Climat sauuage,
Va briser le Nauire aux Escueils du riuage:
Et lors qu'il croit son mal sur le point de finir,
La Fortune le sauue afin de le punir.
Elle le met aux Fers d'vn Maistre impitoyable;
Elle luy fait souffrir vn tourment incroyable;

LIVRE QVATRIESME. 151

Ce que la Seruitude a de plus affligeant;
Ce que la Tyrannie a de plus outrageant;
La fierté, le mespris, la rigueur, le caprice;
A toute heure, en tout temps, augmentoient son suplice:
Quand vn mal finissoit, l'autre venoit s'offrir:
Enfin lassé de viure autant que de souffrir,
Et pour trouuer le bout d'vne si longue peine,
Il s'ecrasa la Teste auec sa propre Chaisne:
Et mourut en disant qu'il auoit merité,
Plus que n'auoit souffert son infidellité.
O Prince genereux, conseruez la memoire,
De cette redoutable & pitoyable Histoire:
Et n'oubliez iamais que le Ciel en courroux,
Sçait punir vn Pariure auec d'horribles coups.
Ha, respond Alaric, cét Amant infidelle,
Meritoit vne mort plus longue & plus cruelle:
Le Destin luy fit grace, & son crime odieux,
Trouua trop de pitié parmy l'ire des Cieux.
Oüy, le Sort le punit par vn trop court suplice:
La Clemence pour luy surmonta la Iustice:
Et le Ciel plus seuere, en le faisant punir,
En deuoit vn Exemple aux Siecles à venir.
Quel crime est comparable à son ingratitude?
L'Enfer peut-il auoir vn tourment assez rude?
Non, parmy les douleurs eternelles des Morts,
Sans doute il n'en est point, si ce n'est son remords.
Ce Vautour immortel qui dechire son ame,
Augmente sa douleur au milieu de la flâme:

Et bien loin de trouuer le repos du Tombeau,
Son malheureux Esprit luy-mesme est son Bourreau.
Ie le crois comme vous, luy respond cette Belle,
Mais vn soin important au Palais me rapelle:
Iouïssez en ce lieu des charmes du matin,
Et laissons l'aduenir aux ordres du Destin.
A ces mots se leuant le Fantôme le quitte,
Et s'esloigne du Prince auec toute sa suite:
Mesnageant finement, & son temps, & ses coups,
Car les plus longs plaisirs ne sont pas les plus doux.
Comme on voit en Esté des Estoiles errantes,
Parmy la sombre nuit briller estincelantes:
Et puis en vn moment dérober à nos yeux,
Ce lumineux éclat que nous croyons aux Cieux.
Telle cette Beauté de tant d'attraits pourueuë,
Et se montre, & se cache, à l'Amant qui l'a veuë:
Et l'adroite qu'elle est pour piquer ses desirs,
Oste & donne à la fois par de si courts plaisirs.
Cependant le Bateau, dont vn Ange est Pilote,
Fauorisé du Vent vogue loin de la Flote:
Et sans que le Demon l'ayt pû voir aprocher,
Il aborde à la fin au pied du grand Rocher.
Aussi-tost le Prelat par l'ordre de son Guide,
Descend de ce Bateau sur ce Rocher humide:
Et pour executer les ordres qu'il reçoit,
Il s'auance à grands pas vers le Prince qu'il voit.
Mais bien que ce Vieillard soit fort cher à son Maistre,
Alaric enchanté ne le peut reconnoistre:

Et

LIVRE QVATRIESME.

Et le Charme trompeur qui l'occupe en ce iour,
Luy fait tout oublier excepté son amour.
Alors sans perdre temps, l'adroit Prelat d'Vpsale,
Opposant sa prudence à la ruse infernale,
Poursuit heureusement son genereux dessein :
Et feignant par respect de luy baiser la main,
Dans vne humilité iuste comme profonde,
Il luy tire la Bague, & la iette dans l'Onde.
Vn bruit espouuentable à l'instant retentit ;
Le Palais disparoist, que le Demon bastit ;
Les Arbres, les Ruisseaux, & leur Source argentée ;
Toutes les raretez de cette Isle enchantée ;
Et loin d'auoir l'aspect d'vn lieu delicieux,
L'affreux & grand Rocher se montre seul aux yeux.
D'Alaric estonné la raison toute libre,
Reconnoist le Vieillard, & se souuient du Tibre.
Mon Pere, dit le Roy, le Vent est-il trop fort,
Et quel est le sujet qui vous meine à mon Bord ?
Seigneur, luy respond-il, vostre iugement erre :
Vous parlez de la Mer, & vous estes à Terre :
Mais pour voir de l'Enfer les funestes efforts,
Ouurez, ouurez les yeux de l'esprit & du corps.
Vostre Haute raison par l'Enfer suspenduë,
De la bonté du Ciel enfin vous est renduë :
Par elle on voit finir ce noir Enchantement,
Et vostre volonté peut agir librement.
Rendez graces au Dieu de toute la Nature,
Qui seul vous a sauué d'vne telle auanture :

V

Et formez le deſſein de n'auoir pour objet,
Que l'honneur de ce Roy dont tout Prince eſt Sujet.
Qu'il regne en voſtre cœur comme en voſtre memoire:
N'aymez que luy, Seigneur, ou qu'apres luy, la Gloire:
Et comme elle eſt la fin de voſtre paſſion,
Suiuez de ce Grand cœur la Noble ambition.
Voyez & confeſſez la foibleſſe de l'homme:
Eſcoutez cette voix qui vous apelle à Rome:
Et ſans plus eſcouter l'Enfer qui vous ſeduit,
Entrez dans le Bateau qu'vn bel Ange conduit.
Comme l'on voit chercher à celuy qui ſommeille,
L'objet de ſon erreur, à l'inſtant qu'il s'eſueille;
Faire tout eſueillé ce qu'il fit en dormant;
Et croire voir encor ce Fantôme charmant.
Ainſi fait Alaric malgré toute ſa honte:
Il cherche en ſoupirant la feinte Amalaſonthe;
Il en garde l'Image empreinte au ſouuenir;
Et ſon œil, peu s'en faut, croit la voir reuenir.
Mais enfin ſurmontant cette erreur qu'il remarque,
Il quitte ce Rocher; il deſcend; il s'embarque;
Et l'Ange ſecondant ſon genereux effort,
Fait abaiſſer la Rame, & l'eſloigne du Bord.
Or pendant qu'il s'en va comme vn Trait qu'on decoche,
Rigilde qui le voit du plus haut de la Roche,
Deſeſpere en luy-meſme; en deſtourne les yeux;
Se plaint eſgalement de l'Enfer & des Cieux;
Et honteux de l'affront que tout ſon Art endure,
Il maudit, il deteſte, il ſe plaint, il murmure.

LIVRE QVATRIESME. 155

Quoy, dit-il, foible Enfer ; Demons trop impuissans ;
Demons à mon Sçauoir en vain obeïssans ;
Esprits qui vous vantez de renuerser la Terre ;
D'arrester le Soleil ; de former le Tonnerre ;
D'esbranler l'Vniuers iusqu'à son fondement ;
Et d'en troubler tout l'ordre assez facilement ;
Fantômes orgueilleux, vostre erreur m'est connuë :
Puissance de l'Enfer, qu'estes-vous deuenuë ?
Que deuiens-ie moy-mesme ? & quel est le pouuoir,
Qui braue insolemment l'Enfer & mon Sçauoir ?
Quoy, nous le souffrirons cet outrage sensible !
Quoy, nostre Art ne peut rien, à qui tout fut possible !
Et puis qu'vn tel affront nous vient deshonnorer,
Est-il aucun Mortel qui nous daigne implorer ?
Non, non, ie veux perir, ou vanger mon outrage :
Ie manque de bonheur, mais non pas de courage :
Plus ie trouue d'obstacle, & plus i'ay de vigueur :
Plus le Sort me combat, moins ie crains sa rigueur.
Il est pour Alaric, mais voulant le deffendre,
Il ne peut m'empescher d'oser & d'entreprendre :
Il est Maistre, il est vray, de tout l'euenement ;
Mais ie le suis aussi de mon ressentiment.
A ces mots le Sorcier s'enuelope de Nuës ;
S'esleue promptement sur les Vagues chenuës ;
Deuance la Chaloupe, & vole en gemissant ;
Mais d'vn gemissement, & fier, & menaçant.
Comme aux Champs Lybiens, la Lionne irritée,
Rugit quand vn Chasseur emporte sa Portée ;

V ij

Le voit auec fureur, ne pouuant l'arrester;
Et foüette sa colere afin de l'exciter.
Rigilde tout de mesme, en pareille rencontre,
Solicite sa haine, & veut qu'elle se montre:
Se plaint de son malheur comme de son Sçauoir:
Et voit en enrageant ce qu'il veut ne point voir.
Cependant la Chaloupe auance vers la Flote,
Conduite heureusement du Celeste Pilote:
Et de ces trois Escueils qui sont dans le Destroit,
C'est desia le second que le Marinier voit.
Mais comme il en aproche, vne voix pitoyable,
Vient causer au Heros vn tourment incroyable:
Car faisant retentir les Rochers & les Bois,
Il entend qu'on l'apelle, & l'entend par deux fois.
Alaric, Alaric, dit la voix gemissante;
Voix qui bien que fort foible, est pourtant fort puissante:
Alaric, Alaric, dit-elle de nouueau,
Si vous sçauez aymer, sauuez moy du Tombeau.
Le cœur de ce Heros bondit à cette atteinte;
Il rougit, il pâlit, de colere & de crainte;
Il connoist cette voix ; & vers ces tristes lieux,
Il porte esgalement, & le cœur & les yeux.
Mais à peine ses yeux eurent fait leur office,
Que son cœur sent encor redoubler son suplice:
Car entre ces Rochers il voit distinctement,
La belle Amalasonthe au bord du Monument.
Quatre Soldats affreux à mines effroyables,
Y tournent vers son cœur leurs Dards impitoyables:

LIVRE QVATRIESME. 157

L'vn la tient aux cheueux ; l'autre la fait tomber;
L'vn menace d'vn Arc qu'il commence à courber;
L'autre leue le bras, & sa barbare Espée;
Le Prince espouuenté l'en croit desia frapée;
Il iette de grands cris, & la Belle en passant,
Iette vers ce Heros vn regard languissant.
Il va iusqu'à son ame ; & son ame Heroïque,
Ne pouuant plus souffrir vn objet si tragique,
Commande qu'on aborde ; & le Sabre à la main,
Ce Prince veut s'oster ce Spectacle inhumain.
Ramez, ramez, dit-il, mais auec diligence:
La mort seroit le prix de vostre negligence:
Il y va de vos iours, i'en atteste les Cieux,
Et vous me respondrez d'vn sang si precieux.
Mais loin de l'engager dans vne telle Guerre,
Le Pilote Diuin l'esloigne de la Terre:
Et tournant le Tymon par vn adroit effort,
Il veut faire Canal, & l'esloigner du bord.
Le Heros remarquant sa desobeïssance,
Vers les Flots agitez à chef baissé s'eslance:
Et sans plus raisonner sur vn si lasche tour,
Veut aller à la nage où l'apelle l'Amour.
Le Prelat le retient ; & d'vne voix plus forte,
L'Ange seuerement luy parle en cette sorte.
Prince chery du Ciel, gardez de l'irriter:
Comme il vous fauorise, il faut le meriter:
Et ne pas preferer aux choses qu'il ordonne,
Les pensers criminels que le Demon vous donne.

V iij

Quoy, respond Alaric, l'on veut que laschement,
J'endure qu'on massacre vn Objet si charmant!
Vous qui le conseillez, craignez pour vostre vie,
Et pour vostre interest, cedez à mon enuie.
A ces mots Alaric s'eslance de nouueau,
Mais on l'empesche encor de se ietter dans l'eau :
Et le sage Prelat pour finir sa souffrance,
D'vn ton imperieux vse de sa puissance.
Esprits, dit-il alors, dont l'iniuste pouuoir,
Esloigne les Mortels de leur iuste deuoir :
Et qui pour les tromper ioignez à l'artifice,
La haine industrieuse, & la noire malice :
Anges precipitez ; Demons pernicieux ;
Ennemis declarez de la Terre & des Cieux ;
Fuyez, ne regnez plus sur vne ame si Grande :
C'est au Nom du Tres-Haut que ie vous le commande.
A peine a-t-il formé ce discours absolu,
Que le Fantôme fuit comme il l'a resolu :
Que tout s'esuanoüit ; & que le Prince proche,
Ne voit plus que le Ciel, les Vagues, & la Roche :
Car le Prelat destruit en ces Spectres menteurs,
La belle Amalasonthe, & ses Persecuteurs.
Comme on voit parmy l'air cette clarté subite,
De qui le prompt éclat en bas se precipite,
Passant mesme des yeux le leger mouuement,
Luire & ne luire plus, presqu'en mesme moment.
Ainsi des Assassins la Troupe sanguinaire,
Disparoist & n'a plus son estre imaginaire :

Et la feinte beauté de cette vision,
Pour les yeux d'Alaric n'a plus d'illusion.
Il en est fort surpris ; il ne sçait plus qu'en croire ;
Ce pitoyable objet n'est plus qu'en sa memoire ;
Et malgré son amour, & malgré son ennuy,
Il fait en soupirant ce que l'on veut de luy :
Incertain & douteux qu'il est parmy sa peine,
Si cette Amalasonthe est veritable ou vaine :
Incertain & douteux, s'il fait ou bien ou mal,
De n'aller point apres cét objet sans esgal.
Cependant la Chaloupe à Rames esbranlées,
Vogue subitement sur les Ondes salées :
Et lors que le Soleil semble tomber dans l'Eau,
Alaric se reuoit sur son plus grand Vaisseau.
L'on y pousse à l'instant mille cris d'allegresse ;
Chacun pour le mieux voir sur son Tillac se presse ;
Tous veulent tesmoigner quel est leur sentiment ;
Tous le font en effet, mais tous confusément.
Comme on vit autresfois aux Forests escartées,
Les Menades crier de fureur agitées ;
Et faire retentir les Rochers & les Bois,
Par le bruit esclatant de leurs confuses voix.
Ainsi des Mariniers la Troupe resioüye,
Fait oüyr tant de cris qu'elle en oste l'oüye ;
Tout l'Air en est esmeu ; la Terre en retentit ;
Le Vaisseau s'en esbranle ; & le Flot en grossit.
Alors de Bord en Bord vole cette nouuelle ;
Alors viennent au Roy tous les Chefs qu'il apelle ;

ROME VAINCVE,
Et le Nom d'Alaric, ce Nom si glorieux,
Par l'Echo de la Terre est porté iusqu'aux Cieux.

Fin du quatriesme Liure.

ALARIC,
OV
ROME VAINCVE.

LIVRE CINQVIESME.

DESIA la Nuit tomboit, & les hautes Montagnes,
Iettoient leur ombre opaque au milieu des Campagnes,
Lors que ces vaillants Chefs tesmoignoient à leur Roy,
Que son heureux retour bannissoit leur effroy.
On voyoit leur respect aussi bien que leur ioye;
Et l'immortel Heros que le Ciel leur renuoye,
Respondant à l'ardeur de ces cœurs genereux,
Leur faisoit voir aussi qu'il en auoit pour eux.
Mais pendant le transport de cette Noble Troupe,
L'Ange qui disparoist s'esleue de la Poupe:

X ij

Et viste comme vn Traict parmy l'air tenebreux,
Cache le bel éclat de son Corps lumineux.
Alaric qui le perd, le suit de la pensée;
Et lors qu'il voit au Ciel l'Ourse bien auancée,
Il ordonne à ces Chefs de reuoir leurs Vaisseaux,
Et de s'y tenir prests à refendre les Eaux,
Aussi-tost que le Vent qui deuance l'Aurore,
Viendra les aduertir que l'Aube se colore.
Tout obeït au Roy ; tout le quitte à l'instant ;
Tout vogue dans la Nuit sur l'Empire flottant ;
Et ce Prince tout seul retrace en sa memoire,
Malgré sa passion l'Image de sa gloire;
Reuoit Rome & le Tibre ; & d'vn cœur glorieux,
Les voit chargez de Fers, & luy victorieux.
Mais lors que le Heros à cette belle Idée,
L'ame du Grand Sorcier par la fureur guidée,
Poursuiuant vn dessein que rien ne peut changer,
Trauaille à sa ruine, & cherche à se vanger.
Aussi-tost qu'il eut veu son Fantôme inutile,
Plus viste que le vent il esloigna cette Isle :
Et parmy des brouillards qu'il auoit amassez,
Il laissa les Danois aux Riuages glacez.
Dans les plus creux Rochers de l'affreuse Eolie,
Vne sombre Cauerne est comme enseuelie,
Où les fiers Aquilons, & les cruels Autans,
Lors qu'ils ne regnent plus sur les Flots inconstans,
S'enferment despitez, & suiuant leur nature,
Font retentir ces Monts d'vn eternel murmure.

LIVRE CINQVIESME.

Ce fut là que Rigilde, outré de desespoir;
Le cœur gros de despit; & manquant de pouuoir;
Fut chercher vn secours à sa force impuissante,
Auant qu'on vist au Ciel la lumiere naissante.
Ce fut là qu'assisté des Esprits animez;
Il emporta les Vents dans vn Outre enfermez:
Et que par vn prodige aussi grand qu'incroyable,
Il deuint le Tyran d'vn Peuple impitoyable,
Qui lors que son caprice esclate les Hyuers,
En sousleuant les Flots fait trembler l'Vniuers;
Qui des plus fermes Tours abat les grandes Masses;
Et qui de sa fureur laisse par tout des traces.
Ainsi laissant derriere, & Pelore, & Pachin,
Rigilde se chargeant de son leger butin,
Reuoit, mais de bien loin, les Campagnes Françoises,
Et reuole content vers les Riues Danoises,
Auec le grand espoir d'y sousleuer les Flots,
Et d'y faire perir la Flote d'vn Heros.
Ie vaincray, ie vaincray, disoit-il en luy-mesme,
Et bien que d'Alaric la valeur soit extrème;
Et que cette valeur puisse tout surmonter;
Ie ne me flatte point, i'ay dequoy la dompter.
A quoy sert sa brauure aux choses impossibles?
Ses plus fiers ennemis luy seront inuisibles:
On les sent sans les voir; & souffrant leur courroux,
On ne sçait ce que c'est, ny d'où partent leurs coups.
Ils courent enragez; ils heurtent; ils fracassent;
Plus on leur fait d'obstacle, & plus legers ils passent;

X iij

Ils souflent la Tempeste ; ils la vont exciter ;
Et le plus Grand des Roys ne les peut arrester.
Ie la voy, ie la voy, cette orgueilleuse Flote,
Errer au gré des Vents, malgré l'Art du Pilote :
Et si les Aquilons veulent me secourir,
Ie la voy dispersée, & ie la voy perir.
Mais pendant que Rigilde entretient cette rage,
Du criminel espoir d'vn si triste naufrage,
L'Aurore se fait voir aux portes d'Orient,
Et colore le Ciel d'vn lustre variant.
A son premier aspect les Soldats se resueillent ;
Les Nochers sont debout ; les Vaisseaux s'apareillent ;
Et pour ne perdre point vn temps qu'on voit si beau,
Mille Rames alors font escumer cette eau.
Alaric sur sa Poupe, en riche habit de Guerre,
Tourne encor ses regards du costé de la Terre :
Il y laisse son cœur ; il y porte les yeux ;
Mais enfin il se dompte, & les esleue aux Cieux.
Maistre de l'Vniuers, dit ce Roy magnanime,
Toy seul m'as inspiré cette ardeur qui m'anime :
Conduits nous vers le Tibre où i'espere arriuer ;
Mon Ouurage est le tien, viens-le donc acheuer.
Comme ce Grand Heros parloit de cette sorte,
Vne Aigle qui voloit à ses pieds tombe morte :
Et d'vn heureux presage animant son Grand cœur,
Luy predit que de Rome on le verra Vainqueur.
O Roy de tous les Roys, i'accepte cét Augure,
Dit-il, & nous marchons à la Haute Auanture :

LIVRE CINQVIESME.

Ta volonté nous regle, & nous suiuons ta voix;
Attendant plus de toy que de tous nos Exploits.
Alors du costé gauche vn Tonnerre qui gronde,
Luy promet de nouueau la Conqueste du Monde:
Et son Vaisseau qui part, & qui blanchit les Eaux,
Fait partir apres luy tous les autres Vaisseaux.
Comme on voit en Phrigie aux Riues du Meandre,
Les Cygnes attroupez leur blanc Plumage estendre,
Et nager tous de rang sur ses paisibles Flots,
Lors que les Vents Captifs les laissent en repos.
Ainsi de ces Vaisseaux voit-on les blanches Voiles,
S'abandonner au Vent qui fait enfler leurs Toiles:
Et d'vn ordre constant sur les Flots inconstans,
Ces Nefs suiure du Roy tous les sentiers flotans.
La Flote voit Hamstad; Bahus; son Territoire;
Et doublant de Combrot le fameux Promontoire;
Et laissant loin à droit le Cap de Stafanger,
On la voit vers Bamberge à l'instant se ranger;
Sortir de ce Destroit qu'Alaric abandonne;
Et voir la vaste Mer qui la Terre enuironne.
Ce fut là que Rigilde encor plus irrité,
Ses cruels Prisonniers vint mettre en liberté:
Et que les deliurant pour exercer leur rage,
Il trouua ses plaisirs dans l'horreur d'vn Orage.
D'abord vn bruit confus murmure sourdement,
Et parmy le Cordage on l'entend foiblement:
D'abord les Flots troublez perdent leur Couleur verte;
De Poissons bondissans cette Mer est couuerte;

Et le Ciel tenebreux en ramenant la nuit,
Mesle au bruit de ces Flots vn effroyable bruit.
Le Tonnerre & la Vague à l'instant se respondent;
Tout le Ciel retentit de leurs bruits qu'ils confondent;
Et la pluye, & la gresle, & les flames, & l'eau,
Tombent confusément sur plus d'vn grand Vaisseau.
D'vn costé l'Aquilon vient heurter vn Nauire;
Et de l'autre Vulturne y vient souffler son ire:
Tous les Vents deschainez, changeans & furieux,
Semblent vouloir mesler la Mer auec les Cieux.
L'vn heurte les Vaisseaux, & les iette en arriere;
Et l'autre les repousse à leur place premiere:
Tout l'art des Mariniers ne leur sert plus de rien;
Ils vont à droit; à gauche; & ne vont iamais bien.
Eure les piroüette, & les tourne en furie;
Eure ce Tourbillon si plein de barbarie:
Et donnant de la crainte aux plus fiers Matelots,
Ils font trembler la Terre, & sousleuent les Flots.
Ils renuersent la Mer iusques dans ses Abysmes;
Ils cachent des Rochers les plus superbes cimes;
Et le Vent Afriquain, terrible en ses efforts,
Pousse Vague sur Vague, & franchit tous les bords.
De cét humide Vent le soufle impitoyable,
Fait voir que le Deluge est possible & croyable:
Car ioignant Flot à Flot, il y verse tant d'eaux,
Qu'il met entre deux Mers ces malheureux Vaisseaux.
Les cris des Mariniers, & le bruit du Cordage;
La rumeur de ces Vents qui sousleuent l'Orage;

Le

LIVRE CINQVIESME.

Le Tonnerre qui roule, & gronde horriblement;
L'obscure & prompte nuit qui tombe en vn moment;
Le feu de mille eclairs qui brille en ces tenebres;
Monstrant & puis cachant tous ces objets funebres;
Monstrant & puis cachant les perilleux Rochers;
Font trembler de frayeur les plus hardis Nochers.
Ils sont transis d'effroy par la Vague aboyante,
Où tombe en boüillonnant la Foudre flamboyante:
Et leurs tristes Vaisseaux heurtez & fracassez,
Gemissent sous les coups dont on les sent froissez.
L'on s'abandonne au Vent ; l'on ameine les Voiles;
Et le Pilote au Ciel cherche en vain des Estoiles :
Car lors que les Esclairs espouuentent ses sens,
Il voit le Ciel tout noir, & les Flots blanchissans.
Tantost la Mer le cache en ses vastes Abysmes;
Tantost des plus hauts Monts il surpasse les Cimes;
Et l'Onde se fendant monstre en ces tristes lieux,
Le plus affreux objet qui tombe sous les yeux.
Dans ce Gouffre entr'ouuert par le feu du Tonnerre,
Au milieu de la Mer il aperçoit la Terre :
Mais cette horrible veuë augmente sa terreur,
Car il la voit si bas qu'elle luy fait horreur.
Vne nuit de trois iours comme celle d'Alcmene,
Luy rend l'heure douteuse, & la route incertaine :
Il ne sçait s'il est iour ; il ne sçait s'il est nuit;
Et ce Pilote ignore où le Sort le conduit.
En cent lieux differens la Flote dispersée,
Erre au gré de ces Vents dont elle est trauersée :

Y

Sans pouuoir defcouurir ny fuiure l'Amiral,
Car le Vaiffeau du Roy n'auoit plus de Fanal.
Ce malheureux Vaiffeau, fans Maft & fans Cordage,
Et tout brisé qu'il eft par les coups de l'Orage,
Reçoit l'eau dans fon ventre ; & par ce Flot amer,
S'enfonce trop chargé prefques tout dans la Mer.
Alors pour fe fauuer l'on iette tout aux Ondes ;
L'Ocean reçoit tout dans fes Vagues profondes ;
Et la Mer en fureur roule parmy fes Flots,
Des Cafques, des Boucliers, des Tables, & des Pots.
L'Onde paroift toufiours plus fuperbe & plus fiere ;
Haut ; bas ; à droit ; à gauche ; en auant ; en arriere ;
Comme vn Balon bondit d'vn & d'autre cofté,
Ainfi le grand Nauire alors eft balotté.
A longs Serpents de feu le Tonnerre qui tombe,
Leur fait voir de ces Flots l'affreufe & noire Tombe:
Et fuccombant enfin dans vn fi long trauail,
Le Pilote effrayé quitte le Gouuernail.
Alaric qui le voit, y court, & prend fa place:
Et d'vn cœur auffi Grand comme l'eft fa difgrace ;
Et malgré tous les Vents ; & malgré le Demon ;
Sa main, comme le Sceptre, affermit ce Tymon.
O Prodige ! ô Miracle ! ô Merueille eftonnante !
Sa generofité fait ceffer la tourmente ;
Dieu qui la voit du Ciel la veut recompenfer ;
Et l'orgueil de la Mer commence à s'abaiffer.
Ce Dieu qui de l'Enfer fçait brider la puiffance ;
Luy qui de l'Ocean arrefte l'infolence ;

Qui luy prescrit son cours ; qui luy donne des Loix ;
Commande, & l'Ocean obeït à sa voix.
Le Ciel deuient serain ; la Mer paroist tranquile ;
Et l'on voit Albion, la grande & fameuse Isle,
L'abondante Albion, de qui les blancs Rochers,
Redonnent de la force à ces foibles Nochers.
Ces Mariniers lassez y voguent auec ioye :
Tels vit-on autrefois les Fugitifs de Troye,
Lors qu'apres la Tempeste, au Riuage Afriquain,
Ils se virent sauuez d'un naufrage certain.
En vn lieu retiré, solitaire & paisible,
La Mer laisse dormir sa colere terrible :
Et sous deux grands Rochers qui la couurent des Vents,
Elle abaisse l'orgueil des Flots tousiours mouuans.
Là peuuent les Vaisseaux estre exempts de l'Orage,
Sans que l'Anchre courbé s'acroche à ce Riuage :
Et le calme eternel qui regne en ces beaux lieux,
Fait que l'on n'y craint rien de la Mer ny des Cieux.
Ces deux vastes Escueils ont leurs Cimes couuertes,
De superbes Sapins a feüilles tousiours vertes :
Qui donnant sur la Mer font voir parmy ses Eaux,
Et l'ombre, & la couleur, de leurs espais Rameaux.
Du creux des grands Rochers vne Source argentée,
Auec vn bruit charmant se voit precipitée :
Et d'vn superbe saut elle tombe en naissant,
Dans la superbe Mer qui va l'engloutissant.
Là de ce Grand Heros aborde le Nauire,
Conduit par la Fortune, & poussé par Zephire,

Et brisé comme il est, il passe heureusement,
D'vn Element mobile au plus ferme Element.
Alors tout se desbarque ; & la Marine Troupe,
Voit descendre Alaric le dernier de sa Poupe :
Il en vole d'vn sault ; & sans paroistre las,
Sur le Sable mouuant il imprime ses pas.
Mais ce Prince qui voit que leur ame estonnée,
De la faueur du Ciel se croit abandonnée,
Cache le desplaisir dont il est assailly ;
Le renferme en son cœur deuant leur cœur failly ;
Dans ses yeux plus sereins fait voir de l'esperance ;
Et leur promet vn bien qui n'a point d'aparence.
Compagnons, leur dit-il, esperez, esperez :
Nous vaincrons les Romains, & vous Triompherez.
La Mer, la fiere Mer, dans sa vaste estenduë,
Ne m'a point pris de Nef qui ne me soit renduë :
Dieu qui nous a sauuez, sauuera nos Vaisseaux :
Il m'a promis vn Thrône, & non pas des Tombeaux :
Il m'a promis l'Empire, & non pas le Naufrage :
Il est assez puissant pour finir cét Ouurage :
Ainsi vous consolant, adoucissez enfin,
Auec ces Grands Destins ce contraire Destin.
Asseurez-vous en luy, de qui la force est grande :
Et lors se separant de la craintiue Bande,
L'inuincible Alaric monte sur les Rochers,
Sans vouloir apres luy, ny Soldats, ny Nochers :
Afin de regarder si la Mer appaisée,
Ne fait point r'assembler sa Flote diuisée.

Il soupire ; il gemit ; il regrette en son cœur,
Tantost d'Athalaric l'inuincible vigueur ;
Tantost de Radagaise il pleure le courage ;
Tantost du fier Haldan il voit la fiere Image ;
Tantost du Grand Sigar, & du vaillant Wermond,
Il cherche à voir les Nefs du plus haut de ce Mont ;
Tantost de Hildegrand il reuoit la prudence ;
Tantost de Theodat il songe à la vaillance ;
Tantost de Iameric l'âge luy fait pitié ;
Et ce cœur, ce Grand cœur, sensible à l'amitié ;
Et ce cœur, ce Grand cœur, plus sensible à la gloire ;
Du penser de sa perte afflige sa memoire ;
Et cherche en se plaignant dequoy se consoler,
Sur ces Rochers scabreux où seul il veut aller.
Aussi loin que ses yeux peuuent ietter leur veuë,
Il regarde la Mer moins fiere & moins esmeuë :
Il y cherche ses Nefs comme ses Matelots ;
Mais il n'y peut rien voir que les superbes Flots.
Alors de tous costez sur la Campagne humide,
Il tache auec espoir, mais vn espoir timide,
De descouurir enfin quelqu'vn de ses Vaisseaux,
Sauué de la fureur, & des Vents, & des Eaux.
Comme on voit vn Amant vers la fin d'vne absence,
De l'Objet qu'il cherit attendre la presence ;
Compter tous les momens ; & tousiours regarder,
Si cét aymable Objet ne vient point aborder.
Ainsi du Roy des Goths l'ame encore incertaine,
Regarde incessamment vers cette Mer hautaine :

Y iij

Et parmy le malheur dont il se va plaignant,
Il craint auec espoir, il espere en craignant.
Mais lors que ce Heros, dont l'ame est balancée,
Retourne enfin vers Birch ses yeux & sa pensée,
Il s'esleue en son cœur vn Orage nouueau,
Qui l'esmeut sur la Terre aussi bien que sur l'Eau.
Ha, dit-il, ha, dit-il, c'est la qu'on voit encore,
Ce que ie ne voy plus, comme ce que i'adore!
C'est là qu'Amalasonthe est plaine de despit,
Et que ie ne suis plus peut-estre en son esprit.
Oüy, comme ce despart luy doit sembler estrange,
C'est là qu'on me punit, c'est là qu'elle se vange;
C'est là qu'vn Noble orgueil vient encor l'irriter;
C'est là qu'elle me quitte en se voyant quitter.
O cruelle pensée! ô suplice effroyable!
Mais iuste toutefois autant qu'impitoyable:
Car enfin ie la quitte; & puis que ie le puis,
Mon cœur trop criminel merite ses ennuis.
Peut-estre que l'oubly m'a chassé de son ame;
Peut-estre qu'vn Riual y met vne autre flâme;
Peut-estre que la haine ayant banny l'amour,
Elle pousse des Vœux, mais contre mon retour:
Et peut-estre que lors que ie pleure pour elle,
Elle rit de ces pleurs; l'ingrate; l'infidelle;
Elle me fait vn mal que i'ay bien merité;
Car que ne peut l'absence en vn cœur irrité?
Ie sçay bien, ie sçay bien, que si cette Personne,
Voyoit les sentimens que l'absence me donne;

LIVRE CINQVIESME.

Voyoit quel est l'excés de mon affliction ;
Et ce que fait en moy l'ardente passion ;
Elle partageroit les peines que i'endure ;
Elle ne deuiendroit, ny volage, ny dure ;
Elle aymeroit tousiours, comme i'ayme tousiours ;
Et ne feroit iamais de nouuelles amours.
Mais elle n'en voit rien, mais elle est Fille, & fiere ;
Mais elle a veu mon cœur reietter sa priere ;
Mais elle a veu ce cœur resister à ses yeux ;
Et d'amoureux qu'il fut, n'estre qu'ambitieux.
Craignons tout, craignons tout, nous auons tout à craindre :
Plaignons-nous, plaignons-nous, car nous sommes à plaindre :
Ou plutost condamnons ce que l'on doit blasmer,
Car pourroit-on partir si l'on sçauoit aymer ?
Mais si ie n'ayme point, d'où vient ce mal extrême ?
Non, sans doute i'aymois, & ie sens bien que i'ayme :
Et que i'ayme à tel poinct, que nul cœur enflâmé,
N'a iamais tant souffert, ny iamais tant aymé.
O Dieu, vous le sçauez, que tout Roy n'est qu'vn homme ;
Et que le Grand Objet, & du Tibre, & de Rome,
Quoy que Haut & Pompeux, ne sçauroit effacer,
Celuy que dans mon cœur l'Amour a pû tracer.
Ie verray, ie verray, cette adorable Idole,
Au pied du Vatican, & sur le Capitole :
Et ie seray Captif de ses charmans regards,
Quand i'auray Triomphé de l'orgueil des Cezars.
Oüy, ces Roys de mon cœur feront encor la Guerre,
Lors que i'auray vaincu la Reyne de la Terre :

Sur le Char de Triomphe on me verra Captif;
Ou pour me mieux nommer, Esclaue fugitif.
Mais Esclaue indiscret, qui porte encor sa Chaisne;
Qui retrouue son Maistre, & dont la fuite est vaine;
Qui loin ainsi que pres, est tousiours en prison;
Tousiours auec ses Fers; & tousiours sans raison.
Hastons-nous donc de vaincre, & de vaincre pour elle:
Voyons Rome bien-tost, pour reuoir cette Belle:
Et redoublant l'effort d'vn esprit genereux,
Paroissons Triomphans pour paroistre amoureux.
Mais insensé que dis-je, au milieu du martyre?
Ie parle de Triomphe, & ie n'ay qu'vn Nauire:
Et qu'vn Nauire encor tout brisé par les Flots,
Auec quelques Soldats, & quelques Matelots.
C'est trop peu, c'est trop peu, pour l'Empire du Monde:
La valeur ne peut rien si l'on ne la seconde:
Et pour vaincre vne Ville où tant de Roys vaincus
Ont suiuy les debris de leurs Thrônes rompus,
Hercule qui dompta les Lions de Nemée,
Le tenteroit en vain s'il n'auoit point d'Armée.
Malheureux Alaric, que dois-tu deuenir?
L'Objet de ton amour n'a pû te retenir;
Tu l'as abandonné pour chercher la Victoire;
Et tu le reuerras, & sans Flote, & sans Gloire!
Non, non, erre plutost parmy les Flots amers,
Et les plus reculez des plus affreuses Mers.
Cours, cours au gré des Vents, de Riuage en Riuage:
Va cacher ton malheur dans quelque Isle sauuage:

Et

Et loin de ton Royaume, & loin de ses beaux yeux,
Souffre ce que merite vn cœur ambitieux;
Souffre ce que merite vne ame temeraire,
Qui veut tout entreprendre, & qui ne peut rien faire.
Là le Heros s'arreste; & sa pasle couleur,
Mieux que tous ses discours exprime sa douleur:
Son silence eloquent parle plus que sa bouche;
Il voit bien la Raison, mais elle l'effarouche;
Il veut ne la pas suiure; il la suit toutefois;
Et luy preste en ces mots, & son cœur, & sa voix.
Superbe passion, tu prens trop de licence:
Ignores-tu du Ciel, & l'ordre, & la puissance?
La main qui fait mon mal, le sçaura bien guerir:
Elle m'apelle à Rome, il la faut conquerir.
Laissons nostre aduenir à sa sage conduite:
Par ce commencement iugeons bien de la suite:
Le chemin de la Gloire, où ie suis animé,
Est tousiours difficile, & d'Espines semé.
De ces difficultez ie tire vn bon augure,
Et nous le verrons tel que ie me le figure:
Car malgré les Escueils, & les Bancs, & les Eaux,
L'œil de Dieu qui voit tout, voit où sont mes Vaisseaux.
Il peut me les oster, comme il peut me les rendre:
Il m'a promis la gloire, & mon cœur doit l'attendre:
Il est tout veritable, ainsi que tout puissant;
Et si i'en puis douter ie suis mesconnoissant.
O Dieu de l'Vniuers, acheue ton Ouurage:
Comme tu m'as sauué, sauues les du naufrage:

Z

Ils voguent par ton ordre ; & tous mes Hauts deſſeins,
Sont l'effet de ta voix, & l'œuure de tes mains.
Tu commandes aux Flots ; tu regnes ſur les Ondes ;
Tu vois de l'Ocean les Cauernes profondes ;
Tu gouuernes les Vents ; & ta Diuine voix,
Aux plus fiers Aquilons ſçait impoſer des Loix.
De ces triſtes Vaiſſeaux ſois donc l'adroit Pilote ;
R'aſſemble heureuſement la malheureuſe Flote ;
Conduits-là ſans peril vers les bords d'Albion,
Et finis ſes trauaux, & mon affliction.
Tu n'as qu'à le vouloir, ô Seigneur, pour le faire :
Tu vois en meſme temps, l'vn & l'autre Emiſphere :
Rien ne ſe peut cacher à tes regards perçans :
Et tu ſouſtiens la Terre auec tes doigts puiſſans.
Toy ſeul de tout le Monde és l'vnique Monarque ;
Tu peux me conſeruer iuſqu'à la moindre Barque ;
Rien ne ſe peut ſauuer, ny ſe perdre ſans toy ;
Fais donc que cette Mer obeïſſe à ta Loy.
Il y va de ta gloire, & non pas de la mienne :
Ie ſuis à toy, Seigneur, toute ma Flote eſt tienne ;
Nous voguons par ton ordre ; & ton ſeul intereſt,
Aſſemblant nos Vaiſſeaux, ſauue les s'il te plaiſt.
Comme on voit vn Nauire entre deux Vents contraires,
Auancer ; reculer ; ſur les Ondes legeres :
Ainſi du Grand Heros, le Grand cœur incertain,
Paroiſt auſſi douteux comme il paroiſt hautain :
Et la crainte, & l'eſpoir, & l'amour, & la gloire,
Agiſtent ſon eſprit ; trauaillent ſa memoire ;

LIVRE CINQVIESME.

Et chacun tour à tour, le balotte ; le meut ;
Et semble l'emporter où ce mouuement veut.
Mais pendant qu'il se plaint, il aperçoit fort proche,
L'ouuerture d'vn Antre enfoncé dans la Roche :
Et lors qu'il le regarde, il voit comme il en sort,
Vn Vieillard venerable, en sa mine, en son port.
La graue Majesté paroist sur son visage ;
Sa barbe & ses cheueux, blanchis par vn long âge,
Luy descendent fort bas, & son Royal aspect,
Au cœur mesme des Roys imprime du respect.
En voyant cét Hermite, il faut qu'on le reuere :
Il a ie ne sçay quoy, de doux & de seuere ;
Il a ie ne sçay quoy, dans son air, dans ses yeux,
Qui fait aymer & craindre, en ces austeres lieux.
Sa Robe paroist propre, encor que fort grossiere ;
A longs plis negligez elle bat la poussiere ;
Et la Pourpre des Roys malgré son ornement,
A moins de Majesté que cét habillement.
Prince (dit-il d'abord en langage Gothique)
Chassez de vostre esprit ce soin meslancolique :
Dieu qui commande aux Mers, & qui regle leur cours,
Vous rendra vos Vaisseaux, sauuez par son secours.
Mais pour auoir de luy cette faueur insigne,
Meritez-là, Seigneur, & rendez vous en digne :
Par vn acte de foy confessez son pouuoir ;
Il est le Roy des Roys, faites vostre deuoir.
Mon Pere (luy respond le Heros des Vandales)
I'ay desia trop connu ses bontez sans esgales,

Z ij

Pour ne luy rendre pas vn si iuste Tribut,
Luy qui calme l'Orage, & d'où vient mon salut.
C'est luy qui m'a sauué ; c'est luy qui vous inspire ;
Qui vous dit qui ie suis, & pourquoy ie soupire ;
Oüy, ie le voy plus Haut, que le Monde n'est bas ;
Oüy, i'espere ; ie crois ; mais qui ne croiroit pas ?
O Prince genereux, respond le Solitaire,
Dont par son propre éclat la raison est si claire,
De combien de Sçauants feriez-vous de jaloux,
Si l'Art eust acheué ce que l'on voit en vous !
Vn si beau naturel secondé par l'estude,
Qui sçait purger l'esprit de ce qu'il a de rude,
Eust esleué vostre ame en vn rang sans pareil,
La rendant lumineuse autant que le Soleil.
Les Goths, les braues Goths, seroient incomparables,
(Comme ils le sont desia par leurs faits memorables)
Si l'amour du sçauoir, si l'amour des beaux Arts,
Eust partagé leur ame auec celle de Mars.
Les clartez de l'estude illuminent cette ame,
Et redoublent encor sa belle & Noble flâme ;
La portent à la gloire auec plus de chaleur ;
Et donnent vn grand lustre à sa rare valeur.
Elle agit beaucoup mieux, comme elle est mieux instruite ;
Elle a plus de succés, comme plus de conduite ;
Elle suit la raison ; iamais ne s'en despart ;
Et n'abandonne point sa fortune au hazard.
Elle regarde loin ; elle preuoit les choses ;
Elle songe aux effets, en conceuant les Causes ;

LIVRE CINQVIESME.

Et comme elle a bien veu la Cause & les effets,
Aucun euenement ne l'estonne iamais.
Grand Roy, c'est la sçauoir qui le rend intrepide :
L'on ne s'esgare point auec vn si bon Guide :
C'est vn Amy fidelle, & qui nous suit tousiours ;
Et contre l'infortune vn asseuré secours.
Oüy, superbe Vainqueur de la superbe Rome,
L'homme auec la Science est au dessus de l'homme :
Il fait vne autre espece ; il tient vn autre rang ;
Il se met au dessus de la Terre & du Sang ;
Il quitte la Matiere où son Estre le range ;
Et d'homme qu'il estoit, il deuient presqu'vn Ange ;
Il voit tout sans Nuage, & l'aduenir douteux,
N'est point obscur pour luy, tant il est lumineux.
Il voit tout l'Vniuers comme l'Astre du Monde ;
Il penetre le Sein de la Terre & de l'Onde ;
Il est comme present à leurs productions ;
Il sçait de tous les Corps toutes les fonctions ;
La Nature n'a rien qu'elle cache à sa veuë ;
Il trauerse les Mers ; il vole sur la Nuë ;
Ce que l'œil ne voit point sa raison l'aperçoit ;
Tout sert à son estude, & rien ne le deçoit.
Il discerne le vray, d'auec le vray-semblable ;
Il n'ayme iamais rien qui ne soit fort aymable ;
La seule verité peut encor l'enflamer ;
Il ayme les plaisirs comme ils les faut aymer ;
Il connoist toute chose en ce degré supreme ;
Et pour dernier bonheur il se connoist luy-mesme.

Z iij

Pour moy qui suis lassé du Monde & de la Cour;
Moy qui suis relegué dans ce charmant Sejour;
I'ay gousté les plaisirs ; i'ay connu la puissance;
Et la Haute Fortune ; & la Haute Naissance :
I'ay vescu dans la Guerre ainsi que dans la Paix ;
Et rien de tout cela ne m'affermit iamais ;
Et rien de tout cela ne me pût satisfaire ;
Tout ce que ie faisois ie le voyois deffaire ;
Mais enfin ie connois, faisant mieux mon deuoir,
Qu'il n'est que deux vrais biens, le Ciel, & le Sçauoir.
Oüy, Prince, i'ay connu dans cette Solitude,
Le peu que vaut le Monde, & ce que vaut l'estude :
Et dans ce grand repos de l'esprit & du corps,
Mes Liures bien-aymez sont icy mes Thresors.
Ha ! si ie vous comptois quelle fut mon Histoire,
Vous verriez que le rang, la richesse, la gloire,
Les plaisirs, les honneurs, tout n'est que vanité,
Et qu'il n'y faut chercher nulle solidité.
Qu'elle n'est qu'en Dieu seul, & que dans la Science ;
Que l'on s'esleue à luy par cette connoissance ;
Et que les Grands Autheurs par leurs doctes Escrits,
Peuuent seuls affermir le repos des Esprits ;
Seruir vtilement, à toute heure, en tout âge ;
Et qu'enfin leur secours est vn grand auantage.
Mon Pere, dit le Roy, ie suis prest d'escouter:
Sans doute vostre vie est belle à racompter :
Ie n'y puis que gagner, car ie n'y puis qu'aprendre :
Et si vous le voulez, ie suis prest à l'entendre.

A ces mots Alaric s'assied sur le Rocher;
Et priant ce Vieillard de vouloir s'aprocher,
Il le coniure encor d'assouuir son enuie,
Et de luy reciter l'Histoire de sa vie.
L'Hermite venerable en le satisfaisant,
D'vn ton de voix qui charme, & d'vn air complaisant,
Assis aupres du Roy (car il le luy commande)
Fait ainsi le recit de ce qu'on luy demande.
Les Lettres & les Arts ayant fait mon bonheur,
Aux despends de ma gloire il faut leur faire honneur.
Roy le plus Grand des Roys, la Puissance infinie
Me fit venir au iour dans la froide Hibernie:
Et d'vne qualité qui ne vit que le Roy,
Plus Noble que i'estois, ny plus riche que moy.
Mais de mon fier Païs la sauuage coustume,
Ignorant ce que peut vne sçauante Plume,
Esleua ma ieunesse auec si peu de soin,
Qu'il n'est rien d'excellent dont ie n'eusse besoin:
Et ie fus à la Cour sans autre connoissance,
Que celle de l'orgueil d'vne illustre Naissance;
Que celle du Haut rang où l'on ne peut cacher,
L'ignorance honteuse, & qui fait tant broncher.
Cependant la Fortune, aueugle aussi bien qu'elle,
Fut de tous mes desseins la Complice fidelle:
Et sans sçauoir pourquoy, ny sans le meriter,
I'eus toute la faueur que l'on peut souhaiter:
Mais i'en vsay si mal par ma raison trompée,
Qu'aux mains d'vn furieux ce fut mettre vne Espée.

Ie donnois sans mesure, & sans ordre, & sans choix :
Ma main eust espuisé tous les Thresors des Rois :
Mes prodigalitez apauurissoient mon Maistre :
Ie ne connoissois point le flatteur ny le traistre :
Ie ne discernois point le vice & la vertu :
Le lâche Triomphoit sans auoir combatu :
Le vaillant combatoit sans nulle recompense :
Tout l'Estat trauailloit pour ma folle depense :
Et du pur sang du Peuple vsant mal à propos,
Ie l'accablois enfin par d'iniustes imposts.
Sous mon authorité l'innocence opprimée,
Enduroit mille affronts de l'iniustice armée :
Tout crime estoit licite, appuyé de mon Nom ;
Et rien n'estoit mauuais quand ie le trouuois bon.
Le secret des Conseils, cette ame des affaires,
N'estoit plus ignoré des personnes vulgaires :
Tout le monde sçauoit les desseins de mon Roy ;
Ie les disois moy-mesme, & d'autres apres moy.
Dans les Estats voisins ma haute negligence,
N'entretenoit iamais aucune intelligence :
I'ignorois le dedans ; i'ignorois le dehors ;
Et ie ne connoissois les foibles ny les forts.
Mais quand cette conduite eut esmeu le Tonnerre,
Et qu'il falut passer de la Paix à la Guerre,
Pour punir mon orgueil des maux qu'il auoit faits,
Ie me vis ignorant en Guerre comme en Paix.
Ie Campois mal, Seigneur, i'attaquois mal les Places :
En comptant mes Combats, on comptoit mes disgraces :

Et

LIVRE CINQVIESME.

Et comme ie n'auois, ny sçauoir, ny vertu,
Ie fus tousiours chassé, ie fus tousiours battu.
Enfin tant de malheurs reueillerent mon ame:
Ils m'ouurirent les yeux pour me sauuer de blasme:
Et ie pris vn conseil dont il estoit saison,
Au bord du precipice où ie vy la Raison.
Vn Grec que i'auois pris dans les Isles Hebrides,
Voyant mon embarras, & mes pensers timides,
Me dit qu'il saueroit, & ma gloire, & l'Estat;
Qu'il en redoubleroit, & la force, & l'éclat;
Et qu'il entasseroit victoire sur victoire,
Et bonheur sur bonheur, si ie le voulois croire.
Que vous diray-je enfin ? ie le creus ; il le fit:
Ceux qui m'auoient deffait, sa valeur les deffit:
Ils nous faisoient fuïr, nous les mismes en fuite:
Tout ceda, tout fit iour à sa sage conduite:
Et d'vn conseil discret me decillant les yeux,
De vaincu que i'estois, ie fus victorieux.
Ainsi laissant agir sa prudence vaillante,
Nous fismes auec gloire vne Paix Triomphante:
Et nous fusmes porter aux pieds d'vn ieune Roy,
Tout ce que la Victoire auoit conquis par moy.
Apres continuant d'escouter sa sagesse,
La valeur fut payée, & mesme auec largesse:
Et les lasches chassez d'entre les vrais Soldats,
Auec vn deshonneur pire que le trespas.
En suite employant mieux la Royale puissance,
Ie fus le Protecteur de la foible innocence:

Aa

Et sans donner creance à ceux qui la blasmoient,
J'oprimé iustement tous ceux qui l'oprimoient.
Ainsi faisant progrés aux Nobles Exercices,
Il me fit distinguer les Vertus & les Vices :
L'Auare & le Prodigue ; & ce Grand demy-Dieu,
M'aprist que ces Vertus sont tousiours au milieu.
Ma main donnoit beaucoup, mais c'estoit auec ordre :
La dent de l'Enuieux n'y trouuoit point à mordre :
Les meschans, les flatteurs, ne butinoient plus rien :
Et i'estois liberal, mais pour les gents de bien.
Oüy, me laissant conduire à cét homme si rare,
De la sueur du Peuple il me fit estre auare :
Moderant les Tributs d'vn ordre limité,
Et ne les augmentant que par necessité.
Ainsi dans peu de temps par sa Haute prudence,
Aux douceurs de la Paix succeda l'abondance :
Ie remplis tout l'Estat de Bien & de Grandeur,
Et ie couuris mon Roy de gloire & de splendeur.
Les Conseils importans furent impenetrables :
Les succés glorieux ; les Traitez honnorables :
L'intelligence adroite ; & dans tous les Estats,
Ie fis porter au Prince, ou ses yeux, ou son bras.
Apres, ce Grand Esprit, à la fin de la Guerre,
Esleua ma raison au dessus de la Terre :
M'aprit tous les beaux Arts ; & ne me celant rien,
Ie fus d'vn vol hardy iusqu'au Souuerain Bien.
Mais Triomphant des Sens par cette connoissance,
Mon cœur n'ayma plus rien que la Haute Science :

Mon cœur n'ayma plus rien que ce Diuin Objet,
Dont tout Sceptre despend, dont tout Prince est Sujet.
Aussi pour vaquer mieux à la paisible estude,
Ie vins me confiner dans cette Solitude :
Et gouster le repos d'vn si charmant Sejour,
Lors que ce sage Grec abandonna la Cour.
Trente fois le Soleil a fourny sa Carriere,
Et porté haut & bas sa feconde lumiere,
Depuis qu'en ce Desert ie me plais à resuer,
Et ie crois toutesfois que iy viens d'arriuer.
I'ay pour me diuertir dans cette Roche affreuse,
Vne Bibliotheque, & superbe, & nombreuse :
Venez la voir, Seigneur, mes Liures ont des voix ;
Et ces Grands Conseillers ne flattent point les Rois.
A ces mots il s'osta de l'aspect du Riuage :
Et menant ce Heros dans sa Grotte sauuage,
Il fut y faire voir au Roy qui le suiuoit,
Le grand & riche amas des Liures qu'il auoit.
Voicy, dit-il, Seigneur, ces Conseillers fidelles,
De qui les sages Roys ont tous pris leurs Modelles :
Qui font vtilement leur sçauoir esclater ;
Et qui francs d'interest leur parlent sans flater.
Voicy de tous les Arts les Maistres veritables,
Et de tous les Mortels les Amis charitables :
Que l'on fait comme on veut, ou taire, ou discourir,
Et que l'on voit tousiours prests à nous secourir.
Voicy tous les Autheurs de l'vtile Grammaire,
Des Arts & du Sçauoir la Porte necessaire :

Aa ij

Qui de tout ce qu'on sçait, est le Grand Fondement,
Et qui forme l'esprit comme le iugement.
Elle iette dans nous les fertiles Semences,
Qui produisent apres les hautes connoissances:
Elle ouure les Thresors d'où part tout nostre Bien:
Auec elle on peut tout ; sans elle on ne peut rien:
Et d'vne main adroite aussi bien que puissante,
Elle aprend à marcher à la Raison naissante.
Aussi comme on tient tout de ses vtiles mains,
Elle eut de grands honneurs des Grecs & des Romains:
Aucun ne luy refuse vne estime si iuste:
Flaccus Grammairien, sous le regne d'Auguste,
Obtint vne Statuë ; & le Grand Mecenas,
Esleua son Caius aussi haut qu'il fut bas.
Enfin cette Grammaire est la Porte Sacrée,
Par où les Triomphans font leur pompeuse Entrée:
Il faut passer par elle auant que d'arriuer,
Au Temple de la Gloire où l'on veut s'esleuer.
Voicy pres des premiers, & comme sur leurs pistes,
Les Liures meslangez des fameux Humanistes:
Ils expliquent la Fable, & les Historiens;
Ils dechiffrent l'obscur des Autheurs anciens;
Dans ces obscuritez ils portent la lumiere,
Afin d'en dissiper l'ignorance premiere:
Et par vn Art facile, autant qu'il est puissant,
Ils instruisent vne ame en la diuertissant.
Ils presentent aux yeux, comme de Grands Exemples,
Ces Heros dont les Faits ont merité des Temples:

LIVRE CINQVIESME.

Ils font voir par ces Faits le Vice combatu,
Et quel eſt le Laurier qu'on donne à la Vertu.
De ces fameux Autheurs l'agreable lecture,
Dans l'eſprit qui les voit ſe change en nourriture :
Elle le fortifie ainſi que ſon deſir ;
Et l'aliment eſt bon qu'on prend auec plaiſir.
Ces charmans Eſcriuains ſont comme autant d'Abeilles,
Qu'on voit tantoſt aux Lis ; tantoſt aux Fleurs vermeilles.
Des Poëtes Diuins ils vont aux Orateurs ;
L'on ne ſe laſſe point en ſuiuant ces Autheurs :
Et leur diuerſité qui plaiſt à tout le monde,
Meine inſenſiblement à l'eſtude profonde.
Voicy des Logiciens les Liures eſpineux ;
Mais noſtre foible eſprit n'eſt armé que par eux :
Par eux ſeuls il diſcourt ; par eux il argumente ;
Par eux dans cét eſprit la lumiere s'augmente ;
Par eux ſeuls il accuſe ; il refute ; il predit ;
Il diſtingue ; il reſpond ; il preuue ; il definit ;
Et le faux, & le vray, comme le vray-ſemblable,
Sont diſtinguez par eux dans l'ame raiſonnable.
Sans leur Ordre excellent rien ne peut eſtre beau :
Dans les diſcours obſcurs ils portent le Flambeau :
Conuainquent la raiſon ; la forcent de ſe rendre ;
Et par eux nous ſçauons attaquer & deffendre ;
Et par eux ſeulement nous auons aujourd'huy,
Ariſtote pour Guide, & Platon comme luy.
Par eux nous connoiſſons, & le genre, & l'eſpece ;
Le different ; le propre ; & l'Eſtre, & ſa Nobleſſe :

Estres vniuersels ; Estres particuliers ;
Et rien ne peut payer ces Liures singuliers ;
Et rien ne peut payer ces Traitez de Logique ;
Par qui de la raison l'eclat se communique ;
Et qui font voir aux Sens le vray comme le faux ,
Pour arriuer au bien en éuitant les maux :
Nous faisant descouurir par vn si bon office ,
Du Sophiste trompeur le malin artifice.
Eutideme, Cleanthe, & Chrysipe trop fin ;
Prothagoras, Dion, Gorgias Leontin ;
Et mille autres encore aussi dignes de blasme ,
Par leurs fausses Couleurs abuseroient nostre ame ,
Si nous n'allions chercher pour sauuer sa raison ,
Dans ces premiers Autheurs son vray Contre-poison.
Voicy des Orateurs la Troupe illustre & grande ,
Par qui la Rethorique, esmeut, plaist, & commande :
Fait pancher nostre esprit au gré de son desir ;
Et d'vn Art tout puissant nous force auec plaisir.
Par eux nous aprenons comme au cœur magnanime ,
Vn iuste sentiment passe, agit, & s'imprime :
Comment on persuade vne bonne action ;
Comment la verité trouue protection ;
Comment on fait connoistre enquoy gist la iustice ;
Comment vne ame forte est mise en exercice ;
Par quel art on peut rendre vn esprit genereux ;
Les moyens d'adoucir vn courroux dangereux ;
Par où l'on rend encore vne ame liberale ;
Et pour vanter aux Roys l'eloquence Royale ,

Par où l'on peut gagner, les Peuples ; les Soldats ;
Les Grands & les Petits ; les hauts comme les bas.
C'est cette Rethorique, en pouuoir sans seconde,
Qui confond le coupable aux yeux de tout le monde :
Qui sauue l'innocent des Pieges du malin ;
Qui deffend des meschans, la Veuue & l'Orphelin ;
Et dont le mouuement que l'Orateur enflâme,
Esmeut, calme, attendrit, touche, & transporte l'ame.
Demosthene, Isocrate, & l'Orateur Romain,
Ciceron qui perdit, & la teste & la main ;
Et mille autres encor sont veus en cette place,
Tous brillants de l'éclat, & des Fleurs du Parnasse :
Et l'on peut icy voir ce qu'Athenes oyoit,
Lors qu'en la haranguant Pericles foudroyoit.
Voicy les Grands Autheurs de la Philosophie ;
En lisant leurs Escrits l'ame se fortifie ;
Voit le bien & le mal ; les connoist par leur voix ;
Suit l'vn ; éuite l'autre ; & fait vn iuste choix.
Par eux nous aprenons l'admirable Phisique ;
L'Ethique ; la Morale ; auec l'Oeconomique ;
La Politique sage ; & d'vn vol glorieux,
Par la Metaphisique on va iusques aux Cieux.
Cette Philosophie est enfin apellée,
La Loy de nostre vie aux hommes reuelée ;
Le Chemin des Vertus, & le Fleau des Peruers ;
La Lumiere des Sens ; l'Oeil de tout l'Vniuers ;
La Maistresse des Mœurs ; la Regle des Pensées ;
Le Iuge du present, & des choses passées ;

La Guide de l'esprit ; le Frein des passions ;
La Cause & l'Instrument des bonnes actions ;
Le Flambeau qui fait voir les choses naturelles ;
Et l'Aigle qui nous porte aux beautez immortelles.
C'est elle qui voit tout ; c'est elle qui sçait tout ;
Qui connoist l'Vniuers de l'vn à l'autre bout ;
Qui voit tous les secrets au Sein de la Nature ;
Qui d'vn Estre inuisible a bien fait la Peinture ;
Qui des Cieux loin de nous compte les mouuemens,
Et les diuers effets des diuers Elemens ;
Qui donne aux grands Estats, aux Roys, aux Republiques,
Les Preceptes Diuins qui les font magnifiques ;
Qui soustiennent leur Thrône, ou bien leur liberté ;
Et qui donnent la paix & la felicité.
C'est dans ces Grands Autheurs qu'on vuide la querelle,
De l'ame corruptible, & de l'ame immortelle :
Qu'on voit si l'Vniuers dans son large contour,
Ou doit tousiours durer, ou doit finir vn iour.
S'il eut commencement, ou s'il fut sans principe ;
S'il n'aura point de fin comme le croit Alcipe ;
S'il doit vn iour finir comme Thales le croit ;
Si ce Monde est formé des Atomes qu'on voit ;
Si le Monde est vnique, ou s'il est plusieurs Mondes ;
Et cent choses encor sçauantes & profondes,
Par où l'ame s'instruit, s'éclaire, & tient vn lieu,
Qui semble esleuer l'homme à la gloire d'vn Dieu.
Icy l'on voit encor les Sectes differentes ;
La Stoïque insensible aux mœurs tousiours constantes ;

La

La sage Academique aux raisonnemens forts ;
Et l'Epicurienne auec ses petits Corps ;
La Peripathetique, & la Cirenaïque ;
Et la Megarienne, auecques l'Erotique ;
La Cinique mordante ; & l'on y voit aussi,
L'Eliaque subtile, & toutes sont icy ;
Et toutes s'opposant aux Vices qui nous nuisent,
Par des chemins diuers esgalement instruisent :
Illuminent l'esprit ; & d'vn Art sans esgal,
Donnent l'amour du bien, & la haine du mal.
Des Escriuains sacrez voicy la Troupe Sainte,
Qui dans ses veritez ne mesle aucune feinte ;
Qui captiue les Sens sous le joug de la Foy ;
Interpretes Diuins de la Diuine Loy.
Par eux nous allons voir la lumiere en sa Source,
Nous esleuant à Dieu, la fin de nostre course ;
Nous vnissant à luy, l'Objet de nos desirs ;
La Cause de nostre Estre, & de nos vrais plaisirs.
Nous connoissons par eux l'Eternelle Sagesse,
Et la Grandeur de Dieu comme nostre bassesse :
Par eux nous connoissons d'vn cœur tout enflâmé,
Que ce Dieu seul tout bon, doit estre seul aymé.
Par eux nous penetrons les plus obscurs Misteres,
Vrais aueugles sans eux, aux choses les plus claires :
Ils marquent le chemin ; ils conduisent nos pas ;
Et quand on les suit bien, l'on ne s'esgare pas ;
Et quand on les suit mal, on se perd, on s'esgare ;
De ce vaste Ocean estans l'vnique Phare :

B b

Et parmy ces Escueils, & parmy ces Rochers,
Seuls Pilotes experts, & seuls hardis Nochers.
Par eux nous conceuons cette main si puissante;
Cette main qui receut la Nature naissante;
Et dont l'art merueilleux, pour nostre commun bien,
Trauailla sans matiere, & forma tout de rien.
Cét Abysme profond qui la raison estonne,
L'vnité de l'Essence en la triple Personne;
Le Fils esgal au Pere, en temps comme en Grandeur;
Leur Esprit procedant de leur commune ardeur;
Vne Mere encor Vierge; vne Vierge feconde;
Quoy plus ? vn Dieu naissant qui vit naistre le Monde;
Vn Autheur de la vie au Sepulcre enfermé;
Vn Dieu viuant & mort ; & ce Mort r'animé ;
Et pour dernier Prodige vn Mistere terrible,
Qui semble diuiser vn corps indiuisible;
Qui dans tous ses Fragmens met son Humanité;
Et qui se multiplie en gardant l'vnité.
Pres de ces Grands Autheurs, les Autheurs Heretiques,
Nous monstrent le Venin de leurs erreurs publiques:
Et lors que ces Serpens piquent nostre raison,
On cherche le remede en leur propre Poison.
Car comme on peut tirer de l'ingrate Vipere,
Vn remede puissant, vtile, & necessaire,
De mesme on peut trouuer pour son soulagement,
Dans vn Liure heretique vn fort bon sentiment.
Oüy, le Lecteur prudent, par la Cause premiere,
Tire le bien du mal ; de l'ombre la lumiere;

Voit le Piege tendu ; l'efuite fagement ;
Et fuit le grand chemin pour aller feurement.
Icy des curieux & fçauans Cabaliftes,
Auec peu de trauail on peut fuiure les piftes :
Trauerfer apres eux ces Sentiers efcartez ;
Et des obfcurs Hebreux demefler les clartez.
Tout ce que les Rabins ont efcrit de fublime ;
Et du Grand Nom de Dieu la force legitime ;
Et des Nombres facrez l'Art tout Mifterieux ;
Et l'occulte pouuoir des Images des Cieux ;
Enfin tout le fçauoir de l'antique Iudée,
Qu'elle dit luy venir de l'Eternelle Idée ;
Qu'elle pretend tirer du Celefte Threfor ;
Se trouue en ces Efcrits que l'on conferue encor.
De cet autre cofté de mes Rochers fauuages,
Des Poëtes diuins font les diuins Ouurages :
Ouurages immortels par leurs beaux Ornemens,
Des Grecs & des Latins les Chefs-d'œuures charmans.
Leur fureur Poëtique eft par fon excellence,
De l'effort de l'efprit la derniere puiffance :
Et leur rare fçauoir, tant il eft admiré,
Paroift aux yeux du monde vn fçauoir infpiré.
Des Princes & des Roys l'immortelle memoire,
D'ailleurs que de leur Art ne peut tirer fa gloire :
L'oubly les enueloppe, & leur Nom meurt comme eux,
Sans l'illuftre labeur des Poëtes fameux.
Oüy, Roys, malgré le Sceptre, & malgré la Couronne,
Et le Thrône pompeux que l'éclat enuironne,

Bb ij

Vostre Nom n'ira point à la Posterité,
S'il ne reçoit par eux ce qu'il a merité.
Icy l'on voit Homere ; icy l'on voit Virgile ;
A qui doit tant Enée ; à qui doit tant Achille ;
Euripide ; Sophocle ; Æschile ingenieux ;
Menandre ; Aristophane ; Anacreon plus vieux ;
Ouide auec Lucain ; Seneque auec Horace ;
Et Tibule ; & Catule ; & Martial ; & Stace ;
Et Terence ; & Lucresse ; & Plaute ; & mille Autheurs,
De qui tous les Sçauans sont les adorateurs.
Ceux-cy tiennent encore vne memoire viue ;
C'est l'antique Herodote, & le Grand Tite-Liue :
Thucidide le Grec ; Tacite le Romain ;
Polybe ; Xenophon ce vaillant Escriuain ;
Quinte-Curse ; Cezar ; le sçauant Diodore ;
Saluste ; Suetone ; & mille autres encore ;
Fameux Historiens des Grands Siecles passez,
Se trouuent en ce lieu d'vn long ordre placez.
Ces Liures immortels aprennent aux Grands Princes,
A regir leurs Estats ; à dompter des Prouinces ;
Et par ce Grand Exemple, offert à ces Grands cœurs,
Ils forment de bons Roys, & d'illustres Vainqueurs.
Voicy l'ame des Loix, les Grands Iurisconsultes,
La cause du repos, & la fin des tumultes ;
Les Oracles du Droit ; l'appuy des innocens ;
Qui iugent sans faueur, & foibles, & puissans ;
La lumiere de Dieu, comme Platon les nomme ;
Ou plutost de vrais Dieux qui peuuent iuger l'homme ;

LIVRE CINQVIESME.

Qui tiennent en leurs mains son bon ou mauuais sort ;
Les peines & les prix ; & la vie & la mort.
Aristote les louë en termes magnifiques:
Il apelle ces Loix, l'ame des Republiques:
Parce que comme vn Corps sans ame ne vit pas,
Lors qu'on les voit sans Loix, tombent tous les Estats.
L'ingenieuse Enuie alors est medisante ;
Du mesdire prouient la haine mal-faisante ;
D'elle apres la colere ; & de ce fier courroux,
Le discord enflâmé que l'on voit entre nous.
De luy naist aussi-tost la dure repugnance ;
D'elle vn souslevement dans les Peuples commence ;
De ce souslevement, la Guerre & son éclat ;
Et de la Guerre enfin, la perte de l'Estat.
Oüy, l'Escole des Roys se trouue en ces Volumes:
Leurs Sceptres affermis par de sçauantes Plumes:
Le repos du Public solidement fondé :
Et le bras de ces Roys fortement secondé.
Voicy les Grands Traitez des mouuemens Celestes,
Ou les euenemens propices & funestes,
Par vn Art excellent sont marquez & preueus,
Auant que l'Vniuers les ayt sentis ny veus.
La Haute Astrologie, ô Prince magnanime,
Alors qu'elle est bien sceuë, est bien digne d'estime:
Puis que d'vn vol hardy qui deuance les yeux,
On voit qu'elle s'esleue, & penestre les Cieux.
Par elle nous voyons les mouuemens des Spheres ;
Les Astres ; leurs chemins ; leurs aspects necessaires ;

Bb iij

Les Poles affermis ; les Cercles ; les Climats ;
Et le cours du Soleil, tantost haut, tantost bas.
L'Esclipse du grand Astre, & celle de la Lune ;
L'Estoile errante ou fixe, en cette Voûte brune ;
Et le cours retrograde, & ses iustes raisons,
Qui changent reglement la face des Saisons.
Par elle nous voyons les fortes influences,
Dans le Sein de la Terre animer les Semences :
Le sujet naturel du Foudre & de l'Esclair,
Et de ces Corps si froids qui nous tombent de l'air.
Enfin durant la nuit, la claire Astronomie,
Esueille vtilement la Raison endormie :
Et des Globes mouuans nous monstrant la hauteur,
Elle fait conceuoir quel en est le Moteur.
Aupres de ces Autheurs, ceux de la Medecine,
Offrent à nostre esprit leur Science diuine :
Hipocrate à leur Teste, admirable en sçauoir,
Nous aprend ce Grand Art, & quel est son pouuoir.
Icy vous trouuerez ceux qui sont methodiques ;
Et ces autres encor qu'on apelle Chymiques :
L'Anatomiste adroit, qui de tout nostre corps,
Descouure l'artifice, & monstre les Ressorts.
Qui connoist les tumeurs ; qui connoist les blessures ;
Et les Medicaments de diuerses natures.
Icy la Pharmacie estale aux Curieux,
Tout ce que le Soleil fait croistre en mille lieux :
En dit les qualitez, ou bonnes, ou nuisibles ;
Prouue ce qu'elle dit par des effets visibles ;

Et tire adroitement des Corps vniuerſels,
Par le Grand Art du Feu, l'Eau, les Sucs, & les Sels.
Icy l'on voit encor ceux qui traitent des Plantes :
Par eux nous aprenons leurs formes differentes :
Leurs Climats ; leurs Saiſons ; l'Art de les cultiuer,
Et l'agreable ſoin qui les peut eſleuer.
De cét autre coſté, voicy, Prince Heroïque,
Ceux de qui l'Art deſpend de la Mathematique :
Architectes ; Sculpteurs ; Peintres ; Muſiciens ;
Geometres certains ; Arithmeticiens ;
Les Maiſtres de l'Optique, auec les Coſmographes ;
Ceux de la Perſpectiue, auec les Geographes ;
Et l'on voit en ce lieu, qui ſera mon Tombeau,
Ce que la Mecanique à de rare & de beau.
Des cinq Ordres des Grecs, celuy-cy peut m'inſtruire ;
Aux meſures du corps, l'autre me peut conduire ;
Celuy-cy des Couleurs l'effet me fera voir,
Par l'ombre & la lumiere, où giſt tout ſon ſçauoir.
L'autre des Tons, du Mode, & de leur harmonie,
Me fera conceuoir la douceur infinie :
Celuy-cy d'vne Regle, & d'vn Compas certain,
Si ie veux arpenter me conduira la main :
Cét autre en ſupputant ſes nombres difficiles,
Conuaincra mon eſprit par des Regles ſubtiles.
Celuy-cy plus ſubtil, comme plus curieux,
M'inſtruira des rayons qui partent de nos yeux :
M'en fera voir la forme ; & de leur Piramide,
Aprendra les raiſons à ma Raiſon timide :

Et luy descouurira, mesme facilement,
Qu'vn Fantôme d'Optique est sans Enchantement.
L'autre me monstrera le Globe de la Terre;
Les Fleuues qu'on y voit; & la Mer qui l'enserre.
Celuy-cy par des Corps, plus gros, ou plus menus,
M'aprendra de son Art les secrets inconnus:
Me fera croire loin vne chose prochaine;
Et trompera mes yeux par sa regle certaine:
Et le dernier enfin, à ces yeux esbahis,
Dans vn espace estroit mettra tout vn Païs.
Icy l'on voit, Seigneur, & la Geomancie;
Et l'Art d'Arthemidore; & la Chyromancie;
L'vne par son Triangle à son Cercle enlacé,
Pretend voir l'aduenir comme on voit le passé:
L'autre du Songe obscur tire vne claire Image,
Et sur ces visions fonde vn iuste presage:
Et l'autre s'attachant aux lignes de nos mains,
Croit en pouuoir tirer des indices certains,
Et du temperament; & de nos auantures;
Penetrant par cèt Art dans les choses futures.
Aupres de ces derniers sont encor ces Autheurs,
Qui de tous ces Deuins sont veus les moins menteurs:
Ceux, dis-je, qui de l'air, & des traits du visage,
Par vne longue estude, & par vn long vsage,
Tachent de descouurir nos inclinations,
Et nos prosperitez, & nos afflictions.
Enfin pour acheuer, on voit en cette place,
Dans le nombre excellent des Liures que i'amasse,

La

LIVRE CINQVIESME.

La Fable au sens caché ; l'Emblesme industrieux ;
Les Medalles encor des Siecles les plus vieux ;
De longs Traitez des Vents, & de l'Art du Pilote ;
Et de Liures diuers i'ay remply cette Grote.
Il n'est rien dans les Arts que l'on n'y puisse voir :
Icy les plus sçauans trouueront à sçauoir :
Chacun y peut aprendre ; & d'vne ame hardie,
Former le Cercle entier de l'Encyclopedie.
C'est-là mon seul plaisir, c'est-là mon seul Thresor ;
C'est-là sans le flatter, ce qui vaut mieux que l'Or.
Les Princes & les Roys n'ont rien qui les egale :
Ils adjoustent du lustre à la Grandeur Royale :
Ils soustiennent leur Throne aussi bien que leurs Loix :
Et tous les Roys sçauans sont au dessus des Roys.
Là l'Hermite emporté d'vn Esprit Prophetique,
De l'obscur aduenir que Dieu luy communique,
Donne quelque lumiere à l'immortel Heros,
Et finit son discours par ce dernier propos.
Vn iour, vn iour viendra, le Ciel me le reuele,
Qu'vne REYNE DES GOTHS, sçauante comme belle,
Fera fleurir les Arts ; aymera les beaux Vers ;
Et portera sa gloire aux bouts de l'Vniuers.
Mais il m'est deffendu d'en dire dauantage :
Vne autre mieux que moy vous fera son Image :
Et vers Parthenopée, où l'Honneur vous attend,
Sur ce sujet illustre on vous rendra content.
O REYNE trop heureuse, & trop digne d'enuie,
S'escria ce Heros, venez-tost à la vie :

Cc

Et si quelque aparence est en ces derniers mots,
Precipitez le Temps pour la gloire des Goths.
Prince, luy dit le Saint, retournez au Riuage,
Et voyez vos Vaisseaux eschapez de l'Orage:
Voyez les garantis d'vn naufrage aparent,
Et benissez tousiours celuy qui vous les rend.
A ces mots il luy monstre encor fort esloignée,
Sa Flote de l'Orage & des Vents espargnée,
Qui vogue heureusement, & qui pour s'aprocher,
Tourne vers luy la Proüe, & vient au grand Rocher.
Comme l'on voit aux Champs dans vne vaste Plaine,
Ces innocens Troupeaux qui nous donnent la Laine,
Blanchir tous les Sillons ; marcher également ;
Et s'auancer tousiours d'vn pareil mouuement.
Ainsi parmy les Flots voit-on ces grands Nauires,
Auec leur blanche Voile où soufflent les Zephires,
S'auancer lentement, & d'vn air mesuré,
Couurir tous les Sillons du grand Champ azuré.
Alaric qui les voit en saute d'allegresse :
Il suit au mesme instant le desir qui le presse :
Il prend congé du Saint ; & suiuant son transport,
Il descend, ou plutost il vole vers le Port.

Fin du cinquiesme Liure.

ALARIC,
OV
ROME VAINCVE.

LIVRE SIXIESME.

 PEINE ce Heros, d'vne courſe ſoudaine,
De ſes ſuperbes pas imprima-t-il l'Arene,
Qu'il y vit tous les ſiens ſortis de ſon Vaiſ-
 ſeau,
Se preſſer au Riuage, & regarder vers
 l'Eau.
La Troupe qui le voit pouſſe des cris de ioye;
Luy monſtre ſes Vaiſſeaux que le Ciel luy renuoye;
Redouble encor ſes cris; & parmy les Rochers,
Retentiſſent bien loin les voix de ces Nochers.
Tout parle de bonheur; tout parle de victoire;
Il ſe reuoit brillant de ſa premiere gloire;

Cc iij

Il perd le souuenir de tant de maux souffers;
Il voit le Tibre Esclaue, & Rome dans les Fers.
L'vn du prudent Sigar reconnoist la Banniere;
L'autre du fier Haldan voit l'Enseigne guerriere;
Celuy-cy d'Hildegrand distingue les Pauois,
Qu'alentour de la Poupe on mettoit autresfois;
Cét autre reconnoist vn Nauire à sa Proüe;
L'autre à la Banderolle où Zephire se ioüe;
L'vn monstre à ses Amis vn grand Fanal doré;
Et l'autre vn Estendart sur la Poupe arboré.
Soldat ny Marinier, General ny Pilote,
Aucun ne doute plus que ce ne soit leur Flote:
Tous en tombent d'accord au raport de leurs yeux;
Tous encor vne fois poussent des cris aux Cieux.
Cependant cette Flote à Rames comme à Voiles,
Vient en iettant des cris qui monstent aux Estoiles:
Et du bord de la Mer, ainsi que des Vaisseaux,
Chacun se tend les bras auancez vers les Eaux;
Chacun comme à l'enuy, d'vne ardeur mutuelle,
Compare vn si doux calme à la Mer si cruelle;
Et confesse en son cœur d'vn secret entretien,
Que c'est par vn grand mal que l'on gouste vn grand bien.
Tout s'aproche à la fin; tout vient; tout se desbarque;
L'on voit desia les Chefs à l'entour du Monarque;
Et du creux de ces Nefs sortent comme à grands Flots,
Confusément meslez, Soldats & Matelots.
Comme on voit l'Ocean de son Vrne profonde,
Vers le bord opposé pousser Onde sur Onde;

*Ainsi voit-on alors ces illustres Guerriers,
S'auancer tous en foule, & pousser les premiers.
Dans les Champs spacieux les Troupes s'eslargissent,
Loin du bord & du bruit de ces Flots qui mugissent;
Tout Campe; tout se loge; & les fiers Bataillons,
Dressent en vn moment cent & cent Pauillons.
Icy l'vn court au Bois, & l'autre à la Fontaine;
L'autre par deux Cailloux, d'vne adresse certaine,
Les tenant des deux mains, & les choquant vn peu,
Excite, allume, embraze, & fait luire vn grand feu.
L'on descharge les Nefs; l'on met tout au riuage;
Alors chacun trauaille, & chacun s'encourage;
Et tous ces Mariniers, du Ciel fauorisez,
Songent à radouber leurs Nauires brisez.
L'vn obserue le sien; l'autre la Poix apreste;
L'vn oste vn Mast rompu des coups de la Tempeste;
L'autre vers la Forest iette les yeux plus loin,
Et regarde le bois dont il aura besoin.
Celuy-cy tient desia le Maillet & l'Estoupe,
Dont il doit calfater, & sa Proüe, & sa Poupe:
Et cet autre fait fondre, & fait desia fumer,
Cette gluante Poix qui resiste à la Mer.
Cependant Alaric, parle, carresse, embrasse,
Et pert le souuenir de toute sa disgrace:
Il tend la main à l'vn; à cet autre il sous-rit;
Il fait voir dans ses yeux ce qu'il a dans l'esprit;
Enfin il entretient tout ce qui l'enuironne:
Et tournant ses regards vers la belle Laponne,*

Il la loüe, il la plaint, & d'vn air tout charmant,
Il oblige à la fois, & l'Amante, & l'Amant.
Mais de l'obscure nuit le voile espais & sombre,
Venant couurir la Flote, & le Camp de son ombre,
Le Roy tout glorieux de son heureux Destin,
Regale tous ces Chefs d'vn superbe Festin:
Et chacun gouste apres, comblé d'ayse & de ioye,
Le paisible repos que le Sommeil enuoye.
Cependant Lucifer se tourmente la bas,
Et durant que tout dort, le cruel ne dort pas.
Cét Esprit orgueilleux, dont la premiere faute,
Fut vne vanité superbe comme haute,
Ne peut encor souffrir de son premier Vainqueur,
Et pres de son despit l'Enfer est sans rigueur.
Il voit que dans le Ciel le Soleil qui s'esleue,
Est encor loin du terme où sa course s'acheue:
Et qu'à peine l'Esté dans les vastes guerets,
Commence de iaunir les Thresors de Cerés.
Il iuge qu'Alaric, qui les trauaux mesprise,
N'aura que trop de temps pour sa Haute Entreprise:
Il sçait qu'aux Champs Latins l'Hyuer peu rigoureux,
Pour le Soldat Campé n'a rien de dangereux:
Il preuoit (ce Demon qui voit plus clair que l'homme)
Le salut des Romains en la perte de Rome:
Il veut y mettre obstacle ; il veut en murmurer ;
Et quoy qu'il soit trop foible, il ne peut l'endurer.
Or pour choquer, s'il peut, la Puissance Diuine,
Il discourt ; il medite ; il resve ; il imagine ;

Et

LIVRE SIXIESME.

Et resoud à la fin dans ses pensers troublez,
De voir sur ce sujet les Demons assemblez :
Afin qu'affermissant cette Image inconstante,
Ils puissent trauailler à l'affaire importante.
Aussi-tost d'vne voix qui donne de l'effroy,
Il fait trembler la Terre, & les appelle à soy.
Cette effroyable voix, que redoute l'Auerne,
Y fait tout retentir de Cauerne en Cauerne :
Et les Concauitez de ce lieu sousterrain,
Appellent les Demons pres de leur Souuerain.
Alors des noirs Esprits les Images legeres,
Comme l'on voit voler les Mouches mesnageres,
Voltigent dans la Grote ; & l'Escadron nombreux,
Se range à son deuoir pres du Roy tenebreux.
Grand Dieu qui fis l'Enfer pour y punir les crimes,
Despeins à mon esprit ces tenebreux Abysmes,
D'vne eternelle nuit tousiours enueloppez,
Noir Sejour des Meschans que ta Foudre a frappez.
O lieux enuironnez de l'ombre & du silence,
Lieux où des fiers Demons regne la violence,
Lieux de qui la rigueur ne doit iamais passer,
Quel Crayon assez noir suffit pour vous tracer ?
Droit au centre du Monde, & parmy les tenebres,
Sont des Antres voûtez, affreux comme funebres,
Où des tristes Damnez, les malheureux Esprits,
Poussent horriblement des pleintes & des cris.
Des vapeurs des Metaux, & des veines du Souffre,
Vn feu qui n'esteind point, luit & brusle en ce Gouffre :

D d

Mais vn feu si subtil, qu'on n'y peut resister,
Car mesme sans matiere il pourroit subsister.
L'effet prodigieux de ces terribles flâmes,
Ainsi que sur les corps peut agir sur les ames:
Et l'occulte pouuoir de son actiuité,
Fait sentir à ces Morts son immortalité.
Vn vert meslé de rouge, & d'vne couleur sombre,
Y mesle en petillant, & la lumiere, & l'ombre:
Et ce meslange affreux, qu'accompagne vn grand bruit,
Luit eternellement en l'eternelle nuit.
Mais c'est d'vne lumiere à tant d'ombre meslée,
Qu'elle espouuante encor la Troupe desolée:
Qui voit confusément les objets qu'elle voit,
Et qui sent mieux ce feu qu'elle ne l'aperçoit.
Pres de ces lieux bruslans sont des Grotes glacées,
Ou plutost de Glaçons des Roches entassées,
Dont l'horrible froideur, pres de ces feux ardents,
Fait geler, fait transir, & fait grincer les dents.
Les ames des Damnez, dont le mal tousiours dure,
Passent du froid extrême, à l'extrême froidure:
Puis du chaud excessif, à l'ardente chaleur:
Et ces tourmens diuers augmentent leur douleur;
Et l'eternel combat des qualitez contraires,
Redouble en les changeant, leurs peines ordinaires.
Mais leur plus grand supplice, est qu'eternellement,
Ce qui fit leurs plaisirs, fait la bas leur tourment:
Et qu'eternellement dans l'infernal Abysme,
Ils ont deuant les yeux l'Image de leur crime:

LIVRE SIXIESME.

Dont le Fantôme affreux, par d'outrageans propos,
Iamais, helas! iamais, ne les laisse en repos.
Ceux dont la barbarie a fait des parricides;
Qui de leur propre sang virent leurs mains humides;
Ceux, dis-je, dont la rage en son cruel transport,
Aux Autheurs de leur vie osa donner la mort;
Regardent pour punir leur ame criminelle,
Le Spectacle sanglant de l'Ombre Paternelle:
Qui leur monstre en pleurant, qui leur monstre en courroux,
De leur cruelle main les detestables coups.
Ce pitoyable objet redouble leur furie:
Ce sang qui coule encore est vne voix qui crie:
Et qui dit à leur cœur comme à leur souuenir,
Qu'il n'est point de tourment qui les puisse punir.
Ces Esprits orgueilleux, de qui l'humeur altiere;
De qui la vanité si superbe & si fiere,
Se croyoit sans esgale en rares qualitez,
Y souffrent mille affrons, & mille indignitez.
Les Demons insolens les attaquent sans cesse;
Les outragent tousiours; leur font voir leur bassesse;
Leur marquent leurs deffauts; & par vn fier mespris,
Ils font desesperer ces superbes Esprits.
Ces lasches paresseux, de qui l'ame endormie,
Fut insensible à tout, iusques à l'infamie;
Par mille & mille coups chaque iour redoublez,
Sortent du froid sommeil qui les tint accablez.
Tous assoupis qu'ils sont le tourment les resueille,
Car il n'est point de peine à leur peine pareille:

Dd ij

Puis que sans esperer de Tréve ny de Paix,
Eux qui dormoient tousiours ne reposent iamais.
Ces Esprits violens, & tousiours en colere,
A qui tout desplaisoit ; à qui rien ne sceut plaire ;
Sont tousiours contredits auec derision,
Dans ce lieu de desordre, & de confusion.
Au milieu de la flâme, & parmy la fumée,
D'vn eternel despit leur bile est allumée :
On les pousse ; on les choque ; on les presse ; on les bat ;
Ils hurlent en fureur alors qu'on les abat ;
Et sans aucun relasche, & sans aucunes pauses,
Eux qui n'enduroient rien endurent toutes choses.
Ces lasches Enuieux de la gloire d'autruy,
En changeant de Sejour, n'ont point changé d'ennuy :
Car les Demons subtils augmentant leurs suplices,
Eux qui tombez du Ciel en sçauent les delices,
Leur en font vn Tableau, bien peint, bien entendu,
Qui leur fait conceuoir le bien qu'ils ont perdu :
Et leur font voir encor par leur malice noire,
Leurs propres Ennemis dans le sein de la Gloire :
Afin que comparant les peines aux plaisirs,
L'Enuieux se deuore auec de vains desirs.
Ceux de qui l'ame basse, au larcin adonnée,
A cette laschete se vit abandonnée,
Sont reconnus pour tels en ce lieu de douleurs,
Et dans l'infame rang des infames Voleurs.
Deuant tous les Damnez on les met à la gesne ;
Chacun voit leur peché comme l'on voit leur peine ;

LIVRE SIXIESME.

Et pour dernier suplice on leur fait confesser,
La honteuse action qu'on punit sans cesser.
Ces Auares brutaux, qui par mille bassesses,
Se virent esleuez à d'iniustes richesses,
Qui tenoient en tout temps leur cœur dans leur Thresor,
Esprits interessez, idolatres de l'Or;
Despoüillez de Grandeur, de Bien, & de Fortune;
Et pressez d'vn remords qui sans cesse importune,
Maudissent en iurant ce dangereux Metal,
Qui ne pût assouuir leur apetit brutal.
Ces Gourmands affamez, dont le Dieu fut le ventre;
Ces Gouffres de crapule, où tout passe, où tout entre;
Sont iustement punis par la rigueur du Ciel,
Qui ne leur fait gouster que l'Absynthe & le Fiel.
Ceux de qui l'ame foible, aussi bien qu'amoureuse,
Suiuit des voluptez la trace dangereuse,
Au lieu du cher objet d'vne aymable Beauté,
De cent objets hydeux souffrent la cruauté.
Ces Iuges corrompus qui vendent la iustice;
Qui choquent l'innocence, & protegent le vice;
Sont dans l'Huyle boüillante (où l'on les fait plonger)
Iugez plus iustement qu'on ne les vit iuger.
Ces Princes violents, ces Tyrans sanguinaires,
Qui font des maux publics leurs plaisirs ordinaires;
Sans Sceptre & sans Couronne, en ce lieu de terreur,
Ont en leur propre Thrône vn objet plein d'horreur.
L'Image de leur crime, & celle de leur gloire,
Estans les deux Bourreaux de leur triste memoire,

Dd iij

Qui leur font toufiours voir fans les quitter iamais,
Les biens qu'ils ont pû faire, & les maux qu'ils ont faits.
Ces Monftres enragez, ces Peftes des Prouinces,
Qui tremperent leurs mains dans le fang des bons Princes,
Ils fe fentent brufler, tous ces Grands Criminels,
Ces Parricides mains, en des feux eternels.
Ces indignes Prelats, qui par moyens iniuftes,
Brillerent de l'efclat de leurs Mithres auguftes,
Et qui vefcurent mal dans leurs rangs efleuez,
Y fouffrent des tourmens non iamais acheuez.
Des Ennemis du Ciel, des aueugles Athées,
Dans vn feu plus cuifant les ames font iettées :
Et là, de leurs erreurs le fatal fouuenir,
Leur fait connoiftre vn Dieu puis qu'il les fçait punir.
Ces mauuais Confeillers des Roys & des Monarques,
Qui de leur Tyrannie ont donné tant de marques,
Souffrent à tous momens des fuplices nouueaux,
Et laffent tour à tour, Bourreaux apres Bourreaux.
Ces Chancres affamez qui les Peuples deuorent ;
Ces mefchans Partifans que ces Peuples abhorrent ;
Maudiffent en ce lieu dans leurs afflictions,
Leur infame commerce, & leurs inuentions.
Ceux qui d'vn Poifon lent fatisfirent leur haine,
Pour vn crime fi long ont vne longue peine :
Car bien qu'elle foit dure au delà du trefpas,
Toute l'Eternité ne la finira pas.
Ces langues de Serpent, ces Menteurs pleins d'enuie ;
Ces lafches Mefdifans de la plus belle vie,

LIVRE SIXIESME.

Parole pour parole en rendent compte à Dieu,
Et sont recompensez dans ce funeste lieu.
Ces mauuais Directeurs, ces trompeurs Hipocrites,
Dont les moindres erreurs ne sont iamais petites;
Qui trompent le credule en sa deuotion,
Connoissent leur peché par leur punition.
Ceux qui fraudent le Poids ainsi que la Mesure,
Sont payez de leur faute, & mesme auec vsure:
Et sentent, mais trop tard, dans l'eternel soucy,
Que c'est perdre beaucoup que de gagner ainsi.
Ces Meres sans vertu, la honte des Familles,
Dont le mauuais exemple a fait perdre les Filles,
Dans ce seuere lieu souffrent incessamment,
Pour ces doubles pechez vn double chastiment.
Ces Meres sans pitié, qui pour cacher leur faute,
En perdant leurs Enfans, en font vne plus haute,
Par ces Spectres sanglans qui les suiuent par tout,
Endurent des douleurs qui n'auront point de bout.
Ces Meres sans honneur, dont le commerce infame,
Vend la pudicité ; vend le corps ; & perd l'ame;
Endurent des tourmens qu'on ne peut conceuoir,
Et connoissent trop tard leur crime & leur deuoir.
Ceux qui desesperez se sont meurtris eux-mesmes,
Pour vne extrême faute, ont des peines extrêmes:
Et tout l'Enfer leur dit, en les venant blâmer,
Que qui ne s'ayme pas ne sçauroit rien aymer.
Enfin ce triste lieu voit dans son esclauage,
Toute condition, & tout Sexe, & tout âge:

Mille & mille chemins conduisent à l'Enfer,
Mais on ne reuient point de ses Portes de Fer.
Or dans le plus profond de l'effroyable Gouffre,
Par tout on voit ramper vne flâme de Souffre,
Dont la couleur bluastre au rouge se meslant,
Tapisse horriblement le noir Palais bruslant.
C'est là que les Demons, prenant part à leurs gesnes,
Souffrent & font souffrir les plus horribles peines:
C'est là que Lucifer, dont l'orgueil est si haut,
Trouue en vn mesme lieu le Thrône & l'Eschaffaut.
C'est en ce triste lieu qu'il endure & commande:
C'est là qu'il fit venir son infernale Bande:
C'est là que luy parla le Monarque d'Enfer,
Dont le Thrône est de flâme, & le Sceptre de fer:
C'est là que par orgueil se faisant violence,
Il suspendit ses maux ainsi que leur souffrance:
Et que malgré les cris des Esprits forcenez,
Il imposa silence aux plaintes des Damnez.
Alors laissant sortir sa colere allumée,
Il pousse vn grand soûpir de flâme & de fumée:
Et le feu luy sortant de la bouche & des yeux,
En frapant sur son Thrône il fait trembler ces lieux:
Et d'vne voix tonnante il forme ces paroles,
Capables d'esbranler la fermeté des Poles:
Lors que tous ces Demons à l'entour de leur Roy,
Eurent aussi tremblé de respect & d'effroy.
Illustres Compagnons de mon illustre faute,
Vous dont la vanité fut si noble & si haute:

Vous

LIVRE SIXIESME. 217

Vous dont le noble orgueil, d'vn vol ambitieux,
Osa bien s'esleuer iusqu'au Throne des Cieux:
Malgré la triste fin d'vne si belle Guerre,
Releuez vos esprits au centre de la Terre:
Et si ce Throne enfin ne se peut renuerser,
Pour amoindrir sa gloire il la faut trauerser.
R'allumons tout le feu de nostre antique haine:
Ioignons-y le despit d'vne Entreprise vaine:
Et par mille complots, adroits comme inhumains,
Deffendons les Romains pour perdre les Romains.
Anges, ie l'ay connu, nostre Vainqueur iniuste,
Veut releuer l'éclat de la Ville d'Auguste:
Il veut la corriger, non la perdre en ce iour;
Et sa colere mesme a fait voir son amour.
Il sçait (car que ne sçait sa Science profonde?)
Que nous sommes les Roys de la Reyne du Monde:
Et que par les plaisirs l'attachant à nos Chars,
Nous auons Triomphé comme ont fait les Cezars.
Il sçait que le malheur peut réueiller vne ame;
Luy monstrer son deuoir, & la sauuer de blâme;
Et c'est pour porter Rome à faire vn tel effort,
Qu'il va prendre Alaric dans les glaces du Nord.
Il veut perdre & sauuer cette superbe Ville:
Tout ce que nous tentons nous demeure inutile:
Les Spectres & les Ours ne nous seruent de rien:
La flâme en s'esteignant s'oppose à nostre bien:
Le tumulte s'appaise, & la fureur publique:
En vain nous bastissons vn Palais magnifique:

E e

En vain nous faiſons voir aux yeux d'vn Prince Amant,
De l'Objet qu'il cherit, le Fantôme charmant:
En vain pour arriuer au but de noſtre enuie,
Nous le luy faiſons voir preſt à perdre la vie:
En vain nous ſoufleuons mille Flots irritez:
En vain Amalaſonthe auec mille beautez,
Tache de retenir vn Amant ſi fidelle:
Il la quitte; il s'embarque; il part; il s'enfuit d'elle;
Il vient à bout de tout; il s'auance à grands pas;
Et Rome va tomber ſous l'effort de ſon bras.
Eſprits, ſouſtenons-là, cette fameuſe Rome:
L'Enfer le cede au Ciel, mais non pas l'Ange à l'Homme:
Vn Heros eſt mortel; & parmy le danger,
Apres tant de malheurs noſtre Sort peut changer.
C'eſt pour ce grand deſſein qu'icy ie vous aſſemble:
L'intereſt eſt commun; trauaillons donc enſemble:
Donnez-moy vos conſeils; & monſtrant vn Grand cœur,
Deuenons à la fin les Vainqueurs d'vn Vainqueur.
A ces mots il ſe taiſt, muet comme vne Idole:
Vn ſoûpir enflâmé luy coupe la parole:
La douleur le ſuffoque; & l'orgueilleux deſpit,
Se rend Maiſtre abſolu de ce ſuperbe Eſprit.
Comme vn nombreux Eſſein, qui la Ruche abandonne,
Murmure ſourdement, fait du bruit, & bourdonne;
Ainſi tous les Demons qui parlent bas entr'eux,
Forment le meſme bruit dans vn Antre ſi creux.
Mais enfin Belzebuth les oblige à ſe taire;
Enflé qu'il eſt de rage, & flambant de colere:

LIVRE SIXIESME. 219

Et respondant au Roy des tenebreux Manoirs,
Ces mots font retentir tous ces Cachots si noirs.
Prince qui meritois vne plus haute place,
Nous suiuismes au Ciel ta genereuse áudace;
Nous suiurons aux Enfers tes desseins genereux,
Et les Anges tombez oseront tout pour eux.
Nous sçauons qu'Alaric, que la Gloire accompagne,
En partant d'Albion doit aller en Espagne:
Et que las de voguer sur l'Empire des Eaux,
C'est là qu'il doit quitter ses malheureux Vaisseaux.
Volons, volons deuant pour empescher sa gloire,
Vers ce Peuple aussi fier que sa couleur est noire:
Taschons d'y faire entrer la terreur & l'effroy;
Parlons-y des rigueurs, & des Goths, & du Roy;
Et comme l'Espagnol est nay superbe & braue;
Menaçons-le des Fers, & traitons-le d'Esclaue:
Afin que par orgueil, par crainte, & par deuoir,
Ce Peuple armé s'apreste à le bien receuoir.
I'iray, i'iray moy-mesme exciter la Tempeste:
De Rigilde eloquent la bouche est desia preste:
Car bien plus animé qu'il ne l'estoit iadis,
Il attend Alaric aux Riues de Cadis.
Vostre conseil est bon; ie le crois salutaire;
(Dit alors Astaroth, qui ne peut plus se taire)
Pour le desbarquement nous en aurons besoin;
Mais selon mon aduis il faut aller plus loin.
L'euenement douteux des choses de la Guerre,
Ne nous doit pas borner dans l'Iberique Terre:

Ee ij

On peut vaincre Alaric ; il peut eſtre Vainqueur ;
Et nous connoiſſons trop, & ſon bras, & ſon cœur.
Ainſi pour ne pas voir noſtre Entrepriſe vaine,
Paſſons des bords d'Eſpagne, aux hauts Murs de Rauenne:
Et taſchons d'exciter au cœur de l'Empereur,
Vn ſentiment de gloire, ou du moins de terreur.
De là, volons à Rome ; & malgré la molleſſe,
Où vit depuis long-temps le Peuple & la Nobleſſe,
Taſchons de réchauffer pour nos hardis deſſeins,
Quelques goutes encor du vray ſang des Romains.
Oüy, oüy, dit Leuiathan, i'aprouue cette adreſſe:
Mais des Bords d'Italie il faut aller en Grece:
Le foible Honorius m'eſt touſiours fort ſuſpect:
Sa crainte aſſeurément ira iuſqu'au reſpect:
Il n'oſera branler deuant vn ſi Grand Homme,
Et s'il eſt noſtre apuy, nous verrons tomber Rome:
Ie connois ſa foibleſſe ; & ſon Frere plus fort,
Peut mieux nous ſouſtenir, & s'opoſer au Sort.
Il faut donc reünir, & l'vn & l'autre Empire:
Et des hauts Monts de Thrace, & des Rochers d'Epire,
Pour noſtre Grand projet tirer ces fiers Soldats,
Qu'endurcit le trauail parmy ces froids Climats.
Oüy, Prince, dit alors le flatteur Aſmodée,
Tous ces conſeils prudents ont vne belle idée:
L'éclat de la raiſon brille en tous ces diſcours,
Mais l'œil d'Amalaſonthe eſt vn puiſſant ſecours.
Alaric eſt Vainqueur, mais on le peut deffaire:
Elle peut faire enfin, ce qu'elle n'a pû faire:

Il est certains momens, & forts, & bien-heureux,
Où rien n'est impossible à des cœurs amoureux.
Il faut, il faut l'auoir, cette Beauté charmante:
Car qui peut resister long-temps à son Amante?
Ce qu'vne larme en vain aujourd'huy tentera,
Vne seconde larme apres l'emportera.
Entre ces quatre aduis, tout l'Enfer se partage:
La foule des Demons y donne son suffrage:
Car comme ils sont tous bons, on les accepte tous,
Et Lucifer reparle auec moins de courroux.
Esprits ingenieux, dit ce Roy des Tenebres,
Quittez, mais promptement, ces Demeures funebres:
Et sortant sans tarder de nos Palais ardents,
Allez executer des conseils si prudents.
Que l'vn vole en Espagne, & l'autre en Italie,
Pour y ressusciter la Gloire enseuelie:
Que l'autre dans la Grece aille porter l'effroy,
Par le Nom d'Alaric, ce Grand, & trop Grand Roy:
Et que l'autre dans Birch aille par son adresse,
Tascher de reünir l'Amant & la Maistresse:
Sortez, partez, volez, ie l'ordonne Demons:
Il y va de ma gloire, allez, & soyez prompts.
A ces mots il se leue, & ces Demons s'auancent:
Le silence finit, & les cris recommencent:
Tout l'Enfer retentit d'horribles hurlemens,
Et l'effroyable bruit croist à tous les momens.
Comme apres vn grand calme, où la Mer enragée,
Laissoit dormir ses Flots aux Riues de l'Ægée,

La fureur de la vague, en heurtant les Rochers,
Eſtonne d'autant plus les malheureux Nochers.
De meſme dans l'Enfer, apres vn tel ſilence,
Les plaintes des Damnez ont plus de violence :
Et la ſuſpenſion de ces triſtes Eſprits,
Semble auoir redoublé leurs douleurs & leurs cris.
Cependant Belzebuth, plein d'ayſe & de furie,
Sous l'ombre de la nuit vole vers l'Iberie :
Et deuant que le iour ramene la clarté,
Il voit de l'Eſpagnol les Bords & la fierté.
Il y trouue Rigilde ; il l'anime ; il l'excite ;
A l'important deſſein ſa voix le ſolicite :
Et prenant des habits tels qu'on en voit ſur l'Eau,
Ils feignent qu'vn naufrage a briſé leur Vaiſſeau.
Ils diſent à ce Peuple, en concertant leur feinte,
Afin de les armer par l'excés de la crainte,
Qu'ils ont veu dans les Ports de la grande Albion,
Vne eſtrange, ſauuage, & fiere Nation,
Qui vient fondre en Eſpagne, & qui veut par ſes Armes,
La remplir de deſordre, & de ſang, & de larmes.
O Peuples, dit Rigilde, armez-vous, armez-vous :
Voſtre Eſtat ſe va perdre, & vous perirez tous :
Si par vne valeur, digne de voſtre eſtime,
Vous ne leur oppoſez vn effort legitime.
Ces Barbares cruels, qui n'ont aucune Loy,
Ne connoiſſent honneur, raiſon, pitié, ny foy :
Ils ſont l'horreur du Ciel, & du Siecle où nous ſommes :
Ils briſent les Autels ; ils deuorent les hommes ;

Ils bruslent les Maisons ; & la pudicité
Ne sçauroit se sauuer de leur brutalité.
C'est vn Torrent de fer, c'est vn Torrent de flâme,
Qu'on ne peut arrester que par vne Grande ame :
Et voulant l'empescher d'inonder nos Remparts,
Il luy faut opposer vos Piques & vos Dards.
L'Espagnol genereux, oüy, l'Espagnol si braue,
Sera chargé de Fers, en miserable Esclaue :
Vn Peuple si guerrier, souffrira, seruira,
Sous vn Maistre insolent qui le mal-traitera.
Quoy ! pourrez-vous auoir vne telle foiblesse ?
Armez-vous, armez-vous, genereuse Noblesse :
Mourons, mourons plutost pour le Païs natal,
Que de subir le joug d'vn Peuple si brutal.
Sauuons donc nos Autels, nos Filles, & nos Peres,
Nos Biens, nos Libertez, des Armes Estrangeres :
Et pour vn tel sujet, signalant nos efforts,
Repoussons vaillamment ces Monstres de nos Bords.
Belzebuth à ces mots, inspire dans la Place,
Aux vns de la frayeur ; aux autres de l'audace :
Il fait des enragez, des naturels boüillans,
Et des moins resolus, des timides vaillans.
L'on n'entend plus crier dans l'Espagnole Terre,
Qu'arme, arme, il faut combatre ; aux autres guerre, guerre :
Et par l'art du Demon, qui les sçait allarmer,
Desia, desia tout s'arme, ou tout court pour s'armer.
Ce bruit tumultueux, passe de Ville en Ville :
Quand vn homme l'aprend, il le redit à mille :

Ces mille, à mille encore, & dans moins de dix iours,
Toute l'Espagne bransle apres vn tel discours.
Comme on voit aux Forests la flâme deuorante,
S'auancer d'Arbre en Arbre en sa fureur errante,
Et ne s'arrester point, qu'elle n'ait à la fois,
Embrazé les Buissons, les Herbes, & les Bois.
De mesme ce grand bruit que la crainte accompagne,
Des Riues de Cadis, va par toute l'Espagne:
L'allume de fureur de l'vn à l'autre bout;
Et met la pasle crainte, ou l'audace par tout.
L'on arme les Vaisseaux; l'on arme les Galeres;
Desia volent en l'air leurs Enseignes legeres;
Et desia de par tout entrent les Combatans,
Dans les Ramparts de bois de ces Chasteaux flottans.
Mais lors que Belzebuth inspire sa furie,
Parmy le Peuple fier de la noire Iberie,
Astharot s'aquittant de son funeste employ,
Dans vn autre Climast seme le mesme effroy.
Il se desguise en Grec en entrant dans Rauenne:
Il prend du ieune Eutrope vne figure vaine:
D'Eutrope qui d'Arcade à toute la faueur:
Et le subtil Demon se dit Ambassadeur.
Il voit Honorius; il luy parle; il le presse;
Auec l'Art eloquent, que sceut si bien la Grece:
Et pour le retirer de son foible repos,
Apres ses complimens il luy tient ces propos.
Prince illustre & puissant, que Bisance vit naistre,
L'Empereur d'Orient, vostre Frere & mon Maistre,

Prenant

LIVRE SIXIESME.

Prenant part, comme il doit, à tous vos interests,
A desia des Vaisseaux, & des hommes tous presls,
Afin de reünir au commun auantage,
L'Empire diuisé qui vous vint en partage :
Afin qu'estans vnis vous en soyez plus forts,
Et puissiez repousser l'orage de vos Bords.
Il a sceu qu'Alaric, Prince voisin de Thule,
Vient de ces lieux glacez d'où le iour se recule,
Auec l'intention d'asseruir les Romains,
Et croyant tenir Rome, & leur sort en ses mains.
Il part, il vogue, il vient, & sa Flote s'auance :
Desia tremble l'Espagne au bruit de sa puissance :
Et desia d'Albion sont couuertes les Eaux,
De l'ombre des hauts Mats de cent & cent Vaisseaux.
Ce dangereux Torrent vient inonder l'Empire :
Ce Peuple belliqueux, rien que sang ne respire :
Et si vous n'agissez comme il est à propos,
Les Romains ses Vainqueurs, seront vaincus des Goths.
Race de Constantin, & du Grand Theodose,
Prince pensez à vous, & pesez bien la chose :
Songez pour preuenir les funestes hazards,
Que vous estes assis au Throne des Cezars :
Qu'il en faut soustenir, & le Nom, & la gloire :
Et remporter comme eux, victoire sur victoire :
Et non pas endurer par excés de bonté,
Que nous soyons domptez par vn Peuple dompté.
Alaric est vaillant, mais enfin c'est vn homme :
Toute la Terre tremble au simple Nom de Rome :

Ff

Elle met aux plus fiers la pasleur sur le teint :
Elle a vaincu le Monde, & le Monde la craint.
Allez, allez à Rome en deffendre les Portes :
Où plutost en sortir auec mille Cohortes :
Et deffendant des Monts le Rampart eternel,
Que l'Aigle fonde enfin sur ce Grand Criminel.
Auec ces mots hardis le faux Eutrope acheue :
Mais l'Empereur s'abat plus qu'on ne le releue :
Ces discours genereux pour luy n'ont point d'apas :
Et ce cœur endormy ne s'en réueille pas.
Mon Frere, respond-il, conçoit trop d'espouuante :
Car de quelque valeur qu'vn Vandale se vante,
L'Esclaue des Romains ne peut estre leur Roy,
Et n'oseroit songer à s'attaquer à moy.
Ce bruit sans fondement n'est rien qu'vne chimere :
Ie n'en changeray point ma conduite ordinaire :
Vos discours ennuyeux sont icy superflus :
Allez, retirez-vous, & ne m'en parlez plus.
A ces mots sans raison, le Demon se retire ;
Disparoist & s'enuole au Siege de l'Empire :
Où se changeant encore en vn vieux Senateur,
Il monte au Capitole auec ce front menteur.
O Romains (y dit-il auec de feintes larmes)
Ie vous voy sans raison en vous voyant sans armes :
Et pourquoy ne voit-on ces armes en vos mains,
O Romains sans raison, si vous estes Romains ?
Les Goths, les Goths cruels, viennent pour nostre perte :
Desia d'vn Camp nombreux la Tamise est couuerte :

Et le Tibre dans peu comme elle le fera,
Par ce Peuple aguerry qui nous attaquera.
L'Empereur d'Orient en mande la nouuelle,
Et dit qu'elle est certaine, & son aduis fidelle :
Et cependant son Frere, endormy comme il est,
Veille aussi peu pour nous, que pour son interest.
Il ne veut point le croire ; il ne veut point l'entendre ;
Ferons-nous comme luy ? nous laisserons-nous prendre ?
Et mesprisant ainsi de si fiers Ennemis,
Voulons-nous que les Goths nous trouuent endormis ?
Soustenons, soustenons la Majesté Romaine :
Alaric, si l'on veut, vient reprendre sa Chaine :
Et si nous connoissons quel est nostre pouuoir,
L'Esclaue reuolté connoistra son deuoir.
Regardons, regardons, ces Marques de victoire ;
Cét Arc de Constantin, superbe & plein de gloire ;
Tous ces Grands Monumens de nos braues Ayeuls,
Ces Despoüilles des Roys qu'ils surmonterent seuls ;
Ces superbes Tombeaux des Maistres de la Terre ;
Ces Aigles qui par tout ont porté le Tonnerre ;
Ces Sceptres, ces Faisceaux, ces Thrônes, & ces Chars,
Et des premiers Consuls, & des premiers Cezars.
Voulons-nous oublier par vne erreur profonde,
Que nous sommes les Fils de ces Vainqueurs du Monde ;
Que ce Monde est à nous en estant Possesseurs,
Et qu'il nous apartient comme leurs Successeurs ?
Reuoyons, reuoyons, leurs illustres Images,
Afin de r'animer nos bras & nos courages :

Et par ce Grand Exemple, esleuant nos Esprits,
Prenons pour Triompher le chemin qu'ils ont pris.
Couurons de nos Boucliers, couurons de nos Espées,
Les Cendres des Cezars, les Cendres des Pompées;
Leurs Tombeaux ; leurs Autels, tant de Siecles gardez ;
Et deffendons ces Murs que Romule a fondez.
Mais sans parler des Morts dans ces perils extrêmes,
Deffendons nos Enfans, nos Femmes, & nous mesmes :
Deffendons la Patrie auec nos fortes mains :
Et viuons, & viuons, ou mourons en Romains.
A ces mots le Demon, pour entrer dans leur ame,
Fait glisser dans leur corps vne subtile fláme :
Tasche de desmesler dans leurs timides cœurs,
Quelque goutte du sang de ces premiers Vainqueurs :
La réchauffe ; l'allume ; & l'ayant allumée,
Mesle à ce Noble feu l'infernale fumée ;
Adiouste la furie au desir de l'honneur ;
Et tout est agité par l'adroit Suborneur.
Tout paroist genereux ; tout paroist en colere ;
La honte du passé les resoud à mieux faire ;
L'inuincible Brutus semble ressuscité ;
Et l'on entend crier, liberté, liberté.
Aussi-tost Stylicon prenant douze Cohortes,
Des hauts Murs des Romains passe les larges Portes :
Vers les Alpes s'auance, & dans ces Rochers creux ;
Dans ces destours couuerts ; & ces Bois tenebreux ;
Il cache ses Soldats, & tout remply d'audace,
Il attend qu'Alaric, & le Camp des Goths passe.

Cependant Leuiathan ne perdoit pas le temps:
Et lors que Stylicon cachoit ses Combatans,
Dans la nouuelle Rome auec vne autre ruse,
Il estonnoit la Cour, & la rendoit confuse.
Il se dit Enuoyé du Peuple & du Senat;
Il parle d'Alaric auec vn grand éclat;
Il dit quel est ce Prince ; il le peint ; il le nomme;
Il dit qu'Honorius veut abandonner Rome;
Et que si l'on ne suit vn conseil plus prudent,
Les Goths vont renuerser l'Empire d'Occident.
Il represente apres auec beaucoup d'adresse,
Dans le mal des Romains l'interest de la Grece:
Fait voir qu'en r'assemblant ces Grecs & ces Romains,
Le Destin de l'Empire est en leur propre mains.
Au lieu que separez, par leur foiblesse égale,
On les peut voir tous deux vaincus par le Vandale.
Il exagere apres la haute ambition,
De cette redoutable & fiere Nation,
Qui d'vn Climast si loin ; qui d'vn bout de la Terre;
Iusques au Vatican ose porter la Guerre.
Il fait qu'Arcade voit l'importance du cas;
Il l'esbranle ; il le presse ; il ne le quitte pas;
Enfin par ses conseils son ame irresoluë,
Voit plus clair ; s'affermit ; & la guerre est concluë.
L'Empereur aussi-tost fait chois de tous les Chefs:
Le Bosphore est couuert de Soldats & de Nefs:
Et le Demon rauy du succés de la chose,
Parle ; agit ; persuade ; & iamais ne repose:

Anime les Soldats ; anime l'Empereur ;
Et leur inspire à tous vne égale fureur.
Comme on voit le Chasseur comblé d'ayse & de ioye,
Lors que dans ses Filets il fait donner la proye :
Ainsi du fier Demon les vœux sont satisfaits,
Par l'artifice adroit dont il voit les effets.
Mais durant qu'il trauaille à l'important Ouurage,
Le trompeur Asmodée enclos dans vn Nuage,
S'enuole droit à Birch, où sans corps & sans bruit,
Il voit Amalasonthe au milieu de la nuit ;
Qui pleine de soucy ; qui pleine de tristesse ;
Se tourne ; ne dort point ; & soûpire sans cesse.
L'Esprit ingenieux redouble ses efforts :
De sa Mere deffunte il emprunte le corps :
Il en a l'air ; la taille ; & les traits du visage ;
Il s'aproche ; il gemit ; & luy tient ce langage.
Ma Fille escoute-moy ; ma Fille songe à toy ;
Tu vas perdre bien-tost, & le Sceptre, & le Roy :
L'inconstant Alaric, te change ; t'abandonne ;
Et tu n'auras iamais son cœur ny sa Couronne.
Il te quitte, l'ingrat, pour vn nouuel Objet :
Sur les bords d'Albion, ce Roy deuient Sujet :
Et parmy ces Rochers, vne belle Insulaire,
Dés le premier instant a sceu l'art de luy plaire ;
A destruit ton espoir ; a suborné son cœur ;
Effacé ton Image ; & vaincu ce Vainqueur.
Il faut te dire tout : les Beautez de cette Isle,
Ont certaine langueur dont l'atteinte est subtile :

Vn merueilleux éclat ; vne extréme blancheur ;
Et du plus beau Printemps l'eternelle fraicheur.
Iuge de leur effet ; iuge de leur puiffance ;
Vois quel eft leur pouuoir, & celuy de l'abfence ;
Et ne t'eftonne point, fi ne te voyant pas,
Alaric fait ceder ton charme à leurs apas.
Lors qu'il aura dompté la puiffance Romaine,
Tu le verras, ce Roy, t'amener vne Reyne :
Et tu te trouueras, apres vn tel retour,
Et Riuale, & Sujete, & la haine, & l'amour.
Oppofe, oppofe donc, pour vaincre ta Riuale,
Et tes yeux à fes yeux ; & l'abfence fatale :
Oüy, durant qu'Alaric en fera feparé,
Va furprendre vn efprit qui n'eft point preparé :
L'abfence te nuifit ; & l'abfence de mefme,
Ne peut qu'eftre nuifible à cét objet qu'il ayme.
Puis qu'elle a fait ton mal, qu'elle faffe ton bien :
Si tu vois Alaric, ie ne craindray plus rien :
Tu le regagneras ; & s'il te voit paraiftre,
Cét Efclaue efchappé reconnoiftra fon Maiftre :
R'entrera dans fes Fers comme dans fon deuoir :
Et tu te reuerras dans ton premier pouuoir.
Va donc, ma chere Fille, où ta gloire t'apelle :
Va reprendre le cœur de ce Prince infidelle :
Va chercher les moyens de finir ton ennuy :
Va dans les Champs Latins Triompher comme luy.
Vne Tempefte gronde au Riuage de Grece,
Qui fondant fur l'Amant feruira la Maiftreffe :

Et dans l'accablement où se verra le Roy,
Si tu vas, s'il te voit, ie le reuois à toy.
A ces mots disparoist la pasle & plaintiue Ombre:
La Fille se releue, & dans vn lieu si sombre,
Trois fois pour l'embrasser cette Belle courut,
Et toutes les trois fois cette Belle ne put:
Le Fantôme leger de la Personne aymée,
Eschappant comme vn vent, ou comme vne fumée.
Alors cette Beauté retombe sur son Lict,
Le cœur tout palpitant de crainte & de despit:
Mais bien que de la voix elle ait perdu l'vsage,
Vne noble fierté paroist sur son visage:
Et la colere enfin, auec beaucoup d'eclat,
Parmy son pasle teint remet de l'incarnat.
Comme lors que l'on voit sur la mobile Nuë,
Vne Couleur de Pourpre au Marinier connuë,
Il iuge que l'Orage est tout prest d'eclater,
Bien que la Mer tranquile ait dequoy le flater.
De mesme la rougeur de la Belle offensée,
Fait predire l'orage esmeu dans sa pensée:
Et son ame sortant de ce triste repos,
Auec vn grand soûpir elle eclate en ces mots.
Quoy, l'ingrat me trahit! quoy, l'ingrat m'abandonne!
Il m'a donné son cœur, & le lasche le donne!
Et par vn nouueau crime augmentant mon ennuy,
Il donne, le meschant, ce qui n'est plus à luy.
Quoy, dés le premier pas, il bronche le perfide!
A peine est-il encor sur la Campagne humide,

Qu'il

LIVRE SIXIESME.

Qu'il perd le souuenir de mon cruel soucy,
Plus leger que les Vents qui l'ont osté d'icy.
Quoy donc, chaque Rocher, chaque Isle, chaque Terre,
D'vne nouuelle amour fera toute sa Guerre ;
Et l'on verra partout ce superbe Vainqueur,
Loin d'assujettir Rome, assujettir son cœur !
Rome ne crains plus rien, tu n'as plus rien à craindre :
Car puis qu'ainsi par tout ce Heros doit se plaindre ;
Car puis qu'ainsi par tout doit tarder ce Grand Roy,
Il ne peut viure assez pour aller iusqu'à toy.
Pour m'auoir pû quitter il meritoit ma haine ;
Pour m'auoir pû changer il faut vne autre peine ;
Oüy, puis qu'vn autre feu peut ainsi l'embraser,
C'est trop peu que haïr, il faut le mespriser.
Mesprisons, mesprisons, vne telle foiblesse :
Mon cœur pour s'en fascher connoist trop sa Noblesse :
Ie sens que i'en rougis, l'aprenant aujourd'huy ;
Ie le sens, il est vray, mais i'en rougis pour luy.
Pardonne donc, chere Ombre, à mon ame outragée,
Le refus du voyage où tu m'as engagée :
Ie n'iray point chercher celuy qu'il faut banir,
Indigne de ma flâme, & de mon souuenir :
Ie n'iray point chercher, vn cœur foible ; vn faux Braue ;
Qui part pour Triompher, & qui reuient Esclaue :
Qui borne sa Conqueste aux Rochers d'Albion ;
Qui n'oseroit voir Rome auec sa passion ;
Et qui loin d'aspirer au Thrône de l'Empire,
Pour vn indigne Objet, indignement soûpire.

Qu'il reuienne l'ingrat auec ce bel Objet,
Car i'auray du plaisir de voir vn Roy Sujet.
Non, foible sentiment, mon esprit te rejette:
En le voyant Sujet, il me verroit Sujette;
Son rang seroit le mien ; & pour comble d'ennuy,
On me le verroit d'elle aussi bien que de luy.
Non, non, partons plutost, faisons ce long voyage:
Mais non pas pour prier, vn perfide, vn volage;
Mais non pas pour tascher de regagner son cœur,
Indigne de mes soins ; digne de ma rigueur:
Mais pour tascher plutost d'auoir quelque allegeance,
Par l'illustre moyen d'vne illustre vengeance:
Afin que luy perçant ce cœur malicieux,
Ma main, ma iuste main, fasse plus que mes yeux.
Partons, partons enfin, puis que la chose presse:
Armons-nous, armons-nous, puis que l'on s'arme en Grece:
Voguons vers le Bosphore, & sans plus discourir,
Allons chercher à vaincre, où du moins à mourir.
A ces mots elle appelle ; & la Beauté diuine,
A ce hardy dessein son esprit determine:
Donne ordre à son despart sans qu'on en sçache rien;
S'embarque, & va chercher, ou son mal, ou son bien:
Et la belle Amazone emporte sur les Ondes,
D'vn genereux despit les blessures profondes.
Mais nous laissons dormir trop long-temps vn Heros:
Allons donc interrompre vn si profond repos:
Et reuoyant le bord de la Terre Albionne,
Reuoyons le plaisir que sa Flote luy donne:

LIVRE SIXIESME. 235

Et suiuant pas à pas tous ses soins diligens,
Ce que fait Alaric, & ce que font ses Gents.
A peine le Soleil paroist sur les Montagnes,
Que tout le Camp agit dans ces vastes Campagnes:
Que tout va; que tout vient; & que tout est placé,
Pour reparer des Nefs le desordre passé.
Icy tombent des Pins les plus superbes testes;
Icy fume la Poix qui resiste aux Tempestes;
Icy les Charpentiers font aller & venir,
Ce fer mordant & prompt, que l'on leur voit tenir:
L'vn bas & l'autre haut, sur des Perches croisées,
D'où tombent du grand Tronq les Planches diuisées.
Icy mille Maillets, par des coups redoublez,
Font retentir des Monts tous les Echos troublez:
Icy mille Marteaux parmy les Vallons proches,
D'vn bruit aigre & sonnant, font respondre les Roches:
Et durant quinze iours, bien auant dans la nuit,
S'estend de ces Ouuriers le trauail & le bruit.
Alaric les carresse; Alaric les anime;
Il paroist liberal autant que magnanime;
Et pour haster l'Ouurage, auecques des presens
Il excite au labeur ces adroits Artisans.
Mais comme il prend plaisir, à resuer, à se taire,
Il s'escarte, & reuoit l'illustre Solitaire,
Qui chaque iour luy fait mille doctes discours,
De la foible raison l'infaillible secours.
Or comme le Heros à l'ame toute pleine,
De l'éclattant Portrait de cette GRANDE REINE,

Gg ij

Que le Destin promet à la Grandeur des Goths,
Il le remet tousiours sur ce mesme propos.
Cependant le temps coule, & l'Ouurage s'acheue:
Les Vaisseaux sont en Mer, & le bon Vent se leue:
Alaric se r'embarque, & vogue heureusement,
Loin des bords d'Albion sur l'humide Element.
Comme sur le Thaurus l'on voit la blanche Troupe,
Franchir de ce grand Mont la dangereuse Croupe,
D'vn vol precipité qui s'esloigne en bruyant,
Des Aigles qu'elle craint, & qu'elle va fuyant.
Ainsi toutes les Nefs à Voiles estenduës,
Semblent presques voler sur les Vagues fenduës:
Et redoublant des Flots, & la course, & le bruit,
Vne trace d'escume, en tournoyant les suit.
Desia sur la main gauche, en costoyant la France,
La Flote voit de Brest la pointe qui s'auance:
Laisse loin les Rochers du perilleux Heissant,
Et l'Isle d'Oleron qu'elle voit en passant:
Lors que le Marinier qui fait garde à la Hune,
Voyant confusément la Mer vn peu plus brune,
Attache ses regards ; l'obserue auecques soin ;
Et distingue à la fin vne Flote bien loin.
Aussi-tost il s'escrie, & fait signe au Pilote,
Redoublant par deux fois, arme, arme, Flote, Flote:
A ce cry tout remuë ; & chacun sur les Eaux,
Tasche de remarquer le nombre des Vaisseaux.
Ce nombre leur paroist esgaler les Estoiles:
Ces Nefs viennent sur eux, à Rames comme à Voiles:

LIVRE SIXIESME.

Tout vogue en fort bon ordre ; & peu de temps apres,
On les iuge Ennemis lors qu'on les voit de pres.
Par tout on voit briller les armes esclatantes ;
Par tout on voit voler les Enseignes flotantes ;
Sur la superbe Poupe ; aux Antenes ; aux Mats ;
Mille & mille Guidons serpentent haut & bas.
La rouge Pauesade est à chaque Nauire,
Comme vn Mur esclatant par où le Soldat tire:
Lors que d'vn Arc courbé, faisant voler ses Traits,
Il s'en forme dans l'air comme vn Nuage espais.
Mille & mille Clairons, mille & mille Trompetes,
Anoncent aux Guerriers, les guerrieres Tempestes:
Excitent au Combat ; & cent & cent Tambours,
Meslent aux sons aigus, leurs sons grondans & sourds.
L'inuincible Alaric qui voit la grande Armée,
D'vn Heroïque feu sent son ame allumée:
Il esclate en ses yeux ; & d'vn regard brillant,
Le Heros se fait voir aussi gay que vaillant.
Il met toutes ses Nefs sur vne mesme Ligne :
Et du Grand General la preuoyance insigne,
Qu'au milieu des perils on remarque souuent,
En gauchissant vn peu luy fait gagner le vent.
Pauillons, Panonceaux, Banderolles, & Flames,
En ondoyant en l'air, tombent iusques aux Rames :
Touchent presques la Mer ; & d'vn vol incertain,
Se releuent apres d'vn mouuement hautain :
Et vole sur ces Nefs aussi vistes que bonnes,
Le fameux Estendart où l'on voit trois Couronnes:

Gg iij

Et font tout retentir aux airs des enuirons,
Timbales & Tambours, Trompetes & Clairons:
Et sur tous les Vaisseaux brillent les fieres Armes,
Redoutables Esclairs, des Foudres des allarmes.
Le Roy dans vn Esquif pour animer ses Gents,
Anime par sa voix six Rameurs diligents:
Et va de Bord en Bord tout le long de la Flote,
Inspirer quelque ardeur d'vne valeur si haute.
Compagnons, leur dit-il, nous allons estre aux mains,
Auec quelque Amiral, Esclaue des Romains:
Il vient auec des Fers disputer la victoire :
Voicy le premier pas qui conduit à la Gloire:
Nous cherchons ce chemin, il nous le vient tracer:
Rome est de ce costé, c'est là qu'il faut passer.
Nous vaincrons, nous vaincrons (dit à tous les Nauires,
Ce braue Conquerant qui songe à des Empires)
Et de tous les Vaisseaux, par des cris hauts & longs,
On respond au Heros, nous vaincrons, nous vaincrons.
Alors sans perdre temps en des paroles vaines,
Voyant bien resolus Soldats & Capitaines,
Il regagne son Bord, où lors qu'il s'est remis,
Il fait sonner la charge, & vogue aux Ennemis.
Sous des coups redoublez tremble toute la Poupe,
Et la Vague blanchit la Rame qui la coupe:
Car l'escume en boüillonne, & le plus fort Rameur,
En paroist hors d'haleïne, & couuert de sueur.
Sous tant de grandes Nefs, toute l'Onde est cachée;
Et Rigilde en enrage, en son ame faschée:

Car Belzebuth & luy, font parmy ces Vaisseaux,
Qui pour venir au Roy fendent aussi les Eaux.
Du fier Iberien ils redoublent l'audace ;
Font prendre le Bouclier ; font prendre la Cuirace ;
Le Casque auec l'Espée ; & de tous les Soldats,
Excitent au Combat, & le cœur, & le bras.
Comme on voit quelquesfois dans la verte Prairie,
Sur le milieu du iour les Taureaux en furie,
Courir la teste basse, & de diuers costez,
Ne s'arrester iamais qu'ils ne se soient heurtez.
Ainsi voit-on alors dans l'humide Campagne,
Et du Party des Goths, & du Party d'Espagne,
Voguer toutes les Nefs, pres à pres, front à front,
Et se heurter enfin comme ces Taureaux font.
Tout conserue son rang parmy ces Nefs armées :
La Terreur court & vole entre les deux Armées :
Vn silence profond suspend tous les esprits :
Mais vn moment apres tout pousse de grands cris.
A ces cris l'on adiouste & mille & mille Flesches,
Qui sur tous les Vaisseaux font mille & mille bresches :
Tout l'air brille en ce lieu d'vn fer estincelant,
Qui porte la frayeur, & la mort en volant :
Et cent & cent Cailloux, qui volent pesle-mesle,
Font tomber en bruyant, leur dangereuse Gresle :
Et desia par ces coups, l'on voit sur plus d'vn Bord,
Le desordre, l'horreur, & le sang, & la mort.
Comme on voit en Esté, quand la recolte est belle,
Tomber confusément, Iauelle sur Iauelle :

Ainſi voit-on alors tomber ſur les Vaiſſeaux,
Les Soldats que la Mort abat auec ſa Faulx.
Cependant tout s'auance ; & les Nefs auancées,
Se heurtent de la Proüe, & s'acrochent froiſſées :
Tout en branſle au Tillac, qui plie & qui gemit,
Et de l'Airain ſonnant, le grand choq retentit.
Alors des fiers Soldats les Troupes occupées,
Oppoſent Dards à Dards ; font flamber leurs Eſpées ;
Se couurent des Boucliers ; & courbant tout le corps,
En redoublent encor leurs terribles efforts.
Sous leurs coups redoublez les Caſques eſtincellent ;
Tels ſous l'Ætna flambant, les Cyclopes martellent ;
Tout eſt frapé ; tout frape ; & l'on voit ſous leurs pas,
Tomber confuſément, teſtes, iambes, & bras.
L'vn tombe renuerſé dans l'Onde enſanglantée,
Atteint du coup mortel d'vne pierre iettée :
L'autre pour n'y pas cheoir, par vn coup hazardeux,
Embraſſe vn Ennemy, mais ils tombent tous deux :
Et la Mer engloutit par le poids de leurs Armes,
Dans ſes Gouffres cachez, ces malheureux Gendarmes.
Quelquesfois l'Eſpagnol reculle trop preſſé,
Et le Goth à ſon tour eſt enfin repouſſé :
Et bien que ſon Grand Roy ſoit plus vaillant qu'Hercule,
Tout balence long-temps ; tout auance & recule.
Comme on voit ſur le Sable, au bord des vaſtes Mers,
Aller & reuenir leurs Flots touſiours amers :
Ainſi voit-on des Goths, & des Soldats d'Ibere,
Le ſuccés fauorable, & le ſuccés contraire :

Sans

LIVRE SIXIESME.

Sans que tout leur effort puisse encor decider,
A qui doit le Destin la victoire accorder.
Le vaillant Radagaise auancé sur sa Proüe,
Tesmoigne vne valeur que tout le monde loüe :
Tu la sentis Fernand, Espagnol genereux,
Qu'on ne vit pas moins braue, & qu'on vit moins heureux:
Et de vingt comme toy la trame fut coupée,
Par cette dangereuse & redoutable Espée.
Le fier Athalaric repoussé dans son Bord,
Plus foible qu'on le croit, se trouue le plus fort :
Et de sa longue Pique, à grands coups il separe,
Les Soldats trop serrez du courageux Aluare.
Hildegrand au contraire, encor qu'il soit prudent,
Se trouue menacé d'vn funeste accident :
Car lors que sur sa Proüe il arreste vne Troupe,
Vne Galere encor vient inuestir sa Poupe :
Tout tremble du grand coup dont son Bord est frapé,
Et le sage Guerrier se trouue enuelopé.
Mais Haldan qui sur luy voit fondre cét orage,
Vogue diligemment, l'assiste, & le desgage :
Receuant en ce lieu, sur son large Pauois,
Sans reculer d'vn pas, mille Traits à la fois.
Le Lusitanien, & la belle Laponne,
Disputent à l'enuy l'immortelle Couronne :
Diego de son Bouclier couure l'Objet aymé ;
Elle de qui le cœur n'est pas moins enflâmé,
Auec son propre sein, couure celuy qu'elle ayme ;
Et tous deux à leur Pere en font apres de mesme.

Hh

O Spectacle admirable, autant qu'il est charmant!
L'Amant deffend l'Amante, & l'Amante l'Amant:
Et tous les deux ensemble, auec gloire eternelle,
Couurent esgalement la teste Paternelle:
Et tous deux genereux, tendans au mesme But,
Se preferent l'vn l'autre à leur propre salut.
Wermond infatigable au trauail de la Chasse,
L'est de mesme au Combat, & iamais ne se lasse:
Il presse; il heurte; il frape; & sans peur de perir,
Il resoud en son cœur de vaincre ou de mourir.
L'on voit l'adroit Sigar mesnager sa fortune,
Et choisir à ses coups la rencontre oportune:
Ceder, plier, gauchir, reculer, esquiuer,
Tomber mesme parfois, & puis se releuer.
Le prudent Theodat, Guerrier remply d'adresse,
Se deffend finement, d'Inigo qui le presse:
Fait sarper en arriere, & d'vn robuste bras,
Iette dans ce Nauire vn feu qui n'esteind pas.
Parmy l'humide bois la tardiue fumée,
Se mesle à gros flots noirs à la flâme allumée:
Elles rampent ensemble, & rauagent par tout;
Et de rouge & de noir, de l'vn à l'autre bout,
Couurent le grand Vaisseau, qui sans aucun orage,
Voit sa perte assurée, & son prochain naufrage.
Le pasle Marinier, certain de son Tombeau,
N'a que le triste chois de la flâme ou de l'eau:
Et pendant qu'il hesite, & qu'il balence encore,
Ce Vaisseau coule à fonds que la flâme deuore:

Et la Mer à son tour, lors qu'il est plein de feux,
L'engloutit tout bruslant dans ses Abysmes creux.
Cependant tout combat, cependant tout chamaille;
Sans perdre ny gagner la Nauale Bataille:
Et sans determiner ces Destins importans,
La Fortune balence entre les Combatans.
Mais parmy ces Guerriers, Alaric se signale:
Aux plus fiers ennemis sa valeur est fatale:
Et pour le Haut Laurier où sa Gloire pretend,
Malheur à qui le voit ; malheur à qui l'attend.
Tout redoute, tout fuit, sa flamboyante Espée,
Qui degoutte du sang dont on la voit trempée :
Rien ne peut soustenir ses merueilleux efforts :
Autant de coups qu'il donne, autant d'illustres morts :
Il repousse ; il attaque ; il soustient ; il assiste ;
Son Espée est vn Foudre, à qui rien ne resiste ;
Et bien loin d'arrester son bras victorieux,
À peine soustient-on les Esclairs de ses yeux.
Comme lors qu'vn Sanglier de sa forte Deffense,
A de plus d'vn Molosse arresté l'insolence,
Et teint auec leur sang, & l'Herbe, & le Rocher,
La Meutte qui le suit n'ose plus l'approcher.
Ainsi voyant les coups si terribles qu'il donne,
Tout s'arreste à l'instant ; tout le craint ; tout s'estonne ;
Et voyant trop à craindre, & trop à hazarder,
Les plus determinez n'osent le regarder.
L'Amiral Espagnol, le genereux Ramire,
Plus ferme toutesfois, le regarde ; l'admire ;

Hh ij

Et voyant que la mort ne se peut éuiter,
Pour l'auoir honnorable il le vient affronter.
D'vn grand & dernier coup il attaque sa teste :
Mais son large Bouclier repousse la Tempeste :
Et d'vn coup bien plus grand finissant le Combat,
Le Sabre d'Alaric, le foudroye, & l'abat.
Il obtient ce qu'il cherche ; & la main glorieuse,
D'vn Heros inuincible en est victorieuse :
Il tombe ; & ce Heros Triomphant par sa mort,
S'eslance haut en l'air, & saute dans son Bord.
Tout fuit au mesme instant, de la Prouë à la Poupe :
Il y voit à ses pieds cette craintiue Troupe :
Sans armes, sans courage, & sans pouuoir courir,
Qui meurt, ou peu s'en faut, de la peur de mourir.
Tout le suit ; tout l'imite ; & par cette vaillance,
La moitié des Vaisseaux tombe sous sa puissance :
Et l'autre se seruant de l'ombre de la nuit,
Se desrobe au Vainqueur, rame, part, & s'enfuit.

Fin du sixiesme Liure.

ALARIC,
OV
ROME VAINCVË.

LIVRE SEPTIESME.

PARMY l'obscurité, la Flote deplorable,
Se sert heureusement de l'heure fauorable:
Et dans les Flots noircis, sa derniere vi-
   gueur,
Sauue enfin les Vaincus, de la main du
   Vainqueur.
Comme on voit le Chasseur au pied des Monts de Thrace,
Lors que du Cerf qui fuit il a perdu la trace,
S'arrester incertain parmy ces pas confus,
Retourner sur les siens, & ne le suiure plus.
Ainsi le Grand Heros, parmy cette ombre noire,
Ne discernant plus rien, borne enfin sa victoire;

S'arreste ; & ne suit plus l'Espagnol aux abois,
Afin de le reuaincre vne seconde fois.
Apres auoir donné ses ordres au Pilote,
L'inuincible Alaric reuoit toute sa Flote:
Leur porte le doux fruit de leurs trauaux passez;
Soûpire pour les Morts ; console les blessez;
Parle de leur valeur en termes honnorables;
Esleue iusqu'au Ciel leurs Exploits memorables;
Et bien que plus qu'eux tous il ayt veu le hazard,
A cette Haute gloire il prend la moindre part.
Comme on voit l'Ocean receuoir cent Riuieres,
Sans estre plus enflé, ny ses ondes plus fieres:
Ainsi le Grand succés au cœur de ce Heros,
Ne met aucun orgueil non plus qu'en ses propos.
A ses propres Captifs il fait benir leur Chaisne;
Et sans les affliger d'une parole vaine;
Il impute au Destin, sa gloire & leur malheur,
Bien qu'il la doiue toute à sa propre valeur.
Cependant vers l'Espagne il fait tourner la Proüe:
Et durant qu'il les flatte ; & durant qu'il les loüe;
On vogue ; & le Heros, bien qu'il n'en parle pas,
Prepare son courage à de nouueaux Combats.
Mais le noir Belzebuth, & Rigilde en furie,
Sur les Vaisseaux battus regagnent l'Iberie:
Où dés qu'ils sont à bord, le Sorcier furieux,
Veut obscurcir l'éclat d'vn Roy victorieux.
Illustres Combatans (dit ce faiseur de Charmes)
Ce funeste accident ne vient point de nos Armes:

Qui

LIVRE SEPTIESME.

Qui blâme nos Exploits, le fait mal à propos :
Le Vent nous a vaincus, & non le Roy des Goths.
Mais il n'est pas encore à la fin de la Guerre :
Il a vaincu sur l'Eau ; nous vaincrons sur la Terre.
C'est là que l'on discerne, & le foible, & le fort ;
C'est là que chacun fait son bon ou mauuais sort ;
C'est là que la valeur acquiert vne Couronne,
Sans la tenir des Flots ; sans que le Vent la donne ;
C'est là que ce Pirate aporte son Butin ;
C'est là que nostre bras fera nostre destin.
Soldats, vous le sçauez, la Fortune est changeante,
Et par là nous vaincrons, puis qu'elle est inconstante :
Le malheur est passé ; l'orage est diuerty ;
Et qui fut contre nous, suiura nostre Party.
L'aspect de nos Maisons, que nous deuons deffendre,
Nous fera tout oser, comme tout entreprendre :
Faisons que l'Ennemy nous trouue en toutes parts,
Et soyons le Rampart de nos propres Ramparts.
A ces mots le Demon inspire, excite, anime ;
Du plus foible Soldat il fait vn magnanime ;
Il redonne du cœur aux Guerriers estonnez,
Et leur fait esperer de se voir Couronnez.
Comme on voit des Pigeons la Troupe espouuentée,
Lors qu'apres sa frayeur l'Esperuier l'a quittée,
Se r'assembler en gros, fondre, & puis s'arrester,
Loin de cét Ennemy qui les fit escarter.
Ainsi les Espagnols, loin d'vn Prince inuincible,
Dont la vaillante main leur parut si terrible,

Reprennent quelque cœur ; reforment vn grand Corps;
Et semblent disposez à de nouueaux efforts.
Desia les Bataillons sont formez sur la Riue,
Où chacun prend sa place à l'instant qu'il arriue:
Desia de toutes parts sur le Sable mouuant,
Les superbes Drapeaux volent au gré du Vent:
Lors qu'auecques le iour qui chasse les Estoiles,
On descouure Alaric qui vient à toutes Voiles:
Et qui tout glorieux de son premier effort,
Tourne vers eux la Proüe, & vient droit à leur Port.
Aussi-tost qu'on le voit, tout branle, tout s'apreste;
Et du costé des Flots, tout marche, tout fait Teste;
Et tous les rangs pressez opposent aux regards,
Vne affreuse Forest de Piques & de Dards.
Les Femmes sur les Murs toutes escheuelées,
Poussent iusques au Ciel des plaintes desolées:
Et monstrant leurs Enfans aux Peres genereux,
Semblent les exciter à combatre pour eux.
L'inuincible Alaric redouble son courage:
Il voit vn Mur de fer qui borde le riuage:
Il voit briller partout les Armes dans leurs mains:
Mais cette fierté plaist au Vainqueur des Romains.
Son cœur mespriseroit la facile victoire;
Cet intrepide cœur veut achepter la gloire;
Et dans la noble ardeur dont il est enflamé,
Plus le peril est grand, plus il est animé.
Ses ordres sont portez de Pilote en Pilote:
En Esquadres alors, il diuise la Flote:

LIVRE SEPTIESME.

Et trente Nefs de front voguent esgalement,
Et sarpent vers le bord, & viste, & fierement.
De tous les deux costez la guerriere harmonie,
Excite de nouueau la vaillante manie :
Et le Vaisseau du Roy vient le Pauillon haut,
Comme meilleur Voilier, le premier à l'Assaut.
Ce Prince est sur la Proüe auec vne Rondache,
Armé d'vn Casque d'Or, où flote vn grand Panache :
Faisant briller aux yeux des Espagnols confus,
Le redoutable Fer dont il les a vaincus.
Le pied gauche auancé ; la main droite esleuée ;
Cette main que l'Espagne a trop bien esprouuée ;
Ramez, ramez (dit-il, dans son noble transport)
Et donnons de la Proüe au milieu de ce Port.
Il le dit ; on le fait ; mais auant qu'il aproche,
Il combat à couuert sous les Traits qu'on décoche :
Et de tous ses Vaisseaux opposant Traits à Traits,
Il en couure à son tour les Bataillons espais.
Ces trente Nefs de front à trauers ce nuage,
A force de ramer se font vn grand passage :
Et donnant dans le Port toutes en mesme temps,
Attachent main à main tous ces fiers Combatans.
Ceux-cy veulent sauter vers ces Troupes pressées,
Mais on baisse contre eux cent Piques herissées :
Les vns meurent debout, mortellement percez ;
Les autres sans blessure en tombent renuersez ;
L'vn s'eslance à demy ; l'autre encor se consulte ;
A tous momens s'accroist l'effroyable tumulte ;

Des Piques & des Dards, des Traits & des Cailloux,
Tombe confusément vne gresle de coups:
Et le Fer d'Alaric, par cent coups Heroïques,
Frape & coupe en sifflant, & cent Dards, & cent Piques:
Ne trouue point d'obstacle à son prompt mouuement;
Et ne rencontre rien qu'il ne rompe aysément.
Comme dans les Forests on peut voir les Tempestes,
Abattre des Sapins les plus superbes testes;
Ainsi voit-on alors parmy ces Grands Exploits,
Le Sabre d'Alaric abattre ces longs bois.
Mais enfin se lassant de cette resistance,
A trauers mille Traits ce Grand Heros s'eslance:
On le voit haut en l'air où sa valeur l'a mis,
Et tomber comme vn Foudre entre les Ennemis.
D'abord vn si grand saut, les surprend, les estonne:
Mais n'estant secondé, ny suiuy de personne,
On l'attaque; on le presse; & de tous les costez,
Sur son large Pauois mille Dards sont iettez.
Comme vn Chesne battu des Vents & de l'Orage,
Lors qu'il en est choqué se roidit dauantage;
Resiste à la Tempeste; & malgré ses efforts,
Semble sur sa Racine affermir son grand Corps.
Ainsi de ce Heros la valeur attaquée,
Resiste d'autant plus, que plus elle est choquée:
Elle est tousiours plus ferme; & loin de reculer,
L'effort des Ennemis ne sçauroit l'esbranler.
Cependant de partout, volent Soldats à Terre:
On voit changer de face à la sanglante Guerre:

LIVRE SEPTIESME.

Et l'exemple du Roy, fait que malgré la Mort,
Tout quitte les Vaisseaux ; tout saute sur le Port.
Les Chefs des braues Goths, dés qu'ils sont sur le Sable,
Forment des Bataillons la face redoutable :
Et la Pique baissée, & suiuis de l'effroy,
Marchent pour desgager leur inuincible Roy.
Mais ce puissant secours estoit peu necessaire,
Aucun n'aprochant plus d'vn si Grand Aduersaire :
Car les horribles coups qu'il a desia donnez,
Retiennent loin de luy les Soldats estonnez.
Comme aux Champs de Lybie vn Lion qui pantelle,
Fait que les Chiens ardents, qui de sa dent cruelle
Et de sa griffe encore, ont senty la vigueur,
S'arrestent en desordre, & demeurent sans cœur.
Ainsi le Grand Heros, lassé des coups qu'il donne,
Voit à l'entour de luy le Gros qui l'enuironne :
Et qui bien qu'il soit las, n'ose plus aprocher
Du redoutable bras qui luy couste si cher.
Mais ce ieune Lion ayant repris haleine,
Fait couler à grands flots le sang parmy l'Arene :
Et chassant, & perçant ce Gros d'Iberiens,
Il se reuoit enfin à la Teste des siens.
Alors d'Athalaric la Troupe commandée,
Marche sous le Grand Chef dont on la voit guidée :
Et le fier Espagnol qui sçait bien son deuoir,
Fait auancer vn Corps, & le va receuoir.
Alonse est à leur Teste, homme de Grand courage,
Que le Soleil vit naistre aux bords dorez du Tage :

Alonſe dont l'Eſpagne eſtime la valeur,
Et qui voit le peril ſans changer de couleur.
Là les fiers habitans du froid Golphe Bothnique,
Font aller & venir leur redoutable Pique:
Et d'vn bras vigoureux choquant les rangs ſerrez,
Font tomber à leurs pieds les Soldats atterrez.
Mais le fier Eſpagnol nourry dans les alarmes,
Fait auſſi treſbucher plus d'vn Goth ſous ſes Armes:
Le Fer brille par tout; la Mort vole par tout;
Eſclairciſſant les rangs de l'vn à l'autre bout.
Le braue Athalaric s'attache au braue Alonſe:
Les coups font le Deffy; les coups font la reſponſe;
Car ſans aucune iniure au milieu des Combats,
Ces deux vaillants Guerriers ne parlent que du bras.
Comme on voit deux Lions, dont la force eſt eſgale,
Diſputer fort long-temps vne Palme fatale,
Et faire croire à tous que leur Combat hydeux,
Ne peut auoir de fin que par la mort des deux.
Ainſi ces Chefs hardis, par leur rare vaillance,
Tiennent entre leurs coups la Fortune en balence:
Et font qu'on s'imagine, à les voir en tel point,
Qu'ils periront tous deux, & qu'ils ne vaincront point.
Mais le Sort à la fin, decide leur querelle:
Et du Fer Eſpagnol la bleſſure mortelle,
Renuerſe Athalaric au courage boüillant,
Qui tombe moins heureux, & non pas moins vaillant.
De la perte du Chef la Troupe eſpouuentée,
Commence de plier, du Combat rebutée:

Mais le Grand Alaric, qu'on ne peut preuenir,
Deſtache Theodat qui la va ſouſtenir.
Il reſtablit la choſe au gré de ſon enuie,
Et le Vainqueur vaincu, perd à ſon tour la vie:
Et tombant ſous les pieds, plein d'orgueil & d'ennuy,
Alonſe Triomphant voit Triompher de luy.
Sanche, Voiſin de l'Ebre, & le noir Garcilaſſe,
Sans craindre vn ſort pareil vont occuper ſa place:
Et le fier Radagaiſe, & le Chaſſeur Wermond,
Font en ce meſme inſtant ce que les autres font.
A ceux-cy l'on oppoſe, & Guſman, & Rodrigue:
Mais pour vn tel Torrent, c'eſt vne foible Digue:
Car Haldan & Sigar viennent fondre ſur eux,
Tous deux ieunes, hardis, adroits, & genereux.
A ces Goths vient en Teſte, & Gonſalve, & Fadrique:
L'vn redoutable Archer, l'autre armé d'vne Pique:
A ceux-cy Iameric, Diego le Luſitain,
Et ſa belle Amazone au courage hautain.
Ordogno vient apres, mais Hildegrand l'arreſte:
Nugno contre Hildegrand fond comme vne Tempeſte:
Et la confuſément frapent de toutes parts,
Pierres, Piques, Eſpieux, Maſſes, Flèches, & Dards,
Lances & Iauelots, Sabres & Marteaux d'armes,
Dangereux Inſtrumens des guerrieres alarmes:
Mais au milieu de tout paroiſt le Grand Heros,
La terreur de l'Eſpagne, & la force des Goths.
Comme on voit vn Rocher dans le milieu des Ondes,
Quand les Vents ont quitté leurs Cauernes profondes,

S'affermir sur son poids ; immobile rester ;
Et repousser les Flots qui le viennent heurter.
Ainsi voit-on alors ce Heros inuincible,
Estre tousiours plus ferme, & tousiours plus terrible ;
Ne s'esbranler iamais quand on vient l'attaquer ;
Et repousser tousiours ceux qui l'osent choquer.
Il pousse ; il choque ; il fend ; il abat ; il renuerse ;
Dans tous les Bataillons cette Foudre trauerse ;
Il met tout en desordre où le Sort le conduit ;
Rien ne resiste plus ; tout recule ; & tout fuit.
Dans la Ville estonnée il entre pesle-mesle,
Sans redouter des Toicts la dangereuse Gresle :
Tout cede, tout se rend, à l'effort de ses coups ;
Tout met les Armes bas ; tout paroist à genoux ;
Et l'illustre Guerrier que la Mort accompagne,
Dans les Murs de Cadis Triomphe de l'Espagne :
Qui fait encore gloire en comptant ses Exploits,
De nommer Alaric le premier de ses Rois.
Or ce clement Vainqueur n'aymant que cette gloire,
Pour n'ensanglanter pas son illustre Victoire,
Satisfait du Laurier qu'il cherche en combatant,
Empesche le pillage, & sauue l'Habitant.
Il est, en arrestant & le fer & les flâmes,
L'Azile des Vaincus, & de l'honneur des Dames :
Il se dompte luy-mesme apres qu'il a dompté ;
Et comme sa valeur il fait voir sa bonté.
Mais pendant qu'il agit auec tant de clemence,
Pour signaler ce iour où son Regne commence,

Rigilde

LIVRE SEPTIESME.

Rigilde & Belzebuth, honteux du Grand succés,
Sentent de leur fureur accroistre encor l'accés.
La douceur d'Alaric redouble leur furie:
Et ne pouuant plus rien sur les bords d'Iberie;
Et voyant dans la Guerre vne Image de Paix;
Ils partent enragez dans vn Nuage espais.
Car pour choquer encor ses Grandes Destinées,
Ils volent à l'instant vers les Monts Pirenées:
Où de leurs hauts Sommets la Gaule costoyant,
Sur les Alpes en suite ils fondent en bruyant.
Comme on voit vn Faucon du plus haut de la Nuë,
Où par l'esloignement sa grosseur diminuë,
Fondre, ou plutost tomber dans les Champs spacieux,
Où les Perdrix qu'il voit ont aresté ses yeux.
Rigilde tout de mesme, & celuy qui le porte,
Fondent, & fendent l'Air d'vne aisle encor plus forte:
Et se trouuent meslez apres vn si grand saut,
Aux Romains embusquez qu'ils ont veus de si haut.
Cependant le Heros à l'entour des Murailles,
Du braue Athalaric fait voir les Funerailles:
Et meslant en ce iour le Cypres au Laurier,
Rend les derniers deuoirs au genereux Guerrier.
D'vn air lent & plaintif, les Trompetes sonnantes;
Les Troupes les yeux bas, & les Armes traisnantes;
Marchant auec vn ordre aussi triste que beau,
Filent depuis le Camp iusques au Grand Tombeau.
D'vn Crespe noir & clair les Enseignes couuertes,
Traisnent non-chalamment sur les Campagnes vertes:

K k

Et le bruit des Tambours, & celuy des Clairons,
Fait gemir apres luy les lieux des enuirons.
Mille & mille Flambeaux touchent les yeux & l'ame,
Par l'objet lumineux d'vne Forest de flâme:
Dont la clarté mobile auançant lentement,
Est du triste Conuoy le lugubre ornement.
Les Prestres deux à deux en Chapes magnifiques,
Sur vn chant pitoyable entonnent des Cantiques:
Font esclatter leur Zele ; & demandent au Ciel,
Pour cet illustre Mort le repos eternel.
Leurs beaux rangs sont fermez par le Prelat d'Vpsale,
De qui la Majesté se fait voir sans esgale:
Car sa Mithre à la teste, & sa Crosse à la main,
Luy donnent vn aspect qui paroist plus qu'humain.
De quatre Chefs en deüil la droite est occupée,
A porter de ce Mort, la Cuirace; l'Espée;
Le Casque, auec la Pique ; & douze autres encor,
Sous vn superbe Drap broché d'Argent & d'Or,
Par vn Zele deuot, charitable, & fidelle,
Portent d'Athalaric la despoüille mortelle.
L'inuincible Heros en long habit de deüil,
Marche enfin grauement apres le Grand Cercueil:
Et derriere le Roy cette Pompe est fermée,
Par les Hauts Officiers de toute son Armée:
Qui d'vn visage triste, où l'on voit leur ennuy,
Le suiuant deux à deux soûpirent comme luy.
Comme on voit quand l'Automne est sans vert & sans gloire,
Des Mouches sans vigueur la Troupe errante & noire,

LIVRE SEPTIESME.

Ne trouuant plus de Fleurs, & manquant d'aliment,
Couurir tous les Buissons, & voler foiblement.
Ainsi voit-on alors auec leurs habits sombres,
Les Troupes d'Alaric couurir tout de leurs ombres:
Et d'vn pas triste & lent, qui marque leur douleur,
Traisner de ce grand deüil la funeste couleur.
Mais pendant que le Peuple attentif les contemple,
Le Mort & les Viuants arriuent dans le Temple:
Où le Grand Sacrifice à l'instant commencé,
Voit au pied des Autels le Roy mesme abaissé.
Mille & mille Flambeaux à l'entour de la Biere,
Font briller tristement leur lugubre lumiere:
Et mille & mille voix, auec de Saints transports,
Demandent le seul bien qui peut manquer aux Morts.
Alors vn Orateur, entre les Goths celebre,
Du braue Athalaric fait l'Oraison Funebre:
Et voulant consacrer le Nom de ce Heros,
Impose à tous silence, & leur tient ces propos.
Car bien que de cét Art il n'ait aucun Modelle,
La plus viue eloquence est la plus naturelle:
Et les premiers Sçauans ont dans leur propre fonds,
Trouué d'vn si bel Art les Principes feconds.
Si ie parlois, dit-il, ô Monarque inuincible,
D'vne vertu commune, & qui fust moins visible,
Ie tâcherois icy de flatter mon Objet,
Et de faire vn discours plus grand que son Sujet.
Mais ie n'ay pas besoin de ce foible artifice:
La seule verité fera mieux son office:

Et disant que celuy pour qui nous pleurons tous,
A possedé l'honneur d'estre estimé de vous;
De vous, dis-je, Seigneur, que l'Vniuers admire,
I'auray sans doute dit, plus que l'on ne peut dire.
Vostre clair iugement ne peut estre abusé :
Et puis qu'Athalaric par vous fut tant prisé ;
Puis que de sa valeur vous rendez tesmoignage ;
Tout le Monde, Seigneur, n'en veut pas dauantage ;
On vous croit ; on le croit digne d'estre loüé,
Et ie ne craindray pas d'estre desauoüé.
Cette morne tristesse aussi tendre que iuste,
Que l'on voit dans vos yeux, & sur ce front auguste,
Est vn Panegyrique, & Grand, & glorieux,
Pour cet illustre Mort, Prince victorieux.
Vous l'auez veu vous mesme au milieu des Batailles ;
Vous sçauez si son bras y fit des funerailles ;
Et s'il imita bien vostre rare valeur,
Au milieu des combats par sa Noble chaleur.
C'est à vous à le dire, & non pas à l'entendre ;
C'est de vous seulement que nous deuons l'aprendre ;
De vous qui sans paslir à l'aspect du trespas,
L'auez veu tant de fois accompagner vos pas.
Mais sans tirer de loin des preuues plus certaines,
Qu'il tenoit vn Haut rang entre vos Capitaines ;
Et pour voir si son cœur fut presques sans esgal,
Il ne faut que le voir dans le Combat Naual.
Cent & cent Ennemis que la colere anime,
Sautent dans le Vaisseau du Guerrier magnanime,

Et luy seul leur fait teste ; & par vn grand effort,
Les chasse ; les repousse ; & les suit dans leur Bord.
Que si nous regardons sa valeur signalée,
Dans cette memorable & sanglante meslée
Où ce braue Guerrier a terminé ses iours,
Ne la verrons nous pas ce qu'on la vit tousiours ?
Le Sort, ie le confesse, empescha sa victoire ;
Mais cét iniuste Sort n'empescha pas sa gloire :
Il en mourut couuert, en mourant pour son Roy ;
Son bras mesme en tombant, imprima de l'effroy ;
Et tout le monde aduouë, en despit de l'Enuie,
Qu'vne si belle mort fut digne de sa vie ;
Qu'il n'est point de Triomphe esgal à son Tombeau ;
Et qu'il n'eust pû finir par vn destin plus beau.
Inuincibles Guerriers, imitez ce Grand Homme :
Ce qu'il fit à Cadis, faites le deuant Rome :
Suiuez ce Grand Exemple ; & d'vn courage franc,
Prodiguez comme luy vostre genereux sang.
Et toy qui vas au Ciel, & qui nous abandonnes,
Au sortir des Combats va prendre des Couronnes,
Belle Ame, & receuoir dans l'immortalité,
Vn Laurier si superbe, & si bien merité.
Va couronner ton front d'vne gloire eternelle :
Va prendre en ce lieu Saint vne Palme si belle :
Va posseder vn bien qui ne sçauroit finir,
Non plus que ton renom dans nostre souuenir.
A ces mots il acheue ; & l'Euesque d'Vpsale,
Fait descendre le Corps sous la Tombe fatale.

Et ce deuot Prelat ſouhaite le repos,
Et la paix eternelle à l'immortel Heros.
Alaric ſe retire, & tous les Gents de guerre,
Sans traiſner leurs Drapeaux, ny leurs Armes par terre,
Retournent à leur Camp, où le fort Sigeric
Prend la Charge du Mort par l'ordre d'Alaric.
Apres, diligemment, le plus ſage des Princes,
Nomme des Gouuerneurs dans toutes les Prouinces:
Eſtablit ſon pouuoir; dreſſe le Plan d'vn Fort;
Ordonne à ſes Vaiſſeaux de l'attendre en ce Port;
Fait deſcamper l'Armée; & marche en diligence,
Du Riuage d'Eſpagne aux Frontieres de France:
Apres que ſur vn Pont, formé par des Bateaux,
De ces bords de Calis, où ſont tous ſes Vaiſſeaux,
Il eut veu la fertile & belle Andalouſie,
Comparable en Cheuaux à l'antique Myſie.
De là ſans s'arreſter, & ſans perdre vn moment,
A Bataillons preſſez, & marchant promptement,
Alaric fait briller ſes Armes fortunées,
Sur les affreux Sommets des hauts Monts Pirenées:
Eſpouuentables Monts; grands & fermes Ramparts,
Que ce Camp ſi nombreux, couure de toutes parts.
Les Goths voyant de là les Françoiſes Campagnes,
Tels que Fleuues enflez tombent de ces Montagnes:
Couurent les Champs voiſins; & par leurs Grands Exploits,
La Gaule Narbonnoiſe eſt ſoumiſe à leurs Loix.
Apres ſans s'arreſter, le Roy des Goths s'auance,
Vers les beaux Orangers de l'aimable Prouence:

Et trauerſant le Varc, apres quelques Combats,
Sur les Alpes enfin, il fait les premiers pas.
Plus viſtes que les Traits qu'vn bon Archer decoche,
Il voit de fiers Torrents bondir de Roche en Roche:
Et ſe precipiter en tournoyant touſiours,
Dans le creux des Vallons où va tomber leur cours:
Mais auec tant de bruit, mais auec tant d'eſcume,
Que le cœur le plus ferme à peine l'accouſtume.
Il trauerſe des Monts qui font horreur à voir;
Des Monts où le Soleil ſemble eſtre ſans pouuoir;
Où la Neige eternelle à grands tas amaſſée,
S'endurcit, & deuient tranſparente & glacée:
Se heriſſe, & pendant à pointes de Criſtal,
En ſemble Couronner ſon affreux lieu natal.
Des Cimes des Rochers les figures cornuës,
En laſſant les regards ſe perdent dans les Nuës:
Et de tous les coſtez en ces lieux peu feconds,
Des Antres tenebreux s'enfoncent ſous ces Monts.
Des chemins eſcarpez bordez de precipices,
Qui pour le deſeſpoir ſont ſeulement propices,
Font trembler de frayeur les plus hardis Soldats,
Car la mort ou la vie y deſpend d'vn faux pas.
Les branches des hauts Pins, de froids glaçons couuertes,
Au milieu de l'Eſté ſont plus blanches que vertes:
Vn Vent froid & coupant, y ſouffle vn air mortel;
Vn eternel Hyuer; vn broüillards eternel;
Enuironne ces lieux de froid & de tenebres;
Lieux que l'on voit touſiours affreux comme funebres;

Lieux deserts, lieux maudits, où va ce vaillant Roy;
Et dont le triste aspect imprime de l'effroy.
Mais durant que le Camp s'estonne & les regarde,
Radagaise le fier qui conduit l'Auant-garde,
Dans ces obscurs Vallons s'enfonce hardiment,
Fait défiler ses gents, & marche lentement.
Parmy ces grands Rochers les Troupes enfermées,
Ne voyant ny Sentiers, ny traces imprimées,
Dans ces chemins scabreux, & coupez de Torrens,
Auec difficulté guident leurs pas errans.
L'vn glisse; l'autre tombe; & cet autre s'accroche,
Pour monter seurement aux pointes de la Roche:
Il auance; il recule; & parmy ces destours,
La File en serpentant, marche & monte tousiours.
Comme on voit dans les Champs vne rustique Troupe,
Qui d'vn Tertre ondoyant tâche à gagner la Croupe,
La Faucille à la main, se suiure; se presser;
Empoigner les Espics; les abattre; & passer.
Ainsi voit-on alors ces Troupes aguerries,
Et parmy les trauaux en leurs Païs nourries,
Les Armes à la main marcher en se pressant;
Se prendre à des Buissons, & les rompre en passant.
Mais comme Radagaise enfin leue la teste,
Vn haut Retranchement le surprend & l'arreste:
Dont le large Fossé qui s'oppose à ses pas,
Luy fait vn grand obstacle, & qu'il n'attendoit pas.
A peine l'a-t-il veu, qu'auec des cris horribles,
Aigus, & menaçans, redoublez, & terribles,

Tous

Tous les Soldats Romains lançant leurs Iauelots,
Esclaircissent la File, & font tomber des Goths.
De tous les deux costez de la Vallée obscure,
Des Antres enfoncez sont dans la Roche dure,
D'où mille & mille Archers, de l'vn à l'autre bout,
Par mille & mille Traits, portent la mort par tout.
D'abord des Goths hardis les Arcs pliants se courbent,
Respondant vaillamment aux Romains qui les fourbent:
Si l'on tire sur eux ils tirent à leur tour,
Et font voler leurs Traits aux Grottes d'alentour.
Mais des Cimes des Monts dans les Astres cachées,
Roullent à bonds subits des Roches destachées:
Des Masses de Rocher horribles en grandeur,
Qui tombent en bruyant d'vne extréme roideur.
Vn bruit espouuentable accompagne leur cheute:
En vain le haut Sapin contre leur force lute:
Comme foibles Roseaux ces Arbres sont brisez,
Et sous l'horrible poids les Soldats escrasez.
Le sang sourd de partout à l'entour de ces Roches:
Tout retentit de cris dans les Spelonques proches:
Et le Goth effrayé qui voit tomber sa mort,
Ne sçauroit qu'opposer à ce terrible effort.
Comme on voit la Perdrix regarder vers la Nuë,
De l'Oyseau qu'elle craint la main trop bien connuë:
Et trembler en voyant cét Ennemy leger,
Qui fond comme vn Tonnerre, & qui vient l'esgorger.
Ainsi des tristes Goths se redouble la crainte,
Parce qu'elle preuoit vne mortelle atteinte:

L l

Et qu'elle voit tomber ce fardeau perilleux,
Qui s'en va l'accabler sous ces Monts orgueilleux.
A peine est vne Roche au fond de la Vallée,
Qu'vne autre Roche apres est encore esbranlée:
Et là plus d'vn Soldat rencontrant son Tombeau,
Mesle vn Torrent de sang, à des fiers Torrents d'eau.
Radagaise qui voit redoubler cét orage,
Redouble esgalement sa force & son courage:
Ha Compagnons, dit-il, à quoy bon discourir?
Il faut, il faut Soldats, ou passer, ou mourir.
A ces mots il s'eslance ; & la force Romaine,
Rend, en le repoussant, son entreprise vaine:
Il tombe à la renuerse au fond du grand Fossé,
Estourdy de la cheute, & des Armes froissé.
Mais comme il se releue, vne Roche effroyable,
Comble ce large creux, le renuerse, & l'accable:
Et le sang du Guerrier petille tout fumeux,
De la Noble chaleur qui le rendit fameux.
A ce spectacle affreux l'Auant-garde estonnée,
Perd l'honnorable espoir de se voir couronnée:
Recule, & reculant auec vn tel effroy,
Renuerse la Bataille où commande le Roy.
Alors ce Grand Heros d'vn courage inuincible;
Et d'vn bras menaçant ; & d'vne voix terrible;
Où fuyez-vous ? dit-il, Soldats, où fuyez-vous?
Vous craignez des Rochers, craignez plutost mes coups.
Si vous ne tournez teste en effaçant ces taches,
Vous trouuerez la mort que vous fuyez en lasches:

Suiuez-moy, suiuez-moy, comme il est à propos,
Où ce Fer vangera le deshonneur des Goths.
A ces mots ce Grand Roy suiuant sa Noble audace,
Monte, perce les rangs, & se fait faire place:
Redonne l'assurance aux siens espouuentez:
Et malgré les Rochers qui sont encor iettez;
Et malgré mille Traits qui pleuuent sur sa teste;
Il voit la Barricade où le Romain l'arreste;
Il passe sur la Roche où Radagaise est mort;
Il se prend à des Pieux auec vn grand effort;
De la gauche il les tient; de la droite il foudroye;
Il destourne les Traits que le Romain enuoye;
Il monte; il le repousse; & dans moins d'vn moment,
On voit ce Grand Heros sur le Retranchement.
Il y saute, on le suit; il auance, on recule;
Le Sabre d'Alaric vaut la Masse d'Hercule;
Sous des coups si pesants, tout cede, tout se rend,
Et sur leurs Bataillons il fond comme vn Torrent.
Quoy Romains, leur dit-il, vous qui cherchez la gloire,
Vous auez donc voulu desrober la victoire!
Mais superbes Romains, il la faut disputer;
Et pour auoir la gloire, il la faut achepter.
A ces mots, Stylicon, que Belzebuth anime,
Ioignant à sa valeur vn despit magnanime,
Se pousse hors des rangs, & d'vn superbe pas,
Marche vers Alaric en esleuant le bras.
Comme quand deux Lions, dont la force est esgale,
Disputent d'vn Taureau la despoüille fatale,

Et font trembler les Bois par leur rugiſſement,
Tous autres Animaux ont de l'eſtonnement.
Ainſi des deux Guerriers la fureur animée,
Suſpend pour quelque temps, & l'vne & l'autre Armée:
Toutes les deux font alte ; & les fiers Combatans,
Dans ce fameux Duel ne perdent point de temps.
Alaric le premier fait tomber ſur la Poudre,
D'vn redoutable coup qui vaut vn coup de Foudre,
La moitié du Bouclier de ce fameux Romain,
Qui ſent en chancelant ce que peſe ſa main.
Stylicon qui du Goth voit l'attente trompée,
Sur la teſte du Roy fait tomber ſon Eſpée :
Le Caſque en eſtincelle ; & le coup furieux,
Fait courber à demy ce front ſi glorieux.
Mais l'immortel Heros, d'vn Sabre qui menace,
Redouble, frape encore, & fauce la Cuirace :
Le ſang en rejalit ; & ſur le fer brillant,
Il fume tout vermeil, & coule tout boüillant.
Le Romain qui le voit, s'en deſpite ; en enrage ;
Et perdant tout ce ſang ſans perdre le courage,
Sur le Bouclier du Prince il deſcharge à ſon tour,
Vn coup qui retentit aux Rochers d'alentour.
Mais la trempe eſt trop bonne, & ce coup inutile,
En attire encor vn de la main d'vn Achile,
Qui l'auroit abattu, ſi Stylicon d'vn ſaut,
N'euſt fait ſeruir l'adreſſe où la force deffaut.
On le preſſe ; il recule ; & reculant il porte :
Son cœur n'eſt pas moins fort, ſi ſa main eſt moins forte :

LIVRE SEPTIESME.

Et l'interest de Rome estant son interest,
Il dispute sa vie, en Braue tel qu'il est.
Comme aux Champs d'Albion, deux Dogues en colere,
D'vne ardente prunelle, ensemble rouge & claire,
Combattent en fureur, iusqu'à se deschirer,
Sans ceder l'vn à l'autre, & sans se retirer.
Ainsi les deux Guerriers combattant pour la gloire,
D'vne esgale fierté disputent la victoire :
Le feu leur sort des yeux, & l'vn & l'autre alors,
Veut ou vaincre ou mourir dans ses Nobles efforts.
Mais enfin Alaric, honteux, despit, & triste,
De voir qu'vn Romain seul, si long-temps luy resiste,
Prend le Sabre à deux mains ; & decidant leur Sort,
Le frape, le renuerse, & le fait tomber mort.
Comme vn Chesne battu d'vne horrible Tempeste,
Apres auoir long-temps de sa superbe Teste
Braué l'ire des Vents dont l'effort le destruit,
S'esbranle, & s'esbranlant tombe auec vn grand bruit.
Ainsi de Stylicon la valeur memorable,
Apres vn grand Combat cede au bras qui l'accable :
Et du fameux Romain les Armes en tombant,
Forment vn bruit guerrier qui plaist au Conquerant.
Mais Rigilde enragé sent redoubler ses peines ;
Et dit, pour animer les Cohortes Romaines,
Le salut des Vaincus reduits au dernier point,
Consiste seulement à n'en esperer point.
Vangeons de Stylicon la perte regrettable :
Celuy qui l'a dompté n'en est pas indomptable :

Ll iij

Et quelqu'orgueil qu'il ait en ce fatal moment,
Les Romains & les Goths meurent esgalement.
Dans ces lieux reserrez cette nombreuse Armée,
Par sa propre grandeur se peut voir oprimée :
Au lieu que dans la Plaine eslargissant son Corps,
Nous ferons contre luy d'inutiles efforts.
Alaric est vaillant, mais Alaric est homme :
Et ces superbes Monts sont le Rampart de Rome :
Si nous le deffendons Rome se sauuera :
Si nous l'abandonnons Rome enfin perira :
Et nos mains en ce lieu noblement occupées,
Tiennent le Sort de Rome au bout de nos Espées :
Mourons, mourons Romains, & pour la secourir,
Songeons qu'en certains temps il est beau de mourir.
A ces mots ils font ferme ; & les Piques baissées,
Attendent Alaric à Cohortes pressées :
Qui fier de sa victoire, & brauant le danger,
Tourne teste vers eux, marche, & vient les charger.
Comme au bord de la Mer durant vn grand orage,
Et des Vents, & des Flots, qui choquent le riuage,
Lors qu'à vague sur vague ils heurtent fierement,
Vn bruit espouuentable esclate horriblement.
Ainsi des braues Goths, & des Troupes Romaines,
Le grand & rude choq dans les Grotes prochaines,
Fait retentir bien loing des Armes & des coups
Vn bruit tel que ce bruit de la Mer en courroux.
Le Romain & le Goth, front à front, Pique à Pique,
Esgalement poussé d'vne ardeur Heroïque,

LIVRE SEPTIESME.

Frape, heurte, refrape, & iusqu'à se lasser,
L'vn de peur qu'il ne passe, & l'autre pour passer.
Mais entre les Romains, deux Romains se signalent:
Dans ce fameux Combat peu d'autres les esgalent:
C'est Valere & Tiburse, & braues, & Riuaux,
Qu'aucun Romain n'esgale, & que l'on voit esgaux.
Chacun d'eux se regarde auec vn œil d'enuie:
C'est à qui plus des deux exposera sa vie:
Et dans ce grand peril où l'amour les a mis,
Ils tâchent de se vaincre auec leurs Ennemis.
La Fortune est douteuse, & le Sort en balance:
Le nombre est differend, mais non pas la vaillance:
Et le passage estroit, fait qu'en ce lieu fatal,
Malgré le Camp nombreux l'auantage est esgal.
Mais enfin Alaric qui brusle de voir Rome,
Abat, perce les rangs, fait tresbucher, assomme,
Se fait iour, les renuerse, auance, les poursuit,
Enfin le Goth Triomphe, & le Romain s'enfuit.
Parmy ces Monts affreux tout remonte en desroute:
La Fleur de cette Armée y perit presques toute:
Et les Aigles qu'on voit sous les pieds du Vainqueur,
Font bien voir ce que peut, & son bras, & son cœur;
Et les Chefs prisonniers, en le couurant de gloire,
Sont le Grand ornement d'vne illustre Victoire;
Et ces Vainqueurs vaincus aux pieds du Conquerant,
Rauis de sa valeur le vont presqu'adorant.
Mais bien que cét objet n'ait rien qui ne luy plaise,
On le voit soûpirer la mort de Radagaise:

Il fait prendre son Corps, & montant ces grands Monts,
Il signale son deüil par des soûpirs profonds.
Là creusant son Tombeau sur les Alpes chenuës;
Là sur leur Cime affreuse, & plus haut que les Nuës;
Vn superbe Trophée arreste les regards,
Composé de Boucliers, de Piques, & de Dards;
De Casques, de Carquois, d'Arcs, de Fléches, d'Espées;
D'Enseignes en desordre, & dans le sang trempées;
De Cuiraces, d'Espieux, de Tambours, de Clairons,
Objet superbe & Grand qui brille aux enuirons;
Et dont l'Inscription eternisant sa gloire,
Auec ce peu de mots consacre sa memoire.
ICY GIT VN GVERRIER QVI TROVVA
    PEV D'ESGAVX;
CAR SON COEVR FVT PLVS GRAND QVE
    CES MONTS NE SONT HAVTS.
Apres l'auoir donc mis sous la Tombe fatale,
En vn lieu consacré par le Prelat d'Vpsale,
Alaric dont la force esgale la bonté,
Commence de descendre autant qu'il a monté.
Tel le Gange fameux tombe de ses Montagnes:
Tel le superbe Nil inonde les Campagnes:
Et tel en trauersant vn Lac Majestueux,
S'espanche dans les Champs le Rhosne impetueux.
Du plus haut de ces Monts, dont l'orgueil s'humilie,
Le Camp des Goths s'espand dans la belle Italie:
Et fatigué qu'il est, il fait alte en ces lieux,
La Merueille du Monde, & le plaisir des yeux.

                                Tout

LIVRE SEPTIESME.

Tout se loge aussi-tost ; & les Tentes superbes,
Forment comme vne Ville au milieu de ces herbes :
La iuste Simmetrie y regne en toutes parts :
Et des Retranchemens luy seruent de Ramparts.
Vn grand Ruisseau la couure ; & le Camp se repose,
Sur les soins vigilents des Gardes que l'on pose ;
Le prudent Alaric qui veille pour son bien,
Ne donnant rien au Sort, & ne negligeant rien.
Or comme ce Heros qui veut dompter la Terre,
Passe dans le Quartier des Prisonniers de Guerre,
Il en voit vn tout seul, de qui la Majesté,
L'air Noble, & le port Haut, marquent la qualité.
Mais il paroist si triste, & si melancolique,
Que l'on voit aisément que la perte Publique
N'est pas seule à causer l'excessiue douleur,
Qui paroist dans ses yeux comme dans sa couleur.
Alaric qui le voit, & qui le considere,
Trouuant en ce Guerrier tout ce qu'il faut pour plaire,
Le regarde ; s'aproche ; & voulant l'obliger
A ne luy celer pas ce qui peut l'affliger ;
Quoy Romain (luy dit-il, en paroles charmantes)
Les Chaisnes parmy nous sont elles si pesantes,
Qu'vn homme genereux ne les puisse endurer,
Auec quelque constance, & sans en murmurer ?
Quoy les Maistres du Monde esleuez dans la gloire,
Ont-ils creu dans leur Camp enchaisner la Victoire ?
Et ne sçauent-ils point qu'on voit en combatant,
La Fortune inconstante, & le Sort inconstant ?

M m

Tel gagne des Combats qui n'est pas le plus braue :
Tel deuroit estre Roy que le Sort fait Esclaue :
Et l'on doit croire enfin, au poinct où l'on vous voit,
Que faisant ce qu'on peut, on fait tout ce qu'on doit.
Seigneur (dit le Romain, en soûpirant encore)
Le secret desplaisir qui mon ame deuore,
Ne vient point de mes Fers qui me sont glorieux,
Les tenant du plus Grand des Roys victorieux.
Ie connois la Fortune, & ie sçay ses malices :
Mon ame est preparée à souffrir ses caprices :
Et les Romains enfin ont eu souuent des cœurs,
Qui mesme estans vaincus, ont braué leurs Vainqueurs.
Toute la Terre a sceu l'exemple de Sceuole :
Dix Siecles apres luy, l'illustre bruit en vole :
Encore luit se feu dont il brusla sa main :
Et le Romain, Seigneur, paroist tousiours Romain.
Mais il est certains maux plus grands que la constance :
Des maux que l'on augmente auec la resistance :
Des maux où le courage est vn foible secours :
Et qui n'ont point de fin qu'en celle de nos iours.
A ces mots de nouueau ce Grand Captif soûpire :
Et le Roy qui comprend ce qu'il a voulu dire,
Soûpire comme luy ; puis d'vn air fort charmant,
Ie vous entends, dit-il, & vous estes Amant.
Oüy, ie le suis Seigneur, respond alors Valere ;
Et si de mes malheurs le recit pouuoit plaire,
Ie ferois confesser à vostre Majesté,
Que puis qu'à mon amour nul espoir n'est resté,

Bien que ie porte vn cœur digne de ma Nobleſſe,
Il peut, helas! il peut, ſoûpirer ſans foibleſſe.
Soûpirez, ſoûpirez, luy repart le Heros,
L'Amour comme de Rome a Triomphé des Goths :
Partout de cét Amour regne la Simpathie :
Et ſa flâme s'allume aux Glaces de Scythie.
Ainſi ne doutez pas que ma compaſſion,
Ne ſuiue le recit de voſtre affliction :
Et que bien qu'Ennemy de la Grandeur Romaine,
Alaric, s'il le peut, ne borne voſtre peine :
Car meſme dans l'eſtat qu'on le voit auiourd'huy,
Il aprend de ſes maux à plaindre ceux d'autruy.
Seigneur, luy dit Valere, apres cette aſſurance,
Quoy que dans mes malheurs ie ſois ſans eſperance;
Quoy que ie ſois trop bas pour pouuoir remonter;
Puis que vous l'ordonnez ie vay les raconter.
Du Sang des Scipions le Tibre m'a veu naiſtre :
Ce Nom eſt trop connu pour ne le pas connoiſtre :
Et Carthage deſtruite auec tant de valeur,
A porté iuſqu'à nous leur gloire & ſon malheur.
Ie ſuis donc nay dans Rome, & d'vne Race illuſtre,
Qui dans ſes changemens a conſerué ſon luſtre :
Malgré les cruautez des Ciuiles fureurs,
Et dans la Republique, & ſous les Empereurs.
Probé, Veuue Romaine, & du Sang des Horaces,
De ſes Grands Deuanciers ſuiuant les belles traces,
Par ſes Hautes vertus comme par ſa beauté,
De libre que i'eſtois m'oſta la liberté.

Tiburſe mon Riual, homme de bonne mine,
Qui des fameux Catons tire ſon origine,
En meſme temps que moy ſe laiſſant enflâmer,
Et la vit, & l'aima, car la voir, c'eſt l'aimer.
Si ie l'idolaſtrois, il en fut idolaſtre:
Nous la ſuiuions au Temple, & ſur l'Amphitheatre:
Et nos yeux luy diſoient noſtre ſecret tourment,
Par de triſtes regards iettez languiſſamment.
Mais la fiere Beauté qu'on ayme & qu'on reuere,
Eſtant eſgalement, & modeſte, & ſeuere,
Deſtournant finement ce muet entretien,
Faignoit de ne pas voir ce qu'elle voyoit bien.
Cependant ſa froideur augmentoit noſtre flâme:
Lors qu'elle s'en alloit elle emportoit noſtre ame:
Nous la ſuiuions des yeux, & ne la voyant plus,
Tous deux nous demeurions, & triſtes, & confus:
Et tous deux nous croyant autheurs de noſtre peine,
Ioignions dans noſtre eſprit, & l'amour, & la haine.
Chaque nuit, ſans eſpoir ainſi que ſans raiſon,
Ie paſſois mille fois pardeuant ſa Maiſon:
Et chaque nuit encor, pendant ma reſverie,
I'y rencontrois Tiburſe auec meſme furie.
Pour me payer du cœur qu'on m'auoit deſrobé,
Ie ſubornois alors tous les Serfs de Probé:
Et ie les coniurois par mon amour fidelle,
De luy parler de moy comme ils me parloient d'elle:
Ils me le promettoient; mais Tiburſe à ſon tour,
Auec d'autres preſents deſcouuroit ſon amour:

Ainſi voulant gagner leur eſprit mercenaire,
Tous deux eſtions trompez par leur ruſe ordinaire.
Apres auoir ſouffert mille maux differents,
Probé ne parlant point i'aborday ſes Parents,
Et ie leur propoſay d'eſpouſer cette Belle:
Mais inutilement ie fis agir leur Zele:
Car la fiere Probé reſpondit en courroux,
Qu'elle ſeroit fidelle aux Cendres d'vn Eſpoux.
Tiburſe mon Riual prenant la meſme voye,
Par la douleur qu'il eut me donna de la ioye:
Il me vit affligé, ie le vy fort confus;
Et la meſme priere eut le meſme refus.
Enfin ie reſolus dans cette peine extrême,
De chercher à la voir, & de parler moy-meſme:
Afin que luy monſtrant toute mon amitié,
Ie puſſe la toucher d'amour ou de pitié.
Preſſé donc par l'effort d'vn tourment ſans exemple,
Sous l'habit d'vn Captif ie l'attendis au Temple:
Là tremblant de frayeur, ſçachant ſa cruauté,
Ie me mis à genoux pres de cette Beauté:
Et luy parlant fort bas, par reſpect & par crainte,
Auec plus d'vn ſoûpir ie fis ainſi ma plainte.
En vain, belle Probé, vous demandez aux Cieux,
Vne iuſte pitié que n'ont iamais vos yeux:
Voſtre iniuſte courroux excite leur colere;
Et demandant pardon, pardonnez à Valere.
Sous l'habit d'vn Eſclaue, Eſclaue que ie ſuis,
Apres auoir ſouffert & mille & mille ennuis,

Soûpirant vainement ma liberté rauie,
Ie viens vous demander, ou la mort, ou la vie.
Profane (me dit-elle, en parlant assez bas)
Qui iusqu'en ce lieu Saint osez porter vos pas,
Craignez, craignez du Ciel la Foudre toute preste:
Et sauuez en fuyant vostre coupable teste.
Le Ciel qui voit mon cœur, luy dis-je en soûpirant,
Sçait qu'auec innocence il va vous adorant:
Voyez-le comme luy, ce cœur vous en coniure:
Car ses desirs sont purs comme sa flâme est pure:
Et l'innocence mesme auecques sa pudeur,
Ne sçauroit condamner vne si chaste ardeur.
Allez, allez, dit-elle, Amant trop temeraire:
Sous l'habit d'vn Esclaue on ne me sçauroit plaire:
Ie suis du Sang d'Horace ; & ma Noble fierté,
Comme mes Deuanciers ayme la liberté.
Le sang des Scipions, beau sujet de mes peines,
Luy dis-je encor alors, est tout pur dans mes veines:
Mais pour voir ces beaux yeux qui causent mon trespas,
Ie crois tout honnorable, & ne crois rien de bas.
Par vn desguisement si difficile à croire,
Vous hazardez vos iours aussi bien que ma gloire,
Dit-elle, & si quelqu'vn vous reconnoist icy,
Ces iours courent fortune, & mon honneur aussi.
Ha ! luy dis-je, Madame, empeschez l'vn & l'autre,
En receuant mon cœur ; en me donnant le vostre;
C'est vn honneur trop grand ; mais mon affection,
N'est pas moins grande aussi que mon ambition.

Ayez quelque pitié du feu qui me deuore;
Ayez quelque pitié d'vn cœur qui vous adore;
Et si le vostre enfin ne peut estre enflâmé;
S'il ne veut point aymer, qu'il souffre d'estre aymé.
Comme elle alloit respondre, vne Dame l'arreste:
Qui releuant vn voile abaissé sur sa teste,
Fait voir que c'est Tiburse, & nous surprend tous deux,
Par ce desguisement, & grand, & hazardeux.
Madame, luy dit-il, Valere vous adore,
Mais il n'ayme pas seul, car ie vous ayme encore:
Et deuant que respondre à l'Amant que ie voy,
Puis que vous l'escoutez, de grace escoutez moy.
Mon ardeur pour le moins, est esgale à la sienne:
Et si des Scipions la gloire est ancienne,
La gloire des Catons, dont ie suis descendu,
A par toute la Terre vn beau bruit espandu.
Mais s'il est mon esgal, quant à l'illustre Race,
Mon ame pour l'amour de bien loin le surpasse:
Et de quelque grand feu que bruslent mes Riuaux,
En cela seulement ie n'ay iamais d'esgaux.
Ha! dit-elle, Tiburse est esgal à Valere,
Car il est trop hardy, comme il est temeraire:
Tous deux auez failly dans vos iniustes feux:
Et pour vous en punir ie vous quitte tous deux.
A ces mots nous quittant, elle sort de ce Temple:
Tiburse me regarde, & moy ie le contemple:
Et honteux l'vn & l'autre, autant que furieux,
Vne esgale colere esclate dans nos yeux:

Et dans nos yeux encore est vne honte esgale,
Pour cette inuention, inutile & fatale:
Indigne de nos rangs plus que de nos fureurs,
Si l'amour n'excusoit de semblables erreurs.
Quoy Valere, dit-il, luy que l'on croit si braue,
A-t-il comme l'habit, pris le cœur d'vn Esclaue?
Quoy Tiburse (luy dis-je, emporté de despit)
Est-il deuenu Femme en empruntant l'habit?
Alors estans honteux de nous voir de la sorte,
Bien que nostre fureur fust esgalement forte,
Le monde qui suruint, enfin nous separa,
Et ie me retiray comme il se retira.
Depuis cela, Seigneur, Probé sage & modeste,
Craignant de nostre ardeur quelque suite funeste,
Ne sortit presques plus ; mais cessant de la voir,
On nous laissa l'amour en nous ostant l'espoir:
Et lors que sa rigueur nous cacha son visage,
Nous eusmes dans l'esprit son adorable Image:
Qui nous suiuoit partout ; que nous voiyons partout ;
En endurant des maux qui n'auoient point de bout.
Mais la belle Probé, si fiere & rigoureuse,
Nous rendant malheureux ne fut pas plus heureuse:
Car quelque soin qu'on prist de la bien secourir,
Par vn mal dangereux elle pensa mourir.
Durant ce triste temps nous estions à sa Porte,
Auec vne douleur aussi iuste que forte:
Et le iour & la nuit les gents qui la seruoient,
En entrant, en sortant, tousiours nous y trouuoient.

Cette

LIVRE SEPTIESME.

Cette Belle le sceut, & s'en tint obligée :
Et le Destin fléchy par nostre ame affligée,
De mille vœux ardents estant solicité,
En nous rendant l'espoir luy rendit la santé.
Or les deux Empereurs, & de Rome, & de Grece,
Connoissant son merite ainsi que sa richesse,
Proposerent alors chacun leur Fauory,
A l'illustre Probé pour estre son Mary.
L'vn parmy les Romains est Prefect du Pretoire :
Et l'autre est glorieux de plus d'vne victoire :
Mais quoy que fort bien faits, & fort fauorisez,
Ils furent comme nous, bannis & refusez.
Cependant leur orgueil piqué de cette offense,
Imagina contre elle vne basse vangeance :
Et comme sans faueur le bon droit ne peut rien,
Vn iniuste Procés luy fit perdre son Bien.
A peine sceusmes nous ce malheur l'vn & l'autre,
Que nous fusmes la voir pour luy donner le nostre :
Nous mettant à genoux pour l'en soliciter,
Sans l'obliger à rien, sinon à l'accepter.
Non, non, vostre vertu, dit-elle, est trop insigne :
Si ie la contentois, ie n'en serois pas digne :
Et pour la meriter, veritables Romains,
Il me suffit du cœur sans employer vos mains.
Ne vous offensez point d'vn refus legitime :
Ie veux plus que ce Bien, car ie veux vostre estime :
Vn cœur comme le mien agit sans interest,
Et pour la conseruer ma pauureté me plaist.

Vous connoissez Probé ; vous connoissez sa Race ;
Vous sçauez bien tous deux qu'elle est du sang d'Horace ;
Ne la pressez donc point de faire vne action,
Indigne de l'esclat de son Extraction.
Au reste, adiousta-t-elle, apres ce Noble office,
Espouser vn de vous seroit vne iniustice :
Vostre esgale vertu demande assurément,
D'vn cœur reconnoissant vn esgal traitement.
Oüy, ie serois ingrate, auec ma gratitude,
Si pour l'vn i'estois douce, estant pour l'autre rude :
Car d'vn cruel Arrest iniustement donné,
I'en rendrois l'vn heureux, & l'autre infortuné.
Apres vne vertu qui me charme & que i'ayme,
Ie ne le celle point, ie souffrirois moy-mesme :
Et puis qu'vn Noble cœur ne se peut partager,
Auec pas vn des deux ie ne dois l'engager.
Faites encor vn pas, acheuez Grandes Ames :
Sans demander de moy de reciproques flâmes ;
Et sans vouloir d'vn cœur l'inutile moitié ;
Receuez sans amour toute mon amitié.
Ie vous l'offre à tous deux, & sincere, & fidelle :
En vous en contentant, monstrez vous dignes d'elle :
Et moderant l'ardeur que vous portez au sein,
Ne soyez plus Riuaux qu'en ce Noble dessein.
A ces mots nous iettant aux pieds de l'Heroïne,
Esgalement rauis de sa vertu diuine,
Nous luy dismes pourtant, sans escouter sa voix,
Que nous la coniurions de vouloir faire vn choix.

Non, non (dit-elle alors, d'un front vn peu seuere)
Ie n'offenceray point ce que Probé reuere :
Mais puis qu'il faut choisir, le Destin choisira,
Et contre la Vertu, la Vertu le fera.
Vous sçauez qu'Alaric en veut au Capitole :
Qu'il marche contre Rome, ou que plutost il vole :
Allez vous opposer à ce fier Assaillant :
Et celuy qui des deux sera le plus vaillant,
(Puis qu'il faut que mon cœur à l'vn des deux se donne)
De la main de Probé receura la Couronne.
Ha! dismes nous alors, nous y voulons courir;
Car pour vous meriter, c'est trop peu que mourir.
Ainsi cette Beauté semblant enfin se rendre,
Auecques Stylicon nous vinsmes vous attendre :
Mais sans vous amuser en propos superflus,
Nous y venions pour vaincre, & nous fusmes vaincus.
Par le sort du Combat me voyant vostre Esclaue,
Tiburse plus heureux, & peut-estre plus braue,
Sans estre enueloppé dans le commun malheur,
Est allé receuoir le Prix de sa valeur.
Ha! respond Alaric, allez reuoir le Tibre :
Ne perdez point de temps, partez, vous estes libre :
Valere tout rauy, se prosterne à ces mots,
Et fait ce que luy dit le vaillant Roy des Goths.

Fin du septiesme Liure.

ALARIC,
OV
ROME VAINCVE.

LIVRE HVITIESME.

COMME *vn fer ou l'Aimant à sa force imprimée,*
L'imprime à l'autre fer à son accoustumée,
De mesme du Romain le discours amoureux,
Passe iusques au cœur d'vn Roy si genereux.
Il y remet l'ardeur de son antique flâme;
Son Amour endormy se resveille en son ame;
Et ce Prince reuoit dans son esprit lassé,
Et sa peine presente, & son bonheur passé.
Vn objet merueilleux rentre dans sa memoire,
Auec tout son esclat, auec toute sa gloire.

Alaric en soûpire, & privé de repos,
En soûpirant encore il se tient ces propos.
O Prince malheureux, quelle est ta destinée,
Puis que mesme au Triomphe elle est infortunée,
Et qu'apres vn honneur qui ne te sert de rien,
Le Sort de tes Captifs est plus doux que le tien?
Valere va revoir la Beauté qui le dompte,
Et tu ne revois point la belle Amalasonthe:
Et l'on voit dans son ame, & l'on voit dans ton cœur,
Vn Vaincu plus heureux que ne l'est son Vainqueur.
Il va revoir Probé ; son plaisir est extrême;
Car est-il rien si doux, que de voir ce qu'on aime?
Tu le sçais, tu le sens, si proche du trespas,
En aymant vn Objet, & ne le voyant pas.
O Ciel qui connoissez ma douleur inhumaine,
Si ie le dois revoir faites durer ma peine:
Mais si ce bel Objet ne l'est plus pour mes yeux,
Precipitez la mort que ie cherche en ces lieux.
Ie suis vaincu d'vn œil qui vaincroit tout le Monde:
Ainsi que sa beauté, ma flâme est sans seconde:
O cruelle memoire ! ô charmant souuenir !
Hastons-nous de voir Rome afin d'en revenir.
A ces mots Alaric, dont l'ame est enflamée,
Va faire battre aux Champs, & descamper l'Armée:
Apres auoir remply, de Canut, Chef vaillant,
L'employ de Radagaise au courage boüillant.
Tout descampe, tout marche, & sous vn si Grand Homme,
Les Bataillons pressez tournent teste vers Rome:

Preci-

Precipitent leur marche, & portent leurs regards,
Vers le Tibre fameux par les Faits des Cezars.
Comme on voit, quand la Mer a franchy ses riuages,
Les Flots suiure les Flots, estendant leurs rauages;
Couurir les vastes Champs, & puis d'autres apres,
Poussez d'autres encor qui les suiuent de pres.
Ainsi les Bataillons aux Bataillons succedent;
Ils s'estendent tousiours dans les lieux qui leur cedent;
La Terre en est couuerte; & l'on en voit encor,
Qui font briller bien loin l'Acier flambant & l'Or.
Mais durant qu'Alaric trauerse l'Italie,
Tiburse plein de honte & de melancolie,
Meslé dans les Vaincus de qui la Troupe fuit,
Deuance de fort peu Valere qui le suit.
Presqu'en vn mesme temps ils font voir leur tristesse,
A la belle Probé leur illustre Maistresse:
Esgalement confus d'auoir esté deffaits,
Et d'auoir mal remply ses genereux souhaits.
Si l'vn n'ose parler, l'autre ne sçait que dire:
Si l'vn pousse vn soûpir, l'autre aussi-tost soûpire:
Et leurs yeux où l'amour se mesle à la douleur,
Disent seuls à Probé leur Sort & leur malheur.
Elle qui voit leur peine en deuine la Cause:
Elle leur veut parler, & pourtant elle n'ose:
Tous trois sont affligez, tous trois sont interdis;
Comme elle est trop timide, ils sont trop peu hardis;
Mais Tiburse à la fin se faisant violence,
En soûpirant encor, rompt enfin leur silence.

O o

Le Destin, luy dit-il, adorable Probé,
A fait que le Romain trop foible a succombé :
Que le Goth plus heureux s'est ouuert le passage,
Malgré les vains efforts qu'a faits nostre courage :
Et que manquant enfin, de force & non de cœur,
Tiburse vous reuoit sans vous reuoir Vainqueur.
Mais bien que son Party reuienne sans victoire,
Ce malheureux Amant ne reuient pas sans gloire :
Et si pour meriter nostre Prix glorieux,
Il faut estre vaillant, & non victorieux,
Ie puis sans vanité conceuoir l'esperance,
Qu'à la fin mes trauaux auront leur recompense :
Et que m'estant sauué d'entre tant d'ennemis,
I'obtiendray le Laurier que vous m'auez promis.
Non, non (respond alors le genereux Valere)
Probé ne nous doit voir que d'vn œil de colere :
Et des Romains vaincus qui demandent des Prix,
Sont indignes de viure, & dignes de mespris.
Nostre fuite honteuse a merité sa haine :
Si Probé ne nous hait, elle n'est pas Romaine :
Oüy, nous sommes sans cœur ayant esté sans mains,
Et nous deuions luy plaire en mourant en Romains.
Oüy, vostre Deuancier vous aprit dans Vtique,
Qu'on doit s'enseuelir auec la Republique :
Et ie ne voy que trop par les Grands Scipions,
Que i'ay mal imité leurs belles actions.
Adorable Probé, i'en rougis, ie l'aduouë :
Et bien que des Mortels la Fortune se iouë,

LIVRE HVITIESME.

Et bien que le hazard dispose des Combats;
Le destin des Vaincus pour vous plaire est trop bas.
I'ay bien veu le deuoir, mais ie n'ay pû le suiure:
Pour vous reuoir encor, encor i'ay voulu viure:
Mais ie connois ma faute ainsi que mon deuoir:
C'est trop pour des Vaincus que l'honneur de vous voir.
Ie ne dispute pas que vous ne soyez braue,
Mais on me reuoit libre, & vous fustes Esclaue,
(Dit Tiburse irrité d'entendre son Riual)
Et vostre indigne sort au mien n'est plus esgal.
Il est vray, dit Valere, & Rome est bien instruite,
De ma Captiuité comme de vostre fuite:
Et le choix de ces maux n'estant guere douteux,
Probé connoistra bien le plus ou moins honteux.
Quoy vous pouuez auoir ces esperances vaines!
Quoy l'illustre Probé partageroit vos Chaisnes!
(Respond encor Tiburse) & l'Affranchy des Goths,
Où l'Esclaue eschapé peut tenir ces propos!
Oüy, oüy, respond Valere, adorable Personne,
Tiburse est de retour, donnez-luy la Couronne:
Il la merite bien, puis qu'au lieu de mourir,
Il croit qu'vn si beau Prix se gagne à bien courir.
Si les Fers d'vn Grand Roy deshonnorent vn homme,
Ce n'est pas en fuyant que l'on doit reuoir Rome:
Et Caton vostre Ayeul, dit à tous les Romains,
Que si l'on doit fuir, c'est auecques les mains.
Ha! cessez, dit Probé, d'adiouster des iniures,
Au malheureux succés qu'ont eu nos auantures:

Ie vous connois tous deux pleins de zele & de foy;
Tous deux dignes de Rome aussi bien que de moy;
Vos Fers sont glorieux ; vostre fuite est prudente ;
L'amour de la Patrie en vos cœurs est ardente ;
Et si le Sort trahit vos desseins genereux,
Ils ne sont pas moins Grands pour n'estre pas heureux.
Mais illustres Guerriers, puis qu'Alaric s'auance,
La Palme disputée est encor en balence :
Ie vous verray combatre ; & vos illustres soins,
Auront Probé pour Iuge, & ses yeux pour Tesmoins.
Or sus donc Nobles cœurs, espousez sa querelle :
Combatez vaillamment, & pour Rome, & pour elle :
Et par vos Grands Exploits vous faisant redouter,
Tâchez de l'obliger à choisir sans douter.
Comme lors que la Mer gronde, bruit, & tempeste,
Le paisible Alcion en se monstrant l'arreste :
Accoise sa fureur qu'on voyoit escumer,
Et regne sur les Flots que luy seul peut calmer.
De mesme de Probé la voix toute puissante,
Appaise des Guerriers la colere naissante :
Et fait que par respect, & l'vn & l'autre Amant,
Renferme dans son cœur tout son ressentiment.
Ils ne disent plus rien, de peur de luy desplaire :
Et pour se l'acquerir chacun songe à bien faire :
Chacun d'eux se prepare à mille Grands Exploits,
Afin d'estre honoré de son illustre choix.
Mais durant qu'vne Belle exerce son Empire,
Vne plus belle encor se despite & soûpire :

LIVRE HVITIESME.

Et se prenant au Ciel de son cruel destin,
Amalasonthe voit les Murs de Constantin.
Le changement de lieux n'a point changé son ame :
Au Bosphore de Thrace elle est encor en flâme :
Et le Noble despit qui forma son dessein,
Brille encor en ses yeux comme il brusle en son sein.
Tout se presse pour voir cette illustre Guerriere,
Aussi triste que belle, aussi belle que fiere :
Mais l'habit Estranger qu'on luy voit en ces lieux,
Fait moins par son esclat que l'esclat de ses yeux.
Comme lors que la nuit vne Comette ardente,
Fait luire parmy l'air sa clarté menaçante,
Chacun est attentif à cette nouueauté,
Tout le monde obseruant sa fatale beauté.
De mesme tout le monde obserue l'Estrangere :
Chacun court pour la voir ; chacun la considere ;
Et son brillant esclat, & sa Noble fierté,
Menacent plus d'vn cœur d'estre sans liberté.
Mais pour ses tristes yeux, cette Ville à des charmes :
Elle y voit cent Vaisseaux ; elle y voit tout en armes ;
Mille & mille Guerriers estans desia tous prests,
On diroit que la Grece est dans ses interests.
Ses yeux brillent alors de leur splendeur premiere :
Ce bel Astre du Nord redouble sa lumiere :
Et les Grecs esbloüis de sa viue splendeur,
Sentent qu'vn si grand feu n'est iamais sans ardeur.
Eutrope, General de l'Aigle Imperiale,
Voit, admire, & cherit la Beauté Martiale :

Son Noble orgueil luy plaist ; & ce ieune Guerrier,
S'auance, la saluë, & parle le premier.
Si mes yeux disent vray, genereuse Amazone,
(Dit-il en l'abordant) vous descendez du Thrône :
Et l'on voit en voyant vos rares qualitez,
Si vous n'en venez pas, que vous le meritez.
Seigneur (respond alors cette belle Personne)
Ceux dont ie tiens le iour, ont porté la Couronne :
Et mes cruels destins, dont ie sens la rigueur,
M'ont arraché leur Sceptre, & m'ont laissé leur cœur.
Mais si quelque pitié, me voyant malheureuse,
Peut esmouuoir pour moy vostre ame genereuse ;
Peut vous donner pour moy ce Noble sentiment ;
Faites que l'Empereur m'escoute seulement.
O Beauté trop aymable, & desia trop aymée,
Le voicy, luy dit-il, qui vient voir son Armée :
Vous en obtiendrez tout, beau Chef-d'œuure des Cieux,
Car ie veux vous seruir, & ce Prince a des yeux.
A ces mots le Guerrier plein d'ardeur & de zele,
Luy presente la main, & s'auance auec elle ;
Aborde l'Empereur, la regardant tousiours ;
La fait voir à ce Prince, & luy tient ce discours.
La victoire est à vous, Monarque Grand & rare,
Puis qu'en vostre faueur Minerue se declare :
Car qui peut soustenir les efforts de nos bras,
Combatant pour Arcade auec cette Pallas ?
Grand Prince (luy dit-elle auec beaucoup de grace)
Des froids Climats du Nord iusqu'à celuy de Thrace,

Le bruit de vos vertus, & de voſtre deſſein,
Attire icy mes pas, & porte icy ma main.
Oüy, Seigneur, le beau bruit de voſtre Renommée,
De ces lieux reculez m'ameine à voſtre Armée:
Auec l'intention de ſuiure en toutes parts,
Si vous le permettez, vos fameux Eſtendarts.
Inuincible Empereur que l'Vniuers reſpecte,
Qu'Amalaſonthe icy ne vous ſoit pas ſuſpecte:
Car l'iniuſte Alaric, ſon Tyran non ſon Roy,
A merité ſa haine en luy manquant de foy.
Tout autre ſentiment mon eſprit le reiette:
Ie ſuis ſon ennemie, & non pas ſa Suiette:
Et ſi tous vos Guerriers font ce que ie feray,
Vous en Triompherez, & ie m'en vengeray.
Oüy (reſpond l'Empereur à cette Beauté fiere)
Nous en Triompherons redoutable Guerriere:
I'en accepte l'augure, & par nos Grands Exploits,
Et par vos Grands attraits, nous le vaincrons deux fois.
Alors par l'Empereur cette belle eſt conduite,
Iuſques dans ſon Palais auec toute ſa ſuite:
Où l'amoureux Eutrope eſt comblé de plaiſir,
Luy voyant honnorer l'objet de ſon deſir.
Il luy rend mille ſoins; mille & mille ſeruices;
Il trouue en meſme lieu ſa peine & ſes delices;
Et quoy qu'il ſente bien qu'il perd ſa liberté,
Il ne peut eſloigner ſon aymable fierté.
Comme cét Animal qui meurt dans la lumiere,
Vole & plane à l'entour de la clarté meurtriere;

Va ; vient ; s'aproche enfin de cet objet aymé;
Et s'en approchant trop s'en trouue consumé.
Ainsi le Fauory de l'Empereur de Grece,
Va, vient, voit, & reuoit sa nouuelle Maistresse:
Se brusle à ce beau feu qui luy charme les Sens;
Et se voit enflàmer par ses rayons puissans.
Mais en l'estat qu'il est, il sent plus d'vne peine:
En prenant de l'amour, il a pris de la haine:
Car il sçait, en souffrant vn tourment sans esgal,
Par le Nom d'Alaric, quel est son Grand Riual.
Son ame toutesfois se trouue vn peu flattée,
Par le Noble despit d'vne Amante irritée:
Son cœur pour s'appaiser, luy semble trop atteint:
Il se flatte, il espere, & cependant il craint.
Tantost il voudroit bien la laisser à Bysance:
Tantost il ayme mieux son aymable presence:
Si le danger est grand, le plaisir l'est aussi:
Et son ame incertaine à bien plus d'vn soucy.
Mais la belle Guerriere aymant si fort la Gloire,
Il pretend la gagner en gagnant la victoire:
Il pretend la venger, & punir vn Grand Roy:
L'attaquer, & le vaincre, & pour elle, & pour soy.
La seule ambition faisoit agir son ame,
Et dans ce premier feu se mesle vne autre flàme:
Et dans la double ardeur qui le vient eschauffer,
Il brusle de voir Rome, afin d'y Triompher.
Mais pendant que ce Grec fait ces belles Chimeres,
Rigilde tourmenté par ses douleurs ameres,

Et

LIVRE HVITIESME.

Et ces meschans Esprits qui perdent les humains,
Tâchent de redonner du courage aux Romains.
Quoy, leur dit le Sorcier, & qu'est donc deuenuë
La fermeté Romaine autrefois si connuë?
Ayons vn cœur plus Grand que n'est vn si grand mal:
Alaric est plus loin que n'estoit Hanibal:
Non plus que le premier, ce n'est enfin qu'vn homme:
Rome alors fut sauuée, & nous sauuerons Rome:
N'en desesperons point ; songeons que les Gaulois
Iusques au Capitole ont porté leurs Exploits:
Et que du Capitole on les remit en fuite,
En ioignant le courage auecques la conduite.
Si nous sommes Romains deffendons nos Ramparts:
Peut-on estre vaincu dans les Murs des Cezars?
Plutost dans leurs Tombeaux ces Ombres glorieuses,
Armeroient de nouueau leurs mains victorieuses.
Mais ces illustres Morts sont viuans dans vos cœurs:
Ils vainquirent enfin, & vous serez vainqueurs:
Ces Goths, ces mesmes Goths, domptez par vos Ancestres,
S'attaquent vainement aux Enfans de leurs Maistres:
Ainsi sans plus songer aux maux qu'on a souffers,
Ne songeons plus qu'à vaincre, & preparons des Fers.
L'on voit desia la fin de la Saison ardente,
Et le commencement de l'Automne abondante:
Et pour peu que nos cœurs fassent agir nos mains,
L'Hyuer viendra bien-tost au secours des Romains.
Comme au cry d'vn Oyseau tous les autres s'assemblent,
Par la peur du Faucon sous qui leurs Troupes tremblent,

Pp

De mesme les Romains entendant l'Enchanteur,
Enuironnent alors cet adroit imposteur.
La crainte d'Alaric qui fait leur hardiesse,
Fait que chacun s'auance, & que chacun se presse:
Tous paroissent vaillans l'entendant discourir;
Et tous sont resolus de vaincre ou de mourir.
Alors comme à l'enuy tout songe à la deffense:
L'vn esguise ses Dards, ou le fer de sa Lance;
L'autre voit si son Arc peut estre bien tendu;
L'vn court à la Muraille, ou l'autre s'est rendu;
L'on borde les Ramparts de Boules & de Pierres,
Qu'auec la Catapulte on eslance en Tonnerres:
Machine redoutable au Camp des Assiegeans,
Qui ne sçait qu'oposer pour en couurir ses Gents.
L'on prepare des Feux, & des Huyles boüillantes,
Pour les verser apres sur les Troupes vaillantes:
Et tout ce que la Guerre a de plus inhumain,
Est alors employé par le Peuple Romain.
Desia les Bataillons sont dans les Places d'armes,
Et tous prests de marcher aux guerrieres alarmes:
Les Portaux sont fermez; les Corps-de-garde mis;
Et tout en fort bon ordre attend les Ennemis.
Mais auant que fermer, par la Porte Capene,
Dix mille bons Soldats sous vn bon Capitaine,
Sortent pour receuoir le braue Roy des Goths,
L'inuincible Alaric le plus Grand des Heros.
Tiburse est à leur Teste aussi bien que Valere:
Tous deux sont animez d'vne Noble colere;

LIVRE HVITIESME.

Tous deux semblent voler aux penibles trauaux ;
Et l'Honneur & l'Amour les font deux fois Riuaux.
Cependant Alaric trauersant l'Italie,
Ne voit rien qui ne cede, & qui ne s'humilie :
Et le bruit de ses Faits, & de son Grand Destin,
Aplanit les sentiers, & trace le chemin.
La fuite des Romains a semé l'espouuente :
Et de quelque valeur que le Toscan se vante,
L'Arne voit sur ses bords ondoyer les Drapeaux,
Et de fiers Bataillons border ses claires eaux.
Desia ce Camp nombreux qui marche auec furie,
Laisse loin les hauts Monts de l'aspre Ligurie :
Genes aux grands Palais ; Cirne fameuse en Vins ;
Nole qu'on voit au pied des Rochers Apenins ;
L'agreable Nicée, & le beau Port d'Hercule ;
Sestre aux plaisans valons d'où le iour se recule ;
Et comme ie l'ay dit, l'on voit ce Conquerant,
Dans les Champs d'Hetrurie où l'Arne va courant.
On le reçoit Vainqueur dans la belle Florence :
Puis vers Pise aussi-tost le Roy des Goths s'auance :
Laisse Luques à gauche, & voit sans s'arrester,
La Ville des Sennois qui n'ose resister.
Ce vaillant ennemy de la Grandeur Romaine,
Passe du Fleuue Iris, au Lac de Thrasimene :
Puis portant plus à droit sa Noble ambition,
Voit le fameux Terroir apellé Latium.
De là marchant tousiours, à la fin ce Grand Homme,
Aperçoit le premier les hauts Temples de Rome :

Pp ij

Les monstre à son Armée, & pour mieux l'animer,
Voila, dit-il, Soldats, ce qui nous fit armer.
Voila genereux Goths, cette Ville superbe,
Dont nous mettrons dans peu l'orgueil plus bas que l'herbe:
Voila Rome, marchons, dit-il à haute voix,
Marchons, marchons, respond tout le Camp à la fois.
Comme dans les Rochers creusez par la Nature,
L'Echo fait de la voix l'inuisible Peinture,
Et redit à son tour, en nous charmant les sens,
Tout ce que l'on a dit, accens apres accens.
Ainsi le Camp des Goths qu'un mesme esprit anime,
Redit ce mesme mot de son Roy magnanime:
Et faisant ce qu'il dit, tout marche fierement,
Vers les superbes Murs veus en esloignement.
Iamais Torrent enflé ne parut si rapide:
Tout le Camp suit les pas d'Alaric qui le guide:
Tout s'auance vers Rome, & sa vaste grandeur,
Ne fait que redoubler leur genereuse ardeur.
Mais comme ce Heros fait marcher son Armée,
Il voit vn sombre amas de poudre ou de fumée,
Qui s'esleue à grands flots, & qui desrobe aux yeux
Des superbes Romains les Palais glorieux.
Dans ce Nuage espais que forme la poussiere,
Il voit briller le fer d'vne splendeur guerriere:
Ainsi qu'on voit en l'air parmy l'obscurité,
Des Esclairs lumineux la subite clarté.
Ce redoutable objet plaist aux yeux du Monarque:
L'on voit de son plaisir briller l'illustre marque:

LIVRE HVITIESME.

Des Esclairs à leur tour partent de ses regards,
Et sa Noble fierté le fait paroistre vn Mars.
Braues Goths, leur dit-il, le Sort nous fauorise,
Car mesme les Romains hastent nostre Entreprise :
Et courant à leur perte, en s'auançant ainsi,
Esbauchons la victoire en deffaisant ceux-cy.
A ces mots il fait alte, & tout le Camp s'arreste :
Puis destachant vn Corps, il se met à sa Teste :
Allons, dit-il, allons receuoir le Romain,
Le premier coup d'Espée apartient à ma main.
Il part à cét instant, & fond comme vn Tonnerre :
L'Ennemy qui le voit, fait alte, & puis se serre :
Et pour ne donner pas dans tant de Bataillons,
D'vn Poste auantageux couure tous les Sillons.
Boucliers contre Boucliers, les Cohortes preßées,
L'attendent de pied ferme, & les Piques baißées :
Mais bien que cét objet imprime de l'horreur ;
Bien que volent par tout la Mort & la Terreur ;
Le vaillant Roy des Goths que l'Vniuers redoute,
Les charge, se fait iour, & les met en desroute.
Comme on voit vn Lion au milieu d'vn Troupeau,
Abattre ; deschirer ; s'ensanglanter la peau ;
De la griffe & des dents exercer la furie ;
Et remplir de frayeur toute la Bergerie.
Ainsi du Grand Heros le redoutable bras,
Abat tout, perce tout, & du sang des Soldats
Faisant voir son Espée, & degouttante, & teinte,
Remplit les Bataillons de desordre & de crainte ;

P p iij

Fait sentir aux plus fiers son insigne valeur;
Et signale en ce iour sa gloire & leur malheur.
Mais Valere & Tiburse au milieu de l'orage,
(Ces Riuaux en amour aussi bien qu'en courage)
Apres vn si grand choq ne perdant point le cœur,
Arrestent les Vaincus ainsi que le Vainqueur;
Et redonnant quelqu'ordre aux Troupes dispersées,
Reuiennent à la Charge à Cohortes preßées.
Le Goth sans s'esbranler fait ferme à leur abord:
Et l'immortel Heros, & plus fier, & plus fort,
Ioignant à sa valeur vne rare conduite,
De nouueau les renuerse, & les remet en fuite.
Il les pousse, il les chasse, il les suit pas à pas:
A cent & cent Romains il donne le trespas:
Et par cette valeur que l'Vniuers renomme,
Il les meine battant iusqu'aux Portes de Rome.
Tibre, Fleuue fameux, combien vit-on alors
De Casques, de Boucliers, de tes humides bords
Tomber & puis rouler parmy tes fieres ondes,
Comblant de pasles Corps tes Cauernes profondes?
Les Ramparts sont bordez de braues Combatans:
L'on y voit sur les Tours mille Drapeaux flotans:
Partout on voit marcher les Cohortes vaillantes;
Partout on voit l'esclat de leurs Armes brillantes;
Et la Trompette alors excitant les Soldats,
Partout sonne la charge, & parle de Combats.
Cependant tout le Camp qui respire la Guerre,
Arriue deuant Rome, & fait trembler la Terre.

LIVRE HVITIESME.

Il iette sur le Tibre & cent & cent Batteaux;
En bastit deux grands Ponts qui trauersent ses eaux;
Et ce Camp si nombreux qui la Ville enuironne,
Forme ce qu'autrefois on nommoit la Couronne:
L'enceint de toutes parts de Bataillons quarrez,
Et fait alte luy-mesme, à rangs droits & serrez.
L'inuincible Alaric, que Rome voit paroistre,
Considere la Place, & la va reconnoistre:
Regle son Campement; voit tout; ordonne tout;
Et fait le tour des Murs de l'vn à l'autre bout.
Il voit où ses Beliers pourront faire des Bresches;
Il voit d'où ses Archers feront pleuuoir des Flesches;
Il voit où l'escalade est possible en ces lieux;
Et dans ces Nobles soins rien n'eschape à ses yeux.
Des Postes esleuez il cherche l'auantage:
Et de tous ses Quartiers ayant fait le partage,
Il y dispose tout auec vn iugement
Qui de son Grand dessein predit l'euenement.
Pour pouuoir Triompher de la force Romaine,
Il Poste Sigeric vers la Porte Capene:
Canut vers la Flamine, & l'adroit Hildegrand
A la Porte Naeuie à sa place, & la prend.
L'intrepide Haldan est à la Tiburtine:
Le prudent Theodat campe à la Collatine:
Le courageux Wermond auec tous ses Guerriers,
Se loge à l'Aurelie en suite des premiers.
Sigar adroit & braue est à la Quirinale:
Et le vieux Iameric campe à la Viminale:

Les Gents de Midelphar se retranchent apres,
A la Porte d'Ostie, & la serrent de prés.
Ceux de Narve sont mis à la Cœlimontane :
Ceux d'Vpsale campez contre la Vaticane :
Et ceux de Nicoping esleuent vn grand Fort,
Auec ceux de Castrolme à la Porte du Port.
Mais le Grand Alaric, que nul Guerrier n'esgale,
Par vn heureux presage est à la Triomphale :
Et cét illustre Nom luy fait bien esperer,
De ces Nobles trauaux qu'il est prest d'endurer.
Alors faisant agir les Gents d'Angermanie,
Qui ioignent à la force vne adresse infinie,
Il leur fait esleuer vn haut Retranchement,
Qui de tous les costez couure son Logement.
En enfermant la Ville, il s'enferme luy-mesme :
Ainsi que sa valeur, sa prudence est extrème :
Comme il songe à l'attaque, il songe à se couurir :
Ordonne la Tranchée, & puis la fait ouurir.
Aux plus foibles Soldats il donne du courage :
Des yeux & de la voix il auance l'Ouurage :
Il est l'Ame du Camp, & par son grand pouuoir,
Tout ainsi qu'il luy plaist luy seul le fait mouuoir.
Comme on voit dans vn Corps cét Esprit qui l'anime,
Par vne authorité puissante & legitime,
Faire agir à son gré les merueilleux Ressorts,
Qui donnent mouuement aux membres de ce Corps.
Tout de mesme Alaric dispose de l'Armée :
La trouue obeïssante à son accoustumée :

Et

LIVRE HUITIESME.

Et des premiers des Chefs aux derniers des Soldats,
Tout branfle par fon ordre, ou tout ne branfle pas.
Icy l'on voit le Parc des Machines de guerre;
Icy l'amas des Bleds que l'on garde & qu'on ferre;
Icy les Corps-de-garde; icy tous les Drapeaux;
Icy les Pauillons, & fuperbes, & beaux;
Les differens Quartiers auec leurs Places d'armes;
Et diuers Bataillons, tous prefts en cas d'alarmes;
Et defia mille feux dans le Camp allumez,
Redoublent la frayeur des Romains enfermez;
Et defia de ces Feux la lumiere efclatante,
Brille dans l'eau du Tibre, & leur paroift flotante.
Cependant tout le Camp plain d'efclat & de bruit,
Se trouue enfin couuert des ombres de la nuit :
L'obfcurité le cache à la Ville eftonnée;
Et le Goth fatigué d'vne telle iournée,
S'abandonne au fommeil apres diuers propos,
Et trouue dans la guerre vn paifible repos.
Mais lors que tout eft peint de ces couleurs funebres,
Le Demon tenebreux veille dans les tenebres :
Et Rigilde accablé de fon cuifant ennuy,
Dans vne heure où tout dort, veille auffi bien que luy.
La gloire d'Alaric les choque & les tourmente :
Ainfi qu'elle s'accroift, leur defefpoir s'augmente :
Et l'egale fureur qui leur donne la Loy,
Les pouffe efgalement contre ce vaillant Roy.
Le premier de Sextus prenant la reffemblance,
(Sextus qui de Valere auoit la confidence)

Q 9

L'aborde au Corps-de-garde, & le tirant à part,
En ces mots à peu pres, l'entretient à l'escart.
Vous que l'Amour anime aussi bien que la Gloire;
Vous, vous qui pretendez à plus d'vne Victoire;
Vous Amant & Guerrier, voicy l'occasion
D'assouuir vostre flâme, & vostre ambition.
I'ay veu du haut des Murs les Troupes ennemies,
Dans vn profond sommeil laschement endormies:
Comme si les Romains, à vaincre accoustumez,
Auoient peur seulement de leurs feux allumez.
Vsez bien des moyens que le Destin vous donne:
Ornez-vous cette nuit de plus d'vne Couronne:
Faites vne Sortie, & d'vn heur sans esgal,
Triomphez d'Alaric, & de vostre Riual.
L'vn & l'autre endormy, facilitent la chose:
Valere veillez donc, quand Tiburse repose:
Par vn Noble trauail secondez ce repos,
Et deffaites ensemble, & Tiburse, & les Goths.
Valere à ce discours sent redoubler sa peine,
Piqué d'ambition, & d'amour, & de haine:
Et suiuant le conseil de ce trompeur Amy,
Il resueille à l'instant le Soldat endormy:
Et redoublant son cœur par sa valeur extrême,
Le fait armer sans bruit, comme il s'arme luy-mesme;
Se prepare à sortir, suiuy de ces Soldats;
Fait ouurir, sort, & marche aux nocturnes combats.
Rigilde d'autre part, que la fureur transporte,
Va trouuer son Riual qui garde vne autre Porte:

Il l'esueille, il luy parle, & pour le deceuoir,
Sous l'aspect d'vn Parent le Sorcier se fait voir.
Tu dors, tu dors, dit-il, ô Riual de Valere,
Au lieu de t'animer d'vne Noble colere:
Et le tien cependant plus diligent que toy,
Va meriter ta Reyne en combatant vn Roy.
Valere va sortir, ie l'ay veu sous les armes:
Mais si pour toy l'amour & l'honneur ont des charmes,
Partage le peril qu'il va courre auiourd'huy,
Et pour le partager, sors aussi bien que luy.
Pour disputer Probé, dispute la victoire,
S'il reuient Triomphant, reuiens couuert de gloire:
Donne sur vn Quartier, comme il y va donner,
Sors, combas, sois Vainqueür, & fais toy couronner.
Comme on voit la Matiere à s'enflâmer aysée,
S'eschauffer, s'allumer, & paroistre embrasée:
Telle de ce Guerrier la boüillante valeur,
En cette occasion esclate auec chaleur.
Il se leue, il s'auance, il fait ouurir les Portes:
Et suiuy fierement de ses braues Cohortes,
Ie vay suiure, dit-il, vos aduis genereux,
Et paroistre vaillant aussi bien qu'amoureux.
Alors sans plus tarder, dans vne heure si sombre,
Il marche enueloppé de l'espaisseur de l'ombre:
Et couuert comme il l'est par cette obscure nuit,
Il vole vers le Camp, sans desordre & sans bruit.
Cependant son Riual, qu'vn mesme feu deuore,
Marche aussi bien qu'il marche, & va plus viste encore:

Q q ÿ

Surprend la Sentinelle, & fond comme à grands flots,
Sur le braue Canut dans le Quartier des Goths.
Il attaque, il combat, il renuerse, il foudroye:
Dans les bras du Sommeil, la Mort trouue sa Proye:
Il passe comme vn feu qui va tout deuorant:
Et le Goth endormy se resueille en mourant.
Le desordre s'accroist comme le bruit s'augmente:
L'alarme & la frayeur passent de Tente en Tente:
Volent subitement de Quartier en Quartier:
Et le confus tumulte est dans le Camp entier.
Pauillons renuersez, Huttes boule-versées;
Bataillons mal formez, & Troupes dispersées;
Sont les affreux objets que la sombre clarté,
Fait voir confusément au Soldat escarté.
Mais bien qu'en ce combat soit la Fleur d'Italie,
Le genereux Canut, fait ferme; se ralie;
Arreste les fuyars que la peur fait courir;
Et paroist resolu de vaincre ou de mourir.
Icy Birger tresbuche; icy Flaue succombe;
Icy meurt Olaüs; icy Maxence tombe;
Et par les grands efforts de leurs vaillantes mains,
Meurent confusément les Goths & les Romains.
La Nuit couure à la fois, sous ses noires tenebres,
Et mille beaux Exploits, & mille objets funebres:
Mais dans l'obscurité brille de temps en temps,
Auec vn bruit affreux le Fer des Combatans.
Trois fois les braues Goths repoussent les Cohortes,
Et trois fois à leur tour elles sont les plus fortes:

LIVRE HVITIESME.

Mais enfin la Fortune en decidant leur sort,
Fait Triompher Valere, & le rend le plus fort.
En vain le fier Canut s'oppose à sa victoire,
Il ne peut arrester, ny ses pas, ny sa gloire:
Tout court, tout fuit, tout cede en cette occasion:
Et partout est la mort, & la confusion.
Le sang coule à grands flots sur la Campagne humide:
Le plus braue des Goths paroist alors timide:
Et Canut emporté par sa Troupe qui fuit,
Laisse enfin le Champ libre au Romain qui le suit.
Comme on voit dans les Prez vn Taureau plein de rage,
Ceder manque de force, & non pas de courage:
Se tourner à tous coups, & d'vn front menaçant,
Monstrer à son Riual son superbe Croissant.
Ainsi le fier Canut que le despit deuore,
S'arreste à chaque pas, & se retourne encore:
Fuit, & frappe en fuyant, & monstre tant de cœur,
Que par là ce Vaincu s'esgale à son Vainqueur.
Mais le Grand Alaric que la rumeur apelle,
Vient rauir à Valere vne Palme si belle:
Il marche, il court, il vole, & l'immortel Heros,
Change seul le Destin des Romains & des Goths.
Il charge ces premiers auec vne furie,
Qu'à peine soustiendroit tout l'effort d'Hesperie:
Et chaque coup qui part de sa vaillante main,
Vange la mort d'vn Goth par la mort d'vn Romain.
Il met tout en desroute; & Valere luy-mesme,
Est contraint de ceder à sa valeur extrème:

Q q iij

*Les Vainqueurs font vaincus, tout fuit auec effroy;
Et iufqu'au pied des Murs les fuit ce vaillant Roy.
Mais comme il fait fentir la Grandeur de fon ame,
Il voit tout le Quartier de Sigeric en flame:
Et plus prompt que ce feu, ce braue Conquerant,
Va d'vn Quartier à l'autre, & s'y porte en courant.
Tiburfe cependant, frappe, heurte, renuerfe;
Attaque, & fait plier tout ce qui le trauerfe:
Et des Feux allumez prenant quelques Tifons,
En brufle des Soldats les mobiles Maifons.
D'abord cette Matiere encor mal allumée,
Semble augmenter la nuit auecques la fumée:
Mais vn moment apres, vne affreufe Splendeur,
De cét embrazement fait mieux voir la grandeur.
Au milieu de ces Feux brillent toutes les Armes:
Mille cris differens augmentent ces vacarmes:
Chaque coup que l'on donne auffi-toft eft rendu:
Et le fang à la flàme alors eft confondu.
Le Goth & le Romain, d'vne valeur efgale,
Font balancer entr'eux vne Palme fatale:
Et dans le nouueau iour que fait l'embrazement,
Front à front, main à main, tout combat vaillamment.
Tu le fentis Adolphe, à qui les Deftinées
Firent voir en ce lieu la fin de tes années:
Tu le fentis Valens, & mille autres Guerriers,
Se virent accablez de funeftes Lauriers.
L'on vit affez long-temps la Fortune incertaine,
Entre l'ardeur Gothique, & la valeur Romaine:*

LIVRE HVITIESME.

Mais le Grand Alaric ne pouuant l'endurer,
La força de le suiure, & de se declarer.
Il vient, il voit, il vainct, ce Guerrier redoutable:
Et sa main dompte tout, comme elle est indomptable.
Comme on voit vn Sanglier d'armes enuironné,
S'eslancer fierement sans paroistre estonné:
Escumer de fureur, grincer les dents de rage;
Briser tout; percer tout; & se faire vn passage.
Ainsi le Grand Heros qui partout est Vainqueur,
Fait voir ferme & sans peur, son intrepide cœur:
Et sa Noble fierté que la force accompagne,
Perce tout, abat tout sur la verte Campagne.
Vne seconde fois l'inuincible Heros,
Voit les Portes de Rome auec ses braues Goths:
Acheue auec la Nuit sa fameuse victoire,
Et le Soleil Leuant vient esclairer sa gloire:
Et cet Astre du iour voit les Romains chassez,
Se ietter en desordre au fond de leur Fossez.
Mais pendant que dans Rome on en verse des larmes,
A toute son Armée il fait prendre les armes:
Et voulant profiter de leur estonnement,
Il la tire aussi-tost de son Retranchement.
La superbe Cité s'en voit enuironnée,
Et d'armes à l'instant on la voit couronnée:
Les Murs en sont bordez de l'vn à l'autre bout;
Et d'vn affreux esclat le fer brille partout.
Cependant Alaric, que le Destin seconde,
Place ses gents de Traict comme ses gents de Fronde:

Et par des soins hardis autant que singuliers,
Vers les superbes Murs fait rouler ses Beliers.
Alors pour empescher, ou pour haster l'ouurage,
De la Ville & du Camp, fond comme vn grand orage :
Mille & mille Cailloux fendent l'Air en soufflant,
Et mille & mille Traicts s'y croisent en sifflant.
Mais malgré cette Gresle, on voit que ces Machines,
Qui des fermes Ramparts font tomber les ruines,
Aprochent la Muraille, & que leur front cornu,
Heurte desia le Mur fortement soustenu.
Cent & cent bras nerueux à trois pieds de la Terre,
Font aller & venir ces Machines de guerre :
Et du choq des Beliers retentissent alors,
Les Antres que le Tibre a creusez sur ses bords.
Comme vn coup est donné, l'autre aussi-tost se donne :
La Muraille s'esboule, & le Romain s'estonne :
L'eau boüillante & les feux, pleuuent confusément,
Sans que le braue Goth s'esbranle seulement.
Enfin le haut Rampart, auec vn bruit horrible,
Tombe, & monstre au Soldat vne Bresche accessible :
Mais le vaillant Romain redoublant ses efforts,
La repare à l'instant auec son propre Corps.
L'inuincible Alaric qui voit sa resistance,
Donne l'ordre à Canut, & ce Guerrier s'auance :
Suiuy de ses Archers qui se font deuancer,
Par mille Traicts volans que leur main sçait lancer.
Sur cét amas poudreux qu'on voit au bas des Bresches,
Volent ces fiers Soldats plus viste que leurs Flesches :

Et

LIVRE HVITIESME.

Et Valere & Tiburse, auec mesme vigueur,
Opposent à leurs bras, & leurs bras, & leur cœur.
Les vns veulent entrer, & sortent de la vie:
Les autres en mourant, empeschent leur enuie:
Les Morts des deux Partis, par vn heureux hazard,
Sur le Rampart destruit, font vn nouueau Rampart.
Comme on voit quelquesfois les ondes agittées,
Iusqu'au haut des Rochers par vn grand Vent iettées:
Et puis s'en retourner, d'vn subit mouuement,
A bonds precipitez, dans leur vaste Element.
Ainsi des braues Goths, la Troupe genereuse,
Court & monte à la Bresche, & haute, & dangereuse:
Y combat quelque temps, front à front, main à main,
Puis se voit repousser, par le Soldat Romain.
Le Heros despité, de voir Canut qui cede,
Fait que sans plus tarder, Sigeric luy succede:
Qui la Pique à la main, signalant ses efforts,
Pour frapper les viuants, marche parmy les Morts.
Auec plus de fureur, le combat recommence:
Aucun n'escoute plus, ny pitié, ny clemence:
Et l'on voit vn Ruisseau du sang de ces Guerriers,
Mais enfin ces seconds, ont le sort des premiers.
Le vaillant Alaric fait occuper leur place,
Par l'adroit Hildegrand, plein d'vne belle audace:
L'or de sa riche Armeure, esbloüit les regards,
Et c'est comme l'Esclair, des Foudres de leurs Dards.
Vne horrible Tempeste alors est entenduë:
Alors la mort se donne, & la mort est renduë:

R r

Et le Romain couuert de son large Pauois,
Fait voller en esclats, la Forest des longs boix.
Christierne, Bratemund, Erric, Ingel, Heraute,
Tous Chefs de Finlandie, & de qualité Haute:
Tous Chefs dont la Victoire accompagnoit les pas,
Tombent sur cette Bresche, auec mille Soldats.
Macrin, Volusian, & Seuere, & Maxime,
Romains d'vn sang Illustre, & d'vn cœur magnanime,
Trebuchent à leur tour, en manquant de bon-heur,
Si l'on en peut manquer, mourant au Lict d'honneur.
Mais enfin tout cedant à la valeur Romaine,
Ces braues Finlandois, recullent hors d'haleine:
Et l'immortel Heros qui les voit reuenir,
Fait auancer Haldan, qui les va soustenir.
Haldan, ce fier Guerrier, au courage intrepide,
Qui mesprisa la mort, sur la Campagne humide:
Et qui vient sur la Terre, auec le mesme orgueil,
La brauer de nouueau, iusqu'au bord du Cercueil.
Là redouble le bruit, comme les coups redoublent:
Le Tibre s'en esmeut, & ses ondes s'en troublent:
Et les Rochers voisins, par des sons esclattans,
Refont d'autres Combats, & d'autres Combatans.
Sous leurs larges Boucliers, ces braues Insulaires,
Montent en menaçant de leurs Canes legeres:
Mais les Dards des Romains, plus forts que ces Roseaux,
De leurs propres Boucliers, font leurs propres Tombeaux:
Ils tombent renuersez de la Bresche mortelle,
Et roulent l'vn sur l'autre, en tombant pesle-mesle.

LIVRE HVITIESME.

Alaric qui les voit, fait marcher Theoda ;
Ce Chef sage & vaillant, restablit le combat ;
Dispute fort long-temps la victoire incertaine ;
Et se fait voir Soldat, comme il est Capitaine :
Toutesfois à la fin, quoy qu'il ne manque à rien,
Le destin des premiers, se trouue encor le sien.
Le robuste Wermond, va prendre alors sa place :
Mais ayant mesme cœur, il a mesme disgrace :
Et par l'ordre du Roy, Sigar est obligé
D'aller vanger l'affront, de Wermond affligé.
Cependant au milieu de ce peril extreme,
Il a bien-tost besoin qu'on le vange luy mesme :
Car tous les siens pliant, & cedant aux Romains,
Iameric le dernier, s'auance, & vient aux mains.
Il est accompagné de la belle Laponne,
Et du Gendre fameux, que sa Fille luy donne :
Mais bien que tous les trois se couurent de Lauriers,
Tous les trois à la fin demeurent prisonniers.
Alors le Grand Heros, dont l'attente est trompée,
Fait briller fierement, sa foudroyante Espée :
Court & monte à la Bresche, où sa rare valeur,
Force enfin la Fortune, à borner son mal-heur.
Il frappe, il blesse, il tuë, il renuerse, il accable ;
Rien ne peut resister, à son bras redoutable ;
Il pousse les Romains, malgré tout leur Grand cœur,
Et Maistre de la Bresche, il croit estre Vainqueur.
Mais comme il la regarde, il aperçoit derriere,
Vn grand Retranchement, qui luy sert de Barriere :

Rr ij

Le Heros en gemit ; on l'entend soupirer ;
Parce qu'il connoist bien qu'il se doit retirer :
Toutesfois pour auoir vne valeur discrette,
L'inuincible Alaric fait sonner la retraitte.
Comme on voit vn Lion (par le nombre constraint)
S'esloigner lentement, du Chasseur qui le craint,
Se retirer sans fuite, & souuent tourner teste,
Vers ce Gros d'ennemis, que sa brauure arreste.
Tout de mesme Alaric, d'vn pas superbe & lent,
S'esloigne du Romain, qui le suit en tremblant :
Et ioignant la valeur, à la sage conduite,
De temps en temps se tourne, & le remet en fuite.
Il s'en va dans sa Tente, où ses Chefs tous honteux,
Le suiuent sans parler, & d'vn pas fort douteux.
Mais pour les consoler, il cache sa tristesse :
Et se mettant aux yeux vne feinte allegresse,
Braues Goths releuez vostre esprit abatu :
La Fortune, dit-il, en veut à la Vertu :
Mais quand l'occasion se rencontre oportune,
Enfin cette Vertu, fait ceder la Fortune.
C'est par l'aduersité, que l'on sent le bon-heur :
La Conqueste facile, est presques sans honneur :
Le Ciel veut que le bien soit achepté par l'homme :
Nous sommes de ce nombre, & nous attaquons Rome :
Et l'on doit se resoudre à cent & cent hazars,
Pour abattre des Murs bastis par des Cezars.
Comme on voit le Soleil, apres vn grand orage,
De ses premiers Rayons, dissiper le Nuage :

LIVRE HVITIESME.

Et quand par sa chaleur on le voit escarté,
A l'Air pur & serain redonner sa clarté.
Ainsi du Grand Heros, la voix forte & puissante,
Dissipe le chagrin de la Troupe vaillante :
Et malgré la douleur d'vn si sensible affront,
Rassereine ses yeux, & des-ride son front.
Alors ces braues Chefs, poussez de mesme enuie,
Iurent de se vanger, ou de perdre la vie :
Et promettent au Roy, qui connoist leur valeur,
De reparer bien-tost leur faute ou leur mal-heur.
Mais comme il applaudit à leur Noble pensée,
Il voit venir le Chef de sa Garde auancée,
Qui conduit à sa Tente vn Heraut des Romains ;
Vn Rameau d'Oliuier, se fait voir en ses mains ;
Et Diegue, & Iameric, & la belle Laponne,
Resioüissent ce Prince, autant qu'il s'en estonne :
Car surpris de les voir, il ne sçait que iuger,
Ny pourquoy les Romains cherchent à l'obliger.
Seigneur, dit le Heraut, Valere qui m'enuoye,
Dans la douleur publique, à senti quelque ioye,
De pouuoir tesmoigner à Vostre Majesté,
Quel tendre sentiment en son ame est resté.
Par la Noble rançon qu'il n'auoit point promise,
Son cœur reconnoissant, veut payer sa franchise :
Et ces trois Prisonniers, qu'il vous offre par moy,
Seront cette rançon, ô magnanime Roy.
Mais si vous desirez que la grace s'acheue,
Accordez pour trois iours vne paisible Treue :

*Afin que tous les Morts, y puiſſent receuoir,
Le legitime honneur d'vn Funebre deuoir.
Comme nous combattons par gloire & non par haine,
I'accorde toute choſe à la vertu Romaine,
Luy reſpond Alaric, car ſes braues efforts,
Font voir plus d'vn Vandale, au milieu de vos Morts.
I'accepte la rançon que Valere me donne :
Et comme ie l'eſtime autant que ma Couronne,
Ie veux que cent Captifs que ie tiens dans mes Fers,
A ce braue Romain en mon nom ſoient offers.
Dites luy donc, Heraut, que ſa vertu me charme ;
Qu'elle fait que ie l'aime, & qu'elle me deſarme ;
Et que ſi Rome vn iour doit tomber ſous ma main,
Alaric ſçaura bien le traitter en Romain.
Alors ſans plus tarder, ce Monarque inuincible,
Pour faire voir ſon cœur auſſi Grand que ſenſible,
De ces braues Captifs, fait vuider ſes Priſons,
Et le Heraut qui part, s'en va chargé de dons.
Ainſi durant trois iours, au pied de ces Murailles,
L'vn & l'autre Party ſonge à des Funerailles :
Et les Soldats meſlez, pendant qu'il eſt permis,
Font paroiſtre les Goths & les Romains Amis.
Mais durant que chacun ſes Morts va reconnoiſtre,
Deux Ames au Bapteſme, alors veulent renaiſtre :
Et d'vn Rayon du Ciel, leur Noble cœur touché,
Trouue ſa propre vie, en la mort du peché.
C'eſt le vieux Iameric, & la belle Guerriere,
Plus humble par la Foy, qu'on ne la voyoit fiere :*

LIVRE HVITIESME.

Qu'au milieu du peril, vn Ange a conseruez,
Et que ce grand Miracle a doublement sauuez.
Les vœux du Lusitain, ont causé ce Miracle :
Et l'incredulité ne faisant plus d'obstacle,
Le Grand Prelat d'Vpsale ayant connu leur Foy,
Les regenere en Dieu, par les ordres du Roy.
Vers le Tibre fameux, marche toute l'Armée:
De l'Encens à flots noirs, monte au Ciel la fumée :
Et l'on voit dans les mains du Goth fier & vaillant,
Mille & mille flambeaux meslez au Fer brillant.
Le chant harmonieux, entonne des Cantiques ;
Les deux nouueaux Chrétiens ont de blanches Tuniques ;
C'est le Roy qui les meine, & le sçauant Prelat,
Par ses beaux ornemens paroist couuert d'esclat.
Du haut de ses Ramparts, le Romain considere,
Le pompeux appareil de ce sacré Mistere :
Et d'autres plus hardis, viennent voir de plus pres,
D'vn si Grand Sacrement, les superbes aprets.
Comme on voit les Faisans, au Riuage Celtique,
Monstrer l'Or d'vn plumage, & riche, & magnifique ;
Et couurir tous les bords des transparentes eaux,
Des nombreux Escadrons, de ces rares Oyseaux.
Ainsi voit-on alors, au bord de ce grand Fleuue,
Briller l'Or & l'Acier, du Soldat qui s'y treuue :
Et les fiers Bataillons, de Piques herissez,
Sur les Riues du Tibre, en bel ordre placez.
La, volle iusqu'au Ciel, vne ardente priere ;
La, le vieux Iameric, au bord de la Riuiere,

Sa Fille pres de luy, se prosterne à genoux,
Inuoquant l'Immortel, qu'on vit mourir pour nous:
Et le sage Prelat, acheuant le Mistere,
Dans le Tibre fameux, puise vne eau salutaire,
Qui iointe aux mots puissants, par vn mouuement prompt,
Fait descendre la grace, en tombant sur leur front.
Le braue Lusitain, en meurt presque de ioye:
Et les nouueaux Chrétiens, que le Roy veut qu'on voye,
Trauersent tout le Camp, benissant leur Destin,
Et suiuent Alaric, au superbe Festin.
Mais trois fois le Soleil ayant doré la Terre,
De cette courte Paix, on reuient à la Guerre:
Et le vaillant Heros forme d'autres dessains,
Pour se couurir de gloire, en domptant les Romains.
Sur des Roulleaux glissans, plus d'vne Tour mobile,
D'vn mouuement reglé, s'aproche de la Ville:
Et sur le haut des Tours, des Ponts estroits, mais surs,
S'abaissent à l'instant, sur les Creneaux des Murs.
L'inuincible Alaric, y passe à l'heure mesme:
On le voit haut en l'air, dans vn peril extréme:
Et suiuy par les siens, passant comme vn Esclair,
L'intrepide Heros fait vn Combat en l'air.
Vne Forest de Dards, s'oppose à son passage:
Pour arrester ce Foudre, on met tout en vsage:
Et sur le Grand Guerrier, en ce fatal moment,
Pierres, Fleches, & Feux, tombent confusement.
Par les horribles coups de sa Flambante Espée,
De cent & cent Romains est la trame coupée:

Plus

LIVRE HVITIESME.

Plus d'vn Braue en ce lieu rencontre son Tombeau;
Et iusqu'au pied des Murs, court vn sanglant Ruisseau.
Mais plus il en abat, plus augmente leur nombre:
Des Traits qui sont tirez, tout le Ciel deuient sombre:
Le Bouclier d'Alaric en est tout herissé;
Et le haut de son Casque en plus d'vn lieu faussé.
Comme on voit quand l'orage a fait creuer la Nuë,
Tomber le froid amas de la Gresle menuë:
Ainsi voit-on alors, tomber les Traits vollants,
Sur vn Prince vaillant, entre les plus vaillants.
Valere qui soutient l'Assaut de ce Monarque,
De sa rare valeur, donne vne Illustre marque:
Car pouuoir resister au plus Grand des Guerriers,
C'est, sans estre Vainqueur, se couurir de Lauriers.
Or pendant ce combat, la Fortune changeante,
En des lieux differens, se fait voir differente:
Et donnant tour à tour des succés inconstans,
Le sort n'est pas esgal, entre les Combatans.
Du genereux Canut, la roullante Machine,
Sans aprocher des lieux ou ce Chef la destine,
Gemit, s'esclatte, rompt, s'arreste, & sans branfler,
N'auance point aux Murs, & ne peut reculler.
Le Guerrier enragé d'vne telle disgrace,
Sur le haut de la Tour, se pleint, crie, & menace:
Mais inutilement faisant alors les trois,
Il descend despité de cette Tour de bois.
Celle de Sigeric, ou plus d'vn Goth trauaille,
Plus heureuse que l'autre, aproche la Muraille:

Sſ

Et dans le mesme instant, sur son Pont dangereux
Passe legerement le Guerrier genereux.
Il pousse ; on le repousse ; on le choque ; il resiste ;
Cent Piques à la fois le heurtant, il subsiste ;
Mais enfin s'esbranslant, il tombe tout froissé,
Auec vn bruit sonnant, dans le large Fossé.
Ses gents espouuantez, descendent pesle-mesle,
Accablez qu'on les voit d'vne funeste Gresle :
Et le Romain superbe, & d'vn ton de mespris,
Pousse alors vers le Ciel, & des Traits, & des cris.
La Tour de Hildegrand, heureusement s'aproche ;
Mais vne Catapulte eslançant vne Roche,
Horrible en sa grandeur, la brise en mille endroits,
Et boule-verse Tour & Soldats à la fois.
Celle du fier Haldan, par vn sort aussi triste,
S'esbransle sous les coups d'vne forte Baliste :
Qui la renuerse enfin, auec vn si grand bruit,
Qu'on diroit que la Foudre est ce qui la destruit.
La Tour de Theodat, des hauts Murs aprochée,
Par le bout de son Pont, s'y voyoit accrochée,
Lors qu'vn Feu deuorant, tombant sur son sommet,
Arreste le succés que le Goth s'en promet.
Il s'attache ; il petille ; & parmy la fumée,
L'on voit en vn instant, la Machine enflamée :
Et du haut de la Tour, l'on voit sauter en bas,
Pour esuiter la mort, Capitaine & Soldats.
Mais durant ce combat, Tiburse & trois Cohortes,
Pour faire vne Sortie, abandonnent leurs Portes :

LIVRE HVITIESME.

Et fondent sur le Camp auec tant de fureur,
Qu'ils y font voir par tout la Mort & la Terreur.
Tout fuit deuant leurs pas ; tout cede à leur courage ;
Moins de bruit fait la Mer, dans son plus grand orage ;
Et du haut de sa Tour, l'inuincible Heros,
Voit l'honneur des Romains, & la honte des Goths.
Il soupire ; il descend ; il court à la meslée ;
Plus fier & plus vaillant, que le Fils de Pelée :
Et suiuant sa coustume, en donnant le trespas,
Il porte la Victoire, où le portent ses pas.
Il change le destin des Cohortes vaillantes ;
Il deuient l'Assaillant, des Troupes assaillantes ;
Et les Romains batus, & les Romains chassez,
Sont recoignez par luy, iusques dans leurs Fossez.

Fin du huitiesme Liure.

F. Chauueau. fe.

ALARIC,
OV
ROME VAINCVE.

LIVRE NEVFIESME.

MAIS durant qu'il combat, la Nuit sombre & paisible,
Tombant alors du Ciel, rend la Terre inuisible:
Obligeant le Heros dans sa Noble chaleur,
A suspendre l'effet de sa rare valeur.
L'on voit rentrer au Camp, les Enseignes vollantes;
Retirer loin des Murs, les Machines roullantes;
Et le Grand Roy des Goths, plein d'vn nouueau despit,
Seul dans son Pauillon, se ietter sur vn Lict:
Mais auec le dessein de recombatre encore,
Dés que vers l'Orient se fera voir l'Aurore:

Et de ne point cesser d'attaquer le Romain,
Qu'il ne l'ait abatu sous sa vaillante main.
Or pendant que ce Prince a l'ame si remplie
Et de ses Hauts proiets, & de meslancolie,
Rigilde & les Demons, excitent leurs Soldats,
Par vn nouuel espoir, à de nouueaux combats.
Inuincibles Guerriers, Race du Grand Romule,
(Leur dit cét Enchanteur venu des bords de Thule)
Déja plus d'vne fois, nous auons fait sentir,
Au temeraire Goth, vn cuisant repentir.
De ces premiers succés, tirons vn bon presage:
Et pour en profiter, mettons tout en vsage:
Qui sçait bien commencer, sçait encor mieux finir:
Et tousiours le present, fait preuoir l'aduenir.
Pour affermir la Paix, soûtenons cette Guerre:
Monstrons nous dignes Fils, des Maistres de la Terre:
Nous aurons glorieux, le sort le plus fatal:
C'est viure que mourir pour le Païs Natal:
Par vne illustre mort, s'immortalise l'homme:
Enfin n'oublions pas, que nous deffendons Rome:
Rome que tout craignit; Rome qui vit cent fois,
Ses ordres reuerez des Peuples & des Rois.
Par ces mots, les Romains excitez à la gloire,
Pensent déja gagner victoire sur victoire:
Et leur Noble fierté, qu'anime ce propos,
Croit déja voir la fuite, & la perte des Goths.
Mais pendant qu'en ces lieux la Fortune incertaine,
Entre l'ardeur Vandale, & la valeur Romaine,

Tient

Tient encor en suspends le Sort de l'Vniuers,
De Nauires Gregeois l'on voit les flots couuers :
Et l'amoureux Eutrope, en cherchant les alarmes,
De la Beauté du Nord, admire encor les charmes ;
Sent encor le pouuoir de l'œil qui le vainquit ;
Et fait croistre l'Amour, où sa Mere nâquit.
Comme l'Aigle en Esté, d'vne prunelle fiere,
Regarde fixement l'Astre de la lumiere :
S'attache à ses rayons ; s'eschauffe à son ardeur ;
Et voit auec plaisir cette vifue splendeur.
Ainsi le braue Grec contemple Amalasonthe ;
Obserue la clarté du bel œil qui le dompte ;
Ne peut se destourner de cet objet ardent ;
Le regarde sans cesse, & brusle en regardant.
Elle s'apperçoit bien de sa nouuelle flame :
Elle voit dans ses yeux briller le feu de l'ame :
Mais comme sur la Flotte Eutrope a tout pouuoir,
L'orgueilleuse Beauté feint de ne le pas voir.
Sa fierté toutesfois, qui se fait violence,
Luy donne du respect, & l'oblige au silence :
Et de peur d'irriter son superbe Vainqueur,
A peine des souspirs eschapent à son cœur.
Cependant par le Vent, & part l'art du Pilotte,
Loing du Bosphore Grec vogue toute la Flotte :
Et de Seste & d'Abyde ayant veu le Destroit,
Passe dans l'Archipel, par ce fameux endroit.
Lemnos sur la main droite, alors monstre ses Roches :
Lesbos comme Chio, deux Isles assez proches,

Tt

Demeurent sur la gauche, & sur la droite apres
Les Ciclades font voir leurs hauts Sommets fort pres.
De ce mesme costé, la routte vn peu courbée,
Fait voir aux Mariniers la grande Isle d'Eubée :
Samos sur la main gauche à son tour aparoit ;
Et Crete aux cent Citez apres elle s'y voit.
De là rasant à droit tout le Peloponese,
Et ne voyant en l'air nul signe qui ne plaise,
La Flotte fait Canal ; trauerse promptement ;
Et vers Parthenopée aborde heureusement.
Tout descend, & tout Campe, en vn lieu si fertile :
L'Amazone des Goths, est conduite à la Ville :
La Belle se repose en vn lieu si charmant,
Où la guerre & l'amour occupent son Amant :
Et dans ce beau Sejour, bien plus doux que la Thrace,
Des trauaux de la Mer tout le Camp se deslasse.
Or durant que les Grecs sont Campez sur ces Bords,
L'Aurore deuant Rome estalant ses Thresors,
Orne des sept Costaux les Cimes reculées,
Du riche & bel amas de ses Couleurs meslées.
L'inuincible Alaric, par ses soins esueillé,
Se reproche en secret d'auoir trop sommeillé :
Se leue promptement ; s'arme ; sort de sa Tente ;
Et fait voler en l'air son Enseigne flottante.
Tout le Camp retentit du haut son des Clairons :
Les Tambours font gronder les lieux des enuirons :
Tout agit, tout remuë, & les Troupes Guerrieres,
Des Eschelles aux mains, & superbement fieres,

Sortent de leurs Ramparts ; se rangent en sortant ;
Tournent teste vers Rome ; & marchent à l'instant.
Du plus haut de leurs Tours, les Romaines Cohortes,
Voyant ce Tourbillon qui vient fondre à leurs Portes ;
Descouurant la poussiere, & le voyant venir ;
Se mettent en estat de le bien soûtenir.
Par tout, le long des Murs, de noaueau le fer brille ;
Par tout fume l'eau chaude, & la flame petille ;
Par tout mille Cailloux sont tous prests à voler ;
Et par tout la Trompette esclatte parmi l'aer.
Cependant Alaric, qui preuoit la Tempeste,
S'auance fierement son Bouclier sur la teste :
Et tous les Goths serrez, portans les leurs ainsi,
Imitent la Tortuë, & le suiuent aussi.
Alors, sans differer, on pose les Eschelles ;
Alors, sans redouter les morts les plus cruelles,
Le vaillant Roy des Goths, qui veut tout surmonter,
Malgré cent & cent Traits, commence de monter.
O toy qui vis du Ciel tout ce que ie veux dire,
Ame de l'Vniuers, fais le moy bien descrire :
Comme si i'auois veu les Goths & les Romains,
Quand par cette Escalade ils en vinrent aux mains.
La Gresle des Cailloux, aux Fleches confonduë,
Sur les Boucliers sonnans alors est entenduë :
Et de coups redoublez, & de coups furieux,
La Muraille raisonne en mille & mille lieux.
L'vn a le bras percé, dont il tient vne Eschelle ;
L'autre meurt en montant où la Gloire l'apelle ;

Et l'autre qui le suit, redoublant son effort,
Surmonte cét obstacle, & passe sur ce Mort.
L'vn, qu'on voit déja haut, retombe, & meurt à terre;
L'autre mourant en l'air, voit la fin de la Guerre;
Déja de toutes parts, le sang coule à grands flots;
Et tousiours cependant montent les braues Goths.
Si l'on attaque bien, aussi bien on resiste :
La forte Catapulte, & la forte Baliste,
Lors qu'on voit que le Goth commence d'aprocher,
Eslancent haut en l'air des Masses de Rocher.
Mais vn moment apres, ces Masses eslancées,
Retombent en bruyant, sur les Targes froissées :
Le coup en est horrible ; & tombent en vn tas,
Armes, Pierres, Boucliers, Eschelles, & Soldats.
Ailleurs plus d'vn Romain par des Perches ferrées,
Repousse loing des Murs les Eschelles serrées :
Les choque, les renuerse, & fait qu'en mesme temps
L'air paroist tout remply de ces fiers Combatans.
L'vn tombe tout froissé, la teste la premiere ;
L'autre tombe debout ; l'autre tombe en arriere ;
Et l'on voit ces Guerriers, pesle-mesle entassez,
S'écraser en tombant, dans ces larges Fossez.
Icy tombe à grands flots, sur la Troupe vaillante,
Qui monte à l'Escalade, vn Fleuue d'eau boüillante :
Ce Deluge bruslant, coule iusqu'aux derniers ;
D'vn Nauffrage fumant, perissent ces Guerriers ;
Et leurs corps racourcis par la chaleur meurtriere,
Affreux & sans couleur, tombent sur la poussiere.

LIVRE NEVFIESME.

Icy l'on voit pleuuoir cent flames à la fois,
Qui s'attachent au Fer, qui s'attachent au bois;
Et le Soldat bruflé par ces feux redoutables,
Pouffe iufques au Ciel, des cris efpouuentables.
Icy d'vn Sable chaud, les Atomes bruflans,
Du haut de ces Creneaux inceffamment volans,
Tombent fur les Soldats; fe gliffent fous leurs Armes;
Arrachent aux plus fiers, & des cris, & des larmes;
Et d'vn mal fans remede affligeant leurs efprits,
Leurs font pouffer en vain ces larmes & ces cris.
Mais malgré tous ces feux, & tous ces grands obftacles,
L'inuincible Alaric, ce faifeur de Miracles,
D'vn courage intrepide, & d'vn bras menaçant;
D'vn bras efgal au Foudre, & mefme plus puiffant;
Couuert de fon Bouclier, foûtient, monte, trauaille;
Et fe fait voir enfin, au haut de la Muraille.
Alors s'affermiffant, il combat main à main:
Et quel que foit l'effort qu'oppofe le Romain,
Il frappe, il bleffe, il tuë, & s'eflance en colere,
Au de là des Creneaux que deffendoit Valere.
Il paroift fur ces Murs, tout flambant de courroux:
Et s'efcrie en frappant, la Victoire eft à nous.
Comme on voit dans vn Camp, la Grenade embrasée,
Quand par fa propre ardeur on la voit efcrasée,
Efcarter les Soldats; rompre les Bataillons;
Et faire rejallir le Sang à gros boüillons.
Ainfi voit-on alors le Guerrier inuincible,
Efcarter les Romains, par vn bras fi terrible:

Tt iij

*Mettre l'effroy par tout, du feu de ses regards;
Et du sang des vaincus, couurir les hauts Ramparts.
Mais l'Eschelle rompant, aussi-tost qu'il la quitte,
Le Soldat qui le suit, en bas se precipite:
Et dans le grand peril, où sa valeur l'a mis,
Le Heros se voit seul, entre mille ennemis.
Il se tourne, il regarde, il gemit, il soûpire:
Et lors qu'il croit tenir la victoire & l'Empire,
L'Empire & la victoire eschappent de ses mains,
Car que pourroit-il seul, contre tant de Romains?
Déja de ces fuyars les Troupes raffermies,
Abaissant de leurs Dards les pointes ennemies
Enuironnent ce Prince, & malgré sa valeur,
Luy font voir clairement leur force & son malheur.
Alors pour esuiter, ou sa mort, ou sa prise,
Le cœur gros du dépit de sa vaine Entreprise,
Il arrache vn Drapeau des superbes Creneaux,
Et saute, en le tenant, sur des corps sans Tombeaux.
Ainsi plein de colere, & l'ame peu contente,
L'inuincible Alaric, retournant dans sa Tente,
Fait sonner la Retraite, & retirer ses Morts,
Songeant, malgré sa perte, à de nouueaux efforts.
Dans Rome cependant, le fier Soldat enuoye
Iusques au Camp des Goths, cent & cent cris de ioye:
Et ces cris redoublez, par l'Echo d'alentour,
Parlent de sa victoire, & d'vn si fameux iour.
Mais Rigilde aduerty du secours de la Grece
Par vn de ses Demons, redouble l'allegresse:*

Et pour les animer par ce puissant secours,
Il se dit Espion, & leur tient ce discours.
Les Goths vont esprouuer la Fortune contraire:
Puisque l'Empereur Grec, qui veut seruir son Frere,
A du Port de Bysance enuoyé cent Vaisseaux,
Qui déja de Pousole ont fait blanchir les Eaux.
Romains ne doutez point d'vne chose certaine:
I'ay veu la Flotte à l'Anchre, & veu son Capitaine:
Et tenez asuré qu'auant qu'il soit trois iours,
Vous pourrez voir les Grecs du Sommet de vos Tours.
Là, chacun aplaudit; chacun le croit fidelle:
L'allegresse redouble, à la Grande nouuelle:
Et par le Noble orgueil, de tous ces Nobles cœurs,
On croit les Goths vaincus, & les Romains Vainqueurs.
Comme lors qu'vn Torrent fond dans vne Riuiere,
Il en grossit les flots, & la rend bien plus fiere:
Ainsi le Grand espoir d'vn secours si certain,
Leur enfle le courage, & le rend plus hautain.
Mais pendant que la Ville est si fort animée,
Le Camp voit reuenir les Coureurs de l'Armée:
Qui vers le Posilipe, en cherchant du butin,
Ont veu la Flotte Grecque, au Riuage Latin.
Alaric aduerty qu'ils ont fait leur descente,
Sçachant par ces Coureurs que leur Flotte est puissante:
Dans le Conseil de Guerre aussi-tost assemblé,
Parle d'vn ton plus ferme, & d'vn front moins troublé.
Braues Goths, leur dit-il, vne nouuelle gloire,
Vient exciter vos cœurs à plus d'vne victoire:

Et le Sort fauorable, offre encore à vos mains,
La deffaite des Grecs, ainsi que des Romains.
Leur Flotte, à ce qu'on dit, vers Baye est arriuée:
De sorte que pour voir cette gloire acheuée,
Il s'agit de resoudre où nous les combatrons;
Si nous irons les voir; si nous les attendrons.
Du respect qu'on me doit, icy ie vous dispense:
Que chacun librement descouure ce qu'il pense:
A l'interest commun, tout autre doit ceder:
Regardez-le donc seul, & sans me regarder.
Grand Roy, dit Theodat, il est de la sagesse,
De se vaincre soy-mesne en vn danger qui presse:
Ainsi, quelque conseil que vous donne vn Grand cœur,
Pour n'estre pas vaincu, soyez vostre vainqueur.
La prudence en tous lieux, doit guider le courage:
Le Pilotte sçauant, doit preuenir l'orage:
Car voyant la Tempeste, & dans l'air & dans l'eau,
En abaissant la Voile, il sauue le Vaisseau.
Or icy nous voyons ces Tempestes prochaines:
Puis qu'ayant d'vn costé les Legions Romaines,
Et que de l'autre encor les Phalanges des Grecs,
Fondent sur nostre Camp, & sont déja si prés,
Il est comme impossible à la valeur mortelle,
De trouuer seulement vne mort qui soit belle.
Tout excés est blasmable : & cette verité,
Distingue la valeur, de la temerité.
Lors qu'on voit qu'on peut vaincre, il est beau de combattre:
Mais l'ardeur sans espoir, est trop opiniastre:

Et

LIVRE NEVFIESME.

Et quand on voit certain vn extreme mal-heur,
L'attendre c'est furie, aussi-tost que valeur.
Leuez, leuez le Siege, ô Prince Magnanime:
En conseruant les Goths, conseruez vostre estime:
Par là vostre Grand cœur, sera peu satisfait,
Mais aussi vostre Camp ne sera pas deffait.
Que l'interest Public, l'emporte sur vostre ame:
Ouy, sauuez vos Sujets, pour vous sauuer de blasme:
On ne peut vaincre Rome; il est trop mal-aisé:
En vn mot c'est assez que de l'auoir osé.
A ces mots, Hildegrand luy coupe la parole:
Et iettant ses regards vers le haut Capitole,
Seigneur, dit-il au Roy, quels que soient les hasars,
Alaric doit monter où montoient les Cesars.
La resolution d'vne Haute Entreprise,
Se doit examiner, auant qu'elle soit prise:
Voir quels sont les perils, que l'on y peut trouuer;
Mais quand on la commence, il la faut acheuer.
Attaquer sans preuoir, c'est manquer de prudence:
Quitter ayant preueu, c'est manquer de vaillance:
Rien ne surprend le Sage, au milieu des combats:
Et s'il paroist surpris, sans doute il ne l'est pas.
O Prince glorieux, que l'Vniuers renomme,
Ignorions nous à Birch, ce qu'on sçait deuant Rome?
De deux Grands Empereurs, nous sçauions le pouuoir:
Ce qu'ils font auiourd'huy, nous l'auons deû preuoir.
Ie sçay qu'en demeurant, la fortune est douteuse:
Mais ie sçay mieux encor que la fuite est honteuse:

V u

Si bien que dans le choix de l'vn ou l'autre sort,
Ie ne puis balancer cette honte & la mort.
Adioustez à cela (dit Canut qui l'escoute)
Qu'on doit craindre la fuite, & non ce qu'on redoute :
La prudence excessiue, en ce lieu va péchant :
Car le moyen de fuir du Leuant au Couchant ?
En effet, dit Wermond, nos tristes destinées,
Sous les Alpes enfin, ou sur les Pyrenées,
Nous feront tous perir, & ne demeurant pas,
Les Grecs & les Romains nous suiuront pas à pas.
De plus, reprend Sigar, tout le Peuple d'Espagne,
Qui sçaura les Romains & les Grecs en campagne,
Dans vn souleuement, brûlera nos Vaisseaux,
Et nos Vaisseaux brûlez, comment fendre les eaux ?
Ie tiens, dit Iameric, que l'aduis qu'on doit prendre,
Est de rester au Camp, & de le bien deffendre :
Ie ne voy de salut qu'en nos Retranchemens :
Et dans ce grand peril, tels sont mes sentimens.
Mais, respond Sigeric, si l'on nous enuironne,
Que seruira, sans Pain, le conseil qu'on nous donne ?
La faim fera perir nos Soldats affligez,
Et Rome nous verra d'Assiegeans Assiegez.
Pour esuiter ce mal (dit Haldan qui s'irrite)
Si l'enceinte du Camp nous semble trop petite,
Sortons, & par vn cœur que la Gloire soûtient,
Presentons la Bataille, à l'Ennemy qui vient.
Mais en la presentant (dit la belle Laponne)
Examinons vn peu, si la chose est fort bonne :

Car en combattant prés, quand nous viendrons aux mains,
Nous aurons sur les bras, les Grecs & les Romains.
L'Amazone a raison (dit le Roy des Vandales)
Et pour rendre au combat nos forces plus esgales,
Marchons, marchons Guerriers, puis qu'il en est besoin :
Et combatons les Grecs, & moins forts, & plus loin.
Pour garder nostre Camp, & conseruer nos Lignes,
Wermond déja fameux par cent Exploits insignes,
Auec tous ses Soldats, icy demeurera :
Il le faut, ie le veux, & Wermond le fera.
Alors sans plus tarder, les Troupes de Scythie,
Sortent de leurs Ramparts, & regardent Ostie :
Marchent en fort bon ordre ; & tous les braues Goths,
Suiuent allegrement leur immortel Heros.
Comme lors que le Feu retourne dans sa Sphere,
Il s'esleue en montant, d'vne course legere ;
Ainsi tous ces Guerriers, marchent subitement,
Allant chercher la guerre, où fut leur Element.
Mais durant qu'Alaric passe plus d'vne Plaine,
Le vaillant Chef des Grecs souffre plus d'vne peine :
Vn sentiment ialoux, s'oppose à ses plaisirs ;
Trouble toute sa ioye ; & confond ses desirs.
Au milieu de la gloire, il est encore à pleindre :
S'il a lieu d'esperer, il a sujet de craindre :
Le Grand Nom d'Alaric, l'empesche de dormir ;
Le tourmente en veillant ; & le force à gemir.
Eutrope mal-heureux, dit-il, que dois tu faire,
Et par quel sentiment te peux-tu satisfaire ?

V u ij

*Quitter Amalasonthe est vn fort grand mal-heur :
Mais ne la quitter point, a plus d'vne douleur.
Quoy, veux-tu l'exposer aux perils de la Guerre ?
Veux-tu que son beau sang fasse rougir la Terre ?
Pourras-tu sans mourir, la voir en ce danger ?
Et si tel est son sort, le pourras-tu changer ?
Ha ne balançons plus, il faut qu'elle demeure ;
Il faut que ie la quitte, & non pas qu'elle meure ;
Il est iuste, il est iuste ; & pour la meriter,
Quittons là donc mon cœur : mais qui peut la quitter ?
Qui peut s'accoustumer à souffrir son absence ?
Non non ie n'aime point, s'il est en ma puissance :
Et par cette raison, agissons autrement :
Car ie sens bien que i'aime, & mesme infiniment.
Toutesfois l'interest de la Personne aimée,
Est le seul interest, dans vne ame enflamée :
Il s'agit de la perdre, ou de la conseruer ;
Conclus donc à ta perte, afin de la sauuer.
O diuers sentimens, vous me donnez la gesne !
Mon mal-heur est certain ; sa perte est incertaine ;
Ie ne sçay que resoudre, en l'estat où ie suis ;
Ie dois l'abandonner ; mais helas ie ne puis.
Eutrope infortuné, regle mieux ta pensée :
Elle hait Alaric, en Amante offensée ;
Ou pour mieux dire elle aime, en le pensant haïr ;
Et si ton bras la sert, ton bras te va trahir.
Elle peut voir ce Prince ; il fut amoureux d'elle ;
Il peut l'aimer encor, puis qu'il est infidelle ;*

Elle peut pardonner à ce Prince inconstant;
Le haïr criminel, & l'aimer repentant.
Non, non, empeschons là de voir & d'estre veuë:
Cette amour nous perdroit, si l'absence nous tuë:
Et danger pour danger, & soucy pour soucy,
Il vaut mieux que ie parte, & qu'elle reste icy.
Auec vn tel dessein, il va voir cette Belle :
Et cachant finement sa douleur si cruelle;
Et cachant ses soubçons, pour n'estre pas suspect;
Il couure son chagrin, par vn profond respect.
Madame (luy dit-il, en rompant son silence)
L'ordre que i'ay receu, demande que i'auance :
Et le Siege de Rome estant fort important,
Me presse encore plus de partir à l'instant.
Ainsi pour obeïr à l'Empereur mon Maistre,
Dés que le premier iour commencera de naistre,
Les Grecs descamperont, & i'iray vous vanger,
De l'infidelle Amant, qui vous a pû changer.
Demeurez cependant, sur cette belle Riue :
Attendez en repos, que sa deffaite arriue :
Et croyez que ma main ne s'espargnera pas,
Pour le punir du tort qu'il fait à vos appas.
Sans accepter, dit-elle, vne faueur extreme,
Mon esprit outragé se veut vanger luy-mesme :
Et luy mesme attaquant vn Prince ambitieux,
Espere que mon bras fera plus que mes yeux.
Amalasonthe enfin, seroit peu satisfaite,
Si son cœur offensé vous deuoit sa deffaite :

Vu iij

Ie vous deffends plutost de combattre ce Roy,
Le crime qu'il a fait, ne regardant que moy.
Ha! Madame, dit-il, vne telle victoire,
Tout criminel qu'il est, le couuriroit de gloire:
Vous pouuez tout sur moy, mais i'excepte ce point:
Et me le commandant, ie n'obeïray point.
Comme vostre colere est iuste & legitime,
Ce sera de ma main, qu'elle aura sa Victime:
Puis qu'elle est couronnée, il la faut immoller:
Punir sa perfidie, & vous en consoller.
Non, respond l'Amazone, vne vangeance aisée,
Pour vn cœur Noble & fier, est basse & mesprisée:
Quand Alaric mourroit au milieu des Combats,
Si ie ne le punis, ie ne me vange pas.
Mais, luy repart Eutrope, abandonner vos charmes,
A la mercy du Sort; à la fureur des Armes;
Exposer vos beaux iours, au peril, à la mort;
Non, non, pour le pouuoir, ie connois trop le Sort.
Vos soins officieux, respond la Beauté fiere,
Sont refusez de moy, comme vostre priere:
L'image de la Mort, ne sçauroit m'esbranler:
Rome presse, partons; enfin i'y veux aller.
Là, cét Amant ialoux, fremit; gemit; s'emporte;
Et perdant le respect, luy parle de la sorte.
Vous cherchez Alaric, loin de le desdaigner:
Est-ce pour le combattre, ou pour le regagner?
Agissez-vous ainsi, par amour ou par haine?
Estes-vous pitoyable? estes-vous inhumaine?

Luy portez-vous la mort ? luy portez-vous ses Fers ?
Vous souuiendrez-vous là des outrages soufferts ?
Serez-vous sans pitié ? serez-vous sans colere ?
Celuy qui vous a plû, vous pourra-t-il desplaire ?
Cherchez-vous à le voir, pour ne le voir iamais ?
Ou faites-vous la Guerre, afin d'auoir la Paix ?
Ma main vous respondra (luy dit Amalasonthe,
Le teint vif & vermeil de despit & de honte)
La chose est resoluë, en vain nous disputons :
C'est pourquoy sans tarder, partons, Seigneur, partons.
Partons, dit-il encor, puis qu'on nous le commande :
Faisons plus qu'on ne veut, & plus qu'on ne demande :
Et faisons bien-tost voir, par nos fameux Exploits,
Que les Rois sont vaincus, & mortels comme Rois.
Là, ce Grec s'abandonne à sa haine allumée,
Et dés le point du iour, fait descamper l'Armée :
Tourne teste vers Rome, & marche promptement,
Plein d'amour, plein de rage, & de ressentiment.
L'Amazone du Nord, qui cherche vn infidelle,
Paroist au premier rang, aussi fiere que belle :
Et son Amant ialoux, qui l'aime & qui la voit,
Soupire en la voyant, & craind tout ce qu'il croit.
A peine par deux fois l'Astre de la lumiere,
Eut illuminé l'Air de sa clarté premiere,
Et troublé de la Nuit le paisible repos,
Lors qu'on vit en presence, & les Grecs, & les Goths.
Eutrope, de son Camp la Haute intelligence,
Met l'Armée en Bataille, aueques diligence :

Paſſe de Troupe en Troupe, & donnant ordre à tout,
Range ſes Bataillons, de l'vn à l'autre bout.
Du bruit des Eſcadrons, les Rochers retentiſſent:
Les Cheuaux bondiſſans, ſe cabrent, & henniſſent:
Sautant, & ſecoüant, & la teſte, & le crain;
Frapant du pied la Terre, & blanchiſſant leur Frain.
L'Auant-garde des Grecs, ſe voit lors compoſée,
De la Troupe de Thrace, à vaincre mal-aiſée:
De celle de Myſie, & des braues Soldats,
Qui dans la Macedoine ont veu diuers combats.
L'on voit auec ceux-cy, la Troupe Dorienne,
Ioindre ſes Bataillons, auec l'Etolienne:
Maurice, ſous Eutrope, a pouuoir ſur ce Corps,
Guerrier que le Strymon vit naiſtre ſur ſes bords.
Des genereux Locrois, la Bataille eſt formée;
Des gents de la Phocide en tous lieux renommée;
De ceux de la Beoce, & qui boiuent les eaux,
Et d'Aſape, & d'Iſmen, couronnez de Roſeaux.
C'eſt Iuſtin qui les mene, homme de grand courage,
Que la Mer Ionique a veu ſur ſon riuage:
Guerrier de qui l'orgueil ne peut plus haut monter;
Guerrier tout plein d'audace, & qui croit tout dompter.
L'Arriere-garde en ſuite, eſt des Troupes d'Atique;
Du Soldat de Megare, & braue, & magnifique;
De celuy de Naupacte; & de celuy qui voit,
L'Euene aux flots d'argent, que la Grece connoit.
Marcian les conduit; vieux Chef qui de l'Aſope,
A porté ſon renom, au de là de l'Europe:

Vieux

LIVRE NEVFIESME.

Vieux Chef, dont cent Combats ont marqué la valeur,
Et qui dans cent Combats n'eut iamais de malheur.
L'amoureux General, en rangeant ses Phalanges,
Les excite à la gloire auecques des loüanges;
Par sa propre fierté tâche à leur en donner;
Et ne leur parle à tous que de les couronner.
Compagnons, leur dit-il, que l'Vniuers renomme,
Soyons Vainqueurs des Goths, & les Saueurs de Rome:
La Maistresse du Monde a besoin de nos bras;
Elle nous tend les mains, ne l'abandonnons pas;
Il s'agit de sauuer la Reyne de la Terre;
Iamais Guerriers n'ont fait vne si noble Guerre;
Et mettant sur nos fronts des Lauriers tousiours vers,
En Triomphant des Goths nous sauuons l'Vniuers.
Nous ne combatons point à forces inesgales:
Car en cedant en nombre aux Barbares Vandales,
Nous les passons de loin, en adresse, en valeur,
Et le Parti des Grecs, est plus fort que le leur.
Marchons mes Compagnons, marchons à la victoire:
Rome fait nos Combats; nostre Prix est la gloire;
Et l'on ne peut enfin, animer vos esprits,
Par vn plus Grand objet, ny par vn plus beau Prix.
Comme on voit les Rochers, aux Riues de l'Ægée,
Respondre en mugissant, à la vague enragée;
Donner de la frayeur aux plus fiers Matelots;
Et mesler vn grand bruit, au bruit que font les flots.
Ainsi les fiers Soldats, au General respondent:
Mille confuses voix, à sa voix se confondent:

Xx

Et faisant ce que veut ce Guerrier signalé,
Tout parle de combat, dés qu'il en a parlé.
Mais durant qu'il agit, mais durant qu'il trauaille,
L'inuincible Alaric met les Goths en bataille :
Forme ses Bataillons ; les Poste prudemment ;
Et dans ce Noble employ, ne perd pas vn moment.
Pour soustenir le choq de la Caualerie,
Et pour en arrester la premiere furie,
Il mesle à tous ses Corps les Bothniques Piquiers,
Dont les rangs herissez, font ferme les premiers.
Ce Chef, dont la valeur n'eut iamais de seconde,
Place les gents de Traict ; place les gents de Fronde ;
Ceux qui portent la Masse, ou qui portent des Dards ;
Et les plus resolus, font front de toutes parts.
Des veritables Goths, l'Auant-garde est formée,
Vieux Soldats aguerris, les meilleurs de l'Armée :
Les Soldats de Finlande y paroissent encor ;
Hildegrand les conduit, brillant d'Acier & d'Or.
L'on voit dans la Bataille, auec les Insulaires,
Les Guerriers de la Polme, aux armes tousiours claires :
L'intrepide Haldan la mene à ce Combat,
Et des larges Boucliers, brille bien loin l'esclat.
L'Arriere-garde apres, a les Troupes Laponnes,
Et celles de Sigar, qui ne sont pas moins bonnes :
Iameric la commande, & fait voir dans ses yeux,
Que les hommes vaillants, ne sont iamais trop vieux.
Mais l'immortel Heros, qui veut que tout luy serue,
Met les Troupes de Narue, en vn Corps de reserue :

Celles de Nicoping, comme de Midelphar;
D'Vpsale, de Castrolme, où l'on voit plus d'vn Char;
Celles d'Angermanie; & ce Grand Capitaine,
D'vne mine à la fois, fiere, noble, & hautaine;
D'vn ton imperieux, à la Teste des Goths,
Et le Sabre à la main, les anime en ces mots.
Illustres Compagnons de mon illustre peine,
Domptant l'Aigle des Grecs, nous domptons la Romaine:
Et par vn seul trauail, digne de nos Exploits,
Nous n'aurons qu'vn Combat, & nous vaincrons deux fois.
Ouy dans le Camp des Grecs, braues Goths que ie nomme,
Nous trouuerons les Clefs de la superbe Rome:
C'est l'vnique secours qu'elle attend auiourd'huy:
Et nous Triomphons d'elle, en Triomphant de luy.
Allons donc obtenir, en nous couurant de gloire,
Dans ce dernier Combat, la derniere victoire.
Des paroles alors, on en vient à l'effet:
Dans l'vn & l'autre Camp, la priere se fait:
Dans l'vn & l'autre Camp, les Trompettes s'entendent;
Dans l'vn & l'autre Camp, les Enseignes s'esbranlent;
Tout marche lentement; tout conserue ses rangs;
Et déja sont fort prés tous ces fiers Combatans.
Déja l'espace vuide estoit beaucoup moins large;
Et déja le Heros s'en alloit à la charge,
Menaçant l'Ennemy, du bras & de la voix,
Lors qu'il voit destacher vn Char des rangs Gregeois.
Voicy quelqu'vn, dit-il, qui se lasse de viure:
A ces mots il s'auance, & deffend de le suiure;

X x ij

Tous les deux Camps font alte ; & ce Prince vaillant,
Volle vers l'Ennemy, pour eſtre l'Aſſaillant.
Mais au lieu d'vn Guerrier, il trouue vne Guerriere,
Superbe comme belle, & belle comme fiere,
Il trouue Amalaſonthe ; & ce ieune Vainqueur,
Raui comme ſurpris, ſe ſent battre le cœur:
Cét objet, de la voix luy deſrobe l'vſage,
Et ſon ame s'attache à ce charmant viſage.
Quatre Cerfs à long bois, qu'on apelle Rangers
Dans le Païs des Goths, Cerfs diſpots & legers,
Tous caparançonnez, & d'Or & d'Eſcarlate,
Tirent le Char doré, dont la richeſſe eſclatte:
Beau Char qui du Sculpteur eſpuiſa le ſçauoir,
Par le noble ornement que ſon Art y fit voir.
D'vn ſçauant Bas-relief, plus d'vn Captif en larmes,
Eſt triſtement aſſis, ſur vn grand Monceau d'armes:
Auec des Fers aux mains, auſſi peſants que beaux,
Et l'on voit ſous ſes pieds, Dards, Piques, & Drapeaux.
La Belle a de Drap d'or, vne Robe agraffée,
Où l'Aiguille en cent lieux, a mis vn beau Trophée:
D'Or brillant eſt ſon Caſque ; & l'on luy voit encor,
A Muffles de Lion, vne Cuiraſſe d'Or.
Ses longs & blonds cheueux, à boucles entaſſées,
Par vn heureux hazard, negligemment placées,
Tombent ſur ſon beau ſein, & tombe apres ſur eux,
Vn Panache ondoyant, qui couure ſes cheueux.
D'vne Gaze d'argent, vne Eſcharpe vollante,
Suſpend ſon Cimeterre, à la Garde excellente:

LIVRE NEVFIESME.

Et l'Art a fait briller ce qu'il a de plus beau,
Ce qu'il a de plus Grand, sur son riche Fourreau.
Son pied droit auancé, d'vne posture fiere,
Fait voir vn Brodequin, digne de la Guerriere:
Vn Bouclier esclattant, charge vn de ses beaux bras:
L'Amazone du Nord, semble vne autre Pallas:
Son Quarquois est d'Iuoire, & son Arc est d'Ebene:
Elle paroist charmante; elle paroist hautaine;
Et le pompeux habit qu'on luy voit en ces lieux,
Voit ternir son esclat, par l'esclat de ses yeux.
Comme l'Astre du iour, d'vne ardente lumiere,
Par ses rayons perçans esblouït la paupiere:
Ainsi cette Beauté, sur le plus beau des Chars,
D'vne esgale splendeur, esblouït les regards.
Son teint vif & vermeil, plus qu'à son ordinaire,
Esclatte du beau feu de sa noble colere:
Elle prend vne Fléche, & l'enthoise à l'instant;
En menace Alaric, qu'elle croit inconstant;
Fait courber foiblement, l'Arc dont elle est armée;
Fait voller foiblement, cette Fléche emplumée;
Elle frape, & frapant elle ne blesse pas;
L'Amour pousse le coup; l'Amour retient le bras;
Cette colere est courte, ainsi que violente;
Et son prompt repentir, suit la Fléche volante,
Ou plutost la deuance, & ce prompt repentir,
Est encore suiuy par vn plus prompt soûpir.
Alaric estonné plus qu'on ne le peût dire,
La regarde à son tour, & comme elle soûpire:

Xx iij

Ha Madame, dit-il, quel crime ay-ie commis,
Qui fait que ie vous trouue entre mes Ennemis?
Il le faut demander, respond-elle en colere,
Il le faut demander à la belle Insulaire:
Prince trop inconstant en vostre affection;
Esclaue des Beautez de la fiere Albion.
Moy volage! dit-il, moy, Madame, volage!
O Ciel, ô iuste Ciel, qui lis dans mon courage,
Si i'ay manqué de foy, si i'ay manqué d'amour,
Osté moy la victoire, & le Sceptre, & le iour.
Alors elle connoist sa douleur vehemente,
Car qui pourroit tromper les beaux yeux d'vne Amante?
Sa fureur s'alentit, & son cœur plus humain,
Fait que le second Traict luy tombe de la main.
Mais le ialoux Eutrope, obseruant cette Belle,
Deuine qu'Alaric s'entretient auec elle:
Sa colere en redouble, & cét Amant ialoux,
Abandonnant son ame à ce nouueau courroux,
Marche, marche, dit-il, auance, donne, donne;
Tout bransle à cét instant; de leur choq l'air raisonne;
Le Fer brille par tout, d'vn dangereux esclat;
Et les deux Camps meslez, commencent le combat.
Comme lors que la Mer, d'vn effort incroyable,
Pousse contre ses bords la Tempeste effroyable,
Et les Vents, & les Flots, se choquent irritez,
Et font loin retentir leur bruit de tous costez.
De mesme en ce grand iour, où le Destin balance,
Se heurtent ces deux Camps, d'esgale violence:

Et de ce rude choq, les Rochers les plus creux,
Retentissent d'vn bruit esclatant comme affreux.
Victimes de l'Honneur, mille Guerriers s'immolent:
Mille Traicts, mille Dards, & mille Pierres volent:
Et ces fiers ennemis, fondant comme à grands flots,
Emportent l'Heroine, assez loin du Heros.
Les Escadrons serrez, heurtent l'Infanterie,
Qui de la Pique basse arreste leur furie:
Plus d'vn Cheual fougueux, en tombe renuersé;
Mais plus d'vn Bataillon, en est aussi percé.
Sous les pieds des Cheuaux, le Fantassin succombe:
Et sous ces mesmes pieds, plus d'vn Caualier tombe:
Là ces fiers combatans, pesle-mesle & sans rang,
Boucliers contre Boucliers, se roullent dans leur sang:
Là par vne valeur aussi Grande que rare,
La Mort, mesme la Mort, à peine les separe:
Et c'est en menaçant, apres leurs vains efforts,
Que leur ame orgueilleuse, abandonne leur corps.
Icy d'vn braue Goth, tombe la fiere audace;
Icy tombe à son tour, le fier Soldat de Thrace;
Icy des Mysiens, plus d'vn rang s'esclaircit;
Icy de Finlandois, le tas des Morts grossit;
D'vn costé vont pliant les Troupes Doriennes;
De l'autre font plier les Macedoniennes;
Et lors que le Vandale a le plus de chaleur,
Le Soldat d'Etolie arreste sa valeur.
Le genereux Canut, fait teste au fier Maurice,
Et l'adroit Hildegrand, au robuste Andronice:

La Mort parmi les rangs, ne ceſſe de courir;
Tout frape, tout combat, tout meurt, ou fait mourir.
Mais entre ces Guerriers, Alaric ſe ſignale:
Tu la ſentis Michel, cette valeur fatale:
Toy qui des bords d'Eürote, au riuage Latin,
Fus offert à ſon bras, par ton mauuais deſtin.
Criſpe tu la ſentis, cette valeur terrible,
En tombant ſous les coups de ce Prince inuincible:
Amant infortuné, qu'vn objet ſi charmant,
Dans l'Iſthme de Corinthe attendit vainement.
Tu la ſentis Phocas, cette valeur funeſte,
Qui vint priuer tes yeux de la clarté Celeſte:
Et par ce Grand Vainqueur, qu'accompagnoit l'effroy,
Cent & cent autres Grecs, tomberent comme toy.
Comme l'on voit la Foudre, à l'endroit qu'elle paſſe,
De ſon Feu dangereux, laiſſer la noire trace:
Ainſi le Grand Heros, dans plus & plus d'vn rang,
Laiſſoit ſur ſon paſſage vne trace de ſang.
L'Auant-garde eſtonnée, & de crainte remplie,
S'eſbranſle; ſe confond; reculle enfin; & plie:
Et le General Grec, la rage dans les yeux,
Fait venir ſa Bataille, au combat furieux.
Le vaillant Roy des Goths, qui voit ce gros Nuage,
Ne perd le iugement, non plus que le courage:
Fait auancer la ſienne, en bon ordre; à grands pas;
Et retourne à la charge, auec ces fiers Soldats.
Comme on oit quelquesfois, au milieu des Tempeſtes,
Redoubler ce grand bruit, qui gronde ſur nos teſtes;

Et

LIVRE NEVFIESME.

Et tomber à grands flots, par vn effort nouueau,
Pesle-mesle eslancez, le Feu, la Gresle, & l'Eau.
Ainsi du nouueau choq, le bruit affreux redouble;
La Terre s'en esmeut, l'Air offusqué s'en trouble;
Et l'on voit en ce lieu l'Image du Chaos,
Par le sanglant meslange, & des Grecs, & des Goths.
Les Soldats aguerris de la belle Phocide,
Font tomber plus d'vn Goth sous leur Dard homicide:
Ceux de Locres non plus, ne sont pas moins vaillans;
Ny ceux de la Beoce, encor que moins bouillans.
Iustin qui les conduit, au milieu de la presse,
Signale esgalement sa force & son adresse:
Theodat & Haldan, hardis, forts, & prudents,
Arrestent à leur tour les Grecs les plus ardents:
Et le desir de vaincre, & la peur d'estre Esclaues,
Sont cause que le Sort balance entre ces Braues:
Et qu'on ne peut iuger, ni qui Triomphera;
Ni pour quel des Partis la Fortune sera.
Ingel tombe, & tombant, il fait tomber Leonce:
Hasmoud d'vn coup de Dard, fait trebucher Aronce:
Constans abat la teste au robuste Halding,
Le plus fameux Guerrier des Bords de Nicoping.
Horbrod de cette mort voulant tirer vengeance,
Sur le fier Gracian comme vn Tygre s'elance;
Leur combat acharné grand comme hazardeux,
Est horrible, & finit par la mort de tous deux;
Et des fiers Combatans, la rage carnassiere,
Bouillonne auec leur sang meslé dans la poussiere.

Yy

Mais Eutrope irrité, ce fameux General,
Qui cherche vainement, & Maistresse, & Riual,
Courant parmy les Rangs, & passant comme vn Foudre,
A cent & cent Guerriers y fait mordre la poudre;
Perce les Bataillons; & flambant de courroux,
Renuerse l'Aisle gauche, où tout cede à ses coups.
Alaric de la droitte aperçoit cette fuitte;
Et pour la reparer, par sa rare conduite,
Et pour mettre sa gloire en vn plus haut esclat,
Court à l'Arriere-garde, & la mene au combat.
Alors celle des Grecs, bransle, marche, & s'auance:
La sanglante meslee à l'instant recommence:
Et l'effroyable bruit redoublant en ces lieux,
Monte auec la poussiere en s'esleuant aux Cieux.
Comme vn feu qui s'esteind, redouble sa lumiere,
Lors qu'il est r'allumé par vne autre Matiere:
Ainsi par le secours de ce puissant Vainqueur,
Le Goth espouuanté reprend vn nouueau cœur.
Le Soldat de l'Atique en ce lieu se signale,
Comme font les Guerriers de la Mer Glaciale:
Le Soldat de Megare, au Naupacte meslé,
Luy qui dans les perils n'a iamais reculle;
Et les fameux Voisins du fameux Fleuue Euene,
Soustiennent des Lapons l'ardeur fiere & hautaine;
L'vn & l'autre party Paroist fier & hautain;
Et le sort du combat est encor incertain.
Le braue Marcian, de qui la renommée
Est par tout l'Vniuers hautement estimée,

Tesmoigne en ce Grand iour qu'il a bien merité,
Cét esclatant renom qu'on voit si loin porté.
Iameric, & Sigar, & la belle Laponne,
Disputent à l'enuy, l'immortelle Couronne:
Et le fier Espagnol, & le fier Sigeric,
Imitent la valeur du braue Iameric.
Le brillant Char doré, d'vne illustre Guerriere,
Dans plus d'vn Bataillon, porte vne Beauté fiere:
Et d'vne belle main qui sçait vaincre les Rois,
La charmante Amazone a vuidé son Carquois.
L'inuincible Alaric, & la cherche, & l'apelle:
Son Riual comme luy cherche aussi cette Belle:
Ils se cherchent l'vn l'autre, & d'vn mouuement prompt,
Ils se trouuent enfin, main à main, front à front.
Ces deux Grands Ennemis, aussi-tost qu'ils paroissent,
Sans s'estre iamais veus à l'instant se connoissent;
Car les horribles coups qui partent de leurs bras,
En ce fatal moment, font qu'ils n'en doutent pas.
O Prince trop heureux, dit le Grec en colere,
Pour vaincre les Romains, ma mort t'est necessaire;
Pour vaincre Amalasonthe, elle te l'est aussi:
Et l'vn de nous enfin doit trebucher icy.
Trebuche donc (respond l'inuincible Vandale)
Et si tu veux mourir par vne main Royale,
Temeraire Guerrier, auance, auance toy,
Et sois digne Riual d'vn Amant & d'vn Roy.
A ces mots, l'vn & l'autre animez par la Gloire;
Par l'amour; par l'espoir d'vne illustre Victoire;

Yy ij

Marchent le bras leué; ſe frapent en paſſant;
Et heurtent leurs Boucliers, d'vn choq retentiſſant.
Comme durant l'orage vne Mer agitée,
Mugit, gronde, bondit & paroiſt irritée:
Ainſi les deux Guerriers pleins d'ire & de fierté,
Bondiſſent en frapant d'vn & d'autre coſté.
L'Armet du fameux Grec, ſous le fer eſtincelle:
Sur le Caſque du Roy ce General martelle:
Leur colere en redouble; & tous deux furieux,
Se frapant de la main, ſe deuorent des yeux.
Le Grec decharge vn coup auſſi grand que terrible:
Mais le Goth luy reſpond d'vn autre plus horrible:
Son Riual en chancelle, & trois & quatre fois;
Et perd pour quelque temps, & la veuë, & la voix.
Mais vn moment apres le deſpit le r'anime:
Le cœur ſouſtient le corps du Guerrier magnanime:
Et ſur ſes pas tremblans, s'affermiſſant vn peu,
La colere & l'amour luy redonnent du feu.
Cependant le Heros aſpire à la Victoire:
Amalaſonthe & Rome, occupent ſa memoire:
Redoublent ſes efforts; redoublent ſa valeur;
Et le font voir bruſlant d'vne Noble chaleur.
D'vn Sabre flamboyant, il menace; il foudroye:
Le ſang du fameux Grec luy donne de la joye:
Et ſon large Bouclier, ſur la Terre briſé,
Ainſi que l'herbe humide en paroiſt arroſé.
Eutrope en deſeſpere, & met tout en vſage:
La crainte de la mort n'eſt point ſur ſon viſage:

Et l'on voit, en voyant son intrepide cœur,
Qu'il est digne de vaincre, en n'estant pas Vainqueur.
Mais à la fin il cede, il trebuche, il succombe :
Et le Roy s'eslançant sur le Guerrier qui tombe,
Console toy (dit-il, en prenant son Escu)
Tu le peux, tu le dois, Alaric t'a vaincu.
Comme vn Vent enfermé sous les Monts de Sicile,
Voulant se dégager, fait trembler toute l'Isle :
Et ne peut toutefois, malgré ses grands efforts,
Renuerser en sortant vn si solide Corps.
Ainsi le vaillant Grec que la tristesse tuë,
Sous les pieds du Vainqueur, vainement s'esuertuë;
Vainement se debat par vn effort dernier ;
Et le Grand Roy des Goths le fait son Prisonnier.
Alors comme du Chef tous les membres dependent,
Tous les Grecs sans le leur, se sauuent, ou se rendent :
Le desordre & la fuite alors, sont veus par tout :
C'est vn mal necessaire, où chacun se resoud :
Bataillons ; Escadrons ; tout fuit, tout se renuerse :
Et depuis les Combats du Vainqueur de la Perse,
L'Vniuers estonné n'a point veu de Heros,
Que l'on puisse esgaler au vaillant Roy des Goths.
On le voit Triomphant sur le Champ de Bataille :
Mais tout couuert d'honneur son amour le trauaille :
Il cherche Amalasonthe, & ne la trouue pas :
Sa victoire sans elle, est pour luy sans apas :
Il court de rang en rang ; il s'escrie ; il l'apelle ;
Tout le Camp retentit du Nom de cette Belle :

Yy iij

Les Rochers apres luy, difent ce Nom charmant:
Et parlent de l'Amante auſſi bien que l'Amant.
Mais durant qu'il la cherche, on voit la Beauté fiere,
Les armes à la main contre vne autre Guerriere:
Et le fort du Combat oppofé à fa fierté,
L'Amazone Laponne au courage indompté.
Defcends, defcends du Char, & fonge à te deffendre,
Luy dit-elle, ou mon Arc t'en fera bien defcendre:
Noſtre Sexe eſt eſgal ; nos armes le feront ;
Et nos Deſtins apres en determineront.
A l'orgueilleux Deffy de la Belle Sauuage,
L'autre Pallas de Birch fait voir fon Grand courage:
Saute en bas de fon Char en ce fatal moment ;
Met la main à l'Efpée, & marche fierement.
La vaillante Laponne imite Amalafonthe:
Iette l'Arc, prend l'Efpée, & paroiſt auſſi prompte:
Et l'vne & l'autre alors, fait briller en ces lieux,
Et l'efclat de fon Fer, & l'efclat de fes yeux.
Comme l'on voit la Mer par des Vagues profondes,
Du Rhofne impetueux heurter les fieres Ondes ;
Arreſter la fureur du Fleuue diligent ;
Oppofer Flots à Flots ; & l'Argent à l'Argent.
Ainſi voit-on alors ces deux belles Vaillantes,
Efgales en valeur, efgalement brillantes,
Se heurter, fe fraper, dans ce rude Combat ;
Et fe frapant, briller par vn efgal efclat.
Si l'vne porte vn coup, l'autre auſſi-toſt le pare:
L'ardeur les ioint de pres ; l'adreſſe les fepare ;

LIVRE NEVFIESME.

Toutes deux veulent vaincre ; & toutes deux alors,
Dans ce dernier Duel font leurs derniers efforts.
L'exercice penible, & leur Noble colere,
Rend leur teint plus vermeil, & leur fureur sçait plaire:
Et par vne charmante & grande noueauté,
Tout ce qui fait moins belle, augmente leur beauté.
Mais le destin du Roy, plus puissant que leur haine,
Où se fait leur combat, le conduit & l'ameine:
Il les voit, il s'estonne ; & pour les empescher,
L'inuincible Alaric se haste d'aprocher ;
L'inuincible Alaric se iette entre leurs armes ;
Et regardant l'obiet dont il connoist les charmes,
Il abaisse l'Espée ; & d'vn ton fort soûmis,
Faites plus, luy dit-il, que tous mes ennemis.
Ouy, faisant en ce iour ce qu'ils n'ont pas sceu faire,
Triomphez du Vainqueur qui vient de les deffaire:
Rien ne resiste plus, à mon bras, à mes coups:
Contre le Roy des Goths on ne voit plus que vous:
Sur le Champ de Bataille on ne voit pas vn homme:
Vous tenez mon destin & le destin de Rome:
Terminez auiourd'uy de si Grands differens:
Rendez vous ma Princesse, ou sinon ie me rends.
L'Amazone à ces mots, soûrit, & belle, & fiere:
Alaric a vaincu, ie suis sa Prisonniere,
(dit-elle, en presentant vn Fer si glorieux)
Et si ie combas seule, il est victorieux.
Alors ce Conquerant fait esclater sa ioye :
Telle qu'il la ressent, telle il veut qu'on la voye:

Et des premiers discours passant à de seconds,
Il luy fait embrasser la Pallas des Lapons.
Alors de tous ses Chefs, sous qui la Grece tremble,
La genereuse Troupe autour de luy s'assemble:
Tout parle de Triomphe; & l'immortel Heros
Regarde Amalasonthe, & luy tient ces propos.
Ce n'est pas tout de vaincre au milieu de la gloire,
Il faut sçauoir encor affermir sa Victoire;
Empescher l'Ennemy de reprendre du cœur;
De peur que le vaincu ne fust apres Vainqueur.
Souffrez donc, s'il vous plaist, ô Princesse adorable,
Que i'acheue de vaincre en ce iour memorable:
Que ie pousse les Grecs iusques dans leurs Vaisseaux;
Et que ces Bords fameux soient couuerts de Tombeaux.
Reposez vous au Camp, sous la garde fidelle,
Du vaillant Sigeric, Princesse illustre & belle:
Où dans peu ie viendray suiuy de ces Guerriers,
Couronner vostre front de mes plus beaux Lauriers.
Cet inuincible Mars quitte alors sa Minerue:
Et suiuy fierement de son Gros de reserue,
Voyant tomber du Ciel les ombres de la nuit,
Il court comme vn Torrent apres le Grec qui fuit.
Ce Grec espouuanté s'enfuit sans esperance:
Mais de l'extreme peur vient l'extreme asseurance:
Et l'ardeur renaissant dans leurs cœurs refroidis,
Ces timides Soldats redeuiennent hardis.
Pour tascher d'éuiter leur entiere deffaite,
Auec vn meilleur ordre, ils font cette retraitte:

On

LIVRE NEVFIESME.

On les voit rallier ; tourner teste à l'instant ;
Faire ferme ; & marcher apres en combatant.
Cependant le Heros qui les charge & les presse,
Fait que plus d'vn Guerrier ne verra point la Grece ;
Et son bras redoutable aux Ennemis deffaits,
Se signale en ce lieu par mille Grands effets.
Il les suit ; il les pousse ; il les met en des-route ;
La Brigade recule alors, mais non pas toute :
Car les plus resolus attendent le Heros ;
S'opposent vaillamment à la fureur des Goths ;
Et voyant la Fortune ardemment coniurée,
Courent sans s'estonner, à leur perte assurée :
Et couurent de leurs rangs, desuoüez à la Mort,
La retraite du Grec, qui n'est pas le plus fort.
Comme durant l'orage on voit la Mer terrible,
Mugissante, escumante, espouuentable, horrible,
Aux plus fiers Matelots donner de la terreur,
Et dans leur cœur de Bronze inspirer de l'horreur.
Ainsi du Roy des Goths la valeur redoutable,
Au Grec espouuenté paroist espouuentable :
Et l'ame la plus ferme en cette occasion,
Adjouste la foiblesse à la confusion.
La Nuit vient cependant, & ses noires tenebres,
Couurent, & cent frayeurs, & cent actes celebres ;
Couurent celuy qui frape, & ceux qui sont frapez ;
Et Vainqueurs, & Vaincus, en sont enuelopez.
Mais au lieu reculé qui paroist le plus sombre,
Et du costé de Rome, où s'estend la grande ombre,

Zz

L'on entend tout à coup, Trompetes & Clairons,
Retentir en sonnant, aux lieux des enuirons.
Mille bruits de Tambours montent iusques aux Nuës,
Et l'on oit esclater mille voix inconnuës:
Tout l'air en retentit, & ces sons, & ces cris,
Esbranslent aussi-tost les plus fermes esprits.
Par tout l'on oit crier, auance, donne, donne:
De ce bruit menaçant, plus d'vn Rocher raisonne:
L'on entend qu'il s'aproche, & les Goths estonnez
Pensent que d'Ennemis ils sont enuironnez.
Tout s'imagine alors, par vne crainte vaine,
Qu'enfin Honorius est sorty de Rauenne:
Et que le Grec en teste, & le Romain au dos,
Rauissent l'esperance, & la victoire aux Goths.
Tout s'estonne, tout bransle, & tout songe à la fuite;
Tout perd le iugement, le cœur, & la conduite;
Tout recule à l'instant, tout conçoit de l'effroy;
Tout songe à se sauuer; & tout le dit au Roy.
Mais ce Prince intrepide, examinant la chose,
Condamne cette fuite, & la peur qui la cause:
Et pour les r'assurer, cet immortel Heros,
S'arreste, les arreste, & leur tient ces propos.
D'où vient, mes Compagnons, cette crainte friuole?
Pour estre Honorius, il faut que son Camp vole:
Et qu'en frapant du pied comme vn autre Romain,
Il ait formé ce Camp du iour au lendemain.
Non, ne nous trompons point, la chose est impossible:
Et quand ce le seroit, seroit-il inuincible?

Est-il rien de trop Grand pour nos vaillantes mains,
Apres auoir vaincu les Grecs & les Romains ?
D'où voulez-vous que vienne vne si grande Armée ?
De quel Peuple inconnu peut-on l'auoir formée ?
Quel Vent l'aura pousſée au riuage Latin,
Sans Galeres, ſans Nefs, & du ſoir au matin ?
Par le bruit que i'entends, il faut qu'elle ſoit grande:
Or i'ignore ſa marche, & ie vous la demande.
Quoy nos Bateurs d'eſtrade, en courant ces Païs,
Ont-ils eſté ſans yeux, ou nous ont-ils trahis ?
Non, non, mes Compagnons, ils ont fait leur office:
De l'Enfer impuiſſant, c'eſt vn foible artifice:
Ce Camp imaginaire, eſt formé par l'Enfer:
C'eſt vn Camp fantaſtique, & ſans Gents & ſans Fer.
Ce n'eſt enfin qu'vn bruit, qui ne peut rien produire;
Ayons le Ciel pour nous, l'Enfer ne pourra nuire:
Il paroiſt ſans pouuoir, paroiſſez ſans effroy:
Et ſans plus raiſonner, ſuiuez-moy, ſuiuez-moy.
Alaric par ces mots, les force à tourner teſte:
Sur les Grecs effrayez, fond encor la Tempeſte:
Le Combat recommence, auec plus de chaleur:
Et les Demons vaincus, cedent à ſa valeur.
Tout ce bruit ſe diſſipe ; & diſſipant ces charmes,
L'on n'entend plus dans l'air que le ſeul bruit des armes:
Bruit affreux, bruit horrible, & qui bien loin porté,
Eſclate dans la nuit, d'vn & d'autre coſté.
D'abord des vaillans Grecs les Phalanges Guerrieres,
Retournent au Combat plus fermes & plus fieres:

Zz ij

Mais le bras d'Alaric abattant leur orgueil,
Ne donne pas vn coup dont il n'ouure vn Cercueil.
Son Fer sur l'autre fer, retentit; estincelle;
Sur le sombre terrein, l'humide sang ruisselle:
Et le vieux Chef des Grecs ne l'osant regarder,
Apres ce long Combat voit-bien qu'il faut ceder.
Soldats, dit-il aux siens, la resistance est vaine,
Et les Goths peuuent tout sous vn tel Capitaine:
En vain nous opposons à son bras nos Escus,
Et nostre dernier iour apelle les Vaincus.
Nous ioignons vainement la force à la conduite:
Nostre vnique salut despend de nostre fuite:
Nostre vnique salut n'est plus que sur les eaux:
Sauue, sauue qui peut, & gagnons nos Vaisseaux.
Il le dit, on le fait, & chacun se retire:
Chacun a dans l'esprit l'Image d'vn Nauire:
Et comme vn foible espoir tâche à les consoler,
Tout va, tout court, tout fuit, & tout voudroit voler.
Comme on voit vn Nocher eschapé du naufrage,
Rendre grace au Destin qui l'a mis au riuage:
Et sur l'humide bord qu'il n'a pas attendu,
Croire auoir tout gagné quand il a tout perdu.
Ainsi des Grecs vaincus l'esperance trompée,
Lors qu'ils ont esuité la foudroyante Espée,
Ne peut les empescher de benir en leur cœur,
Ce qui les a sauuez de la main du Vainqueur.
Cependant Alaric, animé par la Gloire,
Pousse tousiours plus loin cette sombre Victoire;

LIVRE NEVFIESME.

Arriue aussi-tost qu'eux auec ses braues Goths;
Les Grecs espouuentez se iettent dans les Flots;
L'vn tombe dans la Mer, & l'autre sur la Terre;
Ils esleuent vn bruit plus grand que le Tonnerre,
Le desordre confus, confond les Bataillons,
Qu'enuelopent entiers les humides bouillons.
L'vn nage heureusement; l'autre en nageant se noye;
Des Vagues ou du Fer, ils deuiennent la proye;
Mille & mille Guerriers chargeant trop vn Vaisseau,
Meurent s'estans sauuez, & s'enfoncent dans l'eau.
L'vn meurt comme il est prest d'entrer dans son Nauire,
Percé d'vn Trait fatal que l'Ennemy luy tire:
Et fuyant vainement le sort qu'il a trouué,
Il retombe à la Mer dont il s'estoit sauué.
L'autre que fait perir l'obscurité profonde,
Mesconnu par les siens est repoussé dans l'onde:
Car dans cette heure obscure, & dans ce grand effroy,
Tout paroist ennemy; tout ne songe qu'à soy.
Les cris des Mariniers montent iusqu'aux Estoiles:
Ils guindent en tumulte, & confondent leurs Voiles:
La Flotte enfin s'esloigne en esuitant la mort,
Et le Victorieux campe alors sur le Bord.

Fin du neufiesme Liure.

ALARIC,
OV
ROME VAINCVË.

LIVRE DIXIESME.

L n'est rien de si doux, pour des cœurs
    pleins de gloire,
Que la paisible nuit qui suit vne victoire:
Dormir sur vn Trophée, est vn charmant
    repos,
Et le Champ de Bataille est le Lict d'vn Heros.
L'Image de ses Faits en son ame est tracée:
C'est proprement le fruit de sa peine passée:
Et c'est dans son Grand cœur, apres ses grands Combats,
Que se fait son Triomphe, & qu'il en parle bas.
Le Prix de la Vertu se trouue en elle mesme:
Sans bruit & sans esclat, son plaisir est extreme:

Aaa

La volupté secrete, est celle d'vn Vainqueur:
Et ses plus doux momens se passent dans son cœur.
Tels les eut Alaric dans vne heure si sombre:
Sans Pompe & sans Tesmoins, il Triompha dans l'ombre:
Et lors que le Soleil fit reuoir sa clarté,
L'Aurore le trouua dans cette volupté.
Mais à peine en ces lieux l'ombre fut dissipée,
Que l'inuincible Roy fut voir Parthenopée:
Ou pour mieux dire encore, il fut se faire voir,
A ce Peuple nombreux qui le vint receuoir.
Alors pour contenter le desir qui l'ameine,
Des Vestiges Pompeux de la Grandeur Romaine,
Par vn des Magistrats ce Grand Prince est instruit,
Qui dans tous ces beaux lieux, luy parle & le conduit.
Il luy montre Caprée, où s'enfermoit Tibere:
Prochite des Pescheurs la retraite ordinaire:
Ischie aux hauts Rochers; & le Sage vieillard,
Sur de plus beaux Objets tourne apres son regard.
Il luy montre de loin esleuez sur la Plaine,
Et le Cap de Minerue, & celuy de Missene:
Et pres de ces grands Monts dont les yeux sont bornez,
Les Murs de Lauinie à demy ruinez:
Murs bastis par Enée, & qui malgré leur âge,
Sont encore debout dans vn fameux Ouurage.
De là, suiuant tousiours son desir curieux,
La Ville de Laurente aparoist à ses yeux:
Et ce vieux Senateur luy montre encor Ardée,
Par le Pere de Turne autresfois possedée.

LIVRE DIXIESME.

De là, vers Antium, cet homme le conduit,
Où du Grand Ciceron la mort fit tant de bruit :
Il luy fait remarquer la Ville de Minturne ;
La Ville de Capouë, & le Fleuue Vulturne ;
Le beau Fleuue Lyris, & l'Isle de Circé ;
Isle abondante en fruits au vieux Siecle paßé.
Il luy fait voir apres des Thermes magnifiques ;
Des Temples démolis ; de superbes Portiques ;
De larges Aqueducs, artistement conduits ;
Des Theatres pompeux, & des Palais destruits.
De là, pour rendre encor son ame satisfaite
Auec peu de trauail il luy fait voir Gayete :
Et ce Vase fameux doctement acheué,
Où sur du Marbre blanc Mercure est veu graué ;
Où Lucothoé dance auecques les Bacchantes ;
Où les Satyres sont meslez aux Coribantes ;
Où l'on croit presqu'oüir le son des Instrumens ;
Et dont l'Or enrichit les rares Ornemens.
Il guide apres ses pas, assez loin de la Ville,
Au celebre Tombeau du celebre Virgile :
Qui pres du Pousilipe autrefois esleué,
De l'iniure des ans est encor conserué.
O Prince, luy dit-il, aussi vaillant que iuste,
Puisse vn iour vostre gloire auoir le sort d'Auguste :
Puisse vn autre Escriuain par la fatalité,
Consacrer vostre Nom à l'immortalité.
A ces mots il passe outre, & fait voir au Monarque,
Du Temple de Castor l'illustre & belle marque :

Aaa ij

La haute Piramide, & dans ces mesmes lieux,
En Marbre fort luisant, l'Image de trois Dieux.
L'on connoist Apollon à son Trepied Delphique:
Cibele a dans ses mains la Corne magnifique
Où la riche Abondance a mis du fruit nouueau;
Et le Fleuue Sebethe y tient vn grand Roseau:
Apuyé sur son Vrne, où l'adroite Sculpture
Fait boüillonner son onde autant que la Nature.
Apres il luy fait voir, mais en esloignement,
Du Vesuue flambant le rare embrazement:
Vesuue merueilleux, Montagne renommée,
Qui pousse à gros flots noirs l'eternelle fumée:
Mont qui vomit la flâme, & le Souphre escumeux;
Mont que la mort de Pline a rendu si fameux.
Vers le plus bel endroit de toute la Prouince,
Vers Baye & vers Poussole, il conduit ce Grand Prince:
Et luy fait remarquer sous les Monts d'alentour,
La merueilleuse Voûte où penetre le iour.
Il luy montre vn Objet dont l'œil est idolastre:
Vn Cercle de Rochers fait en Amphitheatre:
Où le Lac d'Anian, tranquile & transparent,
De l'Argent le plus pur n'est gueres different.
Pres des lieux enchantez où sont ces Eaux dormantes,
Il fait voir au Heros des Cauernes fumantes,
Où l'on brusle en Hyuer aussi bien qu'en Esté,
Et qui par la chaleur redonnent la santé.
Le Lac qui ressuscite, & la Grote qui tuë,
Font alors qu'Alaric semble estre sa Statuë.

LIVRE DIXIESMÉ.

Ce Prodige l'eſtonne, & le ſurprend ſi fort,
Voyant ainſi paſſer de la vie à la mort ;
Et repaſſer apres de la mort à la vie ;
Qu'il ne ſçait que penſer dans ſon ame rauie ;
Qu'il ne ſçait que iuger d'vn Miracle eſtonnant ;
Auſſi rare en effet, comme il eſt ſurprenant.
Deux Temples eſleuez ſur les ſablons humides,
Le premier à Neptune, & l'autre aux Nereïdes,
Temples où l'Art des Grecs paroiſt de toutes parts,
Du vaillant Roy des Goths arreſtent les regards.
On luy fait voir encor vers le bout de la Plaine,
Comme vne autre Merueille, vne rare Fontaine,
Qui dans vn Element qui n'a rien que d'amer,
Conſerue ſa douceur au milieu de la Mer.
Il eſt apres conduit aux ruines ſuperbes,
De Cumes que l'on voit giſante entre les herbes :
Et le vieux Magiſtrat luy montre en cét endroit,
L'Antre que la Sybille autrefois habitoit.
Ce Prince curieux voulant voir ce bel Antre,
Trauerſe les Buiſſons ; monte au Rocher ; puis entre :
Et comme on le veut ſuiure, vn grand & fier Serpent,
A longs plis ondoyans ſur la Roche rampant,
Montre d'Azur & d'Or, ſa belle peau couuerte ;
Ses yeux rouges de feu ſous vne eſcaille verte ;
Et comme l'Arc d'Iris, où tel qu'on voit les Fleurs,
D'vn eſclat variant il fait voir cent Couleurs.
Il ſiffle horriblement contre ceux qu'il regarde :
Et d'vne triple langue à tous momens il darde :

Aaa iij

Il occupe l'entrée, & deffend le Rocher,
D'où les plus resolus n'oseroient aprocher.
Le Heros cependant s'enfonce dans la Grotte:
Il la voit spacieuse, & superbement haute:
L'Art comme la Nature en a fait la beauté,
Et ce Prince est surpris de cette nouueauté.
Sa Voûte Mosaïque, & de Lapis formée,
De mille Estoiles d'Or en tous lieux est semée:
Et ses Murs marquetez de Nacre & de Coral,
Meslent la Cornaline, & le Iaspe au Cristal.
Alaric estonné de sa magnificence,
Tousiours plus curieux, la regarde & s'auance:
Et comme il cherche à voir les beautez de ces lieux,
La Sybille elle mesme aparoist à ses yeux.
D'vne Mante à la Grecque à l'espaule attachée,
La beauté de sa taille est à demy cachée:
Et ses cheueux espars tombent à flots d'argent,
Negligemment serrez d'vn bandeau negligent.
Les rides qu'on luy voit, marquent bien son grand âge,
Mais la Majesté regne encor sur son visage:
On voit qu'elle fut belle; & ses traits effacez,
Conseruent quelque esclat de leurs attraits passez.
Le Roy, sans s'estonner, la regarde; l'admire;
Se souuient qu'vn Hermite a sceu la luy predire;
Et la chaste Sybille aprochant du Heros,
Fait retentir la Grote, & luy tient ces propos.
Prince l'honneur du Nord, & sa plus grande gloire,
Ta Couronne s'aproche ainsi que ta victoire:

Apres tant de trauaux, apres tant de Combats,
Rome s'en va tomber sous l'effort de ton bras.
Oüy, la Reyne du Monde, ô Prince heureux & braue,
Pour la seconde fois va deuenir Esclaue:
Et l'Amour & l'Honneur, inuincible Guerrier,
Vont couronner ton front de Mirthe & de Laurier.
Ta victoire est certaine, & sa prise infaillible:
Le Dieu de l'Vniuers, à qui tout est possible;
A qui tout obeït, du Couchant au Matin;
En a determiné l'immuable Destin:
Il va recompenser ta vertu sans seconde:
Et le Grand Nom des Goths va remplir tout le Monde.
Ie voy, ie voy desia le braue Genseric;
Ie voy, ie voy desia le Grand Theodoric;
Enchaisner de nouueau le Tibre sur sa Riue,
Et donner d'autres Fers à ta Grande Captiue.
Ie voy desia ton Fils, Adolphe glorieux,
Esleuer comme toy son renom iusqu'aux Cieux:
Regner en Italie, & par plus d'vne Guerre,
Et par ses Grands Exploits faire trembler la Terre.
Preste, preste l'oreille attentiue à ma voix:
Elle te va montrer vne suite de Rois,
(Inuincible Heros que la gloire enuironne)
Qui tous doiuent porter ton Sceptre & ta Couronne;
Paroistre sur ton Throne; & bien loin dans les Temps,
Renouueler le bruit de tes Faits esclatans.
Ie ne te parleray que de ceux dont la gloire,
Leur fera meriter vne place en l'Histoire:

Et qui dans les trauaux rencontrant leurs douceurs,
Seront dignes vn iour d'estre tes Successeurs.
Biorne vient le premier, ce Prince magnanime,
Qui de Charles le Grand meritera l'estime:
De ce Grand Empereur, le Heros des François:
Peuple Allié des Goths pour la premiere fois.
Ce braue & sage Roy, par sa Haute prudence,
Mettra dans ses Estats, la paix & l'abondance:
Et ce Grand Politique, en aspirant aux Cieux,
Viura tousiours paisible, & mourra glorieux.
A trauers l'aduenir, caché dans les Tenebres,
I'aperçoy de Siuard les Conquestes celebres:
Et ie voy par la mort des plus fameux Guerriers,
Ce Vainqueur de Noruege acquerir cent Lauriers.
Ie voy Charles apres, ces Lauriers sur la teste,
De ses propres Estats faire enfin la Conqueste:
Et tantost rigoureux, & tantost plus humain,
Auoir tousiours l'Espée, ou le Sceptre à la main:
Punir, ou pardonner, & domptant le Rebelle,
Rendre son Thrône ferme, & sa gloire immortelle.
Ingeual qui le suit, par ses rares vertus,
Fera voir sous ses pieds les vices abattus:
Et mourant dans vn feu qu'allumera l'Enuie,
Rendra sa mort brillante aussi bien que sa vie.
Ie voy le digne Fils d'vn si genereux Roy,
Olaüs des Danois la terreur & l'effroy;
Repousser vers leurs bords leurs Armes Tyranniques;
S'esleuer vn Trophée aux Riuages Baltiques;

Et

LIVRE DIXIESME.

Et fonder vne Paix pour se mieux signaler,
Que tous ses Ennemis ne pourront esbranler.
Ie voy son Fils Ingo l'esgaler en merite ;
Vaincre le Russien ; vaincre le Moscouite ;
Triompher glorieux, dans cent & cent Combats ;
Et iusqu'au Tanaïs faire sentir son bras.
Ie voy le Grand Erric, ce Foudre de la Guerre,
Des fiers Peuples du Nord plus craint que le Tonnerre,
Soustenir les efforts de leur choq furieux ;
Et meritant le Nom de Roy victorieux,
Vaincre le Filandois, le Prusse, & le Curete ;
Adjouster Terre à Terre, & défaite à défaite ;
Et par les Grands Exploits de sa vaillante main,
Deuenir l'Allié de l'Empire Romain.
Erric son Successeur, Prince pieux & sage,
Les delices des Goths, & l'honneur de son Age,
Par les soins qu'il aura de cette Region,
Affermira la Paix, & la Religion.
Le second Olaus en imitant son Zele,
Brillera d'vne gloire, & plus Grande, & plus belle :
Et receuant partout des honneurs immortels,
Il acquerra le Nom de l'appuy des Autels.
Hacquin, nommé le Roux, dans les mesmes Prouinces,
Paroistra quelque iour le plus iuste des Princes :
Et sans auoir besoin de ses braues Exploits,
Sa force luy viendra de la force des Loix.
Stenchil, dont la vertu sera bien secondée,
Conseruera la Paix que l'autre aura fondée :

Et son regne tranquile, & remply de bonheur,
Remplira ses Estats de richesse & d'honneur.
Ingo suiuant sa trace, obtiendra mesme gloire;
Fera benir aux siens son illustre memoire;
Et par sa pieté, ce Roy deuotieux,
Passant d'vn regne à l'autre, ira regner aux Cieux.
Tout Bien de sa nature estant communicable,
De la vertu d'Ingo, ce Prince remarquable,
Viendra celle d'Halstan qui luy succedera;
Qui remplira sa place; & qui l'imitera.
Ce Roy fera des Loix, si iustes & si bonnes,
Qu'elles seront l'esclat & l'appuy des Couronnes :
Et les Princes bannis de leur propre sejour,
Trouueront vn Azyle au milieu de sa Cour.
Le Prince des Danois poursuiuy par son Frere,
N'aura plus en ce lieu la Fortune contraire :
Et la bonté d'vn Roy qui sera son suport,
Sauuera ses debris, & deuiendra son Port.
De Philipe son Fils la Haute Renommée,
Sera dans l'Vniuers en tous endroits semée :
Bien auec ses Sujets ; bien auec ses Voisins ;
Dans vn profond repos couleront ses Destins :
Et ce Monarque sage autant que magnifique,
Fondera puissamment la Fortune Publique.
En suite vn autre Ingo, Fils d'vn si prudent Roy,
Sera l'amour des bons, & des meschans l'effroy :
Et suiuant en tous lieux la vertu Paternelle,
On le verra briller d'vne gloire eternelle.

Encore un autre Erric se fera voir fameux,
Imitera ces Roys, & sera Grand comme eux:
Et loin de s'enrichir en commettant des crimes,
Il n'exigera point des Tributs legitimes ;
Il n'accablera point son Estat oprimé ;
Se croyant assez riche, estant assez aymé.
Charles qui le suiura, de Despoüilles conquises,
Ornera richement les superbes Eglises :
D'Aluastre & de Saba les sacrez Bastimens,
Seront de sa vertu d'eternels Monumens :
Et leur magnificence, & leur belle structure,
Porteront sa memoire à la Race future.
Erric Prince paisible, Erric Prince clement,
Sera veu sans colere, & sans ressentiment :
Et sa rare bonté, l'amour de ses Prouinces,
Luy fera tenir rang entre les meilleurs Princes.
De Iean son Successeur le naturel pieux,
De la Terre dans peu le mettra dans les Cieux :
Et sa Grande splendeur à peu d'autres seconde,
Ne sera qu'un Esclair sur la face du Monde.
Apres, un autre Erric, Triomphant, abattu ;
Heureux, & malheureux, fera voir sa vertu :
Et par cette vertu, si Grande & peu commune,
Il sçaura mesnager l'une & l'autre fortune :
Et tousiours resistant aux caprices du Sort,
Apres diuers Combats il sera le plus fort.
On le verra passer de l'exil à la gloire ;
De la Couronne aux Fers ; & puis à la victoire :

Et par cent Grands Exploits signalant son pouuoir,
Ses rebelles Sujets rentrer dans leur deuoir.
Birger apres Erric possedant le Royaume,
Ira bastir vn lieu qu'il nommera Stokolme :
Et transferant de Birch, & son Thrône, & sa Cour,
En accroistra l'esclat en changeant de sejour :
Et fera renommer par mille voix Publiques,
Et le Lac de Meler, & les ondes Balthiques.
Ie voy, ie voy d'icy, l'orgueilleuse Albion,
Insolente, superbe, & fiere Nation,
Sous l'inuincible bras de Chrystofle abattuë ;
Prince digne par là de plus d'vne Statuë :
Prince qui domptera son indomptable orgueil ;
Qui luy fera des Flots vn humide Cercueil ;
Qui battra sur la Mer sa Flotte espouuentée ;
Et chassera bien loin son audace affrontée.
Stenon, Prince modeste, à son tour regnera :
En refusant le Sceptre il le meritera :
Et d'vne Academie à peu d'autres esgale,
Il ornera son regne, & la Ville d'Vpsale ;
Aymera les beaux Arts ; domptera les Danois ;
Et trouuera sa place entre les sages Rois.
Quatre regnes apres, le genereux Gustaue,
Montera sur le Thrône ; & prudent comme braue,
Abattra des Tyrans le pouuoir orgueilleux ;
Aura par sa valeur des succés merueilleux ;
Des Princes electifs abolira l'vsage ;
Et d'vn plus grand GVSTAVE, estant le Grand presage,

LIVRE DIXIESME. 381

Apres auoir dompté cent & cent Combatans,
Regnera plein de gloire, & regnera long-temps.
Par Erric apres luy la Suede regie,
Verra ce docte Roy sçauoir l'Astrologie:
Heureux si par cet Art on luy voyoit preuoir,
Qu'il perdra quelque iour son Thrône & son pouuoir.
Iean son Frere à son tour, portera la Couronne:
Ie voy que des Sçauans la Troupe l'enuironne:
Qu'il est sçauant luy-mesme, & que par les beaux Arts,
Son renom glorieux volle de toutes parts.
Il affermit par là sa Grandeur Souueraine;
Des Doctes de son Temps ie le voy le Mecene;
Et le diuin rayon qui m'esclaire aujourd'huy,
M'aprend que peu de Roys seront plus Grands que luy.
De Sigismond son Fils ie preuoy l'auanture:
Le Ciel dans mon esprit en trace la Peinture:
Enfin ie voy quitter à ce Prince craintif,
Le Sceptre Paternel pour vn Sceptre electif;
Preferer la Pologne aux Prouinces Gothiques;
Et perdre vn Thrône apres, par ses fautes publiques.
Ie voy Charles son Oncle esleué dans son rang,
Autant par ses vertus, que par les droits du sang:
Prince digne en effet, de la Grandeur Royale;
Prince qui dans son temps n'aura nul qui l'esgale;
Prince pour qui le Sceptre est vn indigne Prix;
Et le plus Grand des Roys, s'il n'auoit point de Fils.
Mais comme le Soleil par sa clarté premiere,
Obscurcit tout esclat, & toute autre lumiere;

Bbb iij

De GVSTAVE LE GRAND, *les merueilleux Exploits,*
Effaceront vn iour l'honneur de tous les Rois.
Ce Phœnix glorieux qui viendra de ta Cendre,
Passera de bien loin les Hauts Faits d'Alexandre:
Et lors que le Destin le mettra sur les rangs,
Il destruira le bruit de tous les Conquerans.
Ie le voy, ie le voy, d'vne course subite,
Passer du fier Danois au plus fier Moscouite:
Contre les Polonnois faire diuers Combats;
Les attaquer, les battre, & signaler son bras.
Ie voy plus d'vne Reyne, & confuse, & jalouse,
Par le choix qu'il fera de son illustre Espouse:
Du Sang de Brandebourg la sage Eleonor,
Tirera des bontez dignes du Siecle d'Or:
Le Monde luy deura le plus beau de sa gloire;
L'objet de l'Vniuers; l'ornement de l'Histoire;
La vertu Triomphante, & le vice abattu,
Et le viuant Portrait de la Haute vertu.
Inuincible Alaric, ie parle de CHRISTINE,
Fille d'vn Grand esclat, que le Ciel luy destine:
Princesse incomparable en rares qualitez,
Et le plus Haut Degré de tes felicitez.
D'vn Prince Palatin i'aperçoy la naissance;
I'aperçoy sa conduite esgale à sa puissance;
Et ie voy de ses Fils le courage & la foy,
Seruir vtilement la Fille de ce Roy;
Signaler leur merite; acquerir de l'estime;
Faire briller leurs Noms d'vn esclat legitime;

Et par mille vertus esgales à leur rang,
De ce Vainqueur de l'Aigle estre le digne Sang.
Ie voy son Connestable imiter sa vaillance;
La Garde, Grand en cœur aussi bien qu'en prudence;
Digne Fils d'vn François illustre & genereux;
Fils digne de sa Charge, & d'estre autant heureux;
Digne d'auoir tousiours la Fortune prospere;
Digne Fils en vn mot d'vn fort excellent Pere;
Et Pere encor apres d'vn plus excellent Fils,
Esclatant d'vn merite, & sans pair, & sans prix.
Ie le voy, ie le voy Mary d'vne Princesse,
Illustre en ses vertus ainsi qu'en sa Noblesse:
Et son Frere Allié du Noble Sang de Spar,
Qui de la belle Ebba veut suiure le beau Char.
Ie voy, ie voy Gustaue, Allié de la France,
Tenir par ses desseins l'Vniuers en balence:
Et malgré tout l'Empire, & cent Peuples armez,
Estre le Protecteur des Peuples oprimez.
Ie voy le Grand Loüis, ie voy le Grand Gustaue;
L'vn Monarque puissant; & l'autre heureux & braue;
Mesler leurs Bataillons comme leurs interests;
Et couurir de leurs Camps, l'Ardenne & ses Forests.
D'vn Ministre François le merueilleux Genie,
De ces deux Conquerans formera l'harmonie:
Et le Grand Richelieu ioindra tousiours le sort,
Du Heros de la France, & de celuy du Nord.
Ie voy, ie voy Gustaue, Arbitre de la Terre,
Plus aymé que le iour; plus craint que le Tonnerre;

Fier aux Peuples armez ; doux aux Peuples soûmis ;
Et reueré de tous, iusqu'à ses Ennemis.
Ie le voy, ie le voy par sa valeur vantée,
Faire trembler le Tibre, & l'Aigle espouuentée :
Et ie voy Rome encore au bruit de ses Exploits,
Croire voir Alaric vne seconde fois.
Ie voy, ie voy desia, sous le bras d'vn Hercule,
Le Danube, le Rhein, la rapide Vistule,
Trembler comme le Tibre, & plongeant sous leurs Eaux,
Aller cacher leur honte au milieu des Roseaux.
Ie voy du fort Volgast tresbucher les Murailles,
Sous vn bras animé par le Dieu des Batailles :
Et le Fleuue Suuein, apres cent maux soufferts,
De la main du Vainqueur prendre ses premiers Fers.
Apres, poussant plus loin sa valeur infinie,
Ie le voy Triompher de la Pomeranie :
Vollin, Camin, Stetin, en receuoir la Loy ;
Et leur Duc Bogislaus aux pieds de ce Grand Roy.
En suite vers Stagart, ie luy voy tourner teste ;
Augmenter de ce Fort, son illustre Conqueste ;
Et par l'adroit Mineur faisant sauter sa Tour,
Imprimer de la crainte aux Villes d'alentour.
De là, poussant plus loin les guerrieres alarmes,
Dambgarten & Rubnis, tomberont sous ses armes :
Et par vne escalade emportant ce dernier,
Son braue Gouuerneur sera fait prisonnier.
En suite vn Chef Romain, qu'on nommera Sauelle,
Osant luy disputer vne Palme si belle,

Il

LIVRE DIXIESME.

Il deffera sa Troupe, & le comblant deffroy,
Fera marcher apres la Terreur deuant soy.
De là passant l'Oder, & suiuant sa victoire,
Le fort Griffenhagen le couurira de gloire:
Et la Place emportée auec vn si Grand cœur,
Fera voller bien loin le renom du Vainqueur.
De là faisant marcher les Troupes si vaillantes,
Neubrandebourg verra ses Enseignes volantes:
Ouurira ses Portaux, & receura le Char,
Triomphant & Pompeux de ce nouueau Cesar.
De là poussant tousiours ses Hautes destinées,
Damin verra briller ses Armes fortunées:
Et Sauelle vaincu pour la seconde fois,
En luy rendant la Place en receura des Loix.
Furstenuald, Zedenic, auront mesme auanture:
Et pour porter son Nom à la Race future,
Ce vaillant Roy des Goths, aussi braue que fort,
Ira prendre d'assaut le celebre Francfort.
Ie voy, ie voy d'icy les Troupes estonnées,
S'esloigner en fuyant des Tours abandonnées:
Et pour n'attendre point ce Demon des Combats,
Se ietter dans le fleuue, & d'vn haut Pont en bas.
Ie voy tomber dans l'eau ces Troupes pesle-mesle;
Pleuuoir parmy les flots vne funeste Gresle;
Et ie voy la Riuiere estaler sur ses bords,
Entassez l'vn sur l'autre, hommes & cheuaux morts;
Machines, Chariots, Armes, Drapeaux, Bagages,
Spectacle espouuentable aux plus fermes courages.

En suite vers Lansberg ce fameux Conquerant,
Tel qu'vn Fleuue irrité qui Triomphe en courant,
Trauersant des Marets iugez inaccessibles,
Fera voir sur ses Murs ses Armes intuincibles:
Et dans les Camps de Rep battant ses Ennemis,
Ne trouuera plus rien qui ne luy soit permis.
De là vers Brandebourg faisant filer l'Armée,
Et voller deuant luy sa Haute Renommée,
Cette importante Ville, au haut de ses Ramparts,
Fera voir du Vainqueur les fameux Estandarts.
En suite vers Berlin faisant fondre l'orage,
Vn des sept Electeurs viendra luy rendre hommage:
Et dans Griseuald pris, confesser à genoux,
Qu'il n'est rien d'impossible à l'effort de ses coups.
Apres, par le secours de ce Foudre de guerre,
Les Ducs de Meklebourg rentreront dans leur Terre:
Et par ses Grands Exploits leur valeur eschauffant,
Gustrau le receura Pompeux & Triomphant.
De là trauersant l'Elbe, & campant sur la Riue,
On verra Tangermund sa premiere Captiue:
Ville qu'imiteront, & Verben, & Stendel,
Luy couronnant le front d'vn Laurier immortel.
De là dans vne nuit esclatante de gloire,
Il aura sur Tilly sa premiere victoire:
Tilly vieux & Grand Chef, qui dans mille Combats,
Aura pû signaler, & sa teste, & son bras:
Et l'inuincible Roy, dés la premiere atteinte,
Enleuant six Quartiers le remplira de crainte:

LIVRE DIXIESME.

Puis retournant au Camp tout chargé de Butin,
Il luy fera preuoir quel sera son Destin.
Cependant ce vieux Chef, honteux de sa disgrace,
D'vn genereux despit ranimant son audace,
Viendra teste baissée auec ses Bataillons,
Attaquer son Vainqueur iusqu'en ses Pauillons.
Ie voy, ie voy d'icy la sanglante meslée;
Ie voy de ce Guerrier la valeur signalée;
Valeur opiniastre, & pleine de chaleur;
Mais ie voy tout d'vn temps, sa fuite & son malheur.
Ie voy le Grand Gustaue aussi craint que la Foudre,
Aux plus desterminez faire mordre la poudre:
Sortir comme vn Lion de ses Retranchemens;
En repousser bien loin les plus fiers Regimens;
Mettre tout en desordre, ou plutost tout en fuite;
Montrer esgalement sa force & sa conduite;
Paroistre esgalement Capitaine & Soldat;
Et reuenir couuert de poussiere & d'esclat:
Renuoyant l'Ennemy que sa vaillance dompte,
Esgalement couuert, & de sang, & de honte.
Horn, & Tot, Baudisen, & le genereux Spar,
Secondant les efforts du courageux Weimar;
Imitant la valeur de leur braue Monarque;
Donneront de la leur vne fameuse marque;
Et par leurs actions ils auront merité,
Que quelqu'vn les consacre à la Posterité.
Ie voy, ie voy d'icy le Langraue de Hesse,
Et l'Electeur de Saxe accomplir leur promesse:

Ccc ij

Venir aux pieds du Roy tous pleins d'affection;
Et mettre leurs Estats en sa protection.
Ie voy, ie voy d'icy la Bataille fameuse,
Qui portera l'effroy iusqu'aux bords de la Meuse:
Ie voy pres de Leipsic les Bataillons meslez,
Faire comme à l'enuy cent Exploits signalez:
Cent Escadrons rompus; cent autres qui resistent;
Mille Guerriers tombez; mille autres qui subsistent;
Et parmy ce desordre, & ce choq furieux,
Le Roy perçant les rangs; le Roy victorieux.
Hall, Teuffel, & Banier, genereux Capitaines,
Signaleront leur Nom en ces Terres loingtaines:
Et dans vn si Grand iour ne perdant point de temps,
Se feront remarquer entre les Combatans.
Liliheuc, Witemberg, Braá, Duualt, Lilie,
Chefs par qui dans ces lieux plus d'vn Bataillon plie,
Le Comte de la Tour, & le braue Sthalench,
Le vaillant Konismarc, & le genereux Sleng,
Feront voir à leur Roy dans ces fameuses Plaines,
Qu'ils tiennent en leurs mains les victoires certaines:
Et que dans les perils il n'est point de Lauriers,
Que ne puissent cueillir de si braues Guerriers.
Enfin ie voy Tilly, qui vainement trauaille,
Abandonner son Camp, & le Champ de Bataille:
Et ie voy le Vainqueur, apres ses Grands efforts,
Marcher sur les Drapeaux, les Armes, & les Morts.
Mais n'estant pas content d'vne si Haute gloire,
Il ira recueillir le fruit de sa victoire:

LIVRE DIXIESME.

Prendre Leipsic & Hall ; attaquer Morisbourg ;
Et l'emporter apres aussi bien que Moersbourg.
De là ce Conquerant passant en Franconie,
Y fera redouter sa valeur infinie :
Et d'Erfurt sans combat se rendant possesseur,
S'y fera des Sujets vaincus par sa douceur.
De là faisant marcher ses Troupes parmy l'ombre,
La Forest de Thuringue, aussi verte que sombre,
Ne l'empeschera pas, ayant marché trois iours,
D'arborer dans Mansfeld ses Drapeaux sur ses Tours.
La Comté d'Henneberg, & plus de trente Places,
Par la mesme valeur suiuront les mesmes traces :
Et l'inuincible Roy, que l'Vniuers craindra,
Tel qu'vn autre Cezar, viendra, verra, vaincra.
De là, ce Grand Heros semblant auoir des charmes,
Sur les Riues du Mayn ira porter ses Armes :
Et de l'orgueil d'Austriche esteignant le flambeau,
Luy faire de Wrsbourg vn superbe Tombeau.
A l'aproche d'vn Prince à qui rien ne resiste,
Vertheim & Rotembourg suiuront la mesme piste :
Et Picolomini, Chef adroit & vaillant,
Sur les bords de Tauber fuira cet Assaillant :
Apres que par son bras ses Troupes renuersées
Et pleines de terreur, se verront dispersées.
Là son Grand Chancelier, qui le suiura tousiours,
Viendra ioindre son Maistre auec vn grand secours :
Prendre part à ses soins comme à sa confidence,
Et signaler son Nom par sa Haute prudence.

Ccc iij

Là le fier Bauarois, & le Prince Lorrain,
Seront mis en def-route, & perdront le Terrain:
Et l'immortel Heros que la gloire enuironne,
Aura plus d'vn Trophée, & plus d'vne Couronne.
Hanau prenant des Fers de fon illuftre main,
L'efprouuera Vainqueur auffi iufte qu'humain:
Et le braue Haubald fecondant fon enuie,
Portera fes Drapeaux dans la Vetterauie:
Et faifant redouter les Armes de fon Roy,
Gagnera cent Lauriers pour fon Prince & pour foy.
Ce Monarque abaiffant les plus fuperbes teftes,
Sur vn autre Francfort eftendra fes Conqueftes:
Et d'vn autre Electeur occupant tout l'Eftat,
Fera briller fa gloire auec vn grand efclat.
De là pouffant plus loin fa fortune inuincible,
A qui rien ne refifte ; à qui tout eft poffible ;
Le Rhein, le fameux Rhein fentira fes efforts ;
Verra ce Conquerant occuper fes deux Bords ;
Affermir en ces lieux fa fatale puiffance ;
Et paffant fur fes flots, Triompher de Mayence.
Trente Forts importans en receuront la Loy :
Ne deuront leur falut qu'à leur prudent effroy :
Qui fans rien difputer à des Troupes fi fortes,
Leur fera fagement ouurir toutes leurs Portes ;
Leur fera fagement implorer les bontez,
Du Vainqueur Triomphant qui les aura domptez.
Les Villes du Necar ; celles de la Mofelle ;
Luy fourniront encor vne Palme nouuelle :

LIVRE DIXIESME.

Et l'Elbe & le Veser, imitant le Necar,
Quatre Fleuues fameux suiuront alors son Char.
Creusnach opiniastre en portera la peine:
On luy verra dompter sa resistance vaine:
Et i'y voy le Soldat, tout chargé de Butin,
Punir le vain orgueil de ce Peuple mutin.
Ie voy Tilly fuyant, perdre sa renommée;
Trauerser le Danube auecques son Armée;
Et le Danube alors vainement trauersé,
Voir sur ses Bords fameux, son orgueil renuersé.
Ie voy, ie voy du Lech, le dangereux passage,
Estre vn foible Rampart contre vn si grand courage:
I'y voy ce Grand Heros meriter son bonheur;
Et Vrangle genereux s'y couurir tout d'honneur.
Ie voy, ie voy Tilly tomber au bord du Fleuue;
Y donner de son cœur vne derniere preuue;
Et tenir en mourant son sang bien employé,
Par la gloire du bras qui l'aura foudroyé.
Cent Villes pour le moins suiuront son auanture:
Et Gustaue admirable à la Race future,
Meritant presqu'alors l'Encens & les Autels,
Couronnera son front de Lauriers immortels.
Ie voy ce Conquerant, malgré la resistance,
Aller boire les Eaux du grand Lac de Constance:
Porter par tout la mort; porter par tout l'effroy;
Et toute la Bauiere en receuoir la Loy.
Ie voy trembler Cologne & Treues qui frissonne:
Les Mythres cederont alors à la Couronne:

Oüy ie voy ce Heros combatre au premier rang;
Mais tout couuert de gloire auſſi bien que de ſang.
Au Camp de Norimberg, ie voy cét autre Alcide,
Enfermer de Walſtein la puiſſance timide:
Et ie voy Torſtenſon, Chef braue & plein de cœur,
Seruir vtilement ſon Monarque Vainqueur.
Des hauts Murs de Straſbourg, ie voy courber l'audace;
Flechir deuant ce Prince; en obtenir ſa grace;
Implorer ſa clemence; exciter ſa pitié;
Et n'auoir de ſalut que dans ſon amitié.
Ie voy Prague en vn mot, & toute la Boheme,
Luy ceder au ſeul bruit de ſa valeur extreme:
Et de mille Citez, ie voy l'orgueil à bas,
Par l'effort ſans pareil de ce Dieu des Combats.
Oüy Prince, ſouuiens-toy que ie te dis à Cumes,
Que l'Aigle, peu s'en faut, perdra toutes ſes plumes:
Que l'Empire eſbranlé ſera tout preſt à cheoir:
Que Rome tremblera, de crainte de le voir:
Et que ce Conquerant, ce Foudre de la Guerre,
Quand Rome aura tremblé, fera trembler la Terre.
Mais lors que ce Monarque acheuant ſon deſtin,
Sera comblé d'honneur, & chargé de Butin,
On le verra paſſer, Triomphant, plein de gloire,
Dans les bras de la Mort, des bras de la Victoire:
Et le Monde entendra la Renommée en deüil,
Chanter en meſme temps, ſon Char & ſon Cercueil.
Dans les Champs de Lutzen ſon ardeur eſchauffée,
Trouuera ſon Tombeau; mais ſous vn Grand Trophée:

Il

LIVRE DIXIESME.

Il mourra glorieux, de Noble sang noyé,
Comme un Foudre s'esteint quand il a foudroyé.
Et Triomphant alors de l'Aigle & de l'Enuie,
La Grandeur de sa mort esgalera sa vie:
Et par le Grand esclat d'un renom immortel,
Son superbe Tombeau deuiendra son Autel.
Mille & mille Lauriers sur son illustre Cendre,
Germeront du beau sang qu'on luy fera respandre:
Les Viuants par un Mort seront encor battus,
Et ce Prince vaincra lors qu'il ne sera plus.
Vn Camp, un Camp entier, estonnant par le nombre,
Deuiendra l'Hecatombe offerte à sa Grande Ombre:
Et cent & cent Boucliers, & cent & cent Drapeaux,
Pendront tout à l'entour du plus Grand des Tombeaux:
Et les fameux débris d'une puissante Armée,
Porteront iusqu'au Ciel sa Haute Renommée;
Porteront son Grand Nom aux bouts de l'Vniuers;
Et le feront chanter dans mille & mille Vers.
Les Siecles parleront d'un Monarque si braue:
Le Temps espargnera la gloire de Gustaue:
Luy qui deuore tout sauuera son renom:
Et l'obscur aduenir verra briller son Nom.
Mais apres cette mort esclatante & celebre,
La suite des progrés n'aura rien de funebre:
Son Destin inuincible, apres luy durera:
Et sa bonne fortune encor Triomphera.
Vne Fille, ô prodige! apres cette disgrace,
Occupera son Thrône, & remplira sa place:

Ddd

Battra les Ennemis qu'il aura combatus :
Et prenant à la fois son Sceptre & ses vertus,
Remplira comme luy la Terre vniuerselle,
Du bruit illustre & Grand de sa gloire immortelle;
Comme luy fera voir mille perfections;
Et deuiendra l'Objet de mille Nations.
Ie voy, ie voy l'esclat que le Ciel luy destine;
Que du Grand Nom de Christ, elle aura nom CHRISTINE;
Et que cette Princesse, incomparable en tout,
Charmera l'Vniuers de l'vn à l'autre bout.
Des Riuages glacez que bat l'Onde Balthique,
Aux Riuages bruslans où se noircit l'Afrique,
Quelque vaste que soit cette immense grandeur,
Ce Soleil esclatant portera sa splendeur.
Ie ne te diray point qu'on luy verra des charmes,
Contre qui tous les cœurs auront de foibles armes :
Et qu'en elle on verra les merueilleux accords,
Des graces de l'esprit, & des beautez du corps.
Ie ne te diray point que l'illustre Princesse,
Aura de Thomyris, & le cœur, & l'adresse :
Et que cette Amazone, auprés d'vn Grand Cercueil,
Domptera des Coursiers le noble & fier orgueil.
Ie ne te diray point que la iuste cadence,
La rendra merueilleuse en l'agreable Dance :
Et que l'agilité, la grace, & les apas,
La feront admirer, & marqueront ses pas.
Toutes ces qualitez, aymables ou vaillantes,
Perdront tout leur esclat par d'autres plus brillantes :

Et le Ciel les rendra ſes moindres ornemens,
Par ſes Grandes vertus, par ſes Grands ſentimens.
Oüy, c'eſt dans l'Art des Roys, c'eſt dans la Politique,
Que ce nouueau Phœnix ſe fera voir vnique:
Son regne glorieux viendra de ſon ſçauoir:
Et ce ſolide apuy fondera ſon pouuoir.
L'on verra ſon eſprit plus Grand que les affaires:
Elle gouuerneroit tous les deux Emiſpheres:
Et l'immenſe fardeau qui fit courber Atlas,
Quelque peſant qu'il ſoit, ne l'eſbranleroit pas.
Ce Modelle accomply des Reynes & des Princes;
Cét Eſprit animant de toutes ſes Prouinces;
Ce Mobile premier qui fera tout mouuoir;
D'vn ordre tout puiſſant tiendra tout en deuoir.
On luy verra des yeux d'Argus ou de Lyncée,
Qui ſçauront penetrer dans l'obſcure penſée;
Qui liront l'aduenir au cœur de ſes Sujets;
Et qui deſcouuriront leurs plus cachez projets.
Comme il faut qu'on pardonne, & qu'il faut qu'on puniſſe,
L'on verra ſa clemence eſgale à ſa iuſtice:
Et comme ces vertus la doiuent couronner,
L'vne & l'autre à ſon tour, punir & pardonner.
Elle aura des bontez, tendres & ſans eſgales:
Mais voyant l'equité dans les vertus Royales,
Cette Ame de l'Eſtat, cette Image de Dieu,
Tiendra touſiours ſes pas dans vn iuſte milieu.
Par ces deux qualitez, dans ſes Prouinces calmes,
On la verra paiſible à l'ombre de ſes Palmes:

Et l'Heroïne enfin, dans ses Peuples vainqueurs,
Comme Reyne des Goths, sera Reyne des cœurs.
Si la Tempeste arriue, & si l'Orage gronde,
Elle verra sans peur l'esbranlement du Monde :
Et son cœur intrepide, aussi hardy que fort,
Tiendra le Tymon ferme, & trouuera le Port.
Comme elle sçaura bien, cette illustre Princesse,
Que la crainte de Dieu commence la sagesse ;
Et que cette sagesse est le Souuerain Bien ;
Elle craindra le Ciel, & ne craindra plus rien.
De l'orgueilleux Danois l'audace reprimée,
Fera voller partout sa Haute Renommée :
Du hardy Polonnois l'iniuste ambition,
Perdra le vain espoir de sa pretention :
Et l'Aigle de l'Empire à ses pieds abattuë,
Deuiendra l'ornement de sa belle Statuë :
Et sur sa riche Base arrestant les regards,
La fera Triompher de l'orgueil des Cezars.
Vne solide Paix ; vne Paix Triomphante ;
Que la Iustice anime, & que la Gloire enfante,
A la superbe Austriche imposera la Loy,
Et luy fera finir l'Ouurage d'vn Grand Roy.
Les Princes exilez rentreront dans leurs Terres :
Sa main arrachera les Semences des Guerres :
Et cette belle main, d'vn Sceptre imperieux,
Fera son Caducée, & la Paix de ces lieux.
Toutes les Nations, mesme les ennemies,
Laissant en sa faueur leurs haines endormies,

S'accorderont enſemble à chanter ſes Hauts Faits,
Et la France & l'Eſpagne en paroiſtront en paix.
La France, ce Royaume auſſi puiſſant qu'illuſtre,
De ſa chere amitié croira tirer du luſtre :
Et tous ſes Grands Autheurs, & tous ſes beaux Eſprits,
La rendront immortelle ainſi que leurs Eſcrits.
Alors de ſon grand Lac ornant la molle Riue,
De l'ombre des Lauriers à l'ombre de l'Oliue,
On la verra paſſer ; cultiuer les beaux Arts ;
Et ſa Gloire & ſon Nom voller de toutes parts.
La charmante Muſique, & la rare Peinture ;
L'Art du Globe ſolide, & la belle Sculpture ;
L'Art qui ſçait eſleuer les pompeux Baſtimens ;
Et celuy qui des Cieux fait voir les mouuemens ;
Tous, tous iront ſeruir la Merueille des Reynes ;
Et l'on verra Stokolme vne nouuelle Athenes :
Sa Cour eſtant la Cour du ſecond des Cezars,
On verra l'Amazone entre Apollon & Mars.
Mais, ô Miracle eſtrange, & dont ie m'eſpouuante !
Tous ces fameux Sçauans la trouueront ſçauante :
Ils iront pour l'inſtruire, elle les inſtruira :
Et cét Aſtre du Nord qui les eſblouira,
Tout couuert de rayons dés ſa pointe premiere,
Brillera de l'eſclat de ſa propre lumiere ;
N'empruntera rien d'eux ; & tel que le Soleil,
Ne tiendra que de luy cét eſclat ſans pareil.
On l'entendra parler le langage d'Atique,
Langage tout enſemble, & doux, & magnifique,

En termes aussi beaux, enchantant les esprits,
Que si dans le Lycée elle l'auoit apris.
On l'entendra parler le langage d'Auguste,
Aussi facilement, aussi bien, aussi iuste,
Que si le Grand Virgile, ou le Grand Ciceron,
Auoient repassé l'eau de leur faux Acheron.
On l'entendra parler le langage de France,
Auec tant de iustesse ; auec tant d'elegance ;
Auec tant d'ornemens ; que ses plus Grands Autheurs,
Seront ses enuieux, ou ses adorateurs.
On l'entendra parler le langage d'Espagne,
Auec la grauité qui tousiours l'accompagne :
Et comme si le Tage, & sa superbe Cour,
Auoient receu l'honneur de luy donner le iour.
On l'entendra parler cette langue pollie,
Dont alors vsera la fameuse Italie :
Mais auec tant de grace, & de facilité,
Qu'on en verra le Tybre, & l'Arne espouuenté.
On l'entendra parler tous ces autres langages,
Dont les Peuples du Nord parlent sur leur Riuages :
Et par vne eloquence esgale à ses Grandeurs,
Estonner & rauir tous leurs Ambassadeurs.
Mais des Siecles futurs ouurant les Portes closes,
Et pour passer icy des paroles aux choses,
Son merueilleux esprit, que le Ciel me fait voir,
Charmera l'Vniuers par son profond sçauoir.
Ie ne puis t'exprimer ses Hautes connoissances ;
De cét esprit diuin les diuines puissances ;

LIVRE DIXIESME.

Ses efforts ; ses progrés ; cherchant la verité ;
Et ses viues clartez dans cette obscurité.
Cette Aigle de courage & de force pourueuë,
Iusques dans le Soleil attachera sa veuë :
Iusqu'au Centre du Monde abaissera les yeux :
Et sçaura s'esleuer des Abysmes aux Cieux.
Pour vn si Grand esprit, dont ie fais la Peinture,
Rien ne sera caché dans toute la Nature :
Il verra l'Vniuers de l'vn à l'autre bout :
Comme il sera plus Grand, il le comprendra tout :
Les solides raisons, & les raisons subtiles,
Seront pour cette Reyne esgalement faciles :
Les causes, les effets, l'ordre, & l'enchainement,
Trouueront vn Miroir en son clair iugement :
Et la Philosophie en elle regardée,
Semblera rejalir vers l'eternelle idée :
Semblera retourner par vn vol tout diuin,
A l'Eternel Principe on doit estre sa fin.
O Princesse excellente ! ô Princesse admirable !
Et peu s'en faut encor, ô Princesse adorable !
Le Ciel te fera voir seule semblable à toy ;
Vne Reyne autrefois fut escouter vn Roy,
Mais tous les Rois deuroient escouter cette Reyne :
De son renom fameux la Terre sera pleine :
Et les Siecles suiuans amoureux de son nom,
Retentiront encor de ce fameux renom.
Cette Haute vertu par mille doctes Plumes,
Verra de ses Portraits dans mille beaux Volumes :

Mais Portraits qu'vn Apelle auroit peine à tracer;
Mais Portraits que le Temps ne sçauroit effacer.
Les Muses à l'enuy d'vne main liberale,
Formeront de leurs Fleurs sa Couronne Royale:
Et la Reyne imitant leur liberalité,
Sçaura bien meriter son immortalité.
Quand l'Astre qui du Ciel fait tomber la richesse,
Ne feroit les Metaux que pour cette Princesse;
Et quand son influence, en trauaillant à l'Or,
N'auroit point d'autre objet que d'emplir son Thresor:
Quand ce Flambeau du Monde encor plus magnifique,
Redoublant sa chaleur sur la Terre Gothique,
Y changeroit le Plomb, & le Cuiure, & le Fer,
En ces riches Metaux, cachez pres de l'Enfer:
Cette Ame Grande & Noble, autant que genereuse,
N'assisteroit pas mieux la vertu malheureuse:
Et ce cœur liberal, & ce cœur sans pareil,
Donneroit autant d'Or qu'en feroit le Soleil.
Mais l'Art de le donner redoublera la grace:
De sa rare bonté l'on y verra la trace:
Et l'air de son visage, & le ton de sa voix,
Auec vn seul Bien-fait obligera deux fois.
Ie la voy, ie la voy, cette illustre Amazone,
Quitter souuent le Sceptre, & descendre du Throsne;
Carresser Noblement vn Sçauant comme vn Roy;
S'abaisser iusqu'à luy; l'esleuer iusqu'à soy;
Et sans considerer l'esclat qui l'enuironne,
Preferer ses Lauriers à l'Or de sa Couronne.

Voila

LIVRE DIXIESME.

Voila Grand Alaric, qui n'as point de Riuaux,
Le Prix de ta vertu comme de tes trauaux:
Voila l'illuſtre Prix que le Ciel te deſtine:
Sois donc Vainqueur de Rome, & l'Ayeul de CHRISTINE.
Ie ne te parle point des Roys qui la ſuiuront:
Car bien que cent Lauriers leur couronnent le front,
Donnant vn nouueau luſtre à la Grandeur Royale,
Tous les Siecles futurs n'auront rien qui l'eſgale:
Nul d'entre les Mortels ne peut ſi haut voller:
Et t'ayant parlé d'elle, il ne faut plus parler.
A ces mots diſparoiſt la Sybille Cuméë,
Comme on voit diſparoiſtre vne vaine fumée:
Le Roy ſort de la Grotte, & cet affreux Serpent,
A Cercles redoublez l'vn ſur l'autre rampant,
Rentre dans la Spelonque, & le paſſage eſt libre,
A l'immortel Heros qui doit vaincre le Tybre.
Il ſort donc tout rauy de l'eſclat glorieux,
De cet Aſtre du Nord que promettent les Cieux:
Et reioignant les ſiens auprés de la Cauerne,
Il viſite en paſſant le fameux Lac d'Auerne:
Et charmé des Hauts Faits dont il eſt bien inſtruit,
Il arriue à ſon Camp au retour de la nuit.
Comme vn Amant heureux, retrace en ſa memoire,
Pendant l'obſcurité l'Image de ſa gloire;
Reuoit auec tranſport ces Tableaux retracez;
Et ſonge auec plaiſir à ſes plaiſirs paſſez.
Ainſi le Grand Heros remet en ſa penſée,
Le Prix que l'on promet à ſa peine paſſée:

Eee

Et tant que la nuit dure il songe aux Grands Exploits,
De la belle Amazone, & de ces braues Rois.
Mais à peine le iour vint esclairer les Plaines,
Et blanchir les Sommets des Rochers des Syrenes,
Que faisant battre aux champs il changea de Sejour,
Animé par l'Honneur, & poussé par l'Amour.
Son ame par les deux doublement enflâmée,
Luy fit voir en vn iour les feux de son Armée :
Où meslant Troupe à Troupe, & rauy de la voir,
La belle Amalasonthe eut son premier deuoir.
Iniuste & bel Objet, dit-il à sa Maistresse,
Ie viens mettre à vos pieds les Despouilles de Grece :
Et presenter ensemble au Maistre de mon cœur,
Les armes des Vaincus, & l'ame du Vainqueur.
Mais apres ce deuoir, exempt de toute feinte,
Permettez à ce cœur de vous faire sa pleinte :
Puis que ne l'ayant plus, & vous l'ayant donné,
Auec peu de raison vous l'auez soupçonné.
Ha diuine Beauté dont i'adore les charmes,
Que vous connoissez mal le pouuoir de vos armes !
Puis que vous supposez qu'on leur peut resister,
Et que vous adorant, vn cœur vous peut quitter.
Ce crime imaginaire est vn crime impossible :
Pour sentir moins vos coups il faut estre insensible :
Et ne pouuant aymer ny changer qu'en perdant,
Vous bruslerez tousiours le cœur le moins ardent.
Repentez-vous, Madame, & rendez-moy iustice :
Connoissez mieux Rigilde, & sa noire malice :

LIVRE DIXIESME.

Car pour me retenir dans mes premiers Liens,
Vos charmes tous puissans n'ont pas besoin des siens.
Des Beautez d'Albion les charmantes atteintes,
Dit-elle en souriant, authorisent mes craintes:
Excusent mes soupçons ; & font croire aysément,
Que ce que i'ay pensé n'est pas sans fondement.
Toutesfois comme on croit plus aysément encore,
Les choses qu'on desire au cœur qui nous adore ;
Deussay-je me tromper en cét espoir menteur,
Ie deteste aujourd'huy le Charme & l'Enchanteur:
Et sans plus me seruir de l'Art d'vn meschant homme,
Triomphez de mon ame aussi bien que de Rome.
A ces mots Alaric transporté de plaisir,
Adjouste flâme à flâme, & desir à desir :
Et pour se couronner, & la voir couronnée,
Marche vers les Romains la prochaine iournée.
Mais le premier des Roys ainsi que des Amans,
N'eut pas plutost marché vers ses Retranchemens,
Que Rigilde aduerty du succés de la chose,
Et du dernier effort où son bras se dispose,
Plein d'vn ardent despit se dispose à son tour,
Ainsi que son despart de troubler son retour.
Quoy Demons, leur dit-il, vne Fille appaisée,
Rendra Rome Captiue, & sa Conqueste aysée ?
Empeschons, empeschons, qu'on ne Triomphe icy ;
Il y va de ma gloire, & de la vostre aussi.
Ne considerons plus le sort d'Amalasonthe :
Ce Grand euenement nous couuriroit de honte :

Eee ij

Tout l'Vniuers a veu mes faits & vos desseins :
Et nous serions vaincus auecques les Romains.
Cét honneur est trop grand pour qu'vn homme l'obtienne :
Sauuons donc nostre gloire en empeschant la sienne :
Et malgré la Fortune, & malgré les Destins,
Esleuons son Tombeau parmy les Champs Latins.
À peine l'Enchanteur que la colere anime,
Eut formé le dessein de cét illustre crime,
Que cent & cent Demons, hurlant horriblement,
L'exciterent encore à ce ressentiment :
Et n'aspirant qu'au sang, qu'aux morts, qu'aux barbaries,
Luy glisserent au sein de nouuelles furies.
Comme les Aquilons dans les flots enfermez,
Les poussent au delà des bords accoustumez ;
Les grossissent d'escume ; & malgré le riuage,
S'eslancent auec eux où se fait leur rauage.
Ainsi les noirs Esprits au sein de l'Enchanteur,
Enflent le fier despit qui luy grossit le cœur :
Et le poussant encore, au meurtre, à la vangeance,
Vont & le font aller d'esgale violence,
Où Valere & Tiburse occupent leurs regards,
A regarder le Camp du haut de leurs Ramparts.
Que sert de vous cacher la disgrace aduenuë ?
Les Goths sont les Vainqueurs, & la Grece est Vaincuë,
Dit Rigilde à ces Chefs, & i'ay veu de mes yeux
En l'espace d'vn iour, deux Combats furieux.
Mais dans l'vn & dans l'autre, ô douleur sans esgale !
Le Grec a succombé sous l'effort du Vandale :

LIVRE DIXIESME.

Le bonheur d'Alaric l'a chassé de nos Bords :
Et sa Flotte qui fuit est bien loin de nos Ports.
Cependant ce Vainqueur reuient couuert de gloire,
Tout superbe & tout fier d'vne telle victoire :
Et le salut de Rome enfin desesperé,
Ne sçauroit plus venir que d'vn cœur asseuré.
Portons donc nostre Nom aux deux bouts de la Terre :
Allons, allons brusler leurs Machines de guerre :
Sans elles Alaric ne sçauroit nous forcer :
Et si nous les bruslons, c'est à recommencer.
En trauersant le Camp des Troupes ennemies,
I'ay veu presques partout leurs Gardes endormies :
Gardes en petit nombre, & dont le peu de soin,
Fait bien voir que leur Prince en est encore loin.
Prenons l'occasion que le Ciel nous presente :
Sauuons Rome, Seigneurs, à cette heure importante :
Et sans nous amuser en discours superflus,
Profitons des momens qu'on ne retrouue plus.
Faisons vne Sortie en deux diuerses Portes,
Esgales en vigueur comme esgalement fortes :
L'vne pour occuper tous les Goths à la fois :
L'autre pour embraser ces Machines de bois :
Et deuant qu'Alaric puisse reuoir ses Tentes,
Faisons briller partout des flâmes esclatantes ;
Et qu'il ne trouue plus auant qu'il soit vn iour,
Que les Cendres d'vn Camp à son pompeux retour.
Sortons, sortons Tiburse, alors respond Valere ;
Et tous deux emportez d'vne noble colere ;

Et tous deux animez par l'Enfer qui les suit,
Vont remplir tout le Camp, & de flâme, & de bruit.
Valere, Grand Soldat, comme Grand Capitaine,
Va faire son Attaque à la Porte Capene:
Tiburse à l'Esquiline attendant le signal,
Cache au pied de ses Tours plus d'vn Flambeau fatal:
Et pour voir le succés de sa Noble pensée,
Le premier pousse alors vne Garde auancée:
La presse; la poursuit; la renuerse aysément;
Et du Camp ennemy voit le Retranchement;
Tâche de l'emporter, & d'en rompre les Portes,
Par l'effort impreueu de ses fieres Cohortes.
Comme durant la nuit le Rustique lassé,
Et du chaud qu'il a fait, & du trauail passé,
Se resueille en sur-saut au bruit d'vn grand orage,
Qui menace en tombant son espoir du naufrage:
Tel s'esueille Wermond d'armes enuironné,
Au bruit du grand Assaut par le Romain donné:
Il y court, il y volle, & les Troupes Vandales,
Qui parmy les Combats rencontrent peu d'esgales,
Filent toutes au lieu qu'attaque le Romain,
Et desia le Soldat y combat main à main.
Au clair & pasle Argent des rayons de la Lune,
Le fer estincelant brille dans la nuit brune:
Et chacun à l'enuy redoublant ses efforts,
Mille coups, mille voix, retentissent alors.
L'vn tâche d'arracher la forte Palissade;
L'autre se prend aux Pieux, & monte à l'escalade;

LIVRE DIXIESME.

Celuy-cy le repouſſe ; & cêt autre à ſon tour,
Dans cette ſombre nuit luy deſrobe le iour.
Il tombe renuersé ſur les rangs qui le ſuiuent ;
Mais ſans s'eſpouuenter, ces fiers Guerriers pourſuiuent :
Et ſans s'eſpouuenter, les inuincibles Goths,
Ne donnent à leurs bras, ny trêue, ny repos.
L'Attaque eſt vigoureuſe autant que la deffence :
Cette ſombre victoire eſt encor en balence :
Encore la Fortune eſt dans le meſme point :
Et le Deſtin douteux ne ſe declare point.
Mais durant qu'en ce lieu tout paroiſt indomptable,
Vers l'autre bout du Camp vn bruit eſpouuentable,
S'eſleue en vn inſtant ; & cent & cent Flambeaux,
Brillent & font briller le Tybre aux noires eaux.
L'alarme ſe redouble, & la Troupe enflâmée,
Porte l'embrazement dans le Parc de l'Armée :
Deſia le feu s'augmente ; & ſur les Pauillons,
Deſia la flâme rampe, & court à gros boüillons.
Tiburſe le premier, auec la Torche ardente,
Lance de toutes parts la flâme & l'eſpouuente :
Et mille comme luy iettent de tous coſtez,
D'vn feu qui n'eſteint point, les funeſtes clartez.
Partout l'embrazement laiſſe de rouges piſtes :
Beliers à front d'Airain ; Catapultes ; Baliſtes ;
Tours ; Eſchelles ; Pontons, baſtis artiſtement ;
Faſcines ; Gabions ; tout bruſle en vn moment.
Le feu ſe communique, & va de Tente en Tente :
Il s'accroiſt par le Vent, & ſa fureur s'augmente :

Et le Camp qui s'allume, & qui bruſle partout,
N'eſt plus qu'vn grand braſier de l'vn à l'autre bout.
Le Goth eſpouuenté veut tâcher de l'eſteindre,
Mais plus ſa main trauaille, & plus il voit à craindre:
Le feu plus fort que luy, par l'obſtacle s'accroiſt:
Plus il y iette d'eau, plus affreux on le voit:
La Cire auec la Poix, le Souphre & le Bithume,
Rendent ineſtinguible vn feu lors qu'il s'allume;
Et la chaude Matiere auecques luy courant,
Deuore toute choſe, & ſe va deuorant.
Mais Wermond qui de loin aperçoit l'incendie,
Deſeſpere en ſon cœur que l'on n'y remedie:
Ne ſçait que deuenir, ny que faire en ces lieux:
D'vn coſté l'Ennemy ſe preſente à ſes yeux;
A trauers ſes Ramparts ſe veut faire vne trace;
Et de l'autre la flâme en bruyant le menace:
Sous differens aſpects la Mort ſe montre à luy:
Et par plus d'vn malheur il a plus d'vn ennuy.
Toutesfois à ſes maux oppoſant ſa conſtance,
Et tachant de les vaincre auec ſa reſiſtance,
Il abandonne aux ſiens le ſoin de ſon Foßé;
Va vers l'embrazement; & court au plus preßé.
Mais le vaillant Guerrier à peine a tourné teſte,
Que Valere qui voit la flambante Tempeſte,
Pour retirer ſes Gents de ce Retranchement,
Fait ſonner la retraite, & marche promptement.
Tiburſe d'autre part ſatisfait en ſon ame,
De voir partout le Camp le deſordre & la flame,

Imite

Imite son Riual, & retourne aux Ramparts,
Qu'on dit estre fondez par le Grand Fils de Mars.
De tout le Campement de la nombreuse Armée,
Wermond ne voit plus rien que Cendre & que fumée:
Et ne pouuant tenir ses desplaisirs secrets,
L'infortuné qu'il est, pousse mille regrets.
Ha malheureux, dit-il, quelle est ta destinée,
Et quelle ta fortune à te nuire obstinée?
Quel compte de son Camp pourras-tu rendre au Roy,
Qu'il commit à tes soins, qu'il commit à ta foy?
Comment pourras-tu voir ce Vainqueur de la Terre,
Apres auoir perdu ses Machines de guerre?
Apres auoir destruit par tes soins negligens,
L'espoir des longs trauaux de tant de braues Gens?
Cache-toy, cache-toy, lasche que l'on surmonte:
Ou pour mieux faire meurs, de regret & de honte:
Mais l'interest du Roy dans cette occasion,
Doit pourtant l'emporter sur ta confusion.
Il faut l'instruire enfin de la perte aduenuë;
Il faut qu'à ce Grand Roy ta faute soit connuë;
Et qu'vn prompt Messager volle pour l'aduertir,
Qu'il fit vn mauuais choix quand on le vid partir.
Il le dit, il le fait; & le Courrier fidelle,
Porte au Grand Alaric la funeste nouuelle:
Qui la reçoit en Prince, & ferme, & genereux,
Et qu'on voit tousiours Grand, heureux, ou malheureux.
La Fortune à beau faire, il faut qu'elle succombe,
Dit l'immortel Heros, il faut que Rome tombe:

Fff

Et nous sçaurons trouuer encor d'autres moyens,
Pour abaisser l'orgueil de ses fiers Citoyens.
Marchons, marchons Soldats, adjouste ce Grand Homme,
Rome a porté des feux ; portons des feux dans Rome ;
C'est aux Vainqueurs des Grecs à punir les Romains ;
Des Lauriers sur la teste, & des Palmes aux mains.
Le Camp fait ce qu'il dit ; tout marche, ou plutost volle :
Desia se montre à luy le haut du Capitole :
Et du haut de ses Tours le Romain estonné,
Voit reuenir ce Roy, pompeux & couronné.
Comme le Moissonneur qui voit fondre l'orage,
Perd en le regardant, & couleur, & courage ;
L'obserue auec douleur ; en sent mille frissons ;
Et iuge qu'il va perdre, & Campagne, & Moissons.
Ainsi du haut des Murs la ieunesse Romaine,
Voit venir ce grand Corps qui s'estend dans la Plaine :
Et presage en son cœur, pleine d'estonnement,
De ses mauuais destins le triste euenement.
Elle entend cent Tambours, elle entend cent Trompetes ;
Elle voit cent Drapeaux, de cent Troupes deffaites ;
L'Aigle traisne par terre, & cent & cent Captifs,
La suiuent enchaisnez, pasles, mornes, craintifs.
Sur son beau Char doré, la belle Amalasonthe,
Traisne Eutrope attaché, le front baissé de honte :
Et le Grand Alaric superbement monté,
La regarde sans cesse, & marche à son costé.
Trois fois le long des Murs ce beau Triomphe passe :
Le Romain qui le voit, par là voit sa disgrace :

LIVRE DIXIESME. 411

Il destourne les yeux d'vn objet esclatant,
Et ne sçauroit souffrir ce qui luy desplaist tant.
Mais comme le soir vient, la Beauté sans esgale,
Est conduite auec pompe à la Tente Royale :
Alaric la luy cede, & cét illustre Amant,
Se separe à regret d'vn Objet si charmant.
Le malheureux Wermond accablé de tristesse,
N'osant le regarder, se cache dans la presse :
Mais le Roy le descouure, & d'vn ton obligeant,
Au lieu de l'accabler d'vn reproche outrageant,
Le flatte ; le console ; & malgré sa deffaite,
N'impute qu'au Destin la faute qu'il a faite.
Alors tout se retire, & dans le Camp destruit,
Chacun le mieux qu'il peut, cherche à passer la nuit :
Attendant qu'à loisir les prochaines Vallées,
Reparent de leur bois tant de Huttes bruslées.
Cependant Alaric se couche & ne dort pas ;
Se releue aussi-tost ; se promene à grands pas ;
Pense, resve, medite, imagine en soy-mesme ;
Considere sa perte, & la connoist extrème ;
Voit cent difficultez à la bien reparer ;
Craint ; mais ne cesse pas en craignant d'esperer.
Or apres cent discours de sa raison subtile,
Enfin il se resoud d'affamer cette Ville ;
De chercher les moyens de le faire à propos ;
Et despargner par là le sang des braues Goths.
A peine le Soleil vint esclairer ses Tentes,
Que faisant prendre aux siens leurs Armes esclatantes,

Fff ij

*Il enceint de plus pres les Murs de toutes parts,
Et pousse des Trauaux iusqu'au pied des Ramparts.
Il aproche les Ponts qu'il a mis sur le Tybre:
Le superbe Romain n'a plus que l'Air de libre:
Et sans vn grand Secours vainement attendu,
Il voit Rome perduë, & se iuge perdu.
Valere voit d'abord ce que le Heros pense:
Tiburse son Riual en connoist l'importance:
Et tous deux pour tâcher de sauuer le Romain,
Sortent de temps en temps les Armes à la main.
Chaque iour, chaque nuit, leur valeur se signale,
Mais à cette valeur l'infortune est esgale:
Et tousiours repoussez, ils connoissent enfin,
Que la Grandeur Romaine est proche de sa fin;
Qu'Alaric est plus fort que la Ville n'est forte;
Et que la pasle Faim en ouurira la Porte.
Ce Monstre cependant, des Regnes tenebreux,
Vient marcher à pas lents dans ce Peuple nombreux:
Sa force est sa foiblesse, & ce nombre est sa perte:
Rome tiendroit long-temps, si Rome estoit deserte:
Mais ce nombre excessif qui la doit secourir,
Perit en gardant Rome, & Rome va perir.
Comme insensiblement les viures se dissipent:
Et bien que les Demons les flattent & les pipent,
L'on voit parmy le Peuple en vain solicité,
La crainte, le chagrin, & la necessité.
Rigilde toutesfois par sa feinte allegresse,
Leur parle d'vn Secours de Rauenne & de Grece:*

LIVRE DIXIESME.

Et flattant leur espoir, aydé par les Demons,
Court du matin au soir par la Ville aux sept Monts.
Inuincibles Guerriers, leur dit ce meschant homme,
Illustres deffenseurs de la gloire de Rome,
Deliurez vos esprits de ces vaines terreurs,
Par l'espoir du secours de deux Grands Empereurs.
L'vn fait armer la Seine, & l'autre le Bosphore;
L'vn est prest à marcher, & l'autre marche encore;
Et l'Hyuer rigoureux precipitant son cours,
Auec tous ses frimats vient à nostre secours.
Desia de froids Glaçons les Alpes herissées,
Font transir dans le Camp les Troupes harassées:
Et de ces longues nuits les importuns momens,
Rebutent le Soldat dans ses Retranchemens.
Vn peu de patience acheue vostre gloire;
Vous donne vn rang illustre en l'immortelle Histoire;
Et vous fait meriter, sans l'employ de vos mains,
Le Nom que vous portez, le Grand Nom de Romains.
Conseruez donc ce Nom de Maistres de la Terre:
L'Empire vniuersel despend de cette Guerre:
Et perdant ou sauuant l'Vniuers foible ou fort,
Le sort des Nations despend de vostre sort.
Comme on voit les Oyseaux dans vn Bois solitaire,
Attendre l'aliment que va chercher leur Mere:
Et monstrer par leurs cris, lors qu'ils n'en peuuent plus,
Qu'il est temps qu'elle vienne, & qu'ils soient secourus.
Ainsi le Peuple alors dans sa douleur amere,
Attend ce grand Secours qui n'est qu'vne Chimere:

Fff iij

Esleue en mesme temps, & le cœur, & les yeux,
Et pousse chaque iour mille cris dans les Cieux.
Mais cependant la Faim, ce Monstre impitoyable,
Fait desia dans ce Peuple vn rauage effroyable :
Il a desia brouté l'herbe de ses Ramparts;
Et ces corps affoiblis tombent de toutes parts.
Vne eternelle faim les tenaille sans cesse :
Tout, tout leur paroist bon pour chasser leur foiblesse :
Et iusques aux Poisons *cherchant à se nourrir,*
Pour viure ils vont manger tout ce qui fait mourir.
La rage se meslant à leurs douleurs extrèmes,
Ils se mangent l'vn l'autre ; ils se mangent eux-mesmes :
Et l'âge le plus foible en estant englouty,
L'Enfant rentre en vn lieu dont il estoit sorty.
La Mere impitoyable en fait sa nourriture,
En donnant de l'horreur à toute la Nature :
Dieu suspend du Demon l'inuisible pouuoir :
Rigilde mesme en meurt, auec tout son sçauoir :
Et les Morts à grands tas dans les Places publiques,
Ne sont plus des Romains *que les tristes reliques :*
Et par vn mal si grand qu'on ne le peut guerir,
Rome *qui n'est plus* Rome *est preste de perir.*
Ces Fantosmes affreux, ces Squelettes horribles,
Paroissent à la fois, & foibles, & terribles :
Leur aspect toucheroit tout cœur sans amitié :
Ils causent de la peur comme de la pitié :
Et malgré tant de Morts, & tant de Funerailles,
Ces Cadavres armez veillent sur les Murailles.

LIVRE DIXIESME.

Cependant le Temps passe, & le nouueau Printemps,
Reuoit encore aux mains tous ces fiers Combatans:
Et l'Astre des Saisons recommençant l'Année,
Voit Triompher la Mort dans la Ville obstinée.
Mais la belle Probé, dans ce commun malheur,
De la compassion passant à la douleur;
Et de cette douleur à l'adresse subtile;
Veut essayer de perdre, & de sauuer la Ville.
Elle va donc trouuer Valere son Amant:
Et d'vn ton à la fois pitoyable & charmant,
Vous voyez, luy dit-elle, ô Deffenseur de Rome,
Que son triste salut est au dessus de l'homme:
Que le Peuple Romain, du Ciel abandonné,
Court à son Precipice en Aueugle obstiné:
Que le secours des Grecs est sans nulle aparence,
Et que Rome est sans Pain, comme sans esperance:
Qu'elle s'en va perir ; & qu'vn Sejour si beau,
Et qu'vn Lieu si fameux n'est plus qu'vn grand Tombeau.
Laissez-vous donc toucher à l'excés de ses peines:
Et puis que le Ciel veut que nous portions des Chaisnes,
Et que les Goths par luy couurent les Champs Latins,
Cedons, cedons Valere à nos mauuais Destins.
Ie sçay que c'est ce soir que vos foibles Cohortes,
Veilleront aux Ramparts, & garderont nos Portes:
Perdez-nous, sauuez-nous, l'vn & l'autre est permis:
Et liurez vne Porte à nos fiers Ennemis.
Alaric genereux conseruera sa gloire:
Il sçaura bien vser d'vne illustre Victoire:

Et parmy les Combats il fait voir trop de cœur,
Pour eſtre impitoyable & trop cruel Vainqueur.
Mais quand cette eſperance encor ſeroit trompée,
La Faim, la paſle Faim eſt pire que l'Eſpée :
Et mourir pour mourir, ie tiens qu'aux malheureux,
Le coup le plus ſubit eſt le moins rigoureux.
Sauuez donc la Patrie en auançant ſa perte :
Rome va ſuccomber ; Rome s'en va deſerte ;
Rome perd la raiſon ; Rome preſques n'eſt plus ;
Et ſes fameux trauaux demeurent ſuperflus.
I'armé voſtre valeur contre vn Grand Aduerſaire :
Ie la deſarme encor, puis qu'il eſt neceſſaire :
I'excité voſtre main à ſes premiers Combats :
Ie la porte en ce iour à ne combatre pas :
Vn chemin different en meſme lieu nous meine :
Ie parle contre Rome, & ſuis touſiours Romaine :
Et ſi voſtre amitié daigne enfin m'eſcouter,
Voſtre honneur ſcrupuleux n'a rien à redouter.
Qu'entens-je ? reſpond-il, & quelle eſt ma diſgrace ?
Probé ne ſonge plus qu'elle eſt du Sang d'Horace !
Et l'illuſtre Probé, malgré mes actions,
Ne connoiſt plus le Sang des vaillans Scipions.
Moy trahir ma Patrie, & rendre Rome Eſclaue !
Moy qui ſorts d'vn Ayeul, & ſi Grand, & ſi braue !
Moy qui de la Fortune ay meſpriſé les coups !
Moy de qui les deſirs s'eſleuent iuſqu'à vous !
Non non, Madame, non, ie n'en ſuis point capable :
Et vous ne propoſez vn deſſein ſi coupable ;

Vn

LIVRE DIXIESME. 417

Vn dessein criminel par l'Honneur combatu ;
Que pour tenter mon ame, & pour voir ma vertu.
Ie ne desguise rien, dit la Belle affligée ;
Ie tiens la chose iuste, & m'y crois obligée :
Et vous ne refusez ce genereux employ,
Que par le peu d'amour que vous auez pour moy.
Esprouuez cette amour, respond alors Valere,
(O diuine Probé, sans raison en colere)
Par les plus grands perils que l'on puisse courir :
Commandez-moy plutost, de vaincre ou de mourir :
Ordonnez à mon bras, ô Beauté trop aymée,
D'aller seul affronter cette puissante Armée :
D'aller seul m'exposer à ce Noble trespas :
Et si ie ne le fais, dites, il n'ayme pas.
Mais de couurir mon Nom d'oprobre & d'infamie ;
Mais de liurer la Ville à la force ennemie ;
Que ie meure plutost, Objet iniuste & beau :
L'Ombre de Scipion sortiroit du Tombeau ;
Viendroit me reprocher ma honteuse auanture ;
Et me rendre execrable à la Race future ;
Me redire l'amour qu'il eut pour son Païs ;
Et pour les Murs Romains, & liurez, & trahis.
Ie sens, ie sens mon cœur, qui craint de vous deplaire :
Et craignant à mon tour qu'il ne veüille trop faire,
Ie vous quitte, Madame, & coniure les Cieux,
De porter vostre esprit à me conseiller mieux.
A ces mots il la quitte, & son Riual arriue :
Qui voyant cette Belle aussi morte que viue,

Ggg

Pressé de son deuoir, & de sa passion,
Demande le sujet de son affliction.
Iurez-moy, luy dit-elle, auant que de l'aprendre,
Que Tiburse pour moy voudra tout entreprendre :
Ie le iure, dit-il, par le Ciel, & par vous,
Serment inuiolable, Objet charmant & doux.
A l'instant cette Belle, aussi triste que fiere,
Ainsi qu'à son Riual luy fait mesme priere :
Luy dit mesmes raisons ; commence à le presser ;
L'intimide ; l'esbranle ; & le fait balencer.
Il y resve ; il y pense ; & voyant qu'il l'irrite,
Puis que ie l'ay promis, il faut que ie m'aquitte,
Dit-il, & s'en allant sur le haut d'vne Tour,
Qui descouure le Camp, & les lieux d'alentour,
Il fait signe à la Garde, & luy tire vne Fleche
Qui volle vers les Goths par cette antique Bresche :
Il y pend vne Lettre, offrant d'ouurir au Roy :
Vn Soldat la releue, & signalant sa foy,
Il la porte à ce Prince ; & ce Prince admirable,
Y fait vne responsse, & Grande, & memorable.
Il l'attache à la Fleche, & commence à marcher :
Il la tire luy-mesme à ce premier Archer :
Mais auec ce Billet d'eternelle memoire,
ALARIC NE VEVT POINT DESROBER LA VICTOIRE.
Tiburse qui le voit en demeure confus :
La honte de son crime, & celle du refus,
Luy rougissent le front ; mais pourtant il admire,
La Grandeur de ce Roy si digne de l'Empire.

LIVRE DIXIESME.

Cependant Alaric, dont l'esprit est perçant,
Iuge que du Romain le danger est pressant:
Et voulant tout d'vn coup mettre fin à la Guerre,
Forme vn nouueau dessein, & fait ouurir la Terre.
De mille Pionniers il fait agir les bras:
Son Camp voit ces Trauaux, & ne les comprend pas:
A la Porte Flamine il fait creuser la Voûte,
Qui sous les Fondemens la contient presque toute:
Mais Voûte qui de Chesne à son Entablement,
Que vingt Poutres debout soustiennent fortement.
Rien ne tombe d'en-haut; tout demeure à sa place;
Sur le solide bois que l'Ouurier entre-lasse:
L'on ne voit rien bransler, l'on n'entend rien gemir;
Et l'immense fardeau ne fait que s'affermir.
Apres, en vn instant la Caue sous-terraine,
Par les ordres du Roy de Fascines est pleine:
Et comme tout est prest, cét immortel Heros,
Met l'Armée en Bataille, & luy tient ces propos.
Inuincibles Guerriers que l'Vniuers renomme,
Nous sommes au Grand iour de la prise de Rome:
Le Temps est arriué qui nous doit couronner:
La Gloire nous attend, nous n'auons qu'à donner.
Par vn moyen facile, à peine imaginable,
Vous allez voir la Bresche, & Grande, & raisonnable:
Et si ie iuge bien, en ce moment fatal,
Les Romains affoiblis la deffendront fort mal.
Marchons donc braues Goths, que chacun me seconde:
I'abandonne au Soldat les fiers Tyrans du Monde:

Il peut, s'il est vaillant, faire la son Butin,
De toute la Grandeur de l'Empire Latin:
En prendre la richesse ; en abatre les Marques ;
Et mettre sous ses pieds l'orgueil de ses Monarques:
Faire voller au Vent, pour en vanger les Cieux,
Les Cendres des Consuls, & celles de leurs Dieux:
De Temples démolis, s'eriger vn Trophée,
Sur la Gloire de Rome à ses pieds estouffée:
Vaincre tous les Romains ; leur imposer des Loix ;
Et Triompher enfin de ces Maistres des Rois.
Mais genereux Soldats, espargnez les Eglises:
Gardez de violler les Droits de leurs Franchises:
Qu'elles soient vn Azyle à l'Enfant innocent ;
A la Vierge pudique ; au Vieillard languissant.
Gardez-vous d'attirer la colere Celeste:
Espargnez ces lieux Saints, i'abandonne le reste.
Allons, mes Compagnons, allons donc à l'Assaut ;
Montons au Capitole, & Triomphons plus haut:
Et sur ce lieu fameux que la gloire enuironne,
Allons prendre aujourd'huy l'immortelle Couronne.
Le Camp à ce discours tesmoigne son plaisir ;
Fait esclater l'ardeur de son Noble desir ;
En frape ses Boucliers ; & le Soldat enuoye
Iusqu'aux Murs des Romains, cent & cent cris de ioye.
L'Amazone des Goths, & celle des Lapons,
Veulent en ce Grand iour eternifer leurs Noms:
Et tous les braues Chefs auec le mesme Zele,
Aspirent à gagner la Palme la plus belle.

LIVRE DIXIESME.

Le Roy pour profiter de ce beau mouuement,
Fait descendre le feu dans l'obscur Logement:
Et peu de temps apres cette puissante Armée,
Voit sortir à grands flots vne espaisse fumée.
Vn bruit sourd & confus, la deuance & la suit,
Et la flâme à son tour esclate apres ce bruit:
Tout le Monde en suspends ne sçait ce qu'il doit croire;
Lors qu'entre la fumée effroyablement noire,
L'on voit crouler la Tour du faiste au fondement,
Et mesler sa poussiere à cét embrazement.
A cét objet affreux le Vainqueur de la Grece,
Sur son illustre front redouble l'allegresse:
Donnons, dit-il, donnons, genereux Combatans;
Rome, Rome est à nous, marchons, il en est temps.
Il monte, ce Heros, le premier à la Bresche;
Aussi fier qu'vn Lion; plus viste qu'vne Fleche;
Et le foible Romain le regardant venir,
Fait ses derniers efforts; veut noblement finir;
Et s'enflamant le front d'vne Noble colere,
Fait ce que dit Tiburse, & ce que dit Valere.
Braues Chefs, qui pour Rome, en ce fatal moment,
Ainsi qu'ils ont vescu vont mourir vaillamment:
Du moins leur volonté s'y voit determinée;
Mais cette volonté n'est pas la Destinée:
Et leur sort different en ce moment fatal,
Auec valeur esgale, est pourtant inesgal.
D'abord ces deux Guerriers, quoy que pleins de foiblesse,
Arrestent quelque temps le Heros qui les presse;

Disputent quelque temps encor leur liberté;
Et font voir en ce lieu quelle est leur fermeté.
Mais Tiburse à la fin, par la terrible Espée,
D'vn redoutable coup voit sa trame coupée:
L'autre prest de le suiure alors est reconnu,
Par l'immortel Heros qui du Nord est venu.
C'est assez, luy dit-il, combatu pour le Tybre:
Sois Amy d'Alaric, heureux, content, & libre.
Le Romain à ces mots se iette aux pieds du Roy,
Qui passe outre à l'instant, & le mene auec soy.
Alors les Deffenseurs de la fameuse Ville,
Voyant contre vn Heros leur effort inutile,
Recullent en desordre; & le Goth qui les suit,
Imite en ce Grand iour celuy qui le conduit.
Comme au bord d'vn Estang dont on lasche la Bonde,
L'on voit confusément bondir onde sur onde;
Se suiure l'vne l'autre; & si fort se presser,
Que presques rien ne passe, ou tout cherche à passer.
Ainsi des fiers Soldats mille Files pressées,
Sur la Bresche de Rome estoient embarrassées:
Tous d'vne esgale ardeur vers la Bresche marchoient;
Tous y vouloient entrer, & tous s'en empeschoient.
Mais comme de cette eau redouble la furie,
Lors qu'apres cét obstacle elle est dans la Prayrie;
Qu'elle la couure toute; & qu'on la voit partout,
Bondir & rauager de l'vn à l'autre bout.
De mesme de ces Goths les Troupes retenuës,
S'eslargissent apres dans les prochaines Ruës;

S'y mettent en Bataille ; & marchent plus auant,
Auecques la Terreur qu'ils font aller deuant.
Le feu qui des Maisons fait sa funeste Proye,
N'eut iamais de tel iour depuis la nuit de Troye :
Et le Flambeau fatal qui perdit Ilion,
Semble estre ralumé dans cette Occasion :
Car des Palais tombez par la flâme allumée,
Volle confusément la poudre & la fumée :
Et le sang des Romains qui s'y mesle à grands flots,
Donne de la tendresse au cœur mesme des Goths.
Comme entre des Rochers les Ondes retenuës,
Font esclater vn bruit qui monte iusqu'aux Nuës ;
La flâme retenuë en ces Palais destruits,
Esclate horriblement par mille estranges bruits.
Le Soldat cependant, tout fier de sa victoire,
Pousse tousiours plus loin, & ses pas, & sa gloire :
Et tout brillant d'Acier, & chargé de Butin,
Il monte au Capitole ; il va sur l'Auentin.
Sur le Mont Cœlius il estend son rauage :
Au haut du Ianicule il porte son courage :
Du fameux Vatican il passe au Quirinal :
Du superbe Esquilin il monte au Viminal :
Et sur le Palatin, d'vn bras fort & robuste,
Il fait alors tomber le grand Palais d'Auguste.
Alors se souuenant de l'ordre de son Roy ;
De l'ordre Souuerain qui luy tient lieu de Loy ;
Il porte le Flambeau dans les superbes Thermes ;
Il destruit les plus beaux ; il abat les plus fermes ;

Celuy du Grand Trajan, & celuy d'Antonin;
Le Therme d'Agripine auec l'Alexandrin;
Le trauail de Neron, le Therme Neronique;
Accroist de son debris la ruine Publique:
Et l'orgueil insolent de ces grands Bastimens,
Tombe auec les Romains iusqu'à ses fondemens.
De là poussant plus loin la flâme qui deuore,
Sur les Arcs Triomphaux elle Triomphe encore:
Celuy qui de Romule accreut le Haut renom,
A peine de ces feux peut garentir son Nom.
L'Arc du fameux Trajan, & celuy de Seuere,
Tombent sous les efforts de l'ardente colere:
Les Arcs de Gallien, & de Domitian;
Du Tybre, de Camille, & du vieux Gordian;
L'Arc qu'on nomme Corlite, & l'Arc de Theodose,
A peine de ces feux sauuent aucune chose:
Et l'on ne voit debout que l'Arc de Constantin,
Ouurage conserué par son heureux Destin.
Pour punir les plaisirs des Peuples idollastres,
Le feu, le feu vangeur consume les Theatres;
Celuy du Grand Pompée, & celuy de Scaurus;
De Balbe, de Calbique, & du Grand Marcellus.
L'on te vid choir alors, superbe Colisée,
Dont la haute Mazure est encor tant prisée:
L'on te vid tresbucher, & ton Faiste orgueilleux,
Cacha dans la poussiere vn esclat merueilleux.
Le Cirque de Maxime, & celuy des Florales,
Perdirent en ce iour leurs beautez sans esgales:

Et

Et l'on vid lors perir au Champ de Tuberon,
Le Cirque d'Alexandre, & celuy de Neron.
De là gagnant toufiours de nouuelles Couronnes,
Le Goth infatigable abatit des Colomnes:
La Trajane en tomba ; l'Antoninne en perit ;
La Roftrate du feu la colere nourrit ;
Et le Soldat paffant dans les Places publiques,
Fit tomber à leur tour les fuperbes Portiques.
Ceux du fameux Augufte, & du fage Antonin,
De ce feu deuorant deuinrent le Butin:
Celuy de la Concorde, & celuy de Neptune,
Adjoufterent leur perte à la perte commune:
Et celuy de Mercure, & celuy de Venus,
Par ce fameux malheur deuinrent plus connus.
Obelifques pompeux, que l'Egypte vid faire,
L'on vit ramper fur vous cette flâme fi claire :
Et pres d'vn Maufolée, & dans le Champ de Mars,
Voftre effroyable cheute occupa les regards.
L'Obelifque du Cirque eut la mefme fortune:
Et celuy du Soleil, & celuy de la Lune,
Comme du Vatican, tomberent enflâmez,
Auec le Peuple fier qui les auoit aymez.
L'on vous vit trefbucher, Coloffes effroyables,
Dont les vaftes grandeurs paroiffent incroyables:
Simulachres de Mars, de Neron, d'Apollon,
De qui l'immenfe Corps rempliroit vn Vallon:
Vous tombaftes alors, Maffe enorme & fuperbe,
Et voftre orgueilleux front fut fe cacher fous l'herbe:

Hhh

Pour aprendre aux Neueux, qu'il n'est rien de si Grand,
Qui ne soit renuersé lors que Dieu l'entreprend.
Estonnement des yeux, Pyramides connuës,
De qui la vanité se cachoit dans les Nuës,
Ce ne fut plus debout que le Monde vous vit,
Et le courroux du Ciel alors vous abatit.
Superbe Naumachie, Objet qui rauit l'ame,
L'on vit alors mesler vos eaux à cette flâme :
Et le Ciel qui du Goth fit lors agir la main,
Punit les vains plaisirs du Grand Peuple Romain.
Magnifiques Tombeaux des Maistres de la Terre,
L'on vous vit en ce iour foudroyez sans Tonnerre :
Et l'on vit vos debris estonner l'Vniuers,
Malgré tant de Lauriers dont vous estiez couuers.
Temples qui des faux Dieux conseruiez les Images,
Au mespris du vray Dieu qui reçoit nos hommages,
La iustice du Ciel vous abatit partout,
Et le seul Pantheon put demeurer debout.
Tout brusle ; tout perit ; la Ville cesse d'estre :
Le Romain est Esclaue, & le Goth est son Maistre :
Enfin ROME est VAINCVE ; & son superbe front
Depose sa Couronne, & rougit de l'affront :
ALARIC en Triomphe ; & son Enseigne volle,
Et sur le Vatican, & sur le Capitole :
Et l'immortel Heros, apres mille hazars,
Monte sur les debris du Thrône des Cezars.

 **FIN.**

TABLE DES DESCRIPTIONS
CONTENVES EN CE VOLVME.

LIVRE PREMIER.

DESCRIPTION de la decadence de Rome, page 5.6. & 7
Description de l'esbranlement du Monde quand Dieu parle, p.8
Description d'vn Ange, p.10
Description d'vn Palais d'Architecture Gothique, p.10. & 11
Description d'vn Conseil d'Estat, depuis la page 16. iusques à la page 25
Description de l'inquietude de deux Amants, p.26. & 27
Description d'Hecla Montagne brulante, & de la Grotte d'vn Magicien, p 35.36. & 37
Description de ce qui est dans cette Grotte, des charmes, & de l'agitation du Sorcier, p.36.37.38. & 39
Description de l'aproche du Demon, p.38. & 39

LIVRE SECOND.

Description du Printemps, p.43
Description d'vne Forest, p.44. & 45
Description du trauail des Bucherons, p.45
Description d'vn Ours, p.46

TABLE

Defcription de fa fureur, & du combat d'Alaric & de luy, p.46.47. & 48

Defcription de Cheuaux effrayez, & d'vn grand defordre, p.49.& 50
Defcription du trauail des Charpentiers, p.51
Defcription de tout vn Nauire, p.51.& 52
Defcription des Vaiffeaux embrazez, p.53.& 54
Defcription de la Pluye qui efteint ce feu, p.54
Defcription & reueuë d'vne Armée, p.55.56.57.58.& 59
Defcription d'vne Fille Laponne, & de fon habit, p.60
Defcription de la Pefte, p.62.63.& 64
Defcription des debris d'vn Vaiffeau, p.65
Defcription d'vne Fille qu'on va facrifier, p.68.& 69
Defcription de la mutinerie d'vne Armée, & du Peuple d'vne Ville, p.78.& 79

LIVRE TROISIESME.

Defcription du Matin, p.83
Defcription du depart d'vne Armée Nauale, p.90.91.& 92
Defcription de la route de l'Armée, p.95
Defcription du Sommeil, p.98
Defcription du chant des Oyfeaux, p.100.& 102
Defcription d'vn lieu Champaiftre, p.102.& 103
Defcription d'vn Palais enchanté, depuis la page 103.iufques à la p.118
Defcription d'vne Dame endormie, p.118

LIVRE QVATRIESME.

Defcription des regards des Amants, p.123
Defcription d'vn Feftin, p.124.& 125
Defcription d'vne belle Chambre, p.125
Defcription de la prudence Humaine, p.128.129.& 130
Defcription de la Nuit, p.133.& 134
Defcription des Rameurs d'vne Chaloupe, p.135
Defcription du mouuement des Rames, p.136
Defcription d'vn Matin, p.136
Defcription de l'habit d'vne Dame, p.137
Defcription des plaifirs de deux Amants, p.141
Defcription d'vn Amant puny, p.148.149.150.& 151

DES DESCRIPTIONS.

Description de la fin d'vn Enchantement, p.153
Description d'vn Amant qui voit tuer sa Maistresse, p.156.157.& 158
Description de la ioye d'vne Flote, p.159.& 160

LIVRE CINQVIESME.

Description du Soir, p.163
Description des Vents & de leur Cauerne, p.164
Description de la force des Vents, p 165.& 166
Description de deux Prodiges, p.166.& 167
Description de la route de l'Armée, p.167
Description d'vne Tempeste, p.167.168.169.& 170
Description d'vn beau lieu Maritime, p.171
Description de l'inquietude d'Alaric, p.173
Description d'vn Hermite, p.179
Description des effets de la Science, p.180.& 181
Description d'vn mauuais Ministre, p.183.& 184
Description d'vn bon Ministre, p.185.186.& 187
Description d'vne Bibliotheque, depuis la page 187. iusques à la p.201

LIVRE SIXIESME.

Description de la ioye d'Alaric, & de ses Gents, p.205.& 206
Description d'vn desbarquement, p.206.& 207
Description de l'inquietude du Demon, p.208.& 209
Description de sa voix espouuentable, p.209
Description de l'Enfer, depuis la page 209. iusques à la page 215
Description de Lucifer & de son Thrône, p.216
Description du bruit de l'Enfer, p.221.& 222
Description fausse des Goths, p.222.& 223
Description du tumulte de l'Espagne, p.223.& 224
Description de Rome, p.227.& 228
Description du radoub des Vaisseaux, p.235
Description de la route de l'Armée Nauale d'Alaric, p.236
Description de deux Armée en presence, p.236.237.238.& 239
Description d'vne Bataille Nauale, depuis la page 239. iusques à la page 244

TABLE

LIVRE SEPTIESME.

Description d'vn bon General d'Armée, p.248
Description d'vne Armée Nauale qui fait descente, & de l'opposition qu'elle y trouue, p.249.&250
Description d'vn Combat au bord de la Mer, depuis la page 251. iusques à la page 256
Description de Funerailles, depuis la page 257. iusques à la page 262
Description des Pyrenées, p.262
Description des Alpes, p.263.&264
Description de leur Passage, p.264
Description d'vn Combat parmy ces Roches, depuis la page 264. iusques à la page 271
Description d'vn Trophée, p.272
Description d'vn Camp, p.273

LIVRE HVITIESME.

Description d'vn Amant absent, p.288
Description de la marche d'vne Armée, p.288.&289
Description de trois Amants interdits, p.289
Description d'vn nouuel Amant, p.295.&296
Description d'vn Amant inquiet, p.296
Description de Gents qui attendent le Siege, p.298
Description de la route de l'Armée d'Alaric, p.299.&300
Description d'vne Armée veuë de loin, p.300
Description d'vn Combat, p.301.&302
Description d'vne desroute, p.302
Description des aproches d'vne Armée, de son campement, & des preparatifs du dedans, p.302.303.304.305
Description des feux d'vne Armée, p.305
Description d'vn Combat de nuit, p.308.309.&310
Description d'vn Camp embrazé, p.310
Description de la suite du Combat, p.310.&311
Description de la Batterie antique, & d'vn Assaut general, depuis la page 311. iusques à la page 315
Description d'vne Tréve, p.318
Description de la ceremonie d'vn Baptesme, p.319.&320

DES DESCRIPTIONS.

Description du Combat des Tours mobiles, p.320.321.& 322
Description d'vne sortie repoussée, p.322.& 323

LIVRE NEVFIESME.

Description de la Nuit, p.327
Description de la route d'vne Armée Nauale, p.329.& 330
Description d'vn Matin, p.330
Description d'vne Escalade, depuis la page 330. iusques à la page 334
Description d'vn Conseil de Guerre, depuis la page 335. iusques à la p.339
Description d'vne inquietude amoureuse, p.339.340.341
Description du Matin, p.343
Description d'vne Armée en Bataille, p.343.344.& 345
Description des Cheuaux, p.344
Description d'vne autre Armée en Bataille, p.346.& 347
Description des deux Armées prestes à se choquer, p.347
Description d'vn Char, p.348
Description de l'habit d'vne Guerriere, p.348.& 349
Description d'vne Amante irritée, p.349
Description d'vne Bataille, depuis la page 350. iusques à la page 355
Description d'vn Combat singulier, p.355.356.& 357
Description de la fuite d'vne Armée, p.357
Description du Combat de deux Guerrieres, p.358.& 359.
Description du Soir, p.361
Description de la desroute d'vne Armée, p.360.& 361
Description d'vne Nuit, p.361
Description d'vn bruit Magique, p.361.362.& 363
Description de la fuite d'vne Armée, p.363.364.& 365
Description d'vn Embarquement tumultueux, p.365

LIVRE DIXIESME.

Description de la felicité d'vn Vainqueur, p.369.& 370
Description des enuirons de Naples, p.370.371.372.& 373
Description d'vn Serpent, p.373.& 374
Description de la Grotte de la Sybile Cumée, p.374
Description de la Sybile, & de son habit, p.374
Description de la suite des Rois des Goths, & de leurs actions, depuis la page 374. iusques à la page 381

Iii ij

TABLE DES DESCRIPTIONS.

Description de la vie de Gustaue le Grand, depuis la page 381. iusques à la page 393

Description de la Personne & des vertus de la Reyne de Suede, depuis la page 393. iusques à la page 401

Description du glisser d'vn Serpent, p.401
Description d'vn Matin, p.402
Description d'vne grande Sortie faite de nuit, p.406.& 407
Description de l'embrazement d'vn Camp, p.407.& 408
Description du retour d'Alaric dans son Camp, en Triomphe, page 410.& 411
Description d'vne inquietude, p.411
Description de la Faim, p.412.413.414.& 415
Description d'vne Mine, p.419
Description de son effet, p.421
Description de la prise de Rome, depuis la page 422. iusques à la fin du Poëme.

TABLE

TABLE DES COMPARAISONS
CONTENVES EN CE POEME.

LIVRE PREMIER.

Omparaison d'vn Ange qui volle auec vn Faucon, p.10
Comparaison d'vn Ange qui disparoist auec des Nuées qui se dissipent, p.12
Comparaison de la Mer qui s'apaise, auec vn Amant qui s'apaise aussi, p.19
Comparaison des Abeilles en Essain, auec diuers aduis reünis en vn seul, p.25
Comparaison d'vn Voyageur entre deux chemins, & Alaric entre deux resolutions, p.32. & 33

LIVRE SECOND.

Comparaison du bruit des Cyclopes, auec celuy des Bucherons, p.45
Comparaison de la vistesse d'vne Fléche auec celle d'vn Ours, p.46
Comparaison des Fourmis auec vn Peuple, p.49
Comparaison d'vn Troupeau effrayé, auec des Cheuaux espouuentez, p.50
Comparaison d'vn Torrent & de la flâme, p.53
Comparaison des Herondelles auec vne Armée, p.59
Comparaison de la Tempeste, auec la sedition d'vn Peuple, p.78

Kkk

TABLE

Comparaison du son qui appaise vn Essain, auec la voix d'vn Roy qui apaise vn tumulte, p.80

LIVRE TROISIESME.

Comparaison de celuy qui voit tomber le Tonnerre, auec l'estonnement d'Amalasonthe, p.84
Comparaison d'vn Torrent auec la douleur, p.86
Comparaison d'vne Mine, auec la douleur d'Amalasonthe, p.90.& 91
Comparaison du vol des Grües, auec la Nauigation des Vaisseaux d'Alaric, p.93
Comparaison d'vn Labyrinthe auec des pensées confuses, p.97

LIVRE QVATRIESME.

Comparaison d'vn auare auec vn Amant, p.124
Comparaison de l'Eclypse du Soleil, auec l'absence d'vn Roy, p.127
Comparaison d'vn fer entre deux Aymants, & de l'esprit irresolu, p.133
Comparaison du vol du Hybou, auec vne Chaloupe qui vogue de nuit, p.135
Comparaison de Diane & de Iunon, auec Amalasonthe, p.137
Comparaison de la Lune & des Estoiles, auec vne Princesse suiuie de ses Filles, p.138
Comparaison d'vne Roche qui roule iusqu'au fond d'vn precipice, auec vne affliction qui va iusqu'au desespoir, p.146
Comparaison des feux qui tombent du Ciel, auec vne Amante qui s'en va, p.152
Comparaison d'vn homme qui a songé, auec Alaric qui sort d'vn Enchantement, p.154
Comparaison d'vne Lionne auec vn Magicien, p.155.& 156
Comparaison des Esclairs & d'vne aparition, p.158.& 159
Comparaison des Menades & des Mariniers d'Alaric, p.159

LIVRE CINQVIESME.

Comparaison d'vn Ange & d'vne Fléche, p.164
Comparaison des Cygnes & des Nauires, p.167
Comparaison d'vn Balon & d'vn Vaisseau, p.170
Comparaison des Goths & des Troyens, p.171

DES COMPARAISONS.

Comparaison d'vn Amant abſent, & d'vn Roy loin de ſon Armée, p.173
Comparaiſon d'vn Nauire agité, auec le cœur d'Alaric, p.178
Comparaiſon des Troupeaux qui marchent, auec les Nauires d'Alaric, p.202

LIVRE SIXIESME.

Comparaiſon des Flots & des Troupes, p.206. & 207
Comparaiſon des Mouches & des Demons, p.209
Comparaiſon du bruit d'vn Eſſain, & de celuy des Demons, p.218
Comparaiſon du bruit qui ſuit le calme, auec le bruit qui ſuit le ſilence infernal, p.221. & 222
Comparaiſon de la flâme auec vn bruit qui s'augmente, p.224
Comparaiſon d'vn Chaſſeur & du Demon, p.230
Comparaiſon du vent & de la fumée, auec vn Fantôme, p.232
Comparaiſon des Nuës rougeaſtres, auec la rougeur d'vne Dame en colere, p.232
Comparaiſon des Oyes du Mont Thaurus, auec des Nauires, p.236
Comparaiſon des Taureaux qui ſe heurtent, & de deux Armées Naualesqui ſe heurtent auſſi, p.239
Comparaiſon des Iauelles abattuës, auec des Soldats qui tombent morts, p.239. & 240
Comparaiſon du bruit des Cyclopes, & de celuy des Soldats qui frapent, p.240
Comparaiſon des Flots qui vont & viennent, auec des Troupes qui auancent & reculent, p.240. & 241
Comparaiſon d'vn Sanglier & d'vn Combattant, p.243

LIVRE SEPTIESME.

Comparaiſon d'vn Chaſſeur en deffaut auec Alaric, p.247
Comparaiſon de l'Ocean auec le Roy des Goths, p.248
Comparaiſon des Pigeons effrayez par l'Eſperuier, auec les Eſpagnols eſpouuentez par Alaric, p.249
Comparaiſon des Tempeſtes & d'Alaric, p.252
Comparaiſon d'vn Cheſne & du Roy des Goths, p.252
Comparaiſon d'vn Lion & d'Alaric, p.253
Comparaiſon de deux Lions & de deux Guerriers qui combattent, p.254

Kkk ij

TABLE

Comparaison d'vn Rocher & d'Alaric, 255.& 256
Comparaison d'vn Faucon & de Rigilde, p.257
Comparaison des Mouches & des Soldats en deüil, p.258.& 259
Comparaison des Fleuues desbordez, & d'vne Armée qui descend des Alpes, p.262
Comparaison des Perdrix qui voyent fondre l'Oyseau, & des Goths qui voyent tomber des Roches, p.265.& 266
Comparaison de deux Lions qui font peur à tous autres Animaux, auec deux Guerriers dont le combat suspend deux Armées, p.267. & 268
Comparaison du combat de deux Dogues d'Angleterre, auec celuy de deux Braues, p.269
Comparaison de la cheute d'vn grand Arbre, auec celle de Stylicon vaincu, p.269
Comparaison du bruit des Vagues & des Vents qui choquent le riuage, auec celuy du choc de deux Armées qui retentit dans des Grottes, p.270

LIVRE HVITIESME.

Comparaison du fer touché de l'Aymant, auec vn discours amoureux, p.287
Comparaison des Flots & des Bataillons, p.289
Comparaison de l'Alcion & d'vne Dame, p.292
Comparaison d'vne Comete & d'Amalasonthe, p.293
Comparaison d'vn Papillon & d'vn Amant, p.295.& 296
Comparaison des Oyseaux & des Romains, p.297.& 298
Comparaison de l'Echo & du cry des Soldats, p.300
Comparaison d'vn Torrent & d'vne Armée, p.300
Comparaison des Esclairs & des Armes, p.300
Comparaison d'vn Lion & d'Alaric, p.301.& 302
Comparaison de l'ame & d'vn Roy, p.304.& 305
Comparaison des Matieres combustibles auec la valeur, p.307
Comparaison du feu & d'vn Guerrier, p.308
Comparaison d'vn Taureau & d'vn Capitaine qui fait sa retraite, p.309
Comparaison d'vn Sanglier & d'vn General, p.311
Comparaison des Vagues & des Soldats, p.313
Comparaison d'vn Lion & d'Alaric qui se retire, p.316
Comparaison du Soleil & d'Alaric, p.316.& 317

Comparaison

DES COMPARAISONS.

Comparaison des Faysans & des Soldats, p.319
Comparaison de la Gresle & des Fléches, p 321

LIVRE NEVFIESME.

Comparaison d'vne Aigle & d'vn Amant, p.329
Comparaison d'vn Feu d'artifice & d'Alaric, p.333.& 334
Comparaison d'vn Torrent & d'vn secours, p.335
Comparaison du Feu & des Guerriers, p.339
Comparaison du retentissement des Rochers, auec la voix des Soldats, p.345
Comparaison du choc des Flots & des Vents, auec celuy de deux Armées, p 350. & 351
Comparaison de la Foudre & d'Alaric, p.352
Comparaison d'vn Orage & d'vne Bataille, p.352.& 353
Comparaison d'vn Feu qui se ralume, auec vne Armée qui reprend du cœur, p.354
Comparaison du Foudre & d'Eutrope, p.354
Comparaison du mouuement de la Mer, & de celuy de deux Combattans, p.356
Comparaison des Vents enfermez sous vne Montagne, & d'vn Guerrier abattu sous vn autre, p.357
Comparaison du chcc de la Mer & du Rhosne, auec celuy de deux Guerrieres, p.358
Comparaison de la Mer & d'Alaric, p.361
Comparaison d'vn Nocher eschappé du Naufrage, auec les Grecs eschappez de l'Espée d'Alaric, p.364

LIVRE DIXIESME.

Comparaison de l'Arc-en-Ciel & des Fleurs, auec la peau d'vn Serpent, p.373
Comparaison du Soleil & du feu Roy de Suede, p.381.& 382
Comparaison du Roy de Suede & d'vn Fleuue, p.386
Comparaison du Roy de Suede & de la Foudre, p.387
Comparaison du Roy de Suede & d'vn Lion, p.387
Comparaison de Cezar & du Roy de Suede, p.389
Comparaison du Foudre & du Roy de Suede, p.392
Comparaison du Tonnerre & du Roy de Suede, p.393

TABLE DES COMPARAISONS.

Comparaison du Soleil & de la Reyne de Suede, p.394
Comparaison du Phœnix & de la Reyne de Suede, p.395
Comparaison d'vn Pilotte & de la Reyne de Suede, p.396
Comparaison de la Cour d'Auguste, & de celle de la Reyne de Suede, p.397
Comparaison du Soleil & de la Reyne de Suede, p.397
Comparaison de l'Aigle & de la Reyne de Suede, p.399
Comparaison d'vn Fantôme & de la Fumée, p.401
Comparaison d'vn Amant & d'vn Roy, p.401
Comparaison des Vents & des Demons, p.404
Comparaison d'vn Laboureur & d'vn General d'Armée, p.406
Comparaison des Moissonneurs & des Romains, p.410
Comparaison des Oyseaux & des Romains, p.413.& 414
Comparaison d'Alaric auec vn Lion, & auec vne Fléche, p.421
Comparaison de l'eau d'vn Estang auec vne Armée, p.422
Comparaison d'vne Prayrie inondée, auec la Ville de Rome, p.422. & 423
Comparaison de Troye & de Rome, p.423
Comparaison du bruit des Vagues entre des Rochers, & de celuy des Flâmes enfermées, p.423

FIN.

www.ingramcontent.com/pod-product-compliance
Lightning Source LLC
Chambersburg PA
CBHW050237230426

43664CB00012B/1728